MATLAB과 동적시스템

MATLAB and Dynamic Systems

이상순 지음

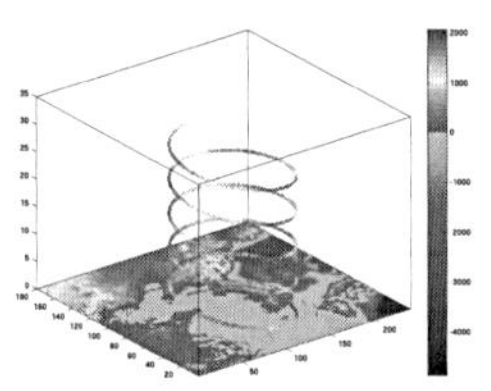

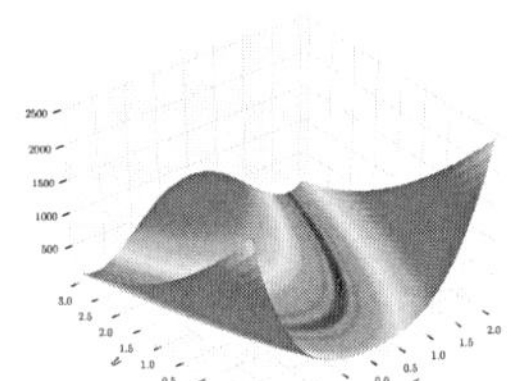

홍릉과학출판사

서문

오늘날 MATLAB은 이공계 전 분야에서 다양한 문제를 풀거나 시스템의 거동을 해석하는데 있어서 없어서는 안 되는 필수도구가 되었다. 많은 공과대학에서는 MATLAB 전체 혹은 일부분을 사용하는 강의들이 활발하게 진행되고 있으며, 학생들은 MATLAB 사용능력에 따라 주어진 문제를 다양한 각도에서 접근할 수 있는 기회를 얻고 있다. MATLAB은 사용하기에 편리하고 확장성이 뛰어나며 다양한 Toolbox를 제공하고 있다. MATLAB은 프로그램 가능하고 다른 프로그램 언어들처럼 논리, 관계, 조건 그리고 반복 구조를 갖는다. 따라서 기본적인 프로그래밍 원리를 가르칠 수 있다. MATLAB에서는 제어시스템 시뮬레이션을 할 경우에 전달함수라든지 미분방정식이라든지 그래프 출력과 같은 함수들을 각 MATLAB 함수들을 사용하여 .m 파일로 프로그램한 후 실행시킨다.

이 교재는 MATLAB을 처음 다루는 학생들이 MATLAB을 활용하여 **동적시스템을 효율적으로 해석하고 설계**할 수 있는 능력을 배양하는데 주 목표를 두고 있다. 본 교재에서는 MATLAB 2015 버전에 맞추어, 동적시스템을 다루는데 기본이 되는 MATLAB 사용법과 프로그래밍 기법을 소개하고 있으며, 수치해석 기법을 소개하고 있다. 특히 동적시스템 해석에 기초가 되는 미분방정식과 선형대수를 깊이 있게 다루고 있다. 그러나 실제 경험에 의하면 한 가지 버전에 맞추어 MATLAB을 학습하고 나면, 상이한 버전에서도 큰 어려움 없이 MATLAB을 사용할 수 있으므로, 본 교재는 2008 버전이나 2013 버전에서도 사용할 수가 있다. 본 교재의 내용은, 대학 2, 3학년 학생들이 1주 3시간 수업을 통해서 한 학기 동안 교재로 사용될 수 있도록 내용이 구성되어 있다.

차례

CHAPTER 04 그래프

CHAPTER 05 함수 파일과 프로그래밍

CHAPTER 06 다항식과 기호 수학

CHAPTER 07 수치해석에서의 응용

APPENDIX C 진동학 복습

CHAPTER 01

MATLAB 입문(Introduction)

이번 장에서는 MATLAB을 처음 접하는 학습자들이, MATLAB의 특징과 기능을 익히고 활용 능력을 배양하도록 목표를 정하고 있다. 먼저, MATLAB에 대한 기본적인 내용을 설명하고, MATLAB 내장함수 소개와 간단한 연산에 대해서 순서적으로 다루고 있다. 벡터나 행렬과 같은 기본적인 수학개념은 이미 알고 있다는 전제에서 내용을 전개해 나간다.

1.1 MATLAB 개요

MATLAB은 Matrix Laboratory의 약자로, 행렬 연산을 위해 개발되었다. MATLAB은 Math Works사에서 판매 및 유지보수를 맡고 있는데, 행렬 연산은 물론이고 일반적인 과학 계산을 위한 컴퓨터 프로그램 언어이면서 언어를 효과적으로 사용하기 위한 소프트웨어 환경이라고 할 수 있다. 공학계산에서 많이 사용되는 FORTRAN이나 C 언어에 비해서 프로그래밍이 현저하게 단순해지는 장점이 있으며, M 파일을 분야별로 모아 놓은 도구상자(Toolbox)를 제공하여 다양한 분야에서 편리하게 사용할 수 있도록 해 준다. MATLAB 도구상자에 대해 간단히 소개하면 다음과 같다.

1) **통신**(Communications) Toolbox

   통신 시스템의 해석과 디자인 및 시뮬레이션을 위한 해석 함수들을 포함하고 있다.

2) **제어 시스템**(Control System) Toolbox

   시스템의 분석 및 제어기 설계를 위한 MATLAB 프로그램의 함수들이 있다. 여기서 다루어지는 함수들의 주요한 특징은 전달 함수와 상태방정식을 대상으로 하여 시스템의 해석 및 설계가 가능하며, 수치 해석의 알고리즘은 상당한 정확성을 갖고 있다. 그리고 이러한 결과들을 쉽게 다룰 수 있는 그래프를 통해 이해의 폭을 넓게 한다.

3) **재정**(Financial) Toolbox

경제 및 금융에 대한 분석과 예측분야에 점차로 과학적이고 정밀한 결과가 요구됨에 따라 방대한 양의 다양한 데이터 처리와 모델링을 실행할 수 있게 한다.

4) **주파수 영역 시스템의 추정**

(Frequency Domain System Identification) Toolbox

시스템의 주파수 응답 특성으로부터 선형 동적 시스템을 추정할 수 있게 한다.

5) **퍼지**(Fuzzy Logic) Toolbox

복잡하고 비선형적인 시스템에 대한 정확한 모델링이 없어도 제어를 가능하게 할 수 있는 방법이다. 이러한 퍼지 기술을 응용 시스템에 적용하여 제어기 디자인과 시뮬레이션 및 실시간 제어 등을 가능하게 한다.

6) **영상처리**(Image Processing) Toolbox

2차원적 영상 신호의 처리 및 해석을 위한 각종 함수를 제공한다.

7) LMI **제어**(LMI Control) Toolbox

LMI(Linear Matrix Inequalities)란 제어와 계의 추정, 필터링, 구조 설계, 그래픽, 보간과 선형 대수학 등의 분야에서 나타나는 convex optimization problems를 말하는 것으로 LMI 기술은 이러한 문제점들을 해결해 줄 수 있는 강력한 설계 Tool로서 출현하였다. 주요 대상은 LMI-based control design, LMI solver, linear matrix inequalities, robust gain scheduling, popov criterion, quadratic stability 등이다.

8) **μ-해석 및 합성**(μ-Analysis and Synthesis) Toolbox

강인한 선형시스템의 제어기 설계 및 해석을 위한 여러 가지 함수들을 포함하고 있다.

9) **신경 회로망**(Neural Network) Toolbox

패턴 인식이나 비선형 시스템의 모델링과 제어와 같은 해석이 극히 어려운 경우에 신경 회로망을 적용하여 종종 만족스런 결과를 얻을 수 있다. 여러 가지 신경망을 제공하여 시스템의 디자인과 수행 및 시뮬레이션을 가능하도록 한다.

10) **최적화**(Optimization) Toolbox

비선형 함수의 최적화 문제, 선형 2차 형식의 최적화, Non-negative least square, 비선형 방정식의 해 등을 위해 다양한 함수 프로그램들을 제공한다.

11) Quantitative Feedback Theory Toolbox

강인한 피드백 제어 시스템의 설계를 위해 공학적인 관점에서 적용될 수 있는 quantitative feedback 이론으로서 QFT 경계, nominal loop, pre-filter shaping 등을 계산할 수 있는 함수들을 제공하고 있다.

12) **강인한 제어**(Robust Control)Toolbox

다입력, 다출력을 갖는 선형시스템의 강인한 제어기 설계를 위해 다양한 함수들을 제공한다.

13) **신호 처리**(Signal Processing) Toolbox

디지털 신호 처리 기술을 위한 다양한 종류의 함수들이 모인 집단으로서 신호 및 선형 시스템의 모델, 디지털 및 아날로그 필터의 설계와 분석 및 power spectrum 평가를 위한 기능(FFT 분석)을 포함하고 있다.

14) **통계**(Statistics) Toolbox

확률 및 통계의 자료들을 해석, 모델링 및 시뮬레이션할 수 있는 다양한 함수들을 제공한다.

15) **기호 수학**(Symbolic Math)Toolbox

각종 수학 계산식 등을 실행한다.

16) **스플라인**(Spline) Toolbox

스플라인 보간에 관계되는 함수들을 포함하고 있다.

17) **시스템 추정**(System Identification) Toolbox

입출력 데이터로부터 동적 시스템의 선형 모델을 만들 수 있는 방법으로, 제어 설계 및 신호 처리에 응용되고 있으며, 최근에는 금융, 경제 분야에서의 모델링 방법으로도 각광을 받고 있다.

18) SIMULINK Toolbox

동적시스템을 아이콘화된 블록을 이용하여 모델링하고 시뮬레이션할 수 있도록 해준다.

1.2 MATLAB 열기

MATLAB을 설치한 후, 생성된 MATLAB 아이콘 을 클릭하게 되면 그림 1과 같은 창이 나타난다. 그림 1에는 명령 창(Command Window), 현재 폴더 창, 그리고 작업 공간 창들이 나타나 있다. 각 창은 다음과 같은 기능을 한다.

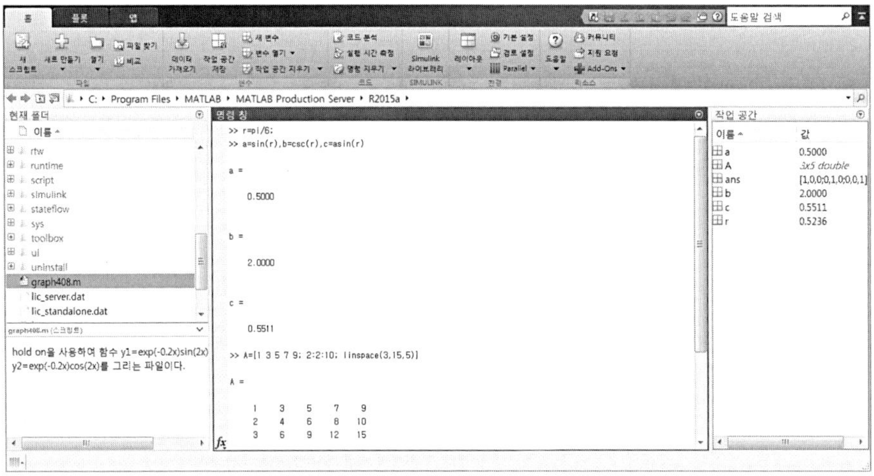

| 그림 1 | MATLAB 기본 상태 창

- 명령 창 :

  MATLAB에서 가장 중심이 되는 창이며, 여기에서 다양한 스크립트(Script)나 함수(Function) 파일을 실행한다. MATLAB 명령 프롬프트인 '>>'을 통하여 사용자가 입력을 하고, 연산이 수행되면 사용자가 인식할 수 있는 형태로 출력하는 역할을 한다.

- 현재 폴더 창 :

  현재 작업 폴더의 파일에 대한 목록을 보여준다.

- 작업 공간 창 :
  MATLAB 명령 창에서 실행된 변수 값들을 저장한다. 작업 공간 창에서 변수의 이름 등을 알 수 있다.

MATLAB 버전에 따라 명령 기록창(Command History Window)이 나타나는데, 이 창은 MATLAB에서 작업하는 동안 실행된 모든 명령들을 기록한다.

이와 같은 창 이외에도 그래픽 창(Figure Window), 편집기 창(Editor Window), 도움말 창(Help Window) 등이 있다. 이러한 창들의 기능은 다음과 같다.

- 그래픽 창 :
  명령 창에서 입력되는 모든 그래픽 명령의 출력은 그래픽 창으로 보내진다. 사용자는 시스템의 메모리가 허용하는 만큼의 많은 창을 만들 수 있다. MATLAB의 명령어와 함수들을 이용하여, 2차원뿐만 아니라 3차원 그래프도 쉽게 그릴 수 있고, 동영상 구현도 가능하다. 그림 2는 그래픽 창에 대한 예를 보여주고 있다.
- 편집기 창 :
  이 창에서는 'M 파일'이라고 불리는 파일 안에서 사용자 자신의 프로그램을 작성하고, 편집하고, 생성하고, 저장한다. 그림 3은 편집기 창의 예를 보여주고 있다.
- 도움말 창 :
  각 함수나 명령에 대한 도움말을 보여준다. 그림 4는 도움말 창 예를 보여주고 있다.

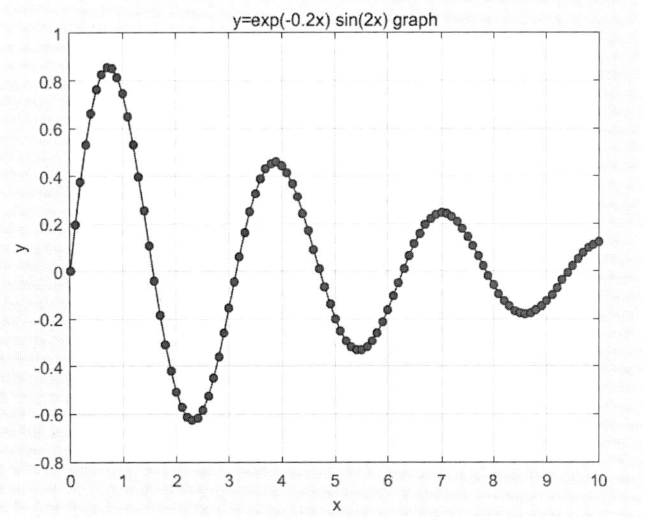

▌그림 2▐ 그래픽 창 예

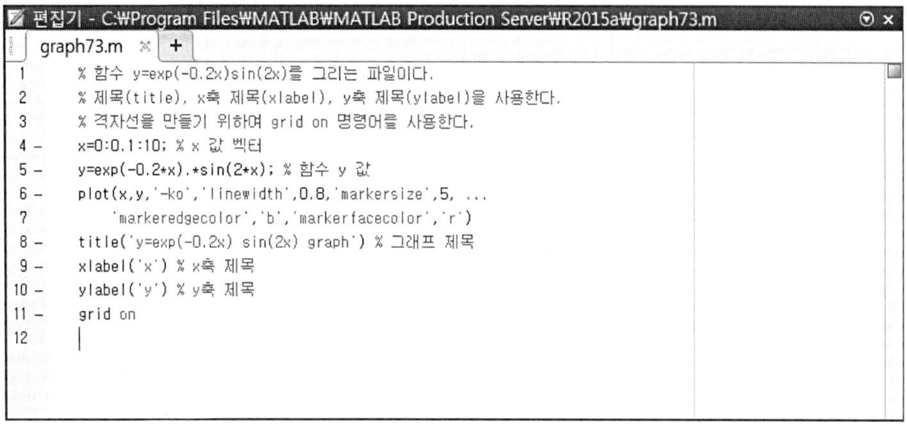

| 그림 3 | 편집기 창 예

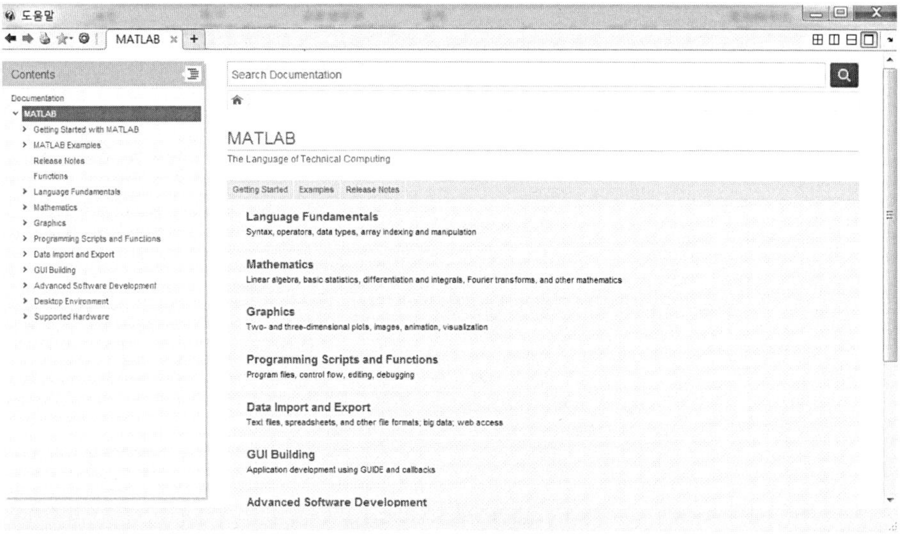

| 그림 4 | 도움말 창 예

MATLAB 프로그램을 사용할 때, 그림 1의 명령 창에 명령을 입력하고 Enter키를 눌러서 다양한 작업을 진행할 수 있다. 일반적으로 그림 1과 같은 기본 상태 화면에서 작업을 진행하지만, 사용자에 따라서는 작업 공간 창이나 현재 폴더 창을 없애고 명령 창만으로 작업하는 경우가 있다. 그렇게 해도 프로그램의 진행에는 지장이 없다. 명령 창만 뜨게 하려면, 그림 5처럼

> 레이아웃(Layout) > 명령 창만(Command Window Only)

순으로 클릭하면 된다. 그림 6은 명령 창만 나타낸 경우를 보여준다.

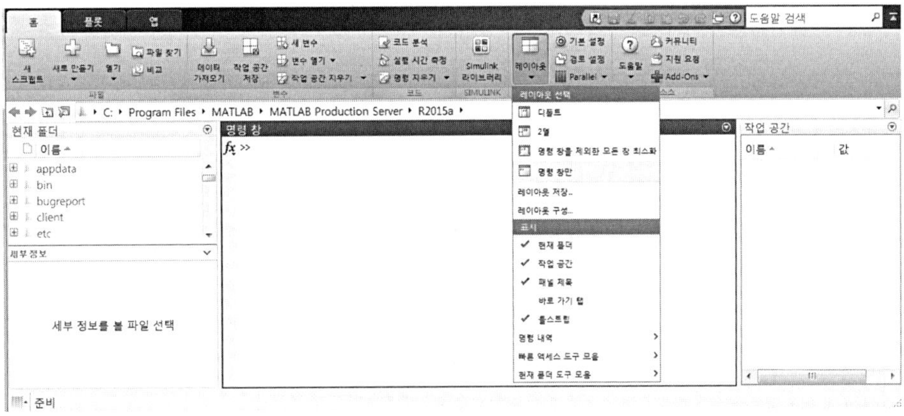

| 그림 5 | 명령 창만 뜨게 하는 과정

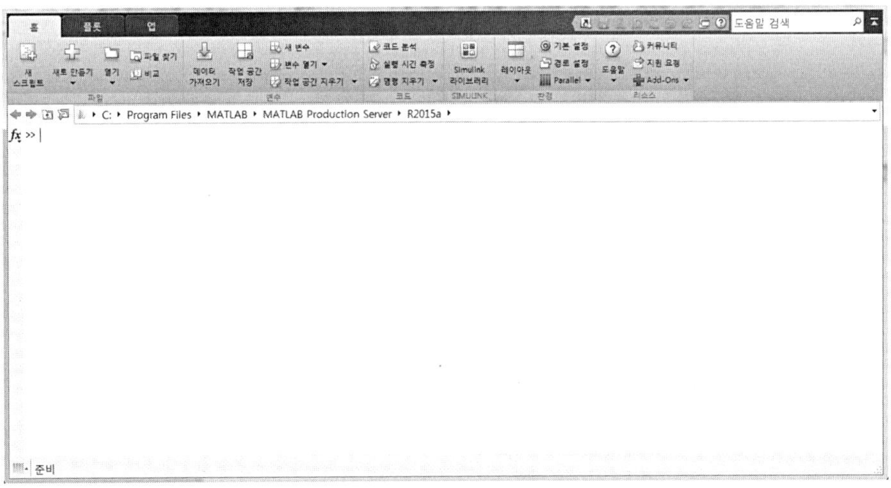

| 그림 6 | 명령 창

다시 기본 상태에서 작업하려면,

> 레이아웃(Layout) > 디폴트(Default)

순으로 클릭하면 된다.

1.3 MATLAB 사용시 주의해야 할 점

MATLAB의 명령 창에서 작업을 시작하기 전에 다음과 같은 점을 미리 알아야 한다.

1) 먼저 MATLAB에서 취급하는 데이터의 유형을 잘 이해해야 한다. MATLAB의 기본적인 데이터 유형은 배열이다. 여기에는 여러 가지 다른 데이터 객체들 - 정수, 2배 정밀(실수), 행렬, 문자열 등 - 이 포함된다. 그러나 대부분의 경우에 있어서, 데이터의 유형이나 객체의 선언에 대해서 걱정할 필요가 없다. 예를 들어, 변수를 실수 또는 복소수라고 선언할 필요가 없다. 변수의 값으로 실수가 입력되면, MATLAB은 자동적으로 변수를 실수(2배 정밀)로 만든다. 변수의 값으로 복소수를 입력하면, MATLAB은 자동적으로 변수를 복소수로 만든다.

2) MATLAB에서 크기 선언은 자동으로 된다. 벡터나 배열을 위한 크기 진술은 필요하지 않다. 기존의 벡터나 행렬의 크기는 size 명령이나 (벡터의 경우) length 명령으로 알 수 있다.

3) MATLAB은 대소문자를 구분한다. 즉, 소문자와 대문자를 다르게 취급한다. 따라서 r과 R은 다른 변수이다. 대부분의 MATLAB 명령과 내장 함수들은 소문자로 쓰여 진다.

4) 모든 명령의 출력은 MATLAB이 다른 지시를 받지 않는 한 화면에 표시된다. 명령 끝의 세미콜론(;)은, 그래픽과 온라인 도움 명령을 제외하고는 화면의 출력을 억제한다.

5) 입력 시작 선에서 '%' 문자를 입력하면, 그 선의 내용은 주석문이 되어 'Enter'키를 눌러도 실행되지 않는다. 일반적으로 명령 창에서는 주석을 필요로 하지 않으나, 스크립트 파일이나 함수 파일을 작성할 때 주석문이 자주 필요해 진다.

1.4 MATLAB 예제

MATLAB을 처음 사용하는 학습자는 'demo' 명령을 실행해 보기 바란다. 예제들이 MATLAB 언어로 되어 있어서 주요 특성을 파악하는데 도움이 된다. 실행 방법은 명령 창에서 다음과 같이 'demo' 명령을 입력하면 그림 7과 같은 MATLAB Examples 창이 뜬다.

```
>> demo
```

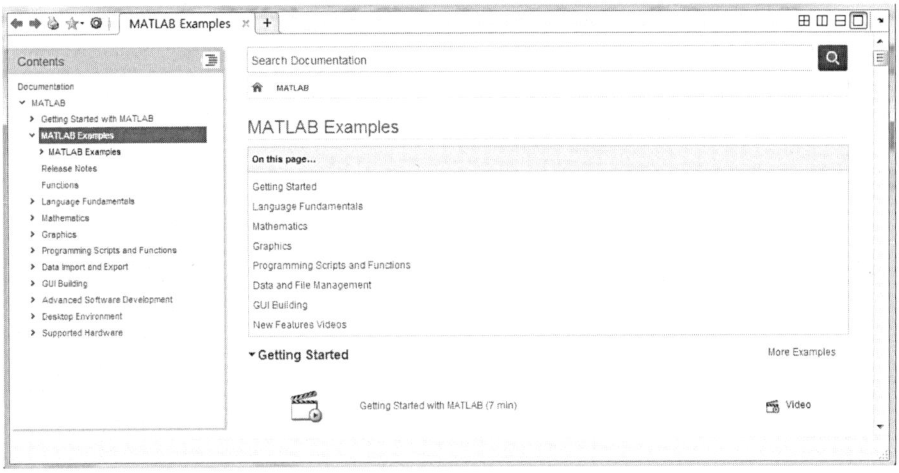

| 그림 7 | MATLAB Examples 창

1.4.1 단순한 수치연산

MATLAB 명령 창에서 간단한 수치계산을 직접 실행할 수 있다. 수식의 계산은 다음 표에 보이는 산술 연산자에 의해서 이루어진다.

표 1.1 산술 연산자

연산	연산부호	MATLAB 예
덧셈	+	8+2
뺄셈	-	8-2
곱셈	*	8*2
오른쪽 나눗셈	/	8/2
왼쪽 나눗셈	\	8\2 = 2/8
지수	^	8^2

MATLAB에서 기본연산은 스칼라 연산의 확장인 행렬 연산자뿐만 아니라 배열 연산자를 가지고 있다. 표 1.1에 나와 있는 산술 연산자는 행렬 연산을 포함한 일반 스칼라 연산에 사용되는 연산자이다. 배열 연산자는 표 1.2와 같이 산술 연산자에 점이 붙어 있다.

표 1.2 배열 연산자

연산	연산부호	MATLAB 예
덧셈	+	a+b
뺄셈	-	a-b
곱셈	.*	a.*b
오른쪽 나눗셈	./	a./b
왼쪽 나눗셈	.\	a.\b = b./a
지수	.^	a.^b

MATLAB 연산과정에서는 **산술 연산자 > 관계 연산자 > 논리 연산자** 순서로 우선순위가 정해져 있다. 같은 우선순위를 갖는 연산자가 사용되면, 계산은 왼쪽에서 오른쪽으로 실행된다.

표 1.3 연산자의 우선순위

연산의 우선순위	연산
1	괄호
2	지수
3	곱셈과 나눗셈
4	덧셈과 뺄셈

MATLAB에서 간단한 계산을 수행할 때는 명령 창에서 수식을 입력하고 Enter키를 누르면 계산이 실행된다. 계산결과는 'ans'라는 변수에 할당된다. 예제 1.1은 계산이 수행된 결과를 보여준다.

예제 1.1 간단한 수치연산

```
>> 22+18
ans = 40

>> (39+56)/2
ans = 47.5000

>> 12+17+5/5
ans = 30
```

```
>> 11^2+12^3
ans = 1849

>> 12*3^2
ans = 108
```

1.4.2 출력 형식

MATLAB에서는 출력에 대한 숫자에 대하여 여러 가지의 다른 형식을 가지고 있다. 기본 상태 창에서 '기본 설정'을 클릭하면 그림 8과 같은 창이 뜨는데, '수치 형식'은 출력되는 숫자에 대한 형식을 지정하는 곳이다. 출력 형식은 표 1.4에 나타나 있다.

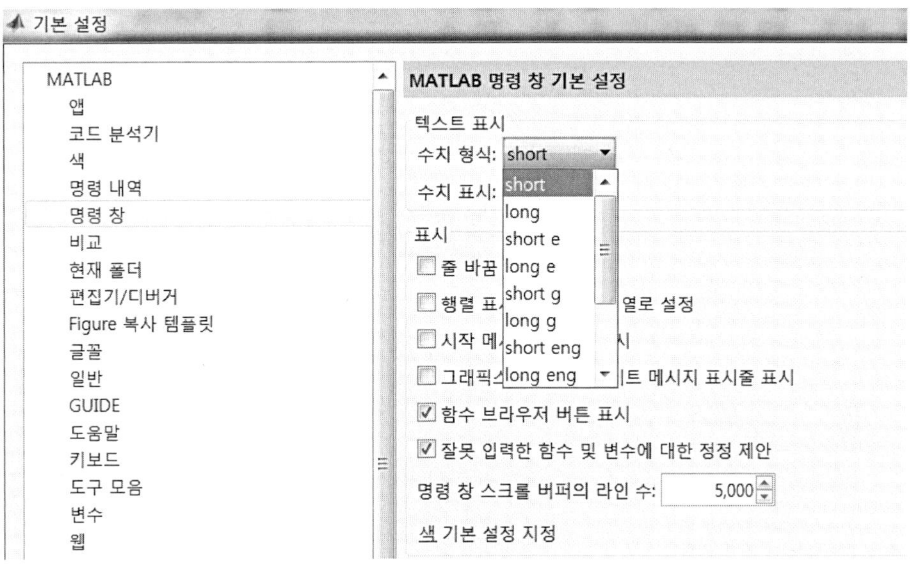

| 그림 8 | 기본 설정 창

표 1.4 출력 형식

format	출력 예
short(기본)	>> 2/7 ans = 0.2857 (부동 소수점 4자리까지 출력)
long	>> 2/7 ans = 0.285714285714286
short e	>> 2/7 ans = 2.8571e-01
long e	>> 2/7 ans = 2.857142857142857e-01
short g	>> 2/7 ans = 0.28571
long g	>> 2/7 ans = 0.285714285714286
short eng	>> 2/7 ans = 285.7143e-003
long eng	>> 2/7 ans = 285.714285714286e-003
rational	>> 0.25 ans = 1/4

1.4.3 기초적인 내장함수

MATLAB에는 많은 함수들이 내장되어 있다. 하나의 함수는 함수 이름과 괄호 안에 독립 변수를 지닌다. 예를 들면, 어떤 수의 자연로그 값을 계산하는 함수는 log(x)이다. 이때, 함수 이름은 log이고, 독립변수는 x이다. 많이 사용되는 기초적인 MATLAB 내장함수들이 표 1.5에 주어져 있다. 표 1.6은 삼각함수와 역삼각함수를 나타내는데, sin(x)에서 x는 라디안(radian)으로 표기한다. MATLAB에서 pi는 π(=3.14)를 나타낸다.

표 1.5 기초적인 수학함수

함 수	설 명	사용 예
abs(x)	절대값	>> abs(-50) ans = 50
sqrt(x)	제곱근	>> sqrt(121) ans = 11
exp(x)	지수함수	>> exp(2) ans = 7.3891
log(x)	밑이 e인 자연로그	>> log(10) ans = 2.3026
log10(x)	밑이 10인 로그	>> log10(10) ans = 1
factorial(x)	계승함수 x!	>> factorial(4) ans = 24
real(x)	복소수 x의 실수부	>> real(3+4i) ans = 3
imag(x)	복소수 x의 허수부	>> imag(3+4i) ans = 4
conj(x)	복소수 x의 공액복소수	>> conj(3+4i) ans = 3.0000 - 4.0000i

표 1.6 삼각함수와 역삼각함수

함 수	사용 예
sin(x)	>> sin(pi/3) ans = 0.8660
cos(x)	>> cos(pi/3) ans = 0.5000
tan(x)	>> tan(pi/3) ans = 1.7321
csc(x) = 1/sin(x)	>> csc(pi/3) ans = 1.1547
sec(x) = 1/cos(x)	>> sec(pi/3) ans = 2.0000
cot(x) = 1/tan(x)	>> cot(pi/3) ans = 0.5774
asin(x) = $\sin^{-1}(x)$	>> asin(0.8660) ans = 1.0471
acos(x) = $\cos^{-1}(x)$	>> acos(0.5) ans = 1.0472
atan(x) = $\tan^{-1}(x)$	>> atan(1.7321) ans = 1.0472
acsc(x) = $\csc^{-1}(x)$	>> acsc(1.1547) ans = 1.0472
asec(x) = $\sec^{-1}(x)$	>> asec(2) ans = 1.0472
acot(x) = $\cot^{-1}(x)$	>> acot(0.5774) ans = 1.0472

표 1.7 쌍곡선 삼각함수

함 수	사용 예
sinh(x)	>> sinh(pi/3) ans = 1.2494
cosh(x)	>> cosh(pi/3) ans = 1.6003
tanh(x)	>> tanh(pi/3) ans = 0.7807
csch(x) = 1/sinh(x)	>> csch(pi/3) ans = 0.8004
sech(x) = 1/cosh(x)	>> sech(pi/3) ans = 0.6249
coth(x) = 1/tanh(x)	>> coth(pi/3) ans = 1.2809
asinh(x) = $sinh^{-1}(x)$	>> asinh(1.2494) ans = 1.0472
acosh(x) = $cosh^{-1}(x)$	>> acosh(1.6003) ans = 1.0472
atanh(x) = $tanh^{-1}(x)$	>> atanh(0.7807) ans = 1.0472
acsch(x) = $csch^{-1}(x)$	>> acsch(0.8004) ans = 1.0472
asech(x) = $sech^{-1}(x)$	>> asech(0.6249) ans = 1.0472
acoth(x) = $coth^{-1}(x)$	>> acoth(1.2809) ans = 1.0472

표 1.8 라운딩 함수

함 수	설 명	사용 예
round(x)	가장 가까운 정수로 근사화	>> round(pi/3) ans = 1
fix(x)	0 방향을 향하여 가장 가까운 정수로 근사화	>> fix(pi/2) ans = 1
ceil(x)	+∞ 방향을 향하여 가장 가까운 정수로 근사화	>> ceil(pi/2) ans = 2
floor(x)	-∞ 방향을 향하여 가장 가까운 정수로 근사화	>> floor(-pi/2) ans = -2
rem(x,y)	x를 y로 나눌 때 나머지. 즉 x-fix(x/y)를 나타냄.	>> rem(20,6) ans = 2
sign(x)	x>0이면 1, x<0이면 -1, x=0이면 0.	>> sign(-10) ans = -1

1.5 스칼라 변수

MATLAB에서 스칼라 변수는, 한 개 이상의 문자들의 조합, 또는 하나의 수치 값을 지정해 주면 자동적으로 만들어 진다. 변수가 정의되면 적당한 기억장소에 할당되는데, 이 변수에 새로운 값이 할당되면 기억장소의 내용이 교체된다. MATLAB에서 '=' 기호는 변수에 값을 지정하는 지정연산자이다. 다음 예제를 통해, 변수에 값이 지정되고, 계산되는 방법을 살펴본다.

예제 1.2 변수 값의 지정 및 식의 계산

```
>> a=2/30
a =
    0.0667
>> b=10*a
b =
    0.6667
>> c=sin(b)
c =
    0.6184      (여기서 b는 라디안)
>>  c=cos(b)
c =
    0.7859
```

변수 값을 지정하거나 계산식을 입력한 후 명령의 끝부분에 세미콜론(;)을 입력하면, Enter키를 눌렀을 때 변수에 값은 지정되지만 화면에 결과 값이 출력되지 않는다. 변수를 입력하고 세미콜론(;)없이 Enter키를 누르면 즉시 변수 값이 나타난다.

예제 1.3 '세미콜론(;)' 기호 연습

```
>> r=2;
>> A=pi*r^2;
>> V=4/3*pi*r^3;
>> A

A =
   12.5664
>> V
V =
   33.5103
```

여러 개의 명령을 같은 선에 입력할 수 있다. 이때, 각 명령들은 콤마(,)를 사용하여 분류되는데, 만약 콤마(,) 대신 세미콜론(;)이 사용되면 결과는 화면에 출력되지 않는다.

예제 1.4 같은 선에 여러 개의 명령을 실행하는 연습

```
>> r=pi/6;
>> a=sin(r),b=csc(r),c=asin(r)
a =
     0.5000
b =
     2.0000
c =
     0.5511

>> A=a*b; B=1/a;C=1/b;D=B*C;
>> A
A =
       1

>> B,C
B =
     2.0000
C =
     0.5000

>> D
D =
       1
```

계산식이 길어져 하나의 줄에 계산식을 입력하는 것이 불편하면, 연속기호(...)를 사용하여 하나의 식이나 명령을 두 줄에 나누어 입력할 수 있다.

예제 1.5 연속기호(...) 연습

```
>> yo=10;vo=20;g= -9.81;
>> t=12;
>> y=yo+vo*t ...
        +0.5*g*t^2

y =
  -456.3200
```

변수의 이름은 a에서 z까지의 문자, 0에서 9까지의 숫자, 그리고 밑줄 친 문자로 구성되는데 반드시 문자로 시작해야 한다. 또한 문자의 대소문자를 구분하는데, 예를 들어, R과 r은 다른 변수를 의미한다. 변수의 이름은 63개 문자 길이 이내에서 결정되며, 내장 함수 이름을 변수명으로 사용해서는 안 된다. MATLAB에서 미리 정해 놓은 변수가 있는데, 이러한 변수를 변수명으로 사용해서도 안 된다. 표 1.9는 미리 정해져 있는 MATLAB 변수의 일부를 보여주고 있다.

표 1.9 MATLAB에서 미리 정해 놓은 변수들

변수 이름	기 능
ans	가장 최근의 결과 값을 나타내는 변수 실행결과를 나타내는 변수가 지정되어 있지 않을 때 사용됨
pi	p(=3.141592653589793)를 나타냄
eps	부동소수점에서의 상대정밀도를 나타냄
realmax	+ 최대 부동소수점 수
realmin	+ 최소 부동소수점 수
i,j	허수단위를 나타냄
inf	무한대(∞)를 나타냄
NaN	0/0, ∞/∞, ∞·0처럼 수 값을 결정할 수 없을 때 사용함 Not-a-Number의 약자임

1.6 복소수의 취급

MATLAB에서는 복소수를 간단히 사용할 수 있는데, i나 j에 값을 지정하지 않을 경우 자동적으로 복소수의 허수부로 취급된다. i나 j에 값을 지정하면 그 값이 우선되고 복소수의 허수부로 취급되지 않는다. 이러한 규칙은 스칼라 변수뿐만 아니라 배열이나 행렬에도 적용된다.

예제 1.6 복소수 연습

```
>> a=1+2i,b=2+3*i
a =
   1.0000 + 2.0000i
```

```
b =
    2.0000 + 3.0000i

>> c=a+b,d=a*b
c =
    3.0000 + 5.0000i
d =
   -4.0000 + 7.0000i

>> e=4+5j,f=5+6j
e =
    4.0000 + 5.0000i
f =
    5.0000 + 6.0000i

>> a+e
ans =
    5.0000 + 7.0000i
```

1.7 변수처리 명령

MATLAB에 입력된 변수명이나 그 변수의 값은 MATLAB 작업공간 내에 저장되어 있어서 쉽게 명령 창에 불러낼 수 있다. 다음 명령들은 입력된 변수들을 소거하거나 변수들에 대한 정보를 얻기 위해서 사용되는 것들이다. 명령 창에 아래 명령을 입력하고 Enter키를 누르면 된다.

표 1.10 변수처리 명령

명령	기 능
who	현재 작업공간이나 메모리에 저장된 변수 목록을 보여준다.
whos	현재 작업공간이나 메모리에 저장된 변수들에 대한 정보를 보여준다.
clear	현재 작업공간이나 메모리에 저장된 모든 변수들을 지운다.
clear x,y,z	현재 작업공간이나 메모리에서 변수 x, y, z만 지운다.
clear a*	현재 작업공간이나 메모리에서 첫 글자가 a로 시작하는 변수만 지운다.

예제 1.7 변수 처리 연습

```
>> who
Your variables are:
a    ans  b    c    d    e

>> whos
  Name      Size            Bytes  Class     Attributes
  a         1x1              16    double    complex
  ans       1x1              16    double    complex
  b         1x1              16    double    complex
  c         1x1              16    double    complex
  d         1x1              16    double    complex
  e         1x1              16    double    complex

>> clear a
>> whos
  Name      Size            Bytes  Class     Attributes
  ans       1x1              16    double    complex
  b         1x1              16    double    complex
  c         1x1              16    double    complex
  d         1x1              16    double    complex
  e         1x1              16    double    complex

>> clear
>> whos
>>
```

연 · 습 · 문 · 제

1. 2차 방정식 $ax^2+bx+c=0$의 근은

$$x=\frac{-b\pm\sqrt{b^2-4ac}}{2a}$$

로 주어진다. 다음 조건에 대해서 x값을 MATLAB으로 계산하여라.

a) $a=1,\ b=3,\ c=2$

b) $a=1,\ b=2,\ c=1$

c) $a=1,\ b=1,\ c=1$

2. 한 변의 길이가 b이고 변의 개수가 n인 정다각형의 면적은

$$A=\frac{1}{4}nb^2\cot\frac{\pi}{n}$$

로 주어진다. 다음 조건에 대해서 A값을 MATLAB으로 계산하여라.

a) $n=3,\ b=2$

b) $n=4,\ b=2$

c) $n=5,\ b=2$

d) $n=6,\ b=2$

3. 세 변의 길이가 각각 $a,\ b,\ c$인 삼각형에 내접하는 원의 반경은

$$r=\frac{\sqrt{s(s-a)(s-b)(s-c)}}{s}$$

로 주어진다. 여기서 $s=\frac{1}{2}(a+b+c)$이다. 다음 조건에 대해서 r값을 MATLAB으로 계산하여라.

a) $a=b=c=2$

b) $a=3,\ b=4,\ c=5$

4. $\theta = 0,\ \frac{\pi}{4},\ \frac{\pi}{2},\ \frac{3\pi}{4},\ \pi,\ \frac{5\pi}{4},\ \frac{3\pi}{2},\ \frac{7\pi}{4}$에 대해서 다음 식들이 만족하는지 MATLAB을 사용하여 확인하여라.

a) $\sin 2\theta = 2\sin\theta\cos\theta$

b) $\cos 2\theta = 2\cos^2\theta - 1$

c) $\sin\frac{\theta}{2} = \pm\sqrt{\frac{1-\cos\theta}{2}}$

d) $\cos\frac{\theta}{2} = \pm\sqrt{\frac{1+\cos\theta}{2}}$

e) $\tan\frac{\theta}{2} = \pm\sqrt{\frac{1-\cos\theta}{1+\cos\theta}}$

f) $\sin 3\theta = 3\sin\theta - 4\sin^3\theta$

g) $\sin 4\theta = 4\sin\theta\cos\theta - 8\sin^3\theta\cos\theta$

h) $\sin 5\theta = 5\sin\theta - 20\sin^3\theta + 16\sin^5\theta$

5. $x = 0,\ 0.5,\ 1,\ 2,\ 10,\ 100$에 대해서 다음 식들이 만족하는지 MATLAB을 사용하여 확인하여라.

a) $\sin^{-1}x + \cos^{-1}x = \pi/2$

b) $\tan^{-1}x + \cot^{-1}x = \pi/2$

c) $\sec^{-1}x + \csc^{-1}x = \pi/2$

d) $\csc^{-1}x = \sin^{-1}(1/x)$

e) $\sec^{-1}x = \cos^{-1}(1/x)$

f) $\cot^{-1}x = \tan^{-1}(1/x)$

6. $x = 0,\ 0.5,\ 1,\ 2,\ 10,\ 100$에 대해서 다음 식들이 만족하는지 MATLAB을 사용하여 확인하여라.

a) $\sin^{-1}(-x) + \sin^{-1}x = 0$

b) $\cos^{-1}(-x) + \cos^{-1}x = \pi$

c) $\tan^{-1}(-x) + \tan^{-1}x = 0$

d) $\cot^{-1}(-x) + \cot^{-1}x = \pi$

e) $\sec^{-1}(-x)+\sec^{-1}x=\pi$

f) $\csc^{-1}(-x)+\csc^{-1}x=0$

7. $\theta=0,\ \frac{\pi}{4},\ \frac{\pi}{2},\ \frac{3\pi}{4},\ \pi,\ \frac{5\pi}{4},\ \frac{3\pi}{2},\ \frac{7\pi}{4}$에 대해서 다음 식들이 만족하는지 MATLAB을 사용하여 확인하여라.

a) $e^{i\theta}=\cos\theta+i\sin\theta$

b) $e^{-i\theta}=\cos\theta-i\sin\theta$

8. $\theta=0,\ \frac{\pi}{4},\ \frac{\pi}{2},\ \frac{3\pi}{4},\ \pi,\ \frac{5\pi}{4},\ \frac{3\pi}{2},\ \frac{7\pi}{4}$에 대해서 다음 식들이 만족하는지 MATLAB을 사용하여 확인하여라.

a) $\sin\theta=\dfrac{e^{i\theta}-e^{-i\theta}}{2i}$

b) $\cos\theta=\dfrac{e^{i\theta}+e^{-i\theta}}{2}$

c) $\tan\theta=-i\left(\dfrac{e^{i\theta}-e^{-i\theta}}{e^{i\theta}+e^{-i\theta}}\right)$

d) $\cot\theta=i\left(\dfrac{e^{i\theta}+e^{-i\theta}}{e^{i\theta}-e^{-i\theta}}\right)$

e) $\sec\theta=\dfrac{2}{e^{i\theta}+e^{-i\theta}}$

f) $\csc\theta=\dfrac{2i}{e^{i\theta}-e^{-i\theta}}$

9. $x=0,\ 0.5,\ 1,\ 2,\ 10,\ 100$에 대해서 다음 식들이 만족하는지 MATLAB을 사용하여 확인하여라.

a) $\sinh x-\dfrac{(e^{x}-e^{-x})}{2}=0$

b) $\cosh x-\dfrac{(e^{x}+e^{-x})}{2}=0$

c) $\tanh x - \left(\frac{e^{x} - e^{-x}}{e^{x} + e^{-x}}\right) = 0$

d) $\coth x - \left(\frac{e^{x} + e^{-x}}{e^{x} - e^{-x}}\right) = 0$

e) $\mathrm{sech}\, x - \left(\frac{2}{e^{x} + e^{-x}}\right) = 0$

f) $\mathrm{csch}\, x - \left(\frac{2}{e^{x} - e^{-x}}\right) = 0$

10. $x = 0,\ 0.5,\ 1,\ 2,\ 10,\ 100$에 대해서 다음 식들이 만족하는지 MATLAB을 사용하여 확인하여라.

a) $\cosh^2 x - \sinh^2 x = 1$

b) $\mathrm{sech}^2 x + \tanh^2 x = 1$

c) $\coth^2 x - \mathrm{csch}^2 x = 1$

11. $x = 0,\ 0.5,\ 1,\ 2,\ 10,\ 100$에 대해서 다음 식들이 만족하는지 MATLAB을 사용하여 확인하여라.

a) $\sinh\frac{x}{2} = \sqrt{\frac{\cosh x - 1}{2}}$

b) $\cosh\frac{x}{2} = \sqrt{\frac{\cosh x + 1}{2}}$

c) $\tanh\frac{x}{2} = \sqrt{\frac{\cosh x - 1}{\cosh x + 1}}$

12. $x = 0,\ 0.5,\ 1,\ 2,\ 10,\ 100$에 대해서 다음 식들이 만족하는지 MATLAB을 사용하여 확인하여라.

a) $\sinh 3x = 3\sinh x + 4\sinh^3 x$

b) $\cosh 3x = 4\cosh^3 x - 3\cosh x$

c) $\tanh 3x = \frac{3\tanh x + \tanh^3 x}{1 + 3\tanh^2 x}$

13. $x = 0.1,\ 0.5,\ 1,\ 2,\ 10,\ 100$에 대해서 다음 식들이 만족하는지 MATLAB을 사용하여 확인하여라.

a) $\sinh^{-1}x = \ln(x + \sqrt{x^2+1})$

b) $\mathrm{csch}^{-1}x = \ln\left(\frac{1}{x} + \sqrt{\frac{1}{x^2}+1}\right)$

14. MATLAB을 사용하여 다음 식을 만족하는 x의 범위를 구하여라.

a) $\cosh^{-1}x = \ln(x + \sqrt{x^2-1})$

b) $\tanh^{-1}x = \frac{1}{2}ln\left(\frac{1+x}{1-x}\right)$

c) $\coth^{-1}x = \frac{1}{2}ln\left(\frac{x+1}{x-1}\right)$

d) $\mathrm{sech}^{-1}x = \ln\left(\frac{1}{x} + \sqrt{\frac{1}{x^2}-1}\right)$

15. $x = 0,\ 0.5,\ 1,\ 2,\ 10,\ 100$에 대해서 다음 식들이 만족하는지 MATLAB을 사용하여 확인하여라.

a) $\sin(ix) - i\sinh x = 0$

b) $\cos(ix) - i\cosh x = 0$

c) $\tan(ix) - i\tanh x = 0$

d) $\csc(ix) + i\,\mathrm{csch} x = 0$

e) $\sec(ix) - \mathrm{sech} x = 0$

f) $\cot(ix) + i\coth x = 0$

16. $x = 0,\ 0.5,\ 1,\ 2,\ 10,\ 100$에 대해서 다음 식들이 만족하는지 MATLAB을 사용하여 확인하여라.

a) $\sin^{-1}(ix) = i\sinh^{-1}x$

b) $\sinh^{-1}(ix) = i\sin^{-1}x$

c) $\tan^{-1}(ix) = i\tanh^{-1}x$

d) $\tanh^{-1}(ix) = i\tan^{-1}x$

e) $\csc^{-1}(ix) = -i\,\mathrm{csch}^{-1}x$

f) $\mathrm{csch}^{-1}(ix) = -i\csc^{-1}x$

17. $|x| < 1$에 대해서 다음 식들이 만족하는지 MATLAB을 사용하여 확인하여라.

a) $\dfrac{1}{1-x} = \sum_{n=0}^{\infty} x^n = 1 + x + x^2 + x^3 + ... + x^n + ...$

b) $\ln(1+x) = \sum_{n=1}^{\infty} (-1)^{n-1}\dfrac{1}{n} = 1 - \dfrac{1}{2} + \dfrac{1}{3} - \dfrac{1}{4} + ...$

c) $\dfrac{1}{1+x} = \sum_{n=0}^{\infty} (-1)^n x^n = 1 - x + x^2 - x^3 + ... + (-1)^n x^n + ...$

18. 다음 식들이 만족하는지 MATLAB을 사용하여 확인하여라.

a) $e^x = \sum_{n=0}^{\infty} \dfrac{x^n}{n!} = 1 + x + \dfrac{x^2}{2!} + \dfrac{x^3}{3!} + ...$

b) $\sin x = x - \dfrac{x^3}{3!} + \dfrac{x^5}{5!} - \dfrac{x^7}{7!} + ...$

c) $\cos x = 1 - \dfrac{x^2}{2!} + \dfrac{x^4}{4!} - \dfrac{x^6}{6!} + ...$

d) $\sinh x = x + \dfrac{x^3}{3!} + \dfrac{x^5}{5!} + \dfrac{x^7}{7!} + ...$

e) $\cosh x = 1 + \dfrac{x^2}{2!} + \dfrac{x^4}{4!} + \dfrac{x^6}{6!} + ...$

CHAPTER 02

선형대수와 배열 연산

MATLAB에서 취급하는 기본적인 데이터 유형은 배열이다. 배열은 숫자나 문자들의 나열 방식인데, 열이나 행을 통해서 정렬된다. 한 개의 스칼라는 하나의 원소를 지닌 배열이며, 벡터는 원소들이 위치하는 한 개의 열, 또는 한 개의 행을 지닌 배열이다. 행렬들은 원소들의 열과 행으로 구성된 배열이다. MATLAB의 성능은 행렬 및 벡터 연산을 기초로 이루어졌다. 따라서 MATLAB을 잘 사용하려면 선형대수에 대한 부분을 잘 이해해야 한다.

2.1 선형대수 복습

2.1.1 행렬과 벡터

행렬은 원소들을 열과 행으로 정렬한 배열이다. 다음은 $m \times n$ 장방형 행렬 A를 보여주고 있다.

$$A = \begin{bmatrix} a_{11} & a_{12} & \dots & a_{1n} \\ a_{21} & a_{22} & \dots & a_{2n} \\ . & . & . & . \\ . & . & . & . \\ a_{m1} & a_{m2} & \dots & a_{mn} \end{bmatrix} \quad \Leftarrow \quad (m \times n) \text{ 행렬}$$

행렬 원소 a_{ij}에서 첫 번째 아래첨자 i는 행을 나타내고, 두 번째 아래첨자 j는 열을 나타낸다. 즉, $i = 1$이면 첫 번째 행을 의미하고, $i = 2$이면 두 번째 행을 의미한다. 마찬가지로, $j = 1$이면 첫 번째 열을 나타내고, $j = 2$이면 두 번째 열을 나타낸다. $m = n$이면 행렬 A는 정방행렬이라고 하고 다음과 같이 표현된다.

$$A = \begin{bmatrix} a_{11} \, a_{12} \dots a_{1n} \\ a_{21} \, a_{22} \dots a_{2n} \\ . \quad . \quad . \quad . \\ . \quad . \quad . \quad . \\ a_{n1} \, a_{n2} \dots a_{nn} \end{bmatrix} \quad \Leftarrow \quad (n \times n) \text{ 행렬}$$

수학적 표현에서 행렬 A는 다음과 같이 간략히 표기될 수 있다.

$$A = [a_{ij}]$$

벡터는 행렬의 특수한 형태이다. 한 열만을 갖는 벡터를 열벡터라고 하는데 다음과 같이 표기된다.

$$b = \begin{bmatrix} b_1 \\ b_2 \\ b_3 \\ . \\ . \\ b_n \end{bmatrix}$$

한 행만을 갖는 벡터를 행벡터라고 하는데 다음과 같이 표기된다.

$$b = [b_1 \, b_2 \, b_3 \, \dots . \, b_n]$$

행렬의 원소가 모두 0일 때 영(0) 행렬(null matrix)이라고 하며, 다음과 같이 표시된다.

$$A = \begin{bmatrix} 0 \, 0 \, \dots\dots\dots \, 0 \\ 0 \, 0 \, \dots\dots\dots \, 0 \\ . \; . \;\; \dots\dots \;\; . \\ . \; . \;\; \dots\dots \;\; . \\ 0 \, 0 \, \dots\dots\dots \, 0 \end{bmatrix}$$

MATLAB에서 영 행렬은 명령 zeros를 사용하여 생성된다. A=zeros(m, n)은 $m \times n$ 영 행렬을 나타내고, A=zeros(n)은 $n \times n$ 영 행렬을 생성한다.

대각선 원소가 모두 1이고, 나머지 원소가 모두 0인 정방행렬을 항등행렬(identity matrix)이라고 하며, 다음과 같이 표기된다.

$$I=\begin{bmatrix} 1\,0 \,\dots\dots\, 0 \\ 0\,1 \,\dots\dots\, 0 \\ .\;\;.\;\;\dots\dots\;\;. \\ .\;\;.\;\;\dots\dots\;\;. \\ 0\,0 \,\dots\dots\, 1 \end{bmatrix}$$

MATLAB에서 항등 행렬은 명령 eye(n)을 사용하여 나타낸다. A=eye(n)은 $n \times n$ 항등 행렬을 생성한다.

전치 행렬(transposed matrix)은 행렬 A=[a_{ij}]에서 i와 j가 서로 바뀐 행렬을 말한다. 선형 대수학에서는 윗첨자 'T'를 사용하여 전치 행렬을 표시하는데, MATLAB에서는 프라임(')을 사용하여 전치행렬을 만든다. 다음은 행렬 A에 대한 전치 행렬을 나타낸다.

$$\boldsymbol{A}^T= \begin{bmatrix} a_{11}\, a_{12} \\ a_{21}\, a_{22} \end{bmatrix}^T = \begin{bmatrix} a_{11}\, a_{21} \\ a_{12}\, a_{22} \end{bmatrix}$$

행렬의 크기가 같으면, 즉 열과 행의 수가 같으면 행렬의 덧셈과 뺄셈이 가능하다. 예를 들어, 행렬 A와 B를 다음과 같이 가정하면,

$$\boldsymbol{A}= \begin{bmatrix} a_{11}\, a_{12} \\ a_{21}\, a_{22} \end{bmatrix}, \qquad \boldsymbol{B}= \begin{bmatrix} b_{11}\, b_{12} \\ b_{21}\, b_{22} \end{bmatrix}$$

행렬 A와 B의 덧셈과 뺄셈은 다음과 같이 수행된다.

$$\boldsymbol{A} \pm \boldsymbol{B}= \begin{bmatrix} a_{11} \pm b_{11} & a_{12} \pm b_{12} \\ a_{21} \pm b_{21} & a_{22} \pm b_{22} \end{bmatrix}$$

벡터의 크기가 같으면 벡터의 덧셈과 뺄셈도 가능하다. 예를 들어, 벡터 **u**와 **v**를 다음과 같이 가정하면,

$$\boldsymbol{u}= \begin{bmatrix} u_1 \\ u_2 \end{bmatrix}, \qquad \boldsymbol{v}= \begin{bmatrix} v_1 \\ v_2 \end{bmatrix}$$

벡터 **u**와 **v**의 덧셈과 뺄셈은 다음과 같이 수행된다.

$$\boldsymbol{u} \pm \boldsymbol{v}= \begin{bmatrix} u_1 \pm v_1 \\ u_2 \pm v_2 \end{bmatrix}$$

두 행렬 A와 B의 곱셈은 AB로 표기하는데, 이때 A의 열 수와 B의 행 수가 같아야 한다. 예를 들어, 행렬 A와 B를 다음과 같이 가정하면,

$$\boldsymbol{A}=\begin{bmatrix} a_{11}\, a_{12} \\ a_{21}\, a_{22} \end{bmatrix}, \quad \boldsymbol{B}=\begin{bmatrix} b_{11}\, b_{12} \\ b_{21}\, b_{22} \end{bmatrix}$$

행렬 A와 B의 곱셈 AB는 다음과 같이 수행된다.

$$\begin{aligned} \boldsymbol{AB} &= \begin{bmatrix} a_{11}\, a_{12} \\ a_{21}\, a_{22} \end{bmatrix} \begin{bmatrix} b_{11}\, b_{12} \\ b_{21}\, b_{22} \end{bmatrix} \\ &= \begin{bmatrix} a_{11}b_{11}+a_{12}b_{21} & a_{11}b_{12}+a_{12}b_{22} \\ a_{21}b_{11}+a_{22}b_{21} & a_{21}b_{12}+a_{22}b_{22} \end{bmatrix} \end{aligned}$$

일반적으로, $AB \neq BA$이다.

예

$$\begin{bmatrix} 9 & 3 \\ -2 & 0 \end{bmatrix} \begin{bmatrix} 1 & -4 \\ 2 & 5 \end{bmatrix} = \begin{bmatrix} 9+6 & -36+15 \\ -2 & 8 \end{bmatrix} = \begin{bmatrix} 15 & -21 \\ -2 & 8 \end{bmatrix}$$

$$\begin{bmatrix} 1 & -4 \\ 2 & 5 \end{bmatrix} \begin{bmatrix} 9 & 3 \\ -2 & 0 \end{bmatrix} = \begin{bmatrix} 9+8 & 3 \\ 18-10 & 6 \end{bmatrix} = \begin{bmatrix} 17 & 3 \\ 8 & 6 \end{bmatrix}$$

2.1.2 역행렬과 행렬식

두 개의 정방행렬 A와 B가 다음과 같이 표현되면,

$$AB = BA = I$$

A와 B는 역 관계에 있다. 즉, 행렬 A는 B의 역행렬이고, B는 A의 역행렬이다. 역행렬은 다음과 같이 표기한다.

$$A^{-1} = B \ \text{ 또는 } \ B^{-1} = A$$

MATLAB에서 A의 역행렬은 명령 inv(A)를 사용하여 계산된다. 만약 MATLAB이 역행렬을 계산하지 못한다면, 그 행렬은 특이 행렬(singular matrix)임을 알 수 있다. 2x2인 A행렬에 대한 역행렬은 다음과 같이 표현된다.

$$A = \begin{bmatrix} a_{11} & a_{12} \\ a_{21} & a_{22} \end{bmatrix}$$

$$A^{-1} = \frac{1}{\det(A)} \begin{bmatrix} a_{22} & -a_{12} \\ -a_{21} & a_{11} \end{bmatrix}$$

$$\det(A) = \begin{vmatrix} a_{11} & a_{12} \\ a_{21} & a_{22} \end{vmatrix} \neq 0$$

위에서 det(A)는 행렬 A의 행렬식을 나타낸다. 행렬식은 정방행렬과 관계된 중요한 양이다. 행렬의 고유치(eigenvalue)를 계산할 때 행렬식이 중요한 역할을 한다. 또한 행렬의 특이성을 판별할 때도 사용되는데, 주어진 행렬의 행렬식 값이 0이면 특이 행렬이라고 정의한다. 2x2인 A 행렬에 대해서, 행렬식은 다음과 같이 표현된다.

$$\det(A) = \begin{vmatrix} a_{11} & a_{12} \\ a_{21} & a_{22} \end{vmatrix} = a_{11}a_{22} - a_{12}a_{21}$$

3x3 행렬에 대해서, 행렬식은 다음과 같이 표현된다.

$$\det(A) = \begin{vmatrix} a_{11} & a_{12} & a_{13} \\ a_{21} & a_{22} & a_{23} \\ a_{31} & a_{32} & a_{33} \end{vmatrix}$$

$$= a_{11}a_{22}a_{33} + a_{32}a_{21}a_{13} + a_{31}a_{12}a_{23} - a_{13}a_{22}a_{31} - a_{32}a_{23}a_{11} - a_{33}a_{12}a_{21}$$

만약, $W = ABCD...H$와 같이 행렬이 다른 행렬들의 곱으로 표현되어 있으면, W의 행렬식은 각 행렬의 행렬식의 곱으로 나타내어진다. 즉

$$\det(W) = \det(A)\det(B)\det(C)...\det(H)$$

MATLAB에서 A의 행렬식은 명령 det(A)를 사용하여 계산된다.

2.1.3 행렬의 고유치

nxn 정방행렬 A에 다음과 같은 다항식이 정의될 수 있다.

$$f(\lambda) = \det[A - \lambda I]$$

함수 $f(\lambda)$는 λ에 대한 n차 다항식이 된다. 2x2인 A 행렬에 대해서, $f(\lambda)$는 다음과 같이 표현된다.

$$f(\lambda)=\begin{vmatrix} a_{11}-\lambda & a_{12} \\ a_{21} & a_{22}-\lambda \end{vmatrix} = (a_{11}-\lambda)(a_{22}-\lambda)-a_{12}\,a_{21}=0$$

$$f(\lambda)=\lambda^2-(a_{11}+a_{22})\lambda+(a_{11}a_{22}-a_{12}a_{21})=0$$

위 식의 해를 행렬 A의 고유치라 부른다. MATALB에서 행렬 A의 고유치는 명령 eig(A)를 사용하여 구할 수 있다.

2.1.4 선형 방정식

n개의 미지수를 갖는 m개의 연립방정식이 아래와 같이 주어져 있다.

$$\begin{aligned} a_{11}x_1+a_{12}x_2+\ldots+a_{1n}x_n &= y_1 \\ a_{21}x_1+a_{22}x_2+\ldots+a_{2n}x_n &= y_2 \\ &. \\ &. \\ a_{m1}x_1+a_{m2}x_2+\ldots+a_{mn}x_n &= y_m \end{aligned}$$

여기서, a_{ij}는 계수이고, x_i 는 미지수이다. y_i 는 기지의 항이다. 위 방정식을 다음과 같이 쓸 수 있다.

$$\begin{bmatrix} a_{11} & a_{12} & \ldots & a_{1n} \\ a_{21} & a_{22} & \ldots & a_{2n} \\ . & . & . & . \\ . & . & . & . \\ a_{m1} & a_{m2} & \ldots & a_{mn} \end{bmatrix} \begin{bmatrix} x_1 \\ x_2 \\ x_3 \\ . \\ . \\ x_n \end{bmatrix} = \begin{bmatrix} y_1 \\ y_2 \\ y_3 \\ . \\ . \\ y_m \end{bmatrix}$$

또는

$$Ax=y$$

방정식의 수와 미지수의 개수가 같아지면 즉, m=n이면 A는 다음과 같은 정방 행렬이 된다.

$$A = \begin{bmatrix} a_{11} \ a_{12} \ldots a_{1n} \\ a_{21} \ a_{22} \ldots a_{2n} \\ . \quad . \quad . \quad . \\ . \quad . \quad . \quad . \\ a_{n1} \ a_{n2} \ldots a_{nn} \end{bmatrix}$$

MATLAB에서 해를 구하기 위해서 다음과 같이 명령을 쓴다.

$$x = A\backslash y$$

또는

$$x = inv(A)^{*}y$$

두 표현식에서, 앞의 방법이 계산상 효율적이다.

2.2 벡터 만들기

벡터는 사각괄호[ ] 내부에 원소들을 입력하여 만든다. 원소를 배열하는 방법에 따라 행 벡터와 열 벡터로 구분된다. 행 벡터를 만들기 위해서는 사각괄호 내부에 원소들을 입력하고, 원소들은 빈칸이나 콤마로 분리한다. 열 벡터를 만들기 위해서는 원소들을 입력하고, 세미콜론으로 원소들을 분리한다. 또는 각 원소를 입력하면서 Enter키를 누르면 된다. 전치연산을 벡터에 적용할 경우, 하나의 행 벡터를 열 벡터로, 또는 열 벡터를 행 벡터로 전환한다. 전치연산은 변환되는 변수나 사각괄호 다음에 부호 한개로 된 인용부호(')를 입력함으로써 행해진다. 다음 예제는 행 벡터와 열 벡터를 만드는 방법을 보여준다.

예제 2.1 벡터 만들기 연습

```
>> x=[1 2 3 4]
x =
     1     2     3     4

>> y=[5,6,7,8]
y =
     5     6     7     8
```

```
>> a=[9;10;11;12]
a =
     9
    10
    11
    12

>> b=[13
14
15
16]

b =
    13
    14
    15
    16

>> c=[17,18,19,20]'
c =
    17
    18
    19
    20
```

원소들의 차이가 일정하게 배열되는 벡터의 경우, 위 예제처럼 모든 원소들을 직접 입력하는 게 아니라, 첫 번째 항과 마지막 항, 그리고 일정한 간격을 입력하여 쉽게 벡터를 만든다. 입력방법은 다음과 같다.

```
벡터 변수명 =[시작 항: 증분: 마지막 항]
```

증분이 (+)값이면 원소들의 값이 일정하게 커지고, (-)값이면 일정하게 작아진다. 증분이 1이면 다음과 같이 입력하여도 된다.

```
벡터 변수명 =[시작 항: 마지막 항]
```

예제 2.2 일정한 간격을 갖는 벡터 만들기

```
>> u=[0:2:10]
u =
     0     2     4     6     8    10

>> v=[1:2:11]'
v =
     1
     3
     5
     7
     9
    11

>> w=[10:-2:0]
w =
    10     8     6     4     2     0

>> x=[1:0.1:2]
x =
  Columns 1 through 6
    1.0000    1.1000    1.2000    1.3000    1.4000    1.5000

  Columns 7 through 11
    1.6000    1.7000    1.8000    1.9000    2.0000

>> y=[1:10]
y =

     1     2     3     4     5     6     7     8     9    10

>> z=[w u]
z =
  Columns 1 through 11
    10     8     6     4     2     0     0     2     4     6     8

  Column 12
    10
```

위 예제에서 z는 w와 u의 배열을 묶어서 만든 새로운 배열이다. 이때 배열 w와 배열 u 사이에 빈 칸을 넣는다. 이렇게 하면 배열 z는 배열 w 다음에 배열 u가 이어진 1개의 배열이 된다.

명령 linspace를 사용하여 일정한 간격의 벡터를 만들 수 있다. 첫 번째 원소와 마지막 원소를 n개로 나누고 싶으면 다음과 같이 입력한다.

```
벡터 변수명 =linspace(첫 번째 원소, 마지막 원소, n)
```

예제 2.3 linspace를 사용하여 벡터 만들기

```
>> x=linspace(0,10,6)
x =
     0     2     4     6     8    10

>> y=linspace(10,0,6)
y =
    10     8     6     4     2     0

>> w=linspace(1,2,11)
w =
  Columns 1 through 6
    1.0000    1.1000    1.2000    1.3000    1.4000    1.5000

  Columns 7 through 11
    1.6000    1.7000    1.8000    1.9000    2.0000
```

배열 안에서 원소들을 개별적으로 나타낼 수 있다. 벡터 안에서 원소의 주소는 그 원소가 행이나 열 안에서 차지하는 위치를 말한다. 위 예제에서 벡터 y의 두 번째 원소를 알고 싶으면 y(2)를 입력하고 Enter키를 누르면 된다. 또한 원소의 주소개념을 활용하여 특별한 주소에 새로운 값을 할당함으로써 벡터의 한 개의 원소의 값을 수정하거나, 원소를 늘리는 것이 가능하다. 다음 예제는 원소의 주소에 대한 내용을 보여준다.

예제 2.4 벡터 주소 연습

```
>> a=11:20
a =
    11    12    13    14    15    16    17    18    19    20

>> b=a.^2
b =
   121   144   169   196   225   256   289   324   361   400

>> a(5)
ans =
    15

>> b(5)
ans =
   225

>> sqrt(b(5))
ans =
    15

>> a(5)^2
ans =
   225

>> a(1)=21;a(2)=22;a(3)=23;
>> a
a =
    21    22    23    14    15    16    17    18    19    20
```

콜론은 벡터 원소들의 범위를 지정하는데 사용된다.

- `y(:)` : 벡터 y의 모든 원소를 나타낸다.
- `y(m:n)` : m번째 원소에서 n번째 원소까지만 나타낸다.

다음 예제는 벡터 배열에서 콜론을 활용하는 방법을 보여준다.

예제 2.5 벡터 배열에서 콜론을 사용하는 연습

```
>> x=0:(pi/2)/9:pi/2;
>> y=sin(x)
y =
  Columns 1 through 6
        0    0.1736    0.3420    0.5000    0.6428    0.7660

  Columns 7 through 10
    0.8660    0.9397    0.9848    1.0000
>> y(:)
ans =
        0
    0.1736
    0.3420
    0.5000
    0.6428
    0.7660
    0.8660
    0.9397
    0.9848
    1.0000

>> y(2:4)
ans =
    0.1736    0.3420    0.5000

>> y(2:4).^2
ans =
    0.0302    0.1170    0.2500

>> a=[1 4 9 16 25 36 49 64 81 100];
>> b=sqrt(a(1:4))
b =
     1     2     3     4
```

새로운 원소들이 현존하는 벡터에 더해질 수 있다. 다음 예제는 존재하는 벡터에 원소들이 더해져 벡터가 전환되는 것을 보여준다.

예제 2.6 존재하는 벡터에 원소 더하기

```
>> a=0:2:10
a =
     0     2     4     6     8    10
>> length(a)
ans =
     6

>> a(7)=12
a =
     0     2     4     6     8    10    12

>> a(11)=20
a =
     0     2     4     6     8    10    12     0     0     0    20
>> a(9)
ans =
     0
>> a(9)=16
a =
     0     2     4     6     8    10    12     0    16     0    20

>> length(a)
ans =
    11

>> b=[2 3];
>> c=[4 5 6 7 8];
>> d=[ 1 2 b c]
d =
     1     2     2     3     4     5     6     7     8
>> b=[3 4];
>> c=[7 8 9 10];
>> d=[1 2 b]
d =
     1     2     3     4
>> e=[d 5 6 c]
e =
     1     2     3     4     5     6     7     8     9    10
```

위 예제에서 length(a)는 벡터 a의 원소 개수를 나타내는 명령이다.

벡터에서 하나의 원소나 원소들의 범위가 삭제될 수 있다. 삭제하고자 하는 벡터 주소에 아무것도 재지정하지 않으면 해당되는 원소들이 지워진다. 원소들이 삭제되면 해당 벡터의 크기는 작아진다.

예제 2.7 원소 삭제하기

```
>> a=0:2:10
a =
     0     2     4     6     8    10

>> length(a)
ans =
     6

>> a(5)=[ ]
a =
     0     2     4     6    10

>> a(2:4)=[ ]
a =
     0    10

>> length(a)
ans =
     2
```

2.3 행렬 만들기

행렬은 행과 열에 숫자를 갖는 2차원 배열이다. MATLAB에서 행렬을 만들기 위해서, 먼저 사각괄호[ ] 내부에 원소들을 입력하고, 원소들은 빈칸이나 콤마로 분리하여 첫 번째 행을 입력한다. 다음 행을 입력하기 위해서 세미콜론을 입력하거나 Enter키를 누른다. 다음은 행렬을 만드는 예제를 보여준다.

예제 2.8 행렬 만들기

```
>> A=[1 3 5; 2 4 6; 7 9 11]
A =
     1     3     5
     2     4     6
     7     9    11

>> B=[8 10 12
13 15 17
14 16 18]
B =
     8    10    12
    13    15    17
    14    16    18

>> a=2;b=3;c=5;
>> C=[a*a a*b a*c;a/a a/b a/c; a/a b/a c/a]
C =
    4.0000    6.0000   10.0000
    1.0000    0.6667    0.4000
    1.0000    1.5000    2.5000
```

하나의 행이 일정한 간격을 갖는 원소들로 구성되는 경우에는, 배열 만들기에서 사용했던 방법을 적용하여 행렬을 만들 수 있다.

예제 2.9 행렬 만들기

```
>> A=[1 3 5 7 9; 2:2:10; linspace(3,15,5)]
A =
     1     3     5     7     9
     2     4     6     8    10
     3     6     9    12    15
```

MATLAB에는 모든 원소를 0으로 만드는 zeros 명령과 1로 만드는 ones라는 명령이 있다. 또한 대각선 원소만 1이고 나머지 원소들은 0이 되게 하는 eye라는 명령이 있다. 다음 예제는 각각의 명령의 사용법을 보여준다.

예제 2.10 zeros, ones, 그리고 eye 명령 연습하기

```
>> zeros(3)
ans =
     0     0     0
     0     0     0
     0     0     0

>> zeros(3,4)
ans =
     0     0     0     0
     0     0     0     0
     0     0     0     0

>> ones(3)
ans =
     1     1     1
     1     1     1
     1     1     1

>> ones(3,4)
ans =
     1     1     1     1
     1     1     1     1
     1     1     1     1

>> eye(3)
ans =
     1     0     0
     0     1     0
     0     0     1

>> eye(3,4)
ans =
     1     0     0     0
     0     1     0     0
     0     0     1     0

>> eye(3,5)
ans =
     1     0     0     0     0
     0     1     0     0     0
     0     0     1     0     0
```

벡터 연산에서처럼, 전치연산을 하면 열들은 행으로 전환되고, 행들은 열들로 전환된다. 다음 예제는 행렬의 전치연산을 보여 준다.

예제 2.11 행렬의 전치연산

```
>> A=[11,13,15;12,14,16;17,19,21]
A =
    11    13    15
    12    14    16
    17    19    21

>> B=A'
B =
    11    12    17
    13    14    19
    15    16    21

>> C=[11 12 17;13 14 19;15 16 21]'
C =
    11    13    15
    12    14    16
    17    19    21
```

행렬에서도 콜론을 사용하여 원소들의 범위를 지정할 수 있다.

- `A(:,n)` : 행렬 A의 n번째 열에 있는 모든 원소를 지정한다.
- `A(n,:)` : 행렬 A의 n번째 행에 있는 모든 원소를 지정한다.
- `A(:, m:n)` : 행렬 A의 m번째에서 n번째 열에 있는 모든 원소를 지정한다.
- `A(m:n, :)` : 행렬 A의 m번째에서 n번째 행에 있는 모든 원소를 지정한다.
- `A(m:n, p:q)` : 행렬 A의 m번째에서 n번째 행까지의 원소 중에서, p열에서 q열 사이에 있는 모든 원소를 지정한다.

예제 2.12 콜론 기호를 사용하여 원소 범위 지정

```
>> A=[1 3 5 7 9;2 4 6 8 10;11 13 15 17 19;12 14 16 18 20]
A =
     1     3     5     7     9
     2     4     6     8    10
    11    13    15    17    19
    12    14    16    18    20

>> B=A(: ,2)
B =
     3
     4
    13
    14

>> C=A(2, :)
C =
     2     4     6     8    10

>> D=A(:, 2:3)
D =
     3     5
     4     6
    13    15
    14    16

>> E=A(2:3, :)
E =
     2     4     6     8    10
    11    13    15    17    19

>> F=A(2:3, 2:3)
F =
     4     6
    13    15
```

기존 행렬에 새로운 열이나 행을 더함으로써 새로운 행렬이 만들어 진다. 또는 존재하고 있는 변수들을 추가하여 행렬이 커질 수 있는데, 이때 더해진 변수의 열이나 행의 크기가 현존하는 행렬에 맞아야 하므로 주의를 요한다.

예제 2.13 행렬에 원소 추가하기

```
>> A=[11 13 15 17; 21 23 25 27;31 33 35 37]
A =
    11    13    15    17
    21    23    25    27
    31    33    35    37

>> A(4,:)=[41 43 45 47];
>> A
A =

    11    13    15    17
    21    23    25    27
    31    33    35    37
    41    43    45    47

>> A(: ,5)=[19 29 39 49];
>> A
A =

    11    13    15    17    19
    21    23    25    27    29
    31    33    35    37    39
    41    43    45    47    49

>> size(A)
ans =
     4     5

>> A(5,6)=50
A =
    11    13    15    17    19     0
    21    23    25    27    29     0
    31    33    35    37    39     0
    41    43    45    47    49     0
     0     0     0     0     0    50
```

```
>> B(3,4)=50
B =
     0     0     0     0
     0     0     0     0
     0     0     0    50

>> B=[B eye(3)]
B =
     0     0     0     0     1     0     0
     0     0     0     0     0     1     0
     0     0     0    50     0     0     1
```

위 예제에서 size(A)는 행렬 A의 크기를 나타낸다. A가 mxn인 경우에 m과 n 값을 출력한다.

존재하는 행렬에서, 원소나 원소들의 범위에 대해서 아무것도 지정하지 않으면 해당 원소들은 삭제되고, 행렬의 크기는 줄어든다.

예제 2.14 행렬에서 일부 원소 삭제

```
>> A=[11 13 15 17 19;21 23 25 27 29;31 33 35 37 39;41 43 45 47 49]
A =
    11    13    15    17    19
    21    23    25    27    29
    31    33    35    37    39
    41    43    45    47    49

>> A(:,3)=[ ]
A =
    11    13    17    19
    21    23    27    29
    31    33    37    39
    41    43    47    49

>> A(3,:)=[ ]
A =
    11    13    17    19
    21    23    27    29
    41    43    47    49
```

```
>> A(:,3:4)=[ ]
A =
    11    13
    21    23
    41    43
```

2.4 문자열과 문자열 변수

문자열은 MATLAB에서 여러 가지 유형으로 사용된다. 예를 들어, 그래픽 출력과정에서 제목이나 축의 레벨 표시에 문자열이 사용되고, 함수 파일의 출력 변수로 사용된다. 문자열은 두 개의 단일 인용부호(')에 의해 간단히 입력된다.

예제 2.15 문자열 변수

```
>> A='Star Wars'
A =
Star Wars

>> length(A)
ans =
     9

>> A(6)
ans =
W

>> B=[A ' II']
B =
Star Wars II

>> length(B)
ans =
    12

>> B(11:12)='IV'
B =
Star Wars IV
```

문자열은 행렬로도 나타낼 수 있는데, char 명령을 사용한다. char(a1, a2, ...)는 문자 변수 a1, a2 등을 행에 위치하게 하고, 적절한 공백을 넣어서 행렬을 만들어 준다. 가장 길이가 긴 문자 변수를 기준으로 행렬이 만들어지는데, 길이가 짧은 문자변수에는 자동적으로 공백이 넣어져 길이가 맞춰진다.

예제 2.16 문자행렬

```
>> movie=char('TRANSFORMER','LORD OF RINGS',
              'AVATAR','INSEPTION','SOCIAL NETWORK')
movie =
TRANSFORMER
LORD OF RINGS
AVATAR
INSEPTION
SOCIAL NETWORK

>> size(movie)
ans =
     5    14

>> movie(:,3)
ans =
A
R
A
S
C

>> movie(4,2)
ans =
N

>> movie(4,:)
ans =
INSEPTION

>> a1='TRANSFORMER';
>> a2='LORD OF RINGS';
>> a3='AVATAR';
```

```
>> a4='INSEPTION';
>> a5='SOCIAL NETWORK';
>> A=char(a1,a2,a3,a4,a5)

A =
TRANSFORMER
LORD OF RINGS
AVATAR
INSEPTION
SOCIAL NETWORK
```

숫자를 문자열 변수로 사용할 수 있다. 이때 숫자가 문자열 변수로 지정되면 수식에 사용될 수 없다는 점을 주의해야 한다.

예제 2.17 문자열 변수

```
>> a=100
a =
   100

>> A='100'
A =
100

>> b=100/2
b =
    50

>> B=[A ' 점']
B =
100 점
```

위 예제에서 변수 a는 수식에 사용되지만, A는 문자열 변수로 수식에는 사용되지 못한다.

2.5 배열 처리에 관련된 내장함수

MATLAB에는 배열을 처리하는데 사용되는 내장함수들이 있는데, 다음 표는 일부 내용을 소개하고 있다. 다음 표에 나오는 length와 size는 이미 앞 예제들에서 소개되었다.

표 2.1 배열 처리에 관련된 내장함수

명령	기 능	사용 예
length(a)	벡터 a의 크기를 나타냄.	>> a=0:0.2:10; >> length(a) ans = 51
size(A)	행렬A(mxn)의 크기를 나타냄.	>> A=[1 2 3;2 3 4]; >> size(A) ans = 2 3
reshape(A,p,q)	m개의 원소를 갖는 행렬 A의 모든 원소들을 사용하여, pxq 행렬을 만든다. p+q=m임.	>> A=[1 2;3 4;5 6;7 8;9 10;11 12]; >> B=reshape(A,4,3) B = 1 9 6 3 11 8 5 2 10 7 4 12
diag(a)	벡터 a의 원소를 대각선으로 하는 행렬을 만든다.	>> a=[1 2 3]; >> A=diag(a) A = 1 0 0 0 2 0 0 0 3
diag(A)	행렬 A의 대각 원소를 사용하여 벡터를 만든다.	>> A=[1 2 3;4 5 6;7 8 9] A = 1 2 3 4 5 6 7 8 9 >> a=diag(A) a = 1 5 9

배열을 구성하는 원소 중에서 가장 큰 값이나 가장 작은 값을 조사해야 할 경우가 있다. 또는 원소 데이터를 정렬해야 할 필요가 발생하기도 한다. 다음 표는 배열을 구성하는 원소를 검색하거나 연산할 때 사용하는 명령 일부를 보여준다.

표 2.2 특별한 배열 연산함수

함 수	기 능 설 명
max	배열의 최대원소를 보여준다.
min	배열의 최소원소를 보여준다.
mean	배열의 평균 값을 계산한다.
median	배열의 중앙치를 보여준다.
std	표준편차를 계산한다.
var	분산을 계산한다.
sort	원소를 높은 순으로 정렬한다.
sortrows	행을 높은 순으로 정렬한다.
sum	배열 원소의 합을 계산한다.
prod	배열 원소의 곱을 계산한다.
cumsum	누적 합을 계산한다.
cumprod	누적 곱을 계산한다.
det	행렬의 행렬식을 계산한다.
dot(a,b)	두 벡터 a와 b의 내적을 계산한다.
cross(a,b)	두 벡터 a와 b의 외적을 계산한다.
inv	정방행렬의 역행렬을 계산한다.

예제 2.18 max, min 함수

```
>> x=0:(2*pi)/100:(2*pi);
>> y=sin(x);
>> max(y)
ans =
     1
```

```
>> min(y)
ans =
    -1
```

위 예제는 0°에서 360°사이에서 sin 함수의 최대와 최소값을 보여주고 있다. 만약 변수 x의 원소 중에서 몇 번째 원소가 최대/최소인지 알려면 다음과 같이 입력한다.

```
[a,b]=max(x) 또는 min(x)
```

여기서 a는 최대 또는 최소값을 나타내고, b는 몇 번째 원소가 최대 또는 최소에 해당되는지(원소의 인덱스 번호)를 나타낸다.

예제 2.19 벡터에서의 max, min 함수

```
>> [a b]=max(sin(0:2*pi/100:2*pi))
a =
     1
b =
    26

>> [c d]=min(cos(0:2*pi/100:2*pi))
c =
    -1
d =
    51
```

위 예제에서 sin 함수의 최대값이 26번째 원소에서 1임을 나타내고 있다. 또한 cos 함수의 최소값은 51번째 원소에서 -1로 나타남을 보여주고 있다.

예제 2.20 행렬에서의 max, min 함수

```
>> A=[1 5 3 7;4 8 2 6;11 17 15 13;16 14 12 18]
A =
     1     5     3     7
     4     8     2     6
    11    17    15    13
```

```
    16    14    12    18

>> max(A)
ans =
    16    17    15    18

>> min(A)
ans =
     1     5     2     6

>> [a,b]=max(A)
a =
    16    17    15    18
b =
     4     3     3     4
```

위 예제에서 알 수 있는 바와 같이 행렬에서의 최대/최소는 각 열에 대해서 얻어진다. 인덱스 번호도 각 열에 대한 것이다.

sort 함수를 사용하여 벡터나 행렬의 원소들의 정렬을 변경할 수 있다. 변수 x에 대해서 sort(x)를 입력하면 정렬이 변경된 결과만을 보여준다. 원소의 인덱스 번호까지 출력하려면 다음과 같이 입력한다.

```
[a,b]=sort(x)
```

여기에서 a는 정렬된 결과를 나타내고, b는 해당되는 원소의 인덱스 번호를 나타낸다.

예제 2.21 벡터에서의 sort 함수

```
>> a=[2 1 5 7 3 10 4 6 9 8]
a =
     2     1     5     7     3    10     4     6     9     8

>> sort(a)
ans =
     1     2     3     4     5     6     7     8     9    10

>> [c, index]=sort(a)
```

```
c =
      1     2     3     4     5     6     7     8     9    10
index =
      2     1     5     7     3     8     4    10     9     6
```

예제 2.22 행렬에서의 sort 함수

```
>> A=[1 5 3 7;4 8 2 6;11 17 15 13;16 14 12 18]
A =
      1     5     3     7
      4     8     2     6
     11    17    15    13
     16    14    12    18

>> sort(A)
ans =
      1     5     2     6
      4     8     3     7
     11    14    12    13
     16    17    15    18

>> [a,b]=sort(A)
a =
      1     5     2     6
      4     8     3     7
     11    14    12    13
     16    17    15    18

b =
      1     1     2     2
      2     2     1     1
      3     4     4     3
      4     3     3     4
```

위 예제에서 알 수 있듯이, 행렬에서의 정렬 변경은 각 열에 대해서 수행된다.

예제 2.23 벡터에서의 mean, median, std, var, sum, cumsum, prod, cumprod

```
>> a=[2 1 5 7 3 10 4 6 9 8]
a =
     2     1     5     7     3    10     4     6     9     8

>> mean(a)
ans =
    5.5000

>> median(a)
ans =
    5.5000

>> std(a)
ans =
    3.0277

>> var(a)
ans =
    9.1667

>> sum(a)
ans =
    55

>> cumsum(a)
ans =
     2     3     8    15    18    28    32    38    47    55

>> prod(a)
ans =
     3628800

>> cumprod(a)
ans =
  Columns 1 through 5
           2           2          10          70         210
  Columns 6 through 10
        2100        8400       50400      453600     3628800
```

예제 2.24 행렬에서의 mean, median, std, var, sum, cumsum, prod, cumprod

```
>> A=[1 12 33 24;41 3 34 21;38 46 28 13;8 25 15 29]
A =
     1    12    33    24
    41     3    34    21
    38    46    28    13
     8    25    15    29

>> mean(A)
ans =
   22.0000   21.5000   27.5000   21.7500

>> median(A)
ans =
   23.0000   18.5000   30.5000   22.5000

>> std(A)
ans =
   20.4450   18.6637    8.7369    6.7020

>> var(A)
ans =
  418.0000  348.3333   76.3333   44.9167

>> sum(A)
ans =
    88    86   110    87

>> cumsum(A)
ans =
     1    12    33    24
    42    15    67    45
    80    61    95    58
    88    86   110    87

>> prod(A)
ans =
       12464       41400      471240      190008
```

```
>> cumprod(A)
ans =
          1          12          33          24
         41          36        1122         504
       1558        1656       31416        6552
      12464       41400      471240      190008
```

예제 2.25 행렬에서의 inv, det 함수

```
>> A=[1 5 3 7;4 8 2 6;11 17 15 13;16 14 12 18]
A =
     1     5     3     7
     4     8     2     6
    11    17    15    13
    16    14    12    18

>> B=inv(A)
B =
   -0.2003    0.0497   -0.0370    0.0880
   -0.0548    0.1952    0.0472   -0.0778
    0.0421   -0.2079    0.1033   -0.0217
    0.1926   -0.0574   -0.0727    0.0523

>> A*B

ans =

    1.0000    0.0000         0    0.0000
         0    1.0000    0.0000    0.0000
   -0.0000         0    1.0000    0.0000
   -0.0000    0.0000    0.0000    1.0000

>> a=det(A)
a =
       -3136

>> b=det(B)
```

```
b =
  -3.1888e-004

>> a*b
ans =
      1.0000
```

예제 2.26 벡터에서의 dot, cross 함수

```
>> a=[10 20 30];
>> b=[4 5 6];

>> dot(a,b)
ans =
    320

>> cross(a,b)
ans =
    -30      60    -30
```

2.6 배열 연산

이 절에서는 배열을 사용하여 MATLAB이 실행하는 수학적인 연산을 설명한다. 배열 연산 중에서, 덧셈과 뺄셈은 비교적 단순한 연산이다. 곱셈과 나눗셈, 그리고 거듭제곱 연산은 MATLAB에서 2가지 방법으로 실행한다. 배열 연산기호에 관해서는 제1장에서 설명한 표 1.2를 참고하기 바란다.

2.6.1 배열의 덧셈과 뺄셈

배열의 덧셈과 뺄셈이 이루어지기 위해서는 동일한 크기의 배열이어야 한다. 연산은 서로 대응하는 원소들끼리 실행된다. 예를 들어, 다음 두 행렬이 있다고 가정한다. 즉,

$$A = \begin{vmatrix} a_{11} & a_{12} & a_{13} \\ a_{21} & a_{22} & a_{23} \\ a_{31} & a_{32} & a_{33} \end{vmatrix}, \quad B = \begin{vmatrix} b_{11} & b_{12} & b_{13} \\ b_{21} & b_{22} & b_{23} \\ b_{31} & b_{32} & b_{33} \end{vmatrix}$$

두 행렬을 더하면 다음 행렬이 얻어진다.

$$A+B = \begin{vmatrix} a_{11}+b_{11} & a_{12}+b_{12} & a_{13}+b_{13} \\ a_{21}+b_{21} & a_{22}+b_{22} & a_{23}+b_{23} \\ a_{31}+b_{31} & a_{32}+b_{32} & a_{33}+b_{33} \end{vmatrix}$$

뺄셈도 동일한 과정을 통해 실행되는데, 연산 부호가 (+)에서 (-) 부호로 바뀐다.

예제 2.27 배열의 덧셈과 뺄셈

```
>> a=[11 22 33]; b=[14 25 36];
>> c=a+b
c =
    25    47    69

>> d=a';e=b';
>> e=d+e
e =
    25
    47
    69

>> A=[1 2 3;4 5 6;7 8 9;10 11 12]
A =
     1     2     3
     4     5     6
     7     8     9
    10    11    12

>> B=[11 12 13;14 15 16;17 18 19;20 21 22]
```

```
B =
      11    12    13
      14    15    16
      17    18    19
      20    21    22

>> C=A+B
C =
      12    14    16
      18    20    22
      24    26    28
      30    32    34

>> D=B-A
D =
      10    10    10
      10    10    10
      10    10    10
      10    10    10
```

2.6.2 배열의 곱셈

곱셈 연산(*)은 선형 대수학에서 설명한 과정에 의해 MATLAB에서 실행된다. 예를 들어, 다음 두 행렬이 있다고 가정한다. 즉,

$$A = \begin{bmatrix} a_{11} & a_{12} & a_{13} \\ a_{21} & a_{22} & a_{23} \end{bmatrix}, \quad B = \begin{bmatrix} b_{11} & b_{12} \\ b_{21} & b_{22} \\ b_{31} & b_{32} \end{bmatrix}$$

두 행렬에 대해서 행렬 곱셈 연산(*)을 실행하면 다음 행렬이 얻어진다.

$$A * B = \begin{bmatrix} a_{11}b_{11} + a_{12}b_{21} + a_{13}b_{31} & a_{11}b_{12} + a_{12}b_{22} + a_{13}b_{32} \\ a_{21}b_{11} + a_{22}b_{21} + a_{23}b_{31} & a_{21}b_{12} + a_{22}b_{22} + a_{23}b_{32} \end{bmatrix}$$

예제 2.28 행렬 곱셈 연산(*)

```
>> a=[1 2 3 4 5]
a =
     1     2     3     4     5

>> b=[6 7 8 9 10]'
b =
     6
     7
     8
     9
    10

>> a*b
ans =
   130

>> b*a
ans =
     6    12    18    24    30
     7    14    21    28    35
     8    16    24    32    40
     9    18    27    36    45
    10    20    30    40    50

>> A=[1 2 3;4 5 6;7 8 9;10 11 12]
A =
     1     2     3
     4     5     6
     7     8     9
    10    11    12

>> B=[1 2;3 4;5 6]
B =
     1     2
     3     4
     5     6

>> A*B
```

```
ans =
    22    28
    49    64
    76   100
   103   136
```

곱셈의 배열연산(.*)은 배열과 같은 위치에 놓여 있는 원소들끼리 실행된다. 이러한 연산이 이루어지기 위해서는 배열의 크기가 같아야 한다. 예를 들어, 다음 두 행렬이 있다고 가정한다. 즉,

$$A=\begin{bmatrix} a_{11}\, a_{12}\, a_{13} \\ a_{21}\, a_{22}\, a_{23} \end{bmatrix},\ B=\begin{bmatrix} b_{11}\, b_{12}\, b_{13} \\ b_{21}\, b_{22}\, b_{23} \end{bmatrix}$$

두 행렬에 대해서 배열 곱셈 연산(.*)을 실행하면 다음 행렬이 얻어진다.

$$A.*B=\begin{bmatrix} a_{11}b_{11} & a_{12}b_{12} & a_{13}b_{13} \\ a_{21}b_{21} & a_{22}b_{22} & a_{23}b_{23} \end{bmatrix}$$

예제 2.29 배열 곱셈 연산(.*)

```
>> a=[1 2 3 4 5]
a =
     1     2     3     4     5

>> b=[6 7 8 9 10]
b =
     6     7     8     9    10

>> a.*b
ans =
     6    14    24    36    50

>> b.*a
ans =
     6    14    24    36    50

>> a.*a
```

```
ans =
     1     4     9    16    25

>> A=[1 2 3 4 5;6 7 8 9 10]
A =
     1     2     3     4     5
     6     7     8     9    10

>> B=[11 12 13 14 15;16 17 18 19 20]
B =
    11    12    13    14    15
    16    17    18    19    20

>> A.*B
ans =
    11    24    39    56    75
    96   119   144   171   200

>> B.*A
ans =
    11    24    39    56    75
    96   119   144   171   200

>> B.*B
ans =
   121   144   169   196   225
   256   289   324   361   400
```

2.6.3 배열의 나눗셈

행렬 나눗셈 연산은 MATLAB에서 왼쪽 나눗셈(\ )과 오른쪽 나눗셈(/) 두 가지 방법으로 실행된다. 왼쪽 나눗셈은 선형 대수학에서 Ax=b의 해 x를 구하는데 사용된다. 여기에서 x와 b는 열 벡터이고 A는 정방행렬이다. Ax=b의 해 x는 아래와 같이 역행렬(A^{-1})이나 왼쪽 나눗셈을 통하여 구해진다.

$$x = A^{-1}b = A \backslash b$$

오른쪽 나눗셈의 경우 행렬 방정식 xA=b의 해 x를 구하는데 사용된다. 다음과 같이 표현된다.

$$x = b/A$$

위 식에서 x와 b는 행 벡터이고 A는 행렬을 가리킨다.

예제 2.30 행렬 나눗셈 연산

다음과 같은 선형 방정식의 해를 구해보자.

$$\begin{aligned} 11x_1 + 15x_2 - 7x_3 &= 3 \\ 22x_1 + 19x_2 + 40x_3 &= 4 \\ -31x_1 + 23x_2 + 50x_3 &= 5 \end{aligned}$$

위 식은 선형 대수학에서 다음과 같은 행렬 방정식으로 쓸 수 있다.

$$\begin{bmatrix} 11 & 15 & -7 \\ 22 & 19 & 40 \\ -31 & 23 & 50 \end{bmatrix} \begin{pmatrix} x_1 \\ x_2 \\ x_3 \end{pmatrix} = \begin{pmatrix} 3 \\ 4 \\ 5 \end{pmatrix}$$

또는

$$\begin{pmatrix} x_1 & x_2 & x_3 \end{pmatrix} \begin{bmatrix} 11 & 22 & -31 \\ 15 & 19 & 23 \\ -7 & 40 & 50 \end{bmatrix} = \begin{pmatrix} 3 & 4 & 5 \end{pmatrix}$$

이러한 행렬 방정식의 해를 행렬 나눗셈 연산에 의해 구해본다.

```
>> A=[11 15 -7;22 19 40;-31 23 50]
A =
    11    15    -7
    22    19    40
   -31    23    50

>> b=[3;4;5]
b =
     3
     4
```

```
    5

>> x=A\b
x =

   -0.0026
    0.2040
    0.0045

>> A=[11 22 -31;15 19 23;-7 40 50]
A =
    11    22   -31
    15    19    23
    -7    40    50

>> b=[3 4 5]
b =
     3     4     5

>> y=b/A

y =

   -0.0026    0.2040    0.0045
```

2.7 난수(random number)의 생성

공학적 응용에서 난수를 필요로 할 경우가 있다. MATLAB에서는 명령 rand와 randn을 사용하여 난수를 만들어 낸다. 다음 표는 난수를 만들 때 사용하는 명령 일부를 보여준다.

표 2.3 특별한 배열 연산함수

명령	기 능
rand	0과 1 사이의 값으로 균등분포를 갖는 단일 난수를 생성한다.
rand(1,n)	0과 1 사이의 값으로 균등분포를 갖는 n개의 난수 행벡터를 생성한다.
rand(n)	0과 1 사이의 값으로 균등분포를 갖는 난수들로 이루어진 nxn 행렬을 생성한다.
rand(m,n)	0과 1 사이의 값으로 균등분포를 갖는 난수들로 이루어진 mxn 행렬을 생성한다.
randperm(n)	정수 1에서 n까지 무작위 수열인 n개의 원소를 갖는 행벡터를 생성한다.

다음은 난수를 만드는 예를 보여 준다.

예제 2.31 난수를 생성하는 예제

```
 >> rand
ans =
    0.8147

>> rand
ans =
    0.9058

>> rand
ans =
    0.1270
```

```
>> rand(1,5)
ans =
    0.9134    0.6324    0.0975    0.2785    0.5469

>> rand(4)
ans =
    0.9575    0.9572    0.4218    0.6557
    0.9649    0.4854    0.9157    0.0357
    0.1576    0.8003    0.7922    0.8491
    0.9706    0.1419    0.9595    0.9340

>> rand(3,2)
ans =
    0.6787    0.3922
    0.7577    0.6555
    0.7431    0.1712

>> randperm(5)
ans =
     2     4     5     3     1
```

연 • 습 • 문 • 제

여기에 나오는 연습문제는 특별한 언급이 없는 한, MATLAB을 사용하여 구하라.

1. 아래의 행렬 A에 대하여 다음 질문에 답하라.

$$\boldsymbol{A}=\begin{bmatrix} -3 & -4 & 0 & 0 & 0 & 0 \\ -3 & 4 & 5 & 0 & 0 & 0 \\ 0 & 1 & -1 & -3 & 0 & 0 \\ 0 & 0 & 0 & 4 & -5 & 0 \\ 0 & 0 & 0 & 3 & 1 & -5 \\ 0 & 0 & 0 & 0 & -1 & 2 \end{bmatrix}$$

a) 행렬 A의 크기는?

b) A(3,4)의 값은?

c) A(:,1:2)의 크기와 값은?

d) A([5 4], end)의 크기와 값은?

2. 다음 배열의 크기와 내용을 구하라.

a) a=9:-1:1

b) b=[a' a' a']

c) c=b(1:2:3, 1:2:3)

d) b([1 3], 2)−b([3 1], 2)

3. 배열 A, B, C, D가 다음과 같이 정의되어 있다. 아래의 각 연산을 수행하고, 연산에 문제가 있으면 그 이유를 설명하라.

$$A=\begin{bmatrix} 11 & 12 & 13 \\ 21 & 22 & 23 \\ 31 & 32 & 33 \end{bmatrix},\ B=\begin{bmatrix} 41 & 42 & 43 \\ 51 & 52 & 53 \\ 61 & 62 & 63 \end{bmatrix}$$

$$C=\begin{bmatrix} 1 \\ 2 \\ 3 \end{bmatrix},\quad \text{D=eye(3)}$$

a) A+Bi

b) A*Di

c) A.*Di

d) A*Ci

e) A.*Ci

f) A\B

g) A.\B

h) A.^B

4. $\boldsymbol{a}= 4\boldsymbol{i}- 6\boldsymbol{j} + 2\boldsymbol{k}$, $\boldsymbol{b}=- 3\boldsymbol{i}+ 7\boldsymbol{j}- 5\boldsymbol{k}$, $\boldsymbol{c}= 1\boldsymbol{i}+ 2\boldsymbol{j} + 3\boldsymbol{k}$ 에 대하여 다음 식들이 만족하는지 MATLAB을 사용하여 확인하여라.

a) $\boldsymbol{a}+\boldsymbol{b}=\boldsymbol{b}+\boldsymbol{a}$

b) $\boldsymbol{a}+(\boldsymbol{b}+\boldsymbol{c})=(\boldsymbol{a}+\boldsymbol{b})+\boldsymbol{c}$

c) $3(4\boldsymbol{a})=(3\times 4)\boldsymbol{a}=4(3\boldsymbol{a})$

d) $(3+4)\boldsymbol{a}=3\boldsymbol{a}+4\boldsymbol{a}$

e) $3(\boldsymbol{a}+\boldsymbol{b})=3\boldsymbol{a}+3\boldsymbol{b}$

f) $\boldsymbol{a}\cdot\boldsymbol{b}=\boldsymbol{b}\cdot\boldsymbol{a}$

g) $\boldsymbol{a}\cdot(\boldsymbol{b}+\boldsymbol{c})=\boldsymbol{a}\cdot\boldsymbol{b}+\boldsymbol{a}\cdot\boldsymbol{c}$

h) $\boldsymbol{a}\cdot\boldsymbol{b}=a_1b_1+a_2b_2+a_3b_3$

i) $\boldsymbol{a}\times\boldsymbol{b}=(a_2b_3-a_3b_2)\boldsymbol{i}+(a_3b_1-a_1b_3)\boldsymbol{j}+(a_1b_2-a_2b_1)\boldsymbol{k}$

j) $\boldsymbol{a}\times\boldsymbol{b}=-\boldsymbol{b}\times\boldsymbol{a}$

k) $\boldsymbol{a}\times(\boldsymbol{b}+\boldsymbol{c})=\boldsymbol{a}\times\boldsymbol{b}+\boldsymbol{a}\times\boldsymbol{c}$

5. 4. $\boldsymbol{a}= 1\boldsymbol{i}+ 2\boldsymbol{j} + 3\boldsymbol{k}$, $\boldsymbol{b}= 4\boldsymbol{i}+ 5\boldsymbol{j}+ 6\boldsymbol{k}$, $\boldsymbol{c}= 7\boldsymbol{i}+ 8\boldsymbol{j} + 9\boldsymbol{k}$, $\boldsymbol{d}= 10\boldsymbol{i}+ 11\boldsymbol{j} + 12\boldsymbol{k}$에 대하여 다음 식들이 만족하는지 MATLAB을 사용하여 확인하여라.

a) $\boldsymbol{a}\cdot(\boldsymbol{b}\times\boldsymbol{c})=a_1b_2c_3+a_2b_3c_1+a_3b_1c_2-a_3b_2c_1-a_2b_1c_3-a_1b_3c_2$

b) $\boldsymbol{a}\times(\boldsymbol{b}\times\boldsymbol{c})=\boldsymbol{b}(\boldsymbol{a}\cdot\boldsymbol{c})-\boldsymbol{c}(\boldsymbol{a}\cdot\boldsymbol{b})$

c) $(\boldsymbol{a}\times\boldsymbol{b})\times\boldsymbol{c}=\boldsymbol{b}(\boldsymbol{a}\cdot\boldsymbol{c})-\boldsymbol{a}(\boldsymbol{b}\cdot\boldsymbol{c})$

d) $(\boldsymbol{a}\times\boldsymbol{b})\cdot(\boldsymbol{c}\times\boldsymbol{d})=(\boldsymbol{a}\cdot\boldsymbol{c})(\boldsymbol{b}\cdot\boldsymbol{d})-(\boldsymbol{a}\cdot\boldsymbol{d})(\boldsymbol{b}\cdot\boldsymbol{c})$

6. 두 벡터 $\boldsymbol{a}= a_1\boldsymbol{i}+ a_2\boldsymbol{j}+ a_3\boldsymbol{k}$와 $\boldsymbol{b}= b_1\boldsymbol{i}+ b_2\boldsymbol{j}+ b_3\boldsymbol{k}$의 내적은 다음과 같이 표현된다.

$\boldsymbol{a}\cdot\boldsymbol{b}= |\boldsymbol{a}||\boldsymbol{b}|\cos\gamma = |\boldsymbol{b}||\boldsymbol{a}|\cos\gamma = \boldsymbol{b}\cdot\boldsymbol{a}$

여기서 γ는 두 벡터들 사이의 각도를 나타내고, 벡터의 크기 $|\boldsymbol{a}|= \sqrt{a_1^2+a_2^2+a_3^2}$이다. $\boldsymbol{a}= \boldsymbol{i}+ 2\boldsymbol{j}$, $\boldsymbol{b}= 3\boldsymbol{i}- 2\boldsymbol{j}+ \boldsymbol{k}$일 때, 각각의 벡터의 크기와 사이 각 γ를 구하라.

7. 두 벡터 $\boldsymbol{P}= [x_1, y_1, z_1]$와 $\boldsymbol{Q}= [x_2, y_2, z_2]$ 사이의 거리는 $|\boldsymbol{d}|= \sqrt{d_1^2+d_2^2+d_3^2}$로 표현된다. 여기서 $d_1 = x_2 - x_1$, $d_2 = y_2 - y_1$, $d_3 = z_2 - z_1$이다.

$\boldsymbol{P}= [4,0,2]$; $\boldsymbol{Q}= [6,-1,2]$일 때, 두 벡터 사이의 거리 d를 구하라.

8. $\boldsymbol{a}= 4\boldsymbol{i}- \boldsymbol{k}$; $\boldsymbol{b}=-2\boldsymbol{i}+ \boldsymbol{j}+ 3\boldsymbol{k}$에 대한 내적과 외적을 구하라.

9. 다음 그림에서 외력의 합력(크기와 방향)을 구하라.

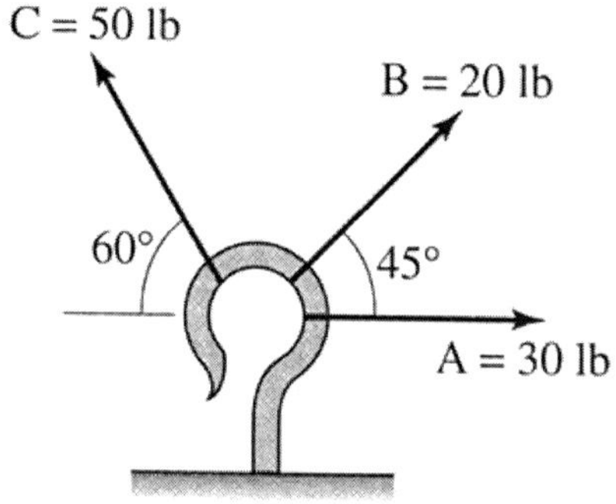

10. 다음 두 속도 벡터의 합성(크기와 방향)을 구하여라.

11. 다음 그림에서 4개의 힘 벡터의 합력(크기와 방향)을 구하라.

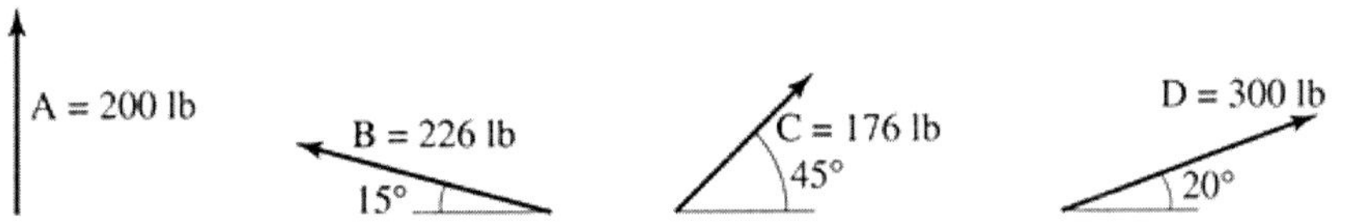

12. 다음 그림에서 4개의 힘 벡터의 합력(크기와 방향)을 구하라.

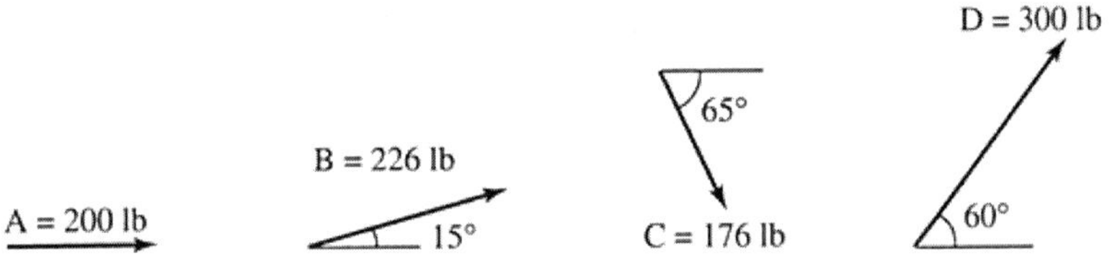

13. 다음 두 가속도 벡터의 합성(크기와 방향)을 구하라.

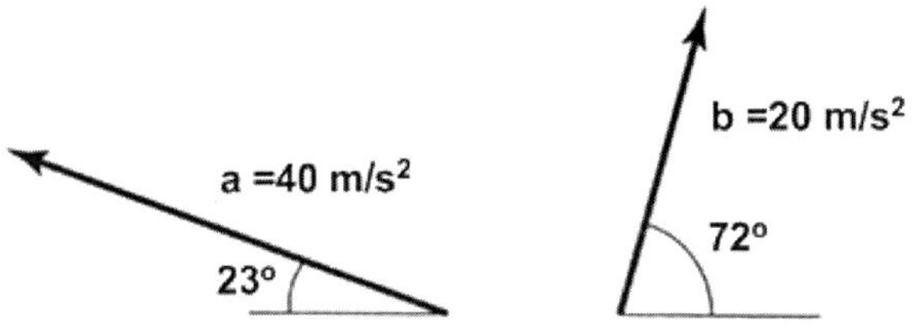

14. 다음 연립방정식의 해를 구하라.

a) $-x_1 + x_2 + 2x_3 = 2$

$3x_1 - x_2 + x_3 = 6$

$-x_1 + 3x_2 + 4x_3 = 4$

b) $2x_1 + 6x_2 + 10x_3 = 0$

$x_1 + 3x_2 + 3x_3 = 2$

$3x_1 + 14x_2 + 28x_3 = -8$

c) $2x_1 - x_2 + x_3 = -1$

$x_1 + 2x_2 - x_3 = 6$

$x_1 - x_2 + 2x_3 = -3$

15. 연립방정식의 계수들이 다음과 같이 행렬과 벡터로 표현된다. 해를 구하라.

a) $A = \begin{bmatrix} 30 & -20 & -10 \\ -20 & 55 & -10 \\ -10 & -10 & 50 \end{bmatrix} \qquad b = \begin{bmatrix} 0 \\ 80 \\ 0 \end{bmatrix}$

b) $A = \begin{bmatrix} 4 & -2 & 0 \\ -2 & 6 & -5 \\ 0 & -5 & 11 \end{bmatrix} \qquad b = \begin{bmatrix} 8 \\ -29 \\ 43 \end{bmatrix}$

c) $A = \begin{bmatrix} 0 & 7 & 3 \\ 2 & 8 & 1 \\ -5 & 2 & -9 \end{bmatrix} \qquad b = \begin{bmatrix} -12 \\ 0 \\ 26 \end{bmatrix}$

16. 연립방정식의 계수들이 다음과 같이 행렬과 벡터로 표현된다. 해를 구하라.

a) $A = \begin{bmatrix} 1 & 1 & 1 & 1 \\ 2 & 4 & 4 & 4 \\ 3 & 11 & 14 & 14 \\ 5 & 7 & 38 & 42 \end{bmatrix} \qquad b = \begin{bmatrix} 0 \\ -2 \\ -8 \\ -20 \end{bmatrix}$

b) $A = \begin{bmatrix} -1 & 1 & 0 & 0 \\ 1 & -1 & 1 & 0 \\ 0 & 1 & -1 & 1 \\ 0 & 0 & 1 & -1 \end{bmatrix}, \qquad b = \begin{bmatrix} 1 \\ 1 \\ -1 \\ -1 \end{bmatrix}$

c) $A = \begin{bmatrix} 2 & -1 & 0 & 0 & 0 & 0 \\ -1 & 2 & -1 & 0 & 0 & 0 \\ 0 & -1 & 2/3 & -1 & 0 & 0 \\ 0 & 0 & -1 & 2 & -1 & 0 \\ 0 & 0 & 0 & -1 & 2 & -1 \\ 0 & 0 & 0 & 0 & -1 & 2 \end{bmatrix}, \qquad b = \begin{bmatrix} 1 \\ 0 \\ -4/3 \\ 0 \\ 0 \\ 1 \end{bmatrix}$

d) $\boldsymbol{A} = \begin{bmatrix} -3 & -4 & 0 & 0 & 0 & 0 \\ -3 & 4 & 5 & 0 & 0 & 0 \\ 0 & 1 & -1 & -3 & 0 & 0 \\ 0 & 0 & 0 & 4 & -5 & 0 \\ 0 & 0 & 0 & 3 & 1 & -5 \\ 0 & 0 & 0 & 0 & -1 & 2 \end{bmatrix} \qquad \boldsymbol{b} = [14 \ -36 \ -6 \ 14 \ -9 \ 6]'$

CHAPTER 03

스크립트 파일

명령 창을 이용한 MATLAB활용은 간단한 연산을 수행할 때는 매우 편리한 방법이 될 수 있으나, 다양한 유형의 명령들을 연관시켜 실행하는 데는 편리하지 않으며 매우 비효율적이 될 수 있다. 서로 간에 연관된 명령들을 실행시키기 위한 방법으로, 먼저 여러 개의 명령들을 나열해 놓은 파일을 작성하여 저장 시킨 후, 파일을 실행시키는 방법이 있다. 파일이 실행되면, 이에 포함된 명령들이 순서대로 재생한다. 실행결과를 확인해 보고, 수정이 필요한 경우에는 해당되는 부분만 수정하여 저장한 후 다시 실행하면 된다. 이러한 목적으로 사용되는 파일을 '스크립트 파일'이라 부르는데, 명령 창과 연계하여 다양한 형태로 사용될 수 있다.

스크립트 파일에 대한 내용을 요약하면 다음과 같다.

1) 스크립트 파일은 MATLAB에 내장되어 있는 편집기에서 쉽게 작성될 수 있지만, 다른 종류의 텍스트 편집기에서도 작성이 가능하다.

2) 스크립트 파일은 확장자 .m을 사용하여 저장한다.

3) 파일이 실행되면, 입력되어 있는 순서대로 명령 창에 명령을 재생하며, 출력을 발생시키는 명령이 있으면, 명령 창에 결과를 출력한다. 그래픽 창에 결과를 그래프 형태로 출력하기도 한다.

4) 필요한 경우 파일 내용의 일부를 수정하여 실행할 수 있으므로 편리하다.

3.1 스크립트 파일 입력

MATLAB에서 스크립트 파일은 편집기 창에서 작성되어 저장된다. 먼저 기본 상태 창의 '새로 만들기'를 선택한 후, '스크립트'를 선택한다(그림 3.1). 그림 3.2는 새롭게 열린 편집기 창에서 프로그램을 입력한 내용을 보여주고 있다.

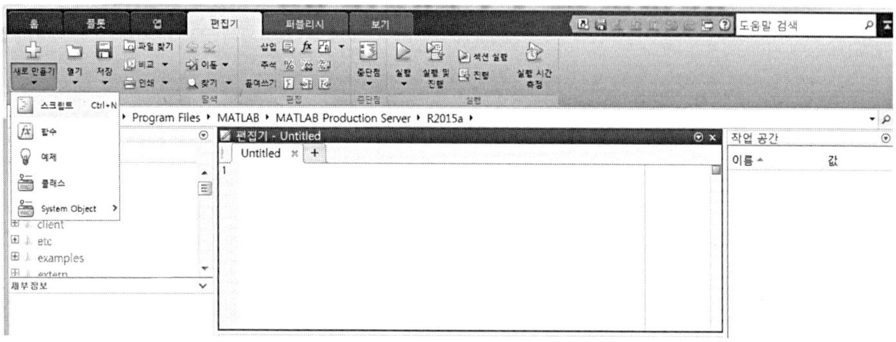

▎그림 3.1▎ 편집기 창 들어가기

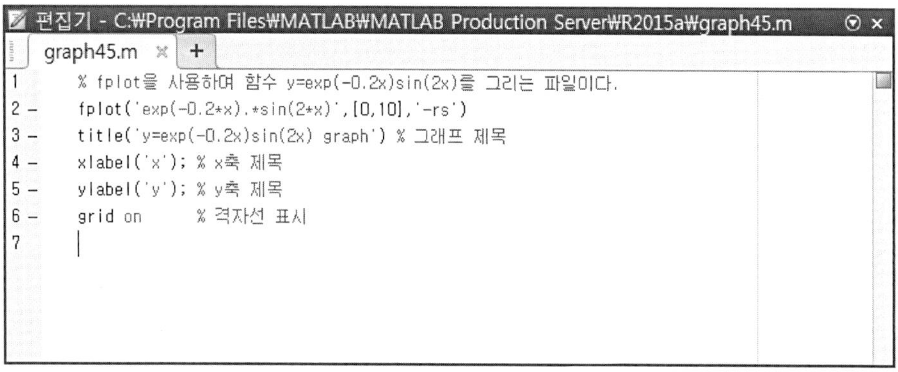

▎그림 3.2▎ 편집기 창

편집기 창이 열리면 스크립트 파일의 명령들을 한 줄씩 입력한다. 'Enter'키를 누르면 자동적으로 새로운 줄에 번호를 매긴다. '%' 기호를 사용한 후 입력된 내용은 실행되지 않고 프로그램을 설명해 주는 주석문이 된다. 일반적으로 프로그램 작성 시에 주석 기호를 사용하여 자세한 설명을 해주면 나중에 많은 도움이 된다. 스크립트 파일의 작성이 끝나면, '저장' 메뉴 안에서 '다른 이름으로 저장'를 선택한 다음 파일을 저장한다. 스크립트 파일을 저장할 때 주의해야 할 점은, 1) 문자로 시작해야 하고, 2) 숫자나 밑줄 기호를 포함할 수 있으며, 3) 63개 문자 길이 이내로 해야 한다. 또한, 사용자에 의해 정의된 변수들 이름이나 MATLAB에 내장되어 있는 명령을 파일 이름으로 지정해서는 안 된다.

스크립트 파일은 명령 창에 파일의 이름을 입력한 후 Enter키를 누름으로써 실행되거나, 편집기 창에서 '실행' 아이콘을 클릭함으로써 실행시킬 수 있다. 파일이 실행되기 위해서는 그 파일은 현재의 폴더에 있어야 한다.

그림 3.3은 그림 3.2의 스크립트 파일을 '실행' 아이콘을 클릭하여 실행된 결과를 보여 주고 있다.

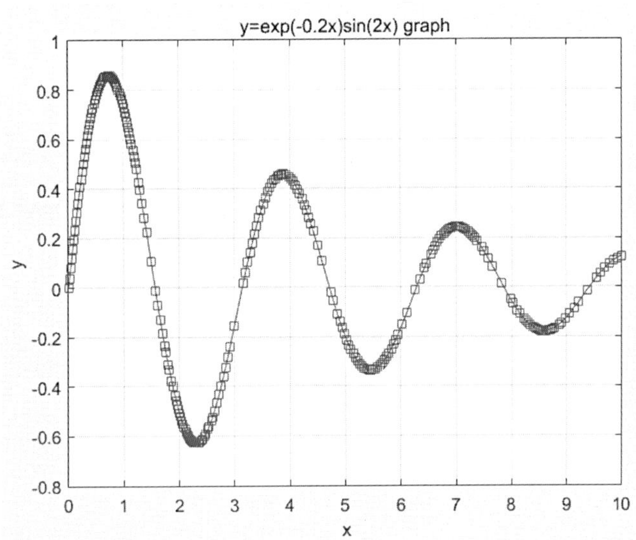

| 그림 3.3 | '실행' 아이콘을 클릭하여 얻어진 그래프

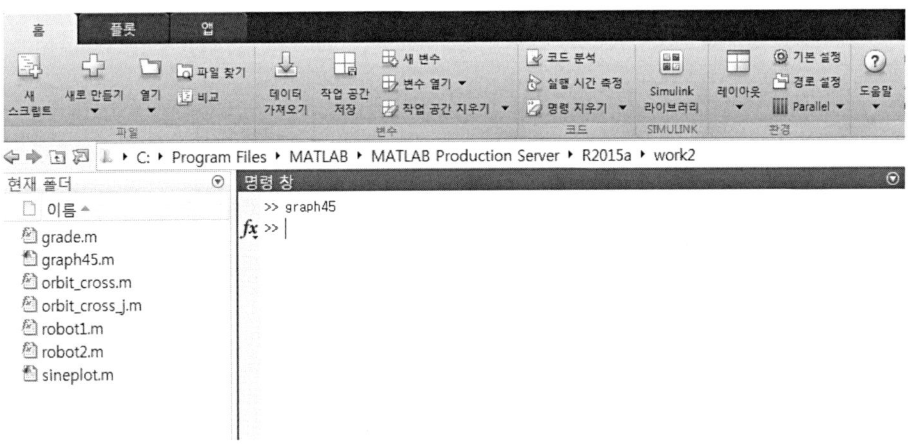

| 그림 3.4 | 현재 폴더에 있는 파일들

스크립트 파일을 실행시키려면, 파일 내의 변수들에 값을 지정해 주어야 한다. 스크립트 파일에서 변수들에 값을 지정해 주는 방법은 3가지가 많이 사용된다. 첫 번째 방법은 파일 내에서 변수에 값을 직접 입력해 주는 것이다(예제 3.1 참조). 두 번째 방법

은, 변수들을 그대로 두고, 명령 창에서 변수 값을 입력한 후에 파일 이름을 입력하는 것이다(예제 3.2 참조). 세 번째 방법은 두 번째 방법처럼, 변수를 그대로 두고, 'input' 이라는 명령을 활용하여 프로그램을 작성한 후, 명령 창에서 대화 형식으로 변수 값을 입력해 주는 것이다(예제 3.3 참조). 다음 예제들을 통해서 변수 값을 입력하는 방법을 살펴본다.

예제 3.1 파일 내에서 변수에 값을 직접 입력하는 예제

y=sin2x를 0에서 2π까지 그리는 스크립트 m-파일을 작성해 본다. 그래프 구현에 대한 자세한 설명은 4장에서 진행된다.

```
% y=sin(2x)를 0에서 2p 그리는 그래프
x=[0:.01:2*pi];    % x축 범위, xi는 시작 값, xf는 끝나는 값, dx는 x의 증분
y=sin(2*x);        % 주어진 함수
plot(x,y)          % 2차원 선 그래프를 그리는 명령
xlabel('x'),ylabel('sin(2x)')    % x축과 y축 라벨
title('y=sin(2x) 그래프')        % 그래프 제목
grid on                          % 그래프에 그리드를 형성하는 명령
```

m-파일을 MATLAB의 'work' 폴더에 'sineplot1' 이름으로 저장한 후, 명령 창에서 'sineplot1'을 입력하고 Enter키를 누르면 그림 3.5와 같은 결과가 출력 된다.

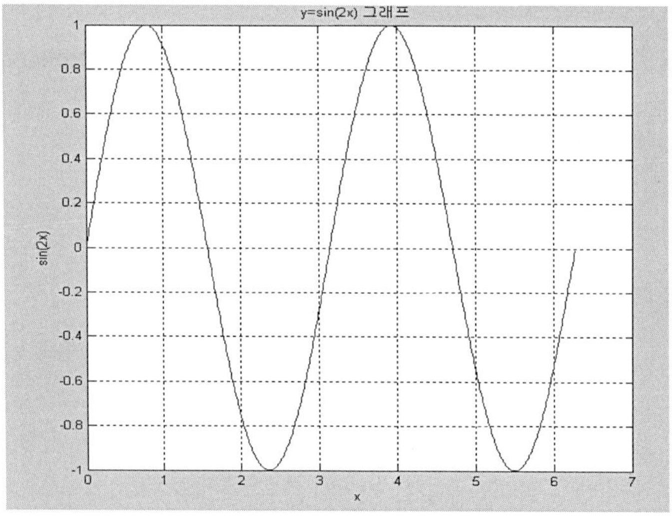

그림 3.5 예제 3.1의 결과 출력

예제 3.2 명령 창에서 변수 값을 입력하는 예제

예제 3.1에서 x의 시작점과 끝 점, 그리고 x의 증분 값을 변수로 지정하고(파일 명 : sineplot2), 명령 창에서 변수 값을 지정해 준다. 작성된 m-파일은 다음과 같다.

```
% y=sin(2x)를 0에서 2p 그리는 그래프
x=[xi:dx:xf];    % xi는 시작 값, xf는 끝나는 값, dx는 x의 증분
y=sin(2*x);         % 주어진 함수
plot(x,y)           % 2차원 선 그래프를 그리는 명령
xlabel('x'),ylabel('sin(2x)')   % x축과 y축 라벨
title('y=sin(2x) 그래프')        % 그래프 제목
grid on                         % 그래프에 그리드를 형성하는 명령
```

이 파일을 실행하기 위한 명령 창은 다음과 같다.

```
>> xi = 0;
>> xf = 2*pi;
>> dx = 0.01
>> sineplot2
```

출력 결과는 그림 3.5와 동일하다.

예제 3.3

예제 3.1에서 x의 시작점과 끝 점, 그리고 x의 증분 값을 변수로 지정하고, 'input'이라는 명령을 사용하여 파일을 작성한 후(파일 명: sineplot3), 명령 창에서 직접 대화 형식으로 변수 값들을 입력할 수 있다. 작성된 m-파일은 다음과 같다.

```
% y=sin(2x)를 0에서 2p 그리는 그래프
xi = input('x 변수의 시작점 값을 입력하시오.   ');
xf = input('x 변수의 끝점 값을 입력하시오.   ');
dx = input('x 변수의 증분 값을 입력하시오.   ');
x=[xi:dx:xf];    % xi는 시작 값, xf는 끝나는 값, dx는 x의 증분
y=sin(2*x);         % 주어진 함수
plot(x,y)           % 2차원 선 그래프를 그리는 명령
xlabel('x'),ylabel('sin(2x)')   % x축과 y축 라벨
title('y=sin(2x) 그래프')        % 그래프 제목
grid on                         % 그래프에 그리드를 형성하는 명령
```

이 파일을 실행하기 위한 명령 창은 다음과 같다.

```
>> sineplot3
>> x 변수의 시작점 값을 입력하시오.   0
>> x 변수의 끝점 값을 입력하시오.   2*pi
>> x 변수의 증분 값을 입력하시오.   0.01
```

출력 결과는 그림 3.5와 동일하다.

예제 3.3에 사용된 'input' 명령의 형태는 다음과 같다.

```
변수 명 = input('명령 창에 출력되기 원하는 문자 열')
```

명령 창에서 파일 이름이 입력된 후, 'input' 명령이 실행되면, 명령 창에는 문자열이 표기된다. 이 문자열은 사용자에게 변수 값을 입력하라는 메시지이다. 사용자는 값을 입력하고 Enter를 누른다. 이때 입력된 값이 변수에 지정된다. 'input' 명령 끝 부분에 세미콜론(;)을 기입하면, 입력 값이 명령 창에 표기되지 않으나, 세미콜론(;)을 기입하지 않으면 입력 값이 명령 창에 표기된다. 'input' 명령은 원하는 모든 변수에 대해서 사용할 수 있다.

3.2 출력 명령

MATLAB은 계산과정에서 만들어지는 결과를 자동적으로 출력한다. 만약 명령의 끝 부분에 세미콜론(;)이 입력될 경우, 계산된 결과는 출력되지 않는다. MATLAB에는 프로그램 실행결과를 출력하기 위한 명령이 여러 개 있는데, 자주 사용되는 명령은 'disp'와 'fprintf' 2개의 명령이다. 이 명령들은, 명령 창이나 스크립트 파일에서 뿐만 아니라 나중에 나오는 함수 파일(function file)에서도 사용 가능하다. 이러한 명령들이 스크립트 파일에서 사용될 경우, 결과는 명령 창에 출력된다.

3.2.1 disp 명령

disp 명령을 사용하면, 변수의 이름은 나타나지 않고 변수의 내용만 출력하게 된다. disp 명령의 형식은 다음과 같다.

```
disp (변수 이름)
```

또는

```
disp('문자열 변수')
```

예제 3.4 disp 연습하기

```
% disp 명령 연습
x=[0:3:10];
disp(x)
A=[1 2 3;4 5 6];
disp(A)
disp('A는 행렬을 나타낸다.')
```

명령 창에서 다음과 같이 출력된다.

```
>> disp1
     0     3     6     9

     1     2     3
     4     5     6

A는 행렬을 나타낸다.
```

예제 3.5 disp 연습하기

다음은 반지름이 1m에서 5m까지 변할 때, 구의 부피를 계산하는 파일(파일 명: vol1)이다. disp의 사용법을 연습하는 예제이다.

```
% 반지름이 1에서 5까지 변하는 동안 구의 부피를 계산하는 프로그램.
% disp 명령 사용법 연습
disp('     반지름   구의 부피')
for r=1:5;
vol=(4/3)*pi*r.^3;
disp([r,vol])
end
```

파일에서 사용한 for/end는 순환문(loop) 명령이다. 순환문에서는 명령 또는 명령 그룹이 연속적으로 반복된다. 반지름이 1에서부터 1씩 5까지 커지는 동안 연산을 반복하는 프로그램이다. 명령 창에서의 출력은 다음과 같다.

```
>> vol1
      반지름   구의 부피
      1.0000     4.1888
      2.0000    33.5103
      3.0000   113.0973
      4.0000   268.0826
      5.0000   523.5988
```

3.2.2 fprintf 명령

포맷에 맞추어 메시지나 숫자를 출력하려 할 때는 다음과 같이 'fprintf'를 사용한다.

```
fprintf('구의 부피 = %12.5f\n', 23456.7)
```

위에서 작은 따옴표 안에 묶인 것은 출력되는 문자열, 출력되는 숫자의 포맷, 줄바꿈(new line) 연산자이다. '구의 부피='는 출력되는 문자열, '% 12.5f'는 fortran에서의 F12.5와 비슷한 포맷, '\n'은 화면을 한 줄 더 나아가게 하는 줄 바꿈 연산자이다. 줄 바꿈 연산자는 문자열 안의 어느 곳이나 놓일 수 있다. 마지막으로 '23456.7'은 '%12.5f'의 포맷에 따라 출력될 숫자이다. 이 자리에 변수가 와도 된다. '\n'이 생략되면 다음 출력은 줄 바꿈 없이 시작된다.

위의 프린트 명령은 다음과 같이 출력된다.

```
구의 부피 =  23456.70000
```

다음 명령은

```
fprintf('e_format: %12.5e\n', 23456.7)
fprintf('E_format: %12.5E\n', 23456.7)
```

아래와 같은 결과를 출력한다.

```
e_format: 2.34567e+004
E_format: 2.34567E+004
```

만약 2개의 프린트 명령이 다음과 같이 첫 번째 명령에 '\n'없이 이어지면

```
fprintf('e_format: % 12.5e', 23456.7)
fprintf('f_format: %12.3f\n', 23456.7)
```

결과는 다음과 같이 같은 줄에 출력된다.

```
e_format:  2.34567e+004  f_format:    23456.700
```

정수 값은 소수점 이하에 0이 놓이는 것을 제외하고는 같은 포맷을 이용하여 출력될 수 있다. 다음 명령은

```
fprintf('f_format: %12.0f\n', 23456.7)
fprintf('f_format: %12.0f\n', 23456)
fprintf('f_format: %12.3f\n', 23456)
```

아래와 같은 결과를 출력한다.

```
f_format:        23457
f_format:        23456
f_format:    23456.000
```

다음 명령은

```
vol=23456.7;
fprintf('f_format: %12.3f\n', vol)
```

아래와 같은 결과를 출력한다.

```
f_format:    23456.700
```

다음 명령은

```
fprintf('f_format: %-12.5f\n', 23456.7)
fprintf('f_format: %+12.5f\n', 23456.7)
fprintf('f_format: %012.5f\n', 23456.7)
```

아래와 같은 결과를 출력한다.

```
f_format: 23456.70000
f_format: +23456.70000
f_format: 023456.70000
```

'%-12.5f'는 주어진 범위를 왼쪽으로 정렬하고, '%+12.5f'는 수 앞에 부호를 표시한다. '%012.5f'는 수가 범위 보다 적을 때 0을 더한다.

fprintf 명령을 사용하여 텍스트 내에 한 개 이상의 숫자를 입력할 수 있다. 이는 텍스트 안에 숫자들이 입력되어야 하는 장소에 '%f' 또는 '%g'를 입력함으로써 실행된다. 일반적으로 이 명령은 다음과 같은 형태를 갖는다.

```
fprintf('... 텍스트..%g...%g,...%f...', 변수1, 변수2, 변수3)
```

여기서 표현한 '%g'는 '%e' 혹은 '%f'보다 간결하게 표시한다. 다음 스크립트 파일은 사용 예를 보여준다.

```
% 이 프로그램은 투사체의 이동거리를 계산한다.
% 초기속도와 발사 각도는 주어진다.
v=100; % 초기 속도 (m/s)
theta=30; % 발사각도 (도)
t=v*sin(theta*pi/180)/9.81;
d=v*cos(theta*pi/180)*2*t
fprintf('초기속도 %4.2f m/s, 발사 각 %3.2f도로 발사된 투사체는\n
%g m 거리를 날아간다.\n', v, theta, d)
```

출력은 다음과 같다.

```
초기속도 100.00 m/s, 발사 각 30.00도로 발사된 투사체는
882.799 m 거리를 날아간다.
```

더 나은 파일 출력에 대해서는 MATLAB User's Guide를 참고하라.

연·습·문·제

1. 화씨온도(-40℉~180℉)를 섭씨온도로 변환하는 스크립트 파일을 작성하라. (공식 : C=(F-32)*5/9)

2. 부재의 한 점에서의 응력 상태가 다음과 같이 주어졌다.

응력 변환방정식

$$\sigma_n = \frac{\sigma_x + \sigma_y}{2} + \frac{\sigma_x - \sigma_y}{2}\cos 2\theta + \tau_{xy}\sin 2\theta$$

$$\tau_{nt} = -\frac{(\sigma_x - \sigma_y)}{2}\sin 2\theta + \tau_{xy}\cos 2\theta$$

를 이용하여, $0 \leqq \theta \leqq 2\pi$에 대해 응력변화를 구하는 스크립트 파일을 작성하라.

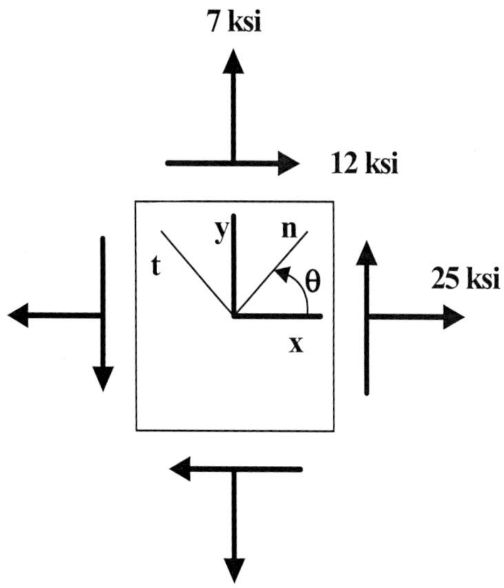

3. 아래 그림과 같은 캔틸레버 보의 끝단에 힘 P가 작용하면 처짐은

$$y = \frac{Px^2}{6EI}(3L - x)$$

로 주어진다. 처짐 y를 구하는 스크립트 파일을 작성하라.

단, $E = 70\,\mathrm{GPa}$, $I = 10^{-4}\,\mathrm{m}^4$, $L = 5\,\mathrm{m}$, 그리고 $P = 50\,\mathrm{kN}$임.

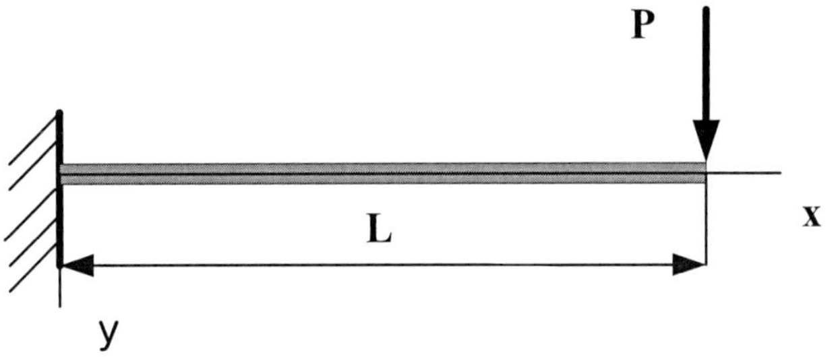

4. 아래 그림과 같은 캔틸레버 보에 분포하중 w가 작용하면 처짐은

$$y = \frac{wx^2}{24EI}(x^2 + 6L^2 - 4Lx)$$

로 주어진다. 처짐 y를 구하는 스크립트 파일을 작성하라.

단, $E = 70\,\mathrm{GPa}$, $I = 10^{-4}\,\mathrm{m}^4$, $L = 5\,\mathrm{m}$, 그리고 $w = 10\,\mathrm{kN/m}$임.

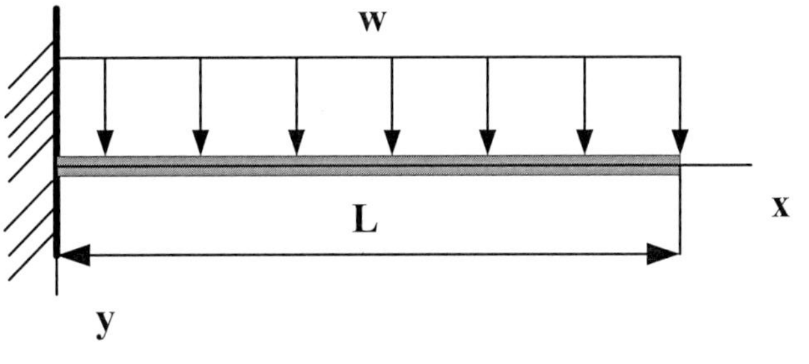

5. 아래 그림과 같은 캔틸레버 보의 끝단에 힘 P와 모멘트 M이 작용하면 처짐은

$$y = \frac{Mx^2}{2EI} + \frac{Px^2}{6EI}(3L - x)$$

로 주어진다. 처짐 y를 구하는 스크립트 파일을 작성하라.

단, $E = 110\,\mathrm{GPa}$, $I = 2 \times 10^{-4}\,\mathrm{m}^4$, $L = 10\,\mathrm{m}$, $M = 8\,\mathrm{kN \cdot m}$ 그리고 $P = 20\,\mathrm{kN}$임.

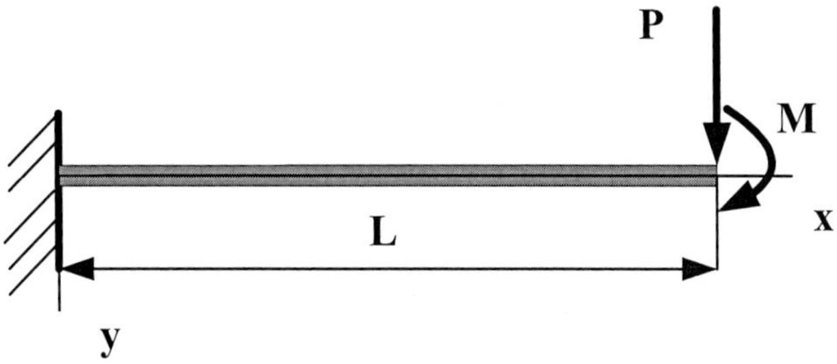

6. 아래 그림과 같은 캔틸레버 보에 분포하중 w와 모멘트 M이 작용하면 처짐은

$$y = \frac{Mx^2}{2EI} + \frac{wx^2}{24EI}(x^2 + 6L^2 - 4Lx)$$

로 주어진다. 처짐 y를 구하는 스크립트 파일을 작성하라.

단, $E = 110\ \mathrm{GPa}$, $I = 2 \times 10^{-4}\ \mathrm{m}^4$, $L = 10\ \mathrm{m}$, $M = 8\ \mathrm{kN \cdot m}$ 그리고 $w = 5\ \mathrm{kN/m}$임.

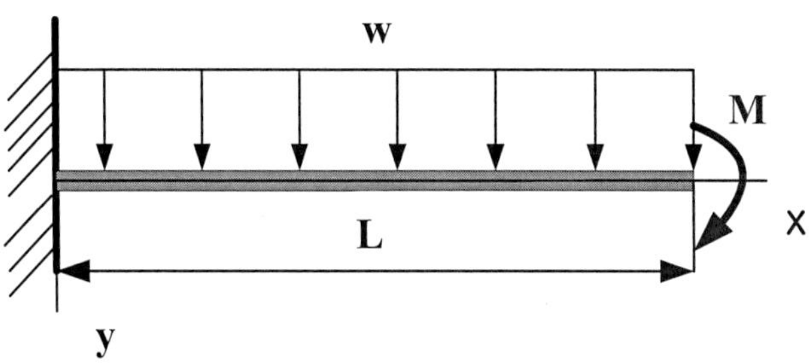

7. $0 \leq x \leq 5$에 대하여 다음 함수 y를 구하는 스크립트 파일을 작성하라.

$$y = e^{-1.2x}\sin(10x + 5)$$

8. $-6 \leq x \leq 6$에 대하여 다음 함수 y를 구하는 스크립트 파일을 작성하라.

$$y = |x^3 - 100|$$

9. $0 \leqq x \leqq 100$에 대하여 다음 함수 y를 구하는 스크립트 파일을 작성하라.

$$y = \sqrt{\frac{100(1-0.01x^2)^2 + 0.02x^2}{(1-x^2)^2 + 0.1x^2}}$$

10. $-1 \leqq y \leqq 1$에 대하여 다음 함수 w를 구하는 스크립트 파일을 작성하라.

$$w = \cos^{-1} y$$

11. $-100 \leqq y \leqq 100$에 대하여 다음 함수 v를 구하는 스크립트 파일을 작성하라.

$$v = \sin^{-1} y + \cos^{-1} y$$

12. 아래 그림에서, $-6 \leqq t \leqq 6$에 대하여 $f(t)$는 다음 식으로 근사화 될 수 있다. 즉,

$$f(t) = \sum_{n=1,3,5..}^{m} \left(\frac{12}{n\pi}\right) \sin\frac{n\pi t}{6}.$$

$m = 5, 11, 31, 101$에 대해서, $f(t)$를 구하는 스크립트 파일을 작성하라.

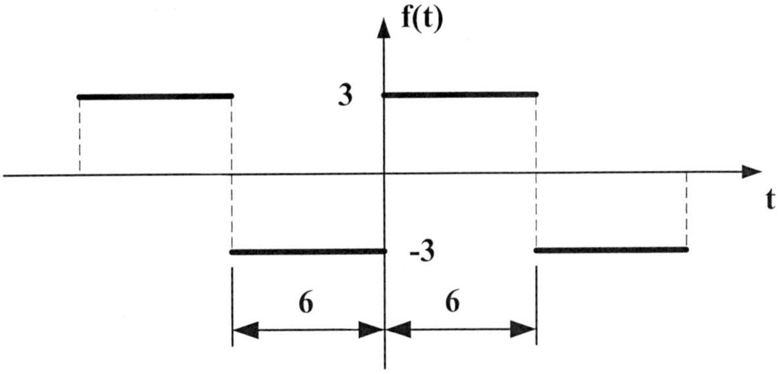

13. 아래 그림에서, $-5 \leqq t \leqq 5$에 대하여 $f(t)$는 다음 식으로 근사화 될 수 있다. 즉,

$$f(t) = 1 + \sum_{n=1,2,3..}^{m} \left(-\frac{2}{n\pi}\right) \sin\frac{n\pi t}{5}$$

$m = 2, 8, 20, 60$에 대해서, $f(t)$를 구하는 스크립트 파일을 작성하라.

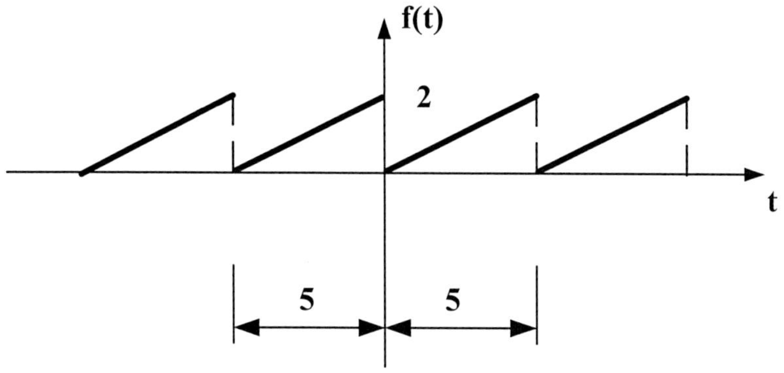

14. $0 \leqq x \leqq 5,\ 0 \leqq y \leqq 5$에 대하여 다음 함수 $f(x,y)$를 구하는 스크립트 파일을 작성하라.

$$f(x,y) = x^2 - 8x + y^2 - 6y - 0.1xy + 50$$

15. $-3 \leqq x \leqq 3,\ -3 \leqq y \leqq 3$에 대하여 다음 함수 $f(x,y)$를 구하는 스크립트 파일을 작성하라.

$$f(x,y) = 0.2\cos x + y(-x^2 - y^2),$$

16. $0 \leqq x \leqq 1,\ 0 \leqq y \leqq 1$에 대하여 다음 함수 $f(x,y)$를 구하는 스크립트 파일을 작성하라.

$$f(x,y) = 80^{-(x-1)^2} e^{-3(y-1)^2}$$

17. $-2 \leqq x \leqq 2, -2 \leqq y \leqq 2$ 에 대하여 다음 함수 z를 구하는 스크립트 파일을 작성하라.

$$z = x\exp[-(x-y^2)^2 - y^2]$$

18. $0 \leqq x \leqq 5,\ 0 \leqq y \leqq 5$에 대하여 다음 함수 $f(x,y)$를 구하는 스크립트 파일을 작성하라.

$$f(x,y) = y^2 + xe^y - \tanh(x)$$

19. $0 \leqq t \leqq 20$ 일 때, 다음 함수

$$y = \cos\omega_n t + \frac{1}{\omega_n} sin\omega_n t + \frac{\omega_n t}{2} sin\omega_n t$$

를 $\omega_n = \dfrac{\sqrt{k}}{10}$ $(k = 100,\ 400,\ 900,\ 1600)$에 대해서 구하는 스크립트 파일을 작성하라.

20. $\zeta = 0.05,\ 0.1,\ 0.2,\ 0.4$에 대해 다음 함수 $u(t)$를 구하는 스크립트 파일을 작성하라.

$$u(t) = \left(\frac{20}{\omega_d}\right) e^{-\zeta\omega_n t} \sin\omega_d t \qquad (0 \leq t \leq 3.2)$$

위 식에서,

$\omega_d = \omega_n \sqrt{1 - \zeta^2}$

$\omega_n = 5 \text{ rad/s}$ 이다.

CHAPTER 04

그래프

수학뿐만 아니라 과학 및 공학 분야에서 정보를 표현하고 전달하는 수단으로 그래프는 유용한 도구가 될 수 있다. MATLAB은 그래프를 생성하기 위한 다양한 명령을 가지고 있으며, 이러한 명령들은 빠르고 쉽게 그래프를 만들어 내는데 사용할 수 있다. MATLAB을 사용하여 다양한 선의 형태와 색을 선택할 수 있으며, 2차원 선 그래프는 물론, 3차원 면 그래프까지도 쉽게 생성할 수 있다. 이 장에서는 설명하는 내용은 명령 창이 아닌 편집기 창을 통하여 m파일로 작성되어 저장된다. 먼저 2차원 그래프에 대한 내용을 학습하고 난 후, 3차원 그래프를 생성하는 프로그램을 실습하게 된다.

4.1 plot 내장함수

plot은 2차원 그래프를 그리는데 매우 유용한 명령이다. 명령의 기본 형은

```
plot(x,y)
```

이다. 여기서 변수 x, y는 벡터이고, 두 벡터 x, y는 같은 개수를 가져야 한다. 만약 개수가 다르면 에러 메시지가 뜬다. plot 명령이 실행되면 그림 창에 결과 화면이 자동적으로 생성된다. plot(x, y)가 실행되어 그래프가 생성될 때, 가로축은 x값을 나타내고, 세로축은 y값을 나타낸다. 만약 plot(y, x)로 입력되면, 가로축은 y값을 나타내고, 세로축은 x값을 나타낸다. 즉, plot 명령에서 첫 번째에 입력되는 벡터는 가로축이 되고, 두 번째로 입력되는 벡터는 세로축이 된다.

다음 예제는 0과 2π사이의 x값에 대해서 함수 $y=\sin(2x)$를 그리는 m파일이다. 이 그래프를 그리는데 필요한 코드는 단지 세 줄이면 된다. 첫 번째 문은 콜론 연산자를 사용하여 0에서 2π까지의 x벡터를 만든다. 두 번째 문은 $y=\sin(2x)$식을 이용하여 y 벡터 값을 계산한다. 마지막 문은 plot 내장함수를 이용하여 그래프를 그린다.

예제 4.1 plot 내장함수 사용 예

```
x=[0:.01:2*pi];      % x값 벡터
y=sin(2*x);          % 함수 y값 벡터
plot(x,y)            % 2차원 선 그래프를 그리는 내장함수
```

그림 4.1은 예제 4.1이 실행된 결과를 나타내고 있다. 그림 4.1의 그래프는 x와 y축에 대하여 선형배율과 기본으로 설정된 그래프 객체의 특징을 반영하여 그려진 것이다.

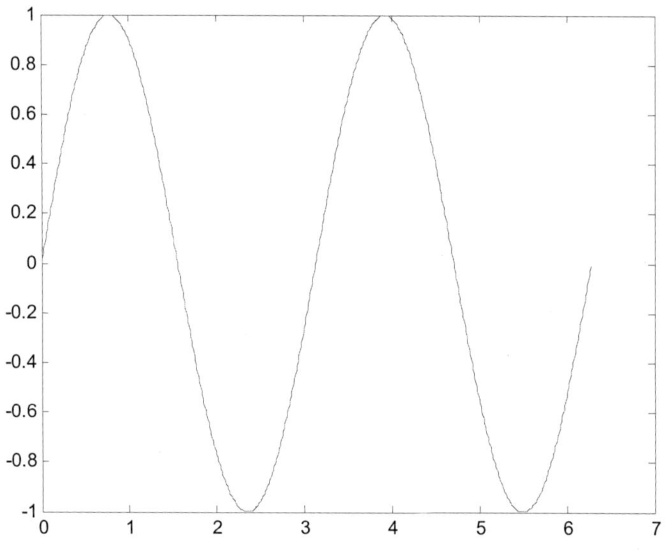

그림 4.1 예제 4.1의 실행 결과

plot명령을 실행할 때, MATLAB에서 기본으로 설정된 그래프 선은 파란색(blue color)의 실선이다. 이러한 기본 설정은 plot에 대한 일반 형태를 사용하여 변경될 수 있다. 즉,

```
plot(x,y, '선 형태 기호', '특성 이름', 특성 값)
```

선 형태 기호(Line specifiers)는 선의 형태, 선의 색상, 마커의 형태를 정의한다. 마커형 기호와 선의 형태 기호가 표 4.1에 나타나 있다. 표 4.2는 선의 색상 기호를 나타내

고 있다. 기호는 문자열로써 plot 명령 내부에 입력된다. 하나의 문자열 내의 기호들은 임의의 순서로 입력될 수 있다.

plot의 일반적인 형태를 사용한 예를 몇 가지 살펴보자.

- `plot(x,y,'k')` : 데이터를 검정색 실선으로 표현한다.
- `plot(x,y,':r')` : 데이터를 빨간색 쇄선으로 표현한다.
- `plot(x,y,'og')` : 데이터를 녹색의 원 'o'로 표현한다.
- `plot(x,y,'c : s')` : 데이터를 정사각형으로 표시하고, 하늘색의 점선으로 표시한다.

표 4.1 마커 형 기호와 선의 형태

기 호	그래프 선의 종류
.	점(point)
o	원(circle)
x	x 표시(x-mark)
+	+ 표시(plus)
*	별표(asterisk)
s	정사각형(square)
d	다이아 몬드(diamond)
p	별표(five-pointed star)
h	육각 별표(six-pointed star)
-	실선(solid)
:	점선(dotted)
-.	일점쇄선(dashdot)
--	쇄선(dashed)

표 4.2 선의 색상 기호

기 호	선의 색상
y	노란색(yellow)
m	자홍색(magenta)
c	하늘색(cyan)
r	빨간색(red)
g	녹색(green)
b	파란색(blue)
w	흰색(white)
k	검정색(black)

특성 이름(PropertyName)은 문자열로 입력되는데, 선의 굵기, 마커의 크기, 그리고 마커의 색, 마커의 테두리 선의 색깔 등을 지정한다. 특성 값(PropertyValue)은 지정된 특성에 대한 값을 표시한다. 표 4.3은 많이 사용되는 특성 이름과 특성 값을 나타내고 있다.

표 4.3 많이 사용되는 특성 이름과 특성 값

특성 이름	기 능	특성 값
LineWidth 또는 linewidth	선의 넓이 지정	기본은 0.5임. 그 이외의 수를 사용하여 선의 넓이를 정함. 예) 2
MarkerSize 또는 markersize	마커의 크기 지정	점의 단위를 나타내는 수를 사용하여 크기를 결정함. 예) 12
MarkerEdgeColor 또는 markeredgecolor	마커의 테두리 선의 색 지정	색을 지정하는 문자열을 사용하여 색을 결정함. 예) 'r'(빨강색)
MarkerFaceColor 또는 markerfacecolor	마커를 채워주는 색 지정	색을 지정하는 문자열을 사용하여 색을 결정함. 예) 'g'(녹색)

다음 예는 함수 $y = e^{-0.2x}\sin(2x)$를 구간 $0 \le x \le 10$에 대하여 plot 명령을 사용

하여 그리는 경우를 보여주고 있는데, 특성 이름과 특성 값을 다음과 같이 지정하고 있다.

```
plot(x,y,'-ko','LineWidth',0.8,'MarkerSize',5, ...
'MarkerEdgeColor','b','MarkerFaceColor','r')
```

데이터 점들을 검정색 실선으로 연결하여 그리고, 점에 대해서는 마커 원 'o'을 사용하고 있다. 선의 넓이는 0.8포인트이고, 원 마커의 크기는 5포인트이다. 마커는 빨간색으로 채워져 있고, 테두리는 파란색이다. 그림 4.2는 생성된 그래프를 보여주고 있다.

예제 4.2 특성 이름과 특성 값 사용 예

```
x=[0:.1:10];    % x값 벡터
y=exp(-0.2*x).*sin(2*x);         % 함수 y 값
plot(x,y,'-ko','LineWidth',0.8,'MarkerSize',5, ...
      'MarkerEdgeColor','b','MarkerFaceColor','r')
```

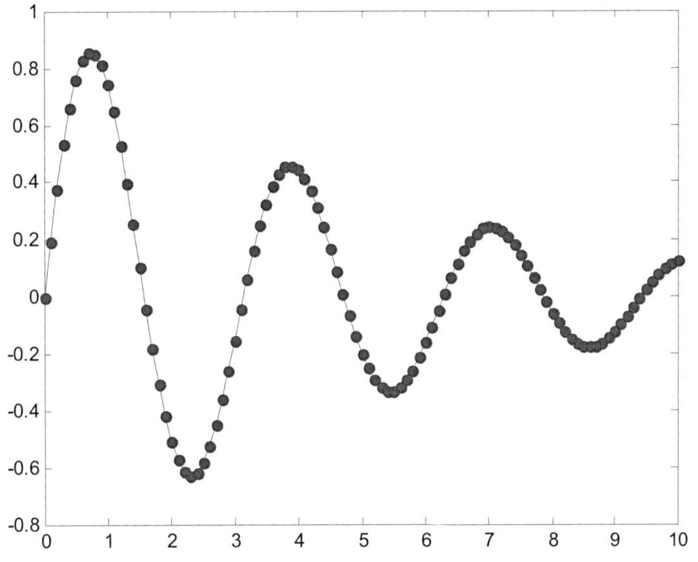

그림 4.2 예제 4.2의 실행 결과

그림 4.2는 제목, 축 제목, 격자선 등이 없어 완성된 모습이라고 할 수 없다. title, xlabel, ylabel 명령을 사용하여 그래프에 제목과 축 제목들을 붙일 수 있다. 그래프에

격자선을 표시하려면 grid on 명령을, 없애려면 grid off 명령을 사용한다.

예제 4.3은 함수 $y = e^{-0.2x}\sin(2x)$를 구간 $0 \le x \le 10$에 대하여 plot 명령을 사용하여 그린 후, 제목, x축 제목, y축 제목을 차례로 붙이고 격자선을 표시한다. 이렇게 만든 그래프가 그림 4.3에 나타나 있다.

예제 4.3 xlabel, ylabel, title, grid on 사용 예

```
% 함수 y=exp(-0.2x)sin(2x)를 그리는 파일이다.
% 제목(title), x축 제목(xlabel), y축 제목(ylabel)을 사용한다.
% 격자선을 만들기 위해 grid on명령을 사용한다.
x=[0:.1:10];    % x값 벡터
y=exp(-0.2*x).*sin(2*x);          % 함수 y 값
plot(x,y,'-ko','LineWidth',0.8,'MarkerSize',5, ...
    'MarkerEdgeColor','b','MarkerFaceColor','r')
title('y=exp(-0.2x)sin(2x) Graph') % 그래프 제목
xlabel('x');          % x축 제목
ylabel('y');          % y축 제목
grid on               % 격자선 표시
```

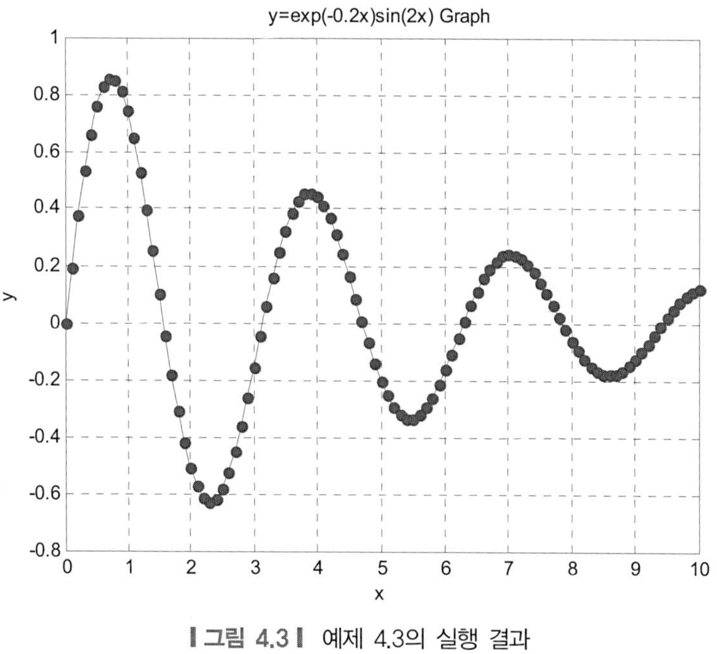

그림 4.3 예제 4.3의 실행 결과

예제 4.4는 복소함수 $z = (\cos\theta + i\sin\theta)e^{-0.2\theta}$를 구간 $0 \le \theta \le 6\pi$에 대하여 plot 명령을 사용하여 수평축에는 실수부를, 수직축에는 허수부를 그린다. 이렇게 만든 그래프가 그림 4.4에 나타나 있다.

예제 4.4 plot 명령을 사용한 복소함수 그래프

```
% plot명령을 사용하여 복소함수 그래프를 그린다.
% 실수부는 수평축에, 허수부는 수직축에 그린다.
theta=0:0.05:6*pi;
z=(cos(theta)+i*sin(theta)).*exp(-0.2*theta);
plot(real(z),imag(z))
xlabel('Re(z)');ylabel('Im(z)')
title('plot명령을 이용한 복소함수 그래프')
grid on
```

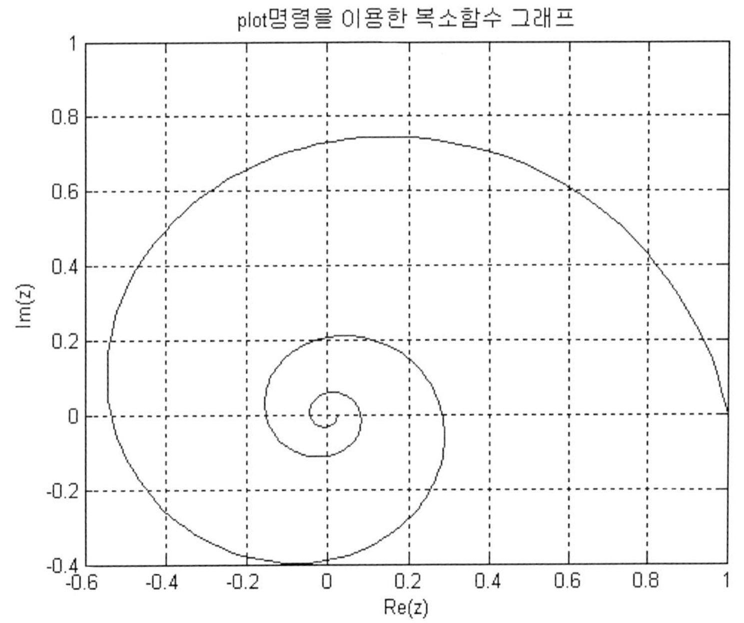

그림 4.4 예제 4.4의 실행 결과

4.2 fplot 내장 함수

fplot는 단일 함수 $f(x)$를 다음과 같은 형식을 사용하여 그리는 명령이다.

```
fplot('f(x)',limits, line specifiers)
```

```
axis([x_min,x_max,y_min,y_max])
그래프 좌표의 최소와 최대값을 지정.
```

여기서 'f(x)'는 함수 $f(x)$가 문자열로 직접 입력되는 것을 의미한다. 예를 들어, $y = e^{-0.2x}\sin(2x)$ 인 경우, '$e^{-0.2x}\sin(2x)$' 같은 형식으로 입력된다. 'f(x)'에는 MATLAB 내장함수가 사용될 수 있으며, 나중에 설명할 함수파일 명이 올 수 있다.

fplot에서 limits에는 보통 x의 정의역 [xmin, xmax]가 입력된다. 그래프에서 y축의 구간까지 제어하고 싶을 때는, [xmin, xmax, ymin, ymax]를 입력하면 된다. line specifiers는 선을 지정하는 명령을 입력한다.

예제 4.5는 함수 $y = e^{-0.2x}\sin(2x)$를 구간 $0 \le x \le 10$에 대하여 fplot 명령을 사용하여 그리는 프로그램을 보여준다. 그림 4.5는 그래픽 출력 결과이다.

예제 4.5 fplot를 사용한 그래프 예

```
% fplot를 사용하여 함수 y=exp(-0.2x)sin(2x)를 그리는 파일이다.
fplot('exp(-0.2*x).*sin(2*x)',[0,10],'-rs')
title('y=exp(-0.2x)sin(2x) Graph') % 그래프 제목
xlabel('x');          % x축 제목
ylabel('y');          % y축 제목
grid on               % 격자선 표시
```

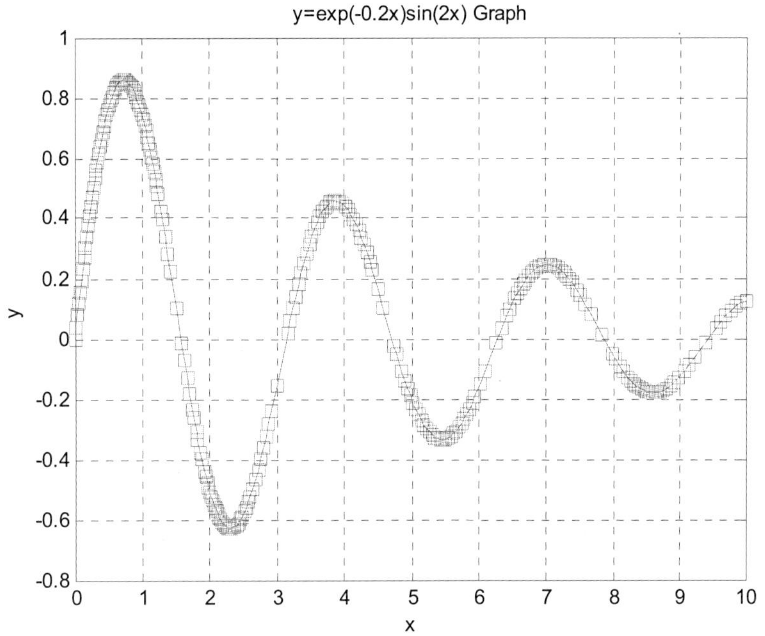

▌그림 4.5▐ 예제 4.5의 실행 결과

예제 4.6은 함수 $y = e^{-0.2x}\sin(2x)$를 구간 $0 \le x \le 10$와 $0 \le y \le 1$에 대하여 fplot 명령을 사용하여 그리는 프로그램을 보여준다. 그림 4.6은 그래픽 출력 결과이다.

예제 4.6 fplot을 사용한 그래프 예

```
% fplot를 사용하여 함수 y=exp(-0.2x)sin(2x)를 그리는 파일이다.
fplot('exp(-0.2*x).*sin(2*x)',[0,10,0,1],'-k')
title('y=exp(-0.2x)sin(2x) Graph') % 그래프 제목
xlabel('x');          % x축 제목
ylabel('y');          % y축 제목
grid on               % 격자선 표시
```

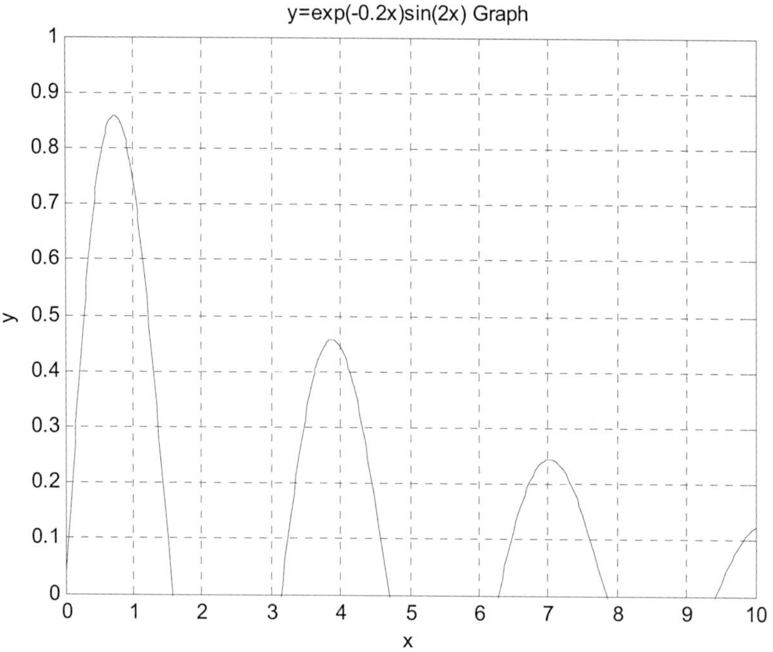

그림 4.6 예제 4.6의 실행 결과

4.3 다중 그래프 그리기

MATLAB에서는 동일한 그래프 축에 여러 개의 그래프를 그릴 수 있다. 한 그림 창에 여러 개의 그래프를 그리는데 3가지 방법이 사용된다. 첫 번째는 plot 명령을 사용하는 방법이고, 두 번째 방법은 hold on과 hold off 명령을 사용하는 것이다. 세 번째는 line 명령을 사용하는 방법이다.

4.3.1 plot 명령 사용하는 방법

plot 내장함수에서 단순히 (x, y)값의 집합을 추가함으로써 같은 그래프에 여러 함수를 그릴 수 있다. 입력 형식은 다음과 같다.

```
plot(x1,y1,x2,y2)
```

위 형식을 사용하면 2개의 그래프를 그릴 수 있다. MATLAB은 자동적으로 각 그래프에 대해서 다른 색깔을 지정한다. 필요에 따라서는 사용자가 선 지정을 해 주는 것이 가능하다. 예제 4.7은 함수 $y = \sin 2x$와 함수 $y = \sin(2x+2)$를 같은 그래프에 그려보는 파일이다. 구간은 $0 \le x \le 3\pi$이다. 그림 4.7은 출력 결과를 보여 주고 있다.

예제 4.7 plot 명령을 이용한 다중그래프 그리기

```
% 함수 y=sin(2x)와 y=sin(2x+2)를 같은 그래프에 그리는 파일이다.
x=[0:.05:3*pi];          % x값 벡터
y1=sin(2*x);             % 함수 y1 값
y2=sin(2*x+2);           % 함수 y2 값
plot(x,y1,x,y2,'ko')     % 2차원 선 그래프를 2개 그린다. y1은 실선,y2는 'o'로
                         나타남.
title('y1=sin(2x) and y2=sin(2x+2)'); % 그래프 제목
xlabel('x');             % x축 제목
ylabel('y1, y2');        % y축 제목
grid on                  % 격자선 표시
```

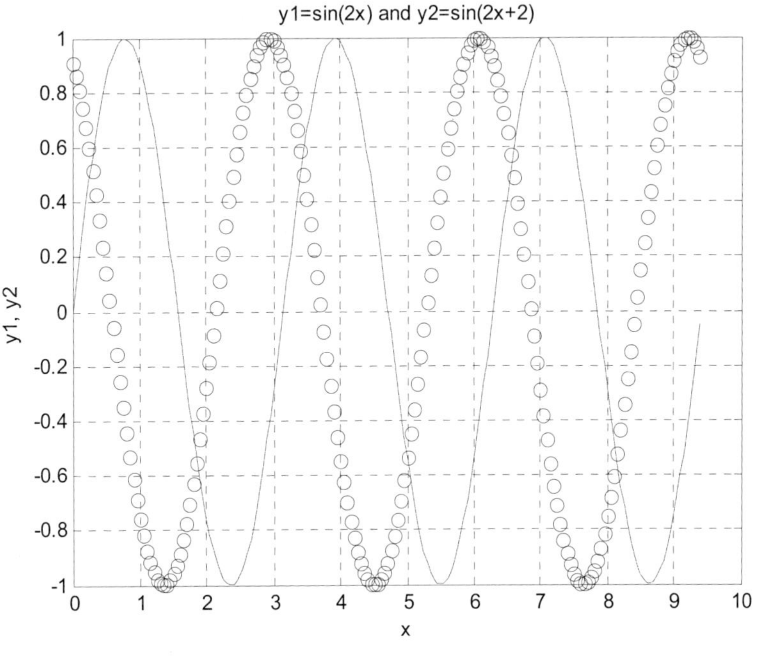

▌그림 4.7▌ 예제 4.7의 실행 결과

4.3.2 hold on 명령 사용하는 방법

hold on 명령은 두 개 이상의 그림을 동일한 그래프 축에 동시에 나타낼 때 사용한다. 첫 번째 그림은 plot 명령으로 그리고, 다음에 hold on을 입력한다. hold on 이후에 plot 명령을 사용하여 입력한 그림은 첫 번째 그래프 축에 추가하여 그려진다. 원하는 개수만큼 동일한 그래프 축에 그래프를 추가 할 수 있다. hold on 기능을 멈추고 싶으면 hold off 명령을 입력하면 된다. 예제 4.8은 hold on 명령을 이용하여 함수 $y = e^{-0.2x}\sin(2x)$와 함수 $y = e^{-0.2x}\cos(2x)$를 구간 $0 \le x \le 10$에 대해서 그리는 프로그램이다. 그림 4.8은 출력 결과를 보여준다.

예제 4.8 hold on 명령을 이용하여 다중그래프 그리기

```
% hold on을 사용하여 함수 y1=exp(-0.2x)sin(2x)와 y2=exp(-0.2x)cos(2x)를
% 그리는 파일이다.
x=0:0.05:10;                  % 함수의 구간을 나타내는 벡터. 구간 내에서 간격은
                              0.05임
y1=exp(-0.2*x).*sin(2.*x);    % 첫 번째 함수
plot(x,y1)                    % 첫 번째 함수가 그려짐
hold on                       % 새로운 함수 그래프를 추가하는 명령
y2=exp(-0.2*x).*cos(2.*x);    % 두 번째 함수
plot(x,y2,'--')               % 두 번째 함수가 첫 번째 그래프의 그래프 축에 그
                              려짐
hold off                      % hold on 명령의 기능이 정지됨
xlabel('x')
ylabel('y1,y2')
title('Graph of y1=exp(-0.2x)sin(2x) and y2=exp(-0.2x)cos(2x)')
grid on
```

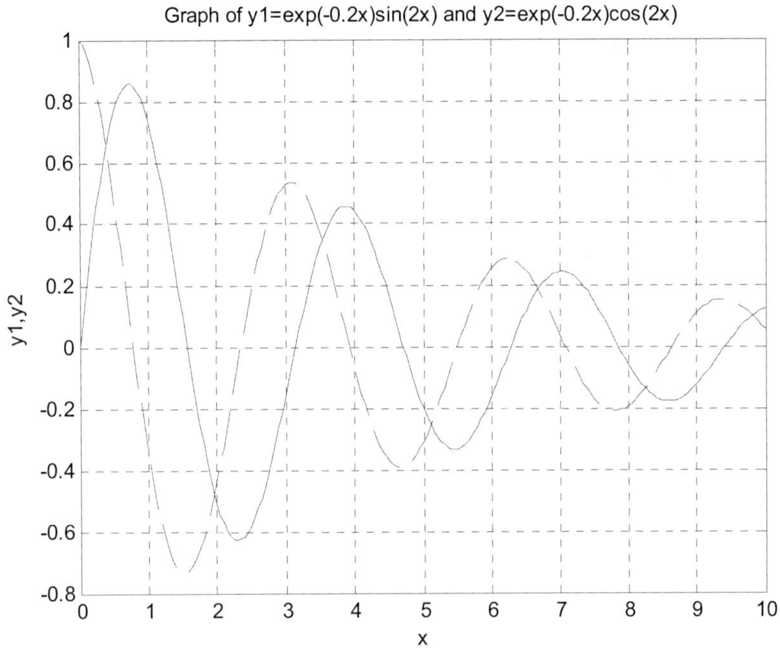

| 그림 4.8 | 예제 4.8의 실행 결과

4.3.3 line 명령 사용하는 방법

line 명령은 plot명령으로 그래프가 그려진 이 후에, 추가로 같은 그래프 축에 그래프를 그리려고 할 때 사용하는 명령이다. line 명령은 plot명령과 거의 같다. line 명령의 형태는 다음과 같다.

```
line(x,y,'PropertyName', PropertyValue)
```

예를 들어,

```
line(t,v,'linestyle',':','color','k','marker','s')
```

을 입력하면, line명령은 이미 존재하고 있는 plot에 대해 정사각형 마커를 갖는 검정색 점선의 그래프를 추가하게 된다.

예제 4.9는 line 명령을 이용하여 함수 $y_1 = \sin(2t-2)$, $y_2 = 2\cos(2t-2)$ 그리고 $y_3 = -4\sin(2t-2)$를 구간 $0 \le t \le 10$에 대해서 그리는 프로그램이다. 그림 4.9는

출력 결과를 보여준다.

예제 4.9 line 명령을 이용한 다중그래프 그리기

```
% line 명령을 사용하여 함수 y1=sin(2t-2),y2=2cos(2t-2),
% y3=-4sin(2t-2)를 그리는 파일이다.
t=0:0.1:10;          % 그래프 구간. 구간내의 간격은 0.1초
y1=sin(2*t-2);
y2=2*cos(2*t-2);
y3=-4*sin(2*t-2);
plot(t,y1)            % 첫 번째 그래프
line(t,y2,'linestyle',':','color','k','marker','s')     % 두 번째 그래프
line(t,y3,'LineStyle','--','color','r')                  % 세 번째 그래프
xlabel('t')
ylabel('y1, y2, y3')
title('Graph of y1=sin(2t-2), y2=2cos(2t-2), and y3=-4sin(2t-2)')
grid on
```

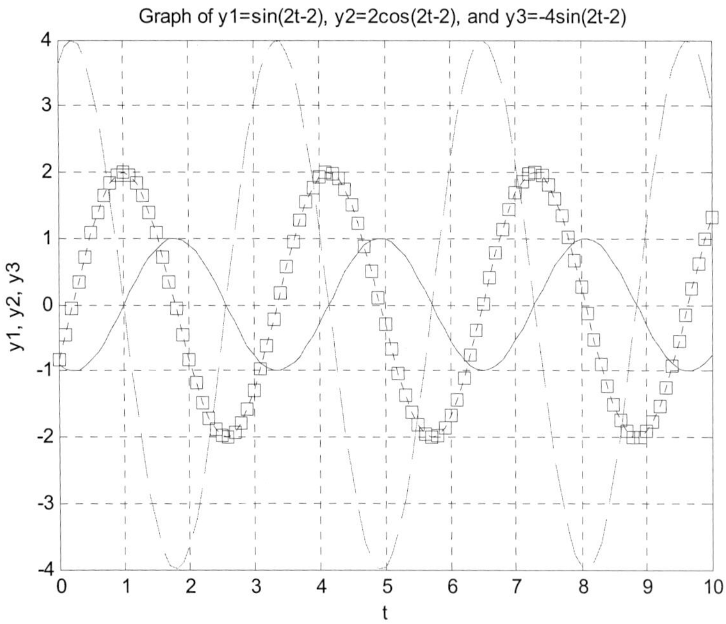

| 그림 4.9 | 예제 4.9의 실행 결과

예제 4.10은 line 명령을 이용하여 그래프를 그리는 또 다른 프로그램이다. 먼저 함수 $x(t) = \left|\frac{\sin 50t}{t}\right|\cos(t+\pi)$와 $y = \left|\frac{\sin 50t}{t}\right|\sin(t+\pi)$를 구간 $-10\pi \le t \le 10\pi$에 대해서 그린다.

이어서, $w = 10e^{z}$를 구간 $-0.01+0.5i \le z \le -1+50i$에 대해서 그린다. 이때 w는 복소함수이므로, 실수부는 수평축에, 허수부는 수직축에 나타나도록 한다. 그림 4.10은 출력 결과를 보여준다.

예제 4.10 line 명령을 이용한 다중그래프 그리기

```
% line 명령을 사용하여 2개의 그래프를 그리는 파일이다.
t=-10*pi:0.0001:10*pi;          % 그래프 구간. 구간내의 간격은 0.0001
M=abs(sin(50*t)./t);
x=M.*cos(t+pi);
y=M.*sin(t+pi);
plot(x,y)              % 첫 번째 그래프
z=(-0.01+i*0.5)*(1:0.1:100);
w=10*exp(z);
line(real(w),imag(w),'color','r')    % 두 번째 그래프
```

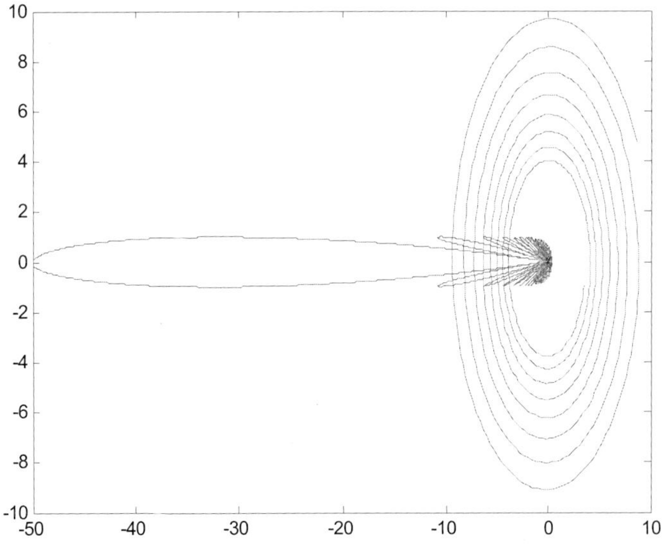

그림 4.10 예제 4.10의 실행 결과

4.4 그래프 축 범위 수정하기

plot 명령을 사용하여 그래프가 생성될 때, x벡터와 y벡터 원소들의 최소값과 최대값을 기초로 하여 축의 범위가 정해진다. 그러나 때에 따라서는 축의 범위를 인위적으로 정해주는 방법이 좋을 경우가 발생한다.

먼저 예제 4.11을 살펴보자. 예제 4.11은 함수 $y = |x(x-1)|$과 $y = x^2|x(x-1)|$을 구간 $-2 \le x \le 1.5$에 대해서 그리는 프로그램이다. 그림 4.11은 출력 결과를 보여준다.

예제 4.11 hold on 명령을 이용한 그래프 그리기

```
% hold on을 사용하여 두 함수를 그리는 파일이다.
% 그래프 축의 범위를 토의하는 예제이다.
x=-2:0.05:1.5;
y1=abs(x.*(x-1));
plot(x,y1)
hold on
y2=x.^2.*abs(x.*(x-1));
plot(x,y2,'--')
hold off
xlabel('x')
ylabel('y1,y2')
title('그래프 축 범위를 토의하는 예제')
grid on
```

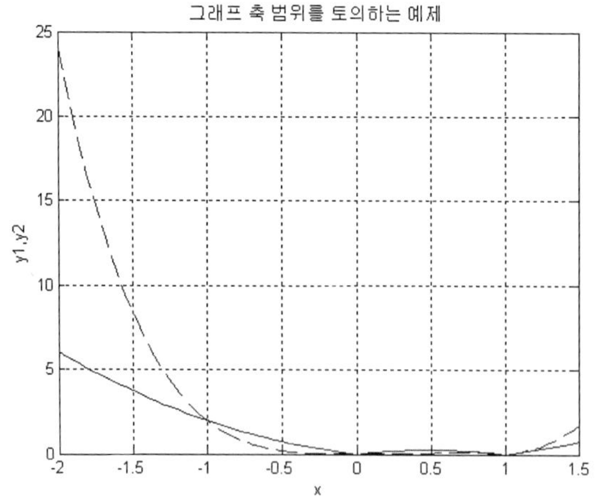

| 그림 4.11 | 예제 4.11의 실행 결과

그림 4.11을 보면, 두 그래프의 거동이 x=0과 x=1 사이에서 크게 바뀌는데, 현재의 축 범위에서는 그러한 변화를 정확히 파악하기가 쉽지 않다. 이럴 경우 축의 범위를 바꿔주는 것이 좋은 방안이 된다.

axis 명령은 그래프 축의 범위를 바꾸는데 사용되는 명령이다. axis 명령의 사용 형태는 다음과 같다.

- `axis([xmin, xmax, ymin, ymax])` : x축의 범위를 xmin에서 xmax까지 지정하고, y축의 범위는 ymin에서 ymax까지 지정한다.
- `axis equal` : x와 y축을 같은 간격으로 나타내 준다.
- `axis square` : 축을 정사각형 형상으로 만들어 준다.
- `axis tight` : 데이터의 범위까지만 축을 제한한다.
- `axis off` : 그래프 축을 없애준다.

예제 4.12는 함수 $y=|x(x-1)|$과 $y=x^2|x(x-1)|$을 구간 $-2 \le x \le 1.5$에 대해서 그린 후, axis 명령을 사용하여 그래프 축의 범위를 바꾸는 프로그램이다. 그림 4.12는 출력 결과를 보여준다. $-1 \le x \le 1.5$와 $0 \le y \le 1$에 대한 부분만 그래프로 표현되었다. 그림 4.12를 보면, x=0에서 점선으로 그려진 그래프는 미분이 가능하고, x=1에서 미분이 가능하지 않음을 알 수 있다.

예제 4.12 그래프 축의 범위를 바꾸는 예제

```
% hold on을 사용하여 두 함수를 그리는 파일이다.
% 그래프 축의 범위를 토의하는 예제이다.
x=-2:0.05:1.5;
y1=abs(x.*(x-1));
plot(x,y1)
hold on
y2=x.^2.*abs(x.*(x-1));
plot(x,y2,'--')
hold off
xlabel('x')
ylabel('y1,y2')
title('그래프 축 범위를 토의하는 예제')
```

```
grid on
axis([-1 1.5 0 1])
```

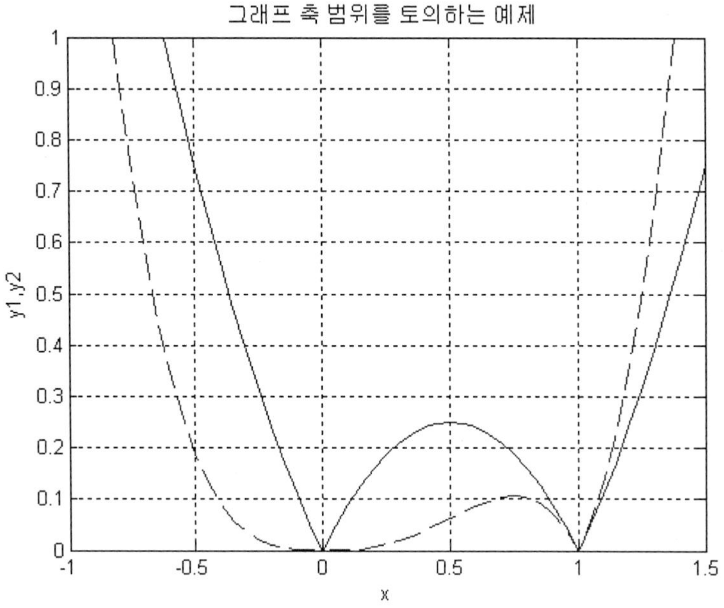

그림 4.12 예제 4.12의 실행 결과

4.5 2차원 그래프 완성도 높이기

일반적으로 plot 명령은 그래프의 기본 형태만 표현해 준다. 그래프에 다양한 정보를 표현하기 위해서 MATLAB이 제공하는 다양한 명령을 활용할 수 있다. 이미 앞에서 사용해 왔던 xlabel, ylabel, 그리고 title 등이 그러한 명령에 속한다. MATLAB에서 많이 활용되고 있는 유용한 명령들을 살펴보자.

4.5.1 text 명령

그래프에 텍스트를 배치하는 명령으로, text와 gtext가 있다. text는 다음 형태로 사용된다.

```
text(x,y,'문자열 텍스트')
```

예제 4.13은 text 명령을 이용하여 $y_1(t) = \sin(2t)$와 $y_2(t) = 2\cos(2t)$를 구간 $0 \le t \le 10$에 대해서 그리는 프로그램이다. 그림 4.13은 출력 결과를 보여준다.

예제 4.13 text 명령을 사용하는 예제

```
% text 명령을 사용하는 방법을 보여주는 프로그램이다.
% 함수 y1=sin(t)와 y2=cos(t)를 hold on을 사용하여 그리는 파일이다.
t=0:0.1:10;
y1=sin(2*t);
y2=2*cos(2*t);
plot(t,y1)
hold on
plot(t,y2,'r')
text(0.9,sin(0.9*2),'  y1 그래프')
text(5,2*cos(2*5),' y2 그래프')
hold off
xlabel('t')
ylabel('y1, y2')
title('y1=sin(2t)와 y2=2cos(2t) 그래프')
grid on
set(gcf,'color','w') % 바탕화면의 컬러를 흰색으로 바꿈
```

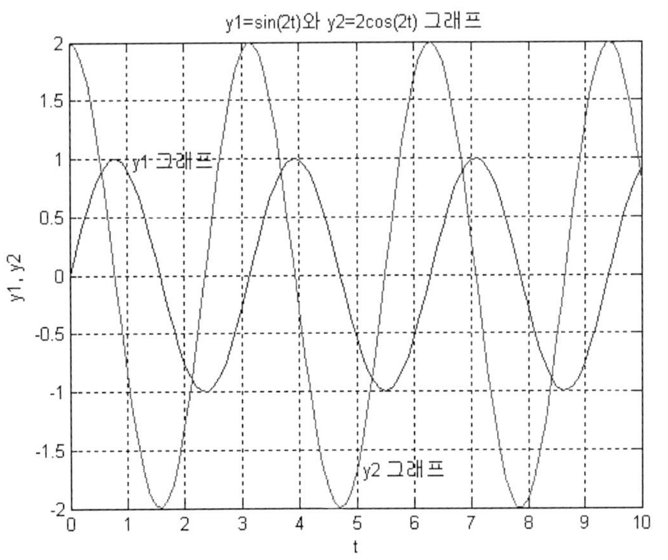

그림 4.13 예제 4.13의 실행 결과

예제 4.13에서는 set이라는 명령이 처음 사용되었는데, 기본적인 입력 형태는 다음과 같다.

```
set(gcf, 'ProptertyName','Property Name')
set(gca, 'ProptertyName','Property Name')
```

여기서 gcf는 'get handle to current figure'의 약자로 현재 작업하고 있는 그래프에 직접 영향을 주겠다는 의미이고, gca는 'get handle to current axis'는 현재 작업하고 있는 그래프 축에 영향을 주겠다는 뜻이다.

```
set(gcf,'color','w')
```

은 현재 작업 중인 그래프의 바탕화면 컬러를 흰색으로 바꾸라는 명령이다.

많이 사용되고 있는 set에 대한 몇 가지 사용 예들은 다음과 같다.

- `set(gcf, 'DefaultTextColor','r')` : 그래프의 텍스트 컬러를 빨간색으로 바꿈.
- `set(gcf, 'DefaultTextRotation',90)` : 그래프의 텍스트 방향을 90° 회전 시킴.
- `set(gca, 'Fontsize',[18])` : 그래프 축의 숫자들의 크기를 18로 바꿈.
- `set(gca, 'nextplot','add')` : 'hold on'과 동일한 효과.
- `set(gca, 'nextplot','replace')` : 'hold off'와 동일한 효과.
- `set(gca, 'xgrid','on','gridlinestyle','-.')` : x축 그리드를 일점쇄선으로 표현.

예제 4.14는 set 명령을 이용하여 그래프를 그리는 프로그램이다. 그림 4.14는 출력 결과를 보여준다.

예제 4.14 set 명령을 사용하는 예제

```
% set 명령을 사용하는 예제임.
t=0:0.05:6*pi;
y1=exp(-0.1*t).*sin(t);
```

```
y2=cos(t);
set(gcf,'DefaultTextRotation',90) % 그래프에 표현되는 텍스트를 90도 회전시켜
   표현함.
set(gca,'FontSize',12) % 그래프 축의 숫자의 크기는 12 폰트임
plot(t,y1,'r-')
hold on
plot(t,y2,'b.')
text(3.1,0.3,'exp(-0.1t)sin(t)','fontsize',12,'color','r')
text(10.7,0.3,'cos(t)','fontsize',12,'color','b')
xlabel('\bf{시간 (초)}')
ylabel('\bf{변위}','rotation',0)
title('set 명령어를 사용한 그래프 그리기','fontsize',14, 'rotation',0)
axis([min(t) max(t) -1.1 1.1])
set(gcf,'color','w')
hold off
set(gca,'ygrid','on','gridlinestyle','--')% y축 그리드를 점선으로 표현.
```

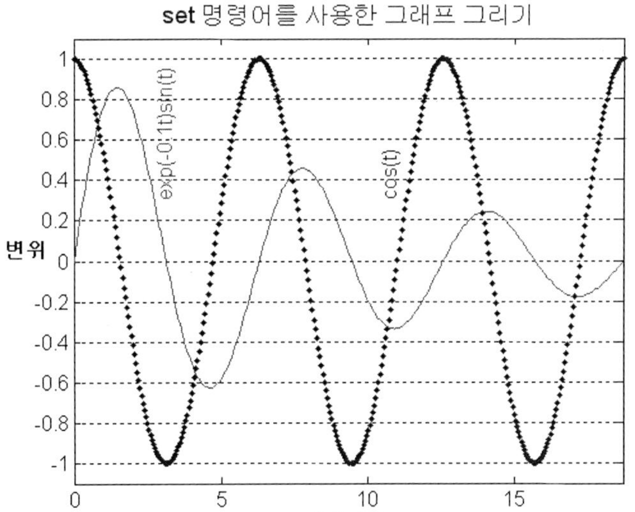

그림 4.14 예제 4.14의 실행 결과

gtext 명령을 사용하면, 사용자는 마우스로 원하는 위치를 클릭하여 텍스트를 직접 배치할 수 있게 된다. gtext는 다음 형태로 사용된다.

```
gtext('문자열 텍스트')
```

예제 4.15는 gtext 명령을 이용하여 $y_1 = t^3 - 6t^2 - 15t + 40$와 y_1을 시간에 대해 1차 미분한 $y_2 = \frac{dy_1}{dt} = 3t^2 - 12t - 15$, 그리고 y_1을 시간에 대해 2차 미분한 $y_3 = \frac{d^2y_1}{dt^2} = 6t - 12$를 구간 $0 \le t \le 7$에 대해서 그리는 프로그램이다. 그림 4.15는 출력 결과를 보여준다.

예제 4.15 gtext 명령을 사용한 예제

```
% gtext 명령을 사용하여 함수들을 그리는 파일이다.
t=0:0.1:7;          % 그래프 구간.
y1=t.^3-6*t.^2-15*t+40;
y2=3*t.^2-12*t-15;
y3=6*t-12;
plot(t,y1)                  % 첫 번째 그래프
line(t,y2,'color','k')      % 두 번째 그래프
line(t,y3,'color','r')      % 세 번째 그래프
xlabel('t')
ylabel('y1, y2, y3')
title('gtext를 사용해 그린 그래프')
grid on
gtext('y1 그래프')
gtext('y2 그래프')
gtext('y3 그래프')
```

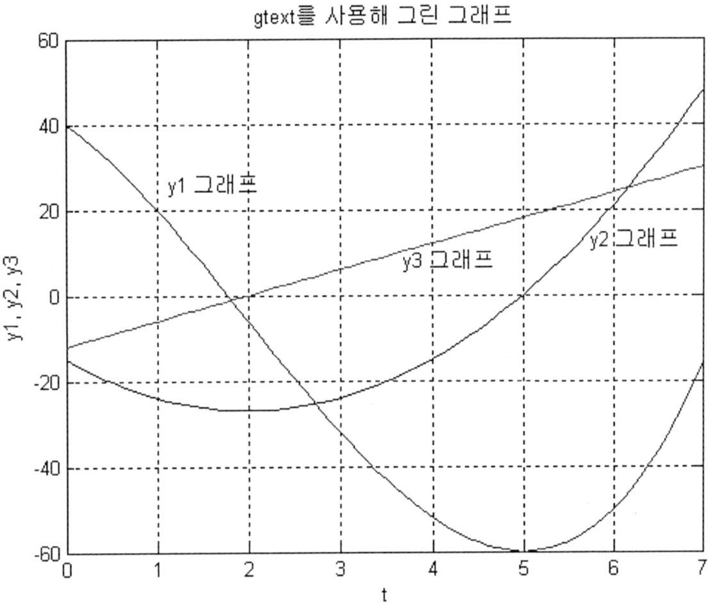

| 그림 4.15 | 예제 4.15의 실행 결과

4.5.2 legend 명령

legend 명령을 사용하면, 범례를 사용하여 선을 구분하게 된다. legend는 다음 형태로 사용된다.

```
legend('문자열1','문자열2','문자열3'...)
```

예제 4.16은 legend 명령을 이용하여 $y_1 = 2t^3 - 24t + 6$, $y_2(t) = 6t^2 - 24$, 그리고 $y_3 = 12t$를 구간 $0 \le t \le 4$에 대해서 그리는 프로그램이다. 그림 4.16은 출력 결과를 보여준다.

예제 4.16 legend 명령을 사용한 예제

```
% legend 명령을 사용하여 함수들을 그리는 파일이다.
t=0:0.1:4;          % 그래프 구간.
y1=2*t.^3-24*t+6;
y2=6*t.^2-24;
```

```
y3=12*t;
plot(t,y1,'-d')            % 첫 번째 그래프
hold on
plot(t,y2,'-rs')    % 두 번째 그래프
plot(t,y3,'-ko')   % 세 번째 그래프
xlabel('t')
ylabel('y1, y2, y3')
title('legend를 활용한 그래프')
grid on
legend('y1 그래프', 'y2 그래프', 'y3 그래프')
```

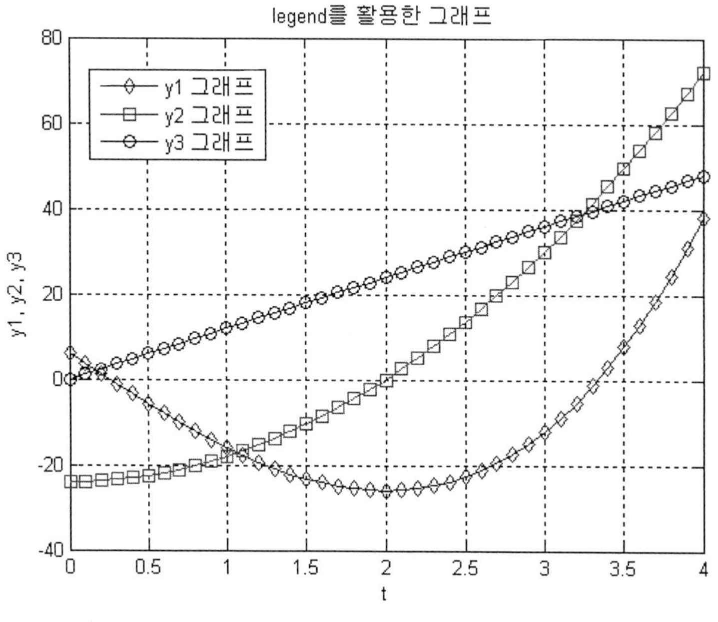

그림 4.16 예제 4.16의 실행 결과

4.5.3 다양한 글자체(font) 사용

MATLAB에서는 다양한 글자체를 사용할 수 있는 명령들을 내장하고 있다. 표 4.4는 글자체의 종류와 크기를 바꿔주는 명령을 보여주고 있다.

표 4.4 글자체를 바꿔주는 명령

글자체 수정 명령	기 능
\bf	볼드체로 바뀜
\it	이탤릭체로 바뀜
\rm	보통 체로 바뀜
\fontname(fontname)	괄호 안에 명시된 글자체로 바뀜
\fontsize(fontsize)	괄호 안에 명시된 글자 크기로 바뀜

아래 첨자와 위 첨자는 각각 기호 앞에 '_'(언더라인 기호)과 '^'를 입력함으로써 실행된다. 연속적인 문자나 기호들일 경우 '_' 또는 '^' 다음에 문자나 기호들을 '{ }'괄호 안에 입력함으로써 실행된다.

그리스 문자들은 문자열 내에서 '\문자 이름'을 입력함으로써 텍스트 안에 포함된다. 예를 들어, '\alpha' 입력하면, α(알파)가 텍스트 안에 나타난다.

표 4.5는 몇 개의 예를 보여주고 있다.

표 4.5 특수 문자

문 자	특수 문자	문 자	특수 문자
\alpha	α	\chi	χ
\beta	β	\psi	ψ
\gamma	γ	\omega	ω
\delta	δ	\Gamma	Γ
\epsilon	ε	\Delta	Δ
\zeta	ζ	\Theta	Θ
\eta	η	\Lambda	Λ
\theta	θ	\Xi	Ξ
\iota	ι	\Pi	Π
\kappa	κ	\Sigma	Σ
\lambda	λ	\Phi	Φ

표 4.5 특수 문자(계속)

문 자	특수 문자	문 자	특수 문자
\mu	μ	\Psi	Ψ
\nu	ν	\Omega	Ω
\xi	ξ	\leftarrow	←
\pi	π	\rightarrow	→
\rho	ρ	\leftrightarrow	↔
\sigma	σ	\heartsuit	♥
\tau	τ	\spadesuit	♠
\phi	ϕ	\bullet	•

예제 4.17은 다양한 글자체를 사용하는 프로그램으로, $y = e^{-\alpha t}\sin(\beta t)$를 구간 $0 \le t \le 0.8$에 대해서 그리는 프로그램이다. 그림 4.17은 출력 결과를 보여준다.

예제 4.17 다양한 글자체를 사용한 예제

```
% 다양한 글자체를 사용하는 예제임.
t=0:0.005:0.8;
beta=100;
alpha=10;
y=exp(-alpha*t).*sin(beta*t);
plot(t,y)
xlabel('\bf{시간(초)}','fontsize',12) % x축 제목을 폰트크기 12의 볼드체로 표현함.
ylabel('\bf{변위}','fontsize',12) % y축 제목을 폰트크기 12의 볼드체로 표현함.
% 제목에 볼드 체, 이탤릭 체, 그리스문자 사용
title('{\bf{\ite}^{-\alphat}sin(\betat)}','fontsize',14)
set(gca,'xgrid','on','gridlinestyle','-.')% x축 그리드를 일점쇄선으로 표현.
set(gcf,'color','w')
```

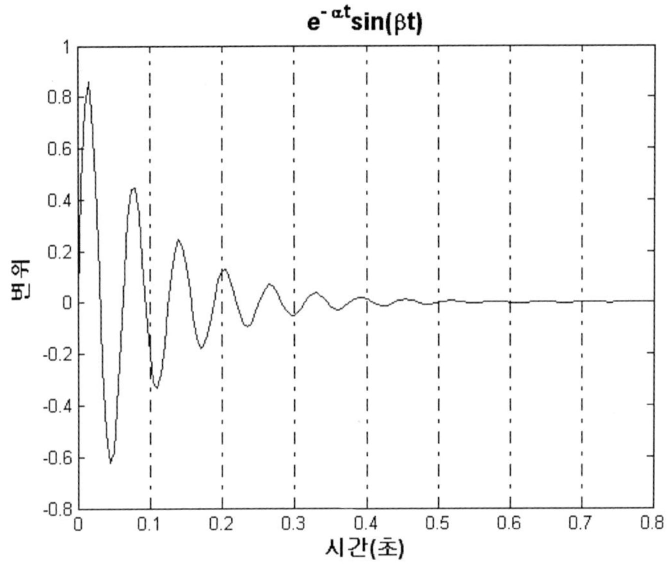

| 그림 4.17 | 예제 4.17의 실행 결과

예제 4.18은 특수문자들이 사용되는 프로그램이다. 그림 4.18은 출력 결과를 보여준다.

예제 4.18 특수문자를 사용한 예제

```
% 다양한 글자체와 특수문자를 사용하는 예제임.
t=0:0.001:3*pi;
y=sin(t);
plot(t,y)
xlabel('\it{t=0 to 3\pi}','fontsize',12)
ylabel('sin(t)','fontsize',12,'rotation',0)
title('\bf{sin(t) 그래프}','fontsize',16)
set(gcf,'color','w')
text(3*pi/4,sin(3*pi/4),'\bullet\leftarrowsin(t)=0.707') % 작은 점과 왼쪽방향 화
살표 표시
set(gca,'nextplot','add') % 'hold on' 효과
plot(3*pi/4,sin(3*pi/4),'ro')
text(2*pi,sin(2*pi),'\bullet\leftarrowsin(t)=0')% 왼쪽 방향 화살표 표시
plot(2*pi,sin(2*pi),'rs')
text(5*pi/4,sin(5*pi/4), ... % 연속 기호
   ' sin(t)=-0.707\rightarrow','Horizontalalignment','right') % 오른쪽방향 화
살표 표시
```

```
plot(5*pi/4,sin(5*pi/4),'r.')
set(gca,'nextplot','replace') % 'hold off' 효과
axis([min(t) max(t) -1.1 1.1])
```

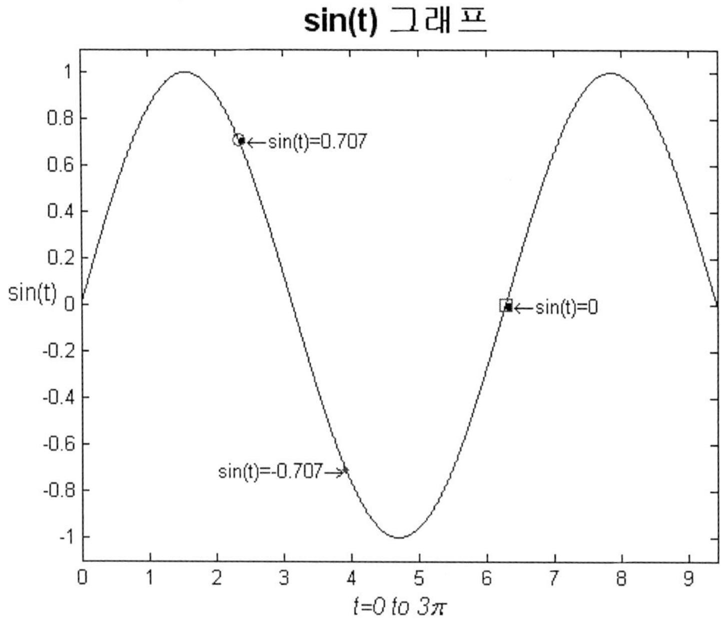

그림 4.18 예제 4.18의 실행 결과

예제 4.19는 특수문자들이 사용되는 프로그램이다. 그림 4.19는 출력 결과를 보여준다.

예제 4.19 특수문자를 사용한 예제

```
% 다양한 글자체와 특수문자를 사용하는 예제임.
t=0:500;
plot(t,0.25*exp(-0.005*t))
text(250,0.25*exp(-0.005*250), ...
'\heartsuit\leftarrow\fontname{times}0.25{\ite}^{-0.005{\itt}}.at {\itt}=250');
xlabel('시간 (초)')
ylabel('변위','rotation',0)
title('글자체와 특수문자 연습')
set(gcf,'color','w')
```

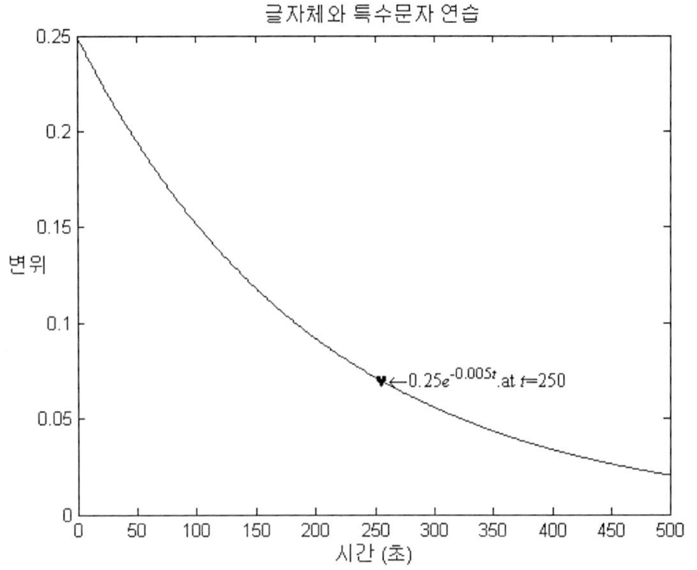

▌그림 4.19▐ 예제 4.19의 실행 결과

4.6 로그 스케일 그래프

과학이나 공학분야에서는 그래프 축의 한 개 또는 두 개에 대해서 로그(log) 스케일을 갖는 그래프를 필요로 하는 경우가 있다. 좌표 축을 로그 스케일로 사용하는 경우는 다음 3가지가 있다.

- `loglog(x,y)` : x축과 y축 모두에 대해서 로그 스케일로 된 그래프를 그린다.
- `semilogy(x,y)` : x축은 선형 스케일로, y축은 로그 스케일로 그래프를 그린다.
- `semilogx(x,y)` : x축은 로그 스케일로, y축은 선형 스케일로 그래프를 그린다.

선 기호, 특성 이름과 특성 값은 plot 명령의 경우와 유사하다. 로그 좌표축을 사용할 때, 1) 0의 로그는 정의되지 않으므로, 0은 로그에서 나타낼 수 없고, 2) 음수의 로그는 없으므로 로그 스케일 그래프에서 나타낼 수 없다는 사실을 항상 염두에 두어야 한다. 다음 예제는 $x(t)=e^{2t}$, $y(t)=x(t)\exp(\cosh(t))$를 $0.1 \le t \le 5$에 대해서 그리는 프로그램이다. 가로축을 x로 하고 세로축을 y로 한다. 먼저 plot 명령으로 그려본다. 그림 4.20은 출력 결과를 보여준다.

예제 4.20 plot 명령을 사용한 그래프

```
% loglog 명령이 아닌 plot 명령을 이용하여 그래프를 그린다.
t=.1:.01:5;
x=exp(2*t);
y=x.*exp(cosh(t));
plot(x,y)
grid
xlabel('x');ylabel('y')
title('plot 명령으로 그린 그래프')
```

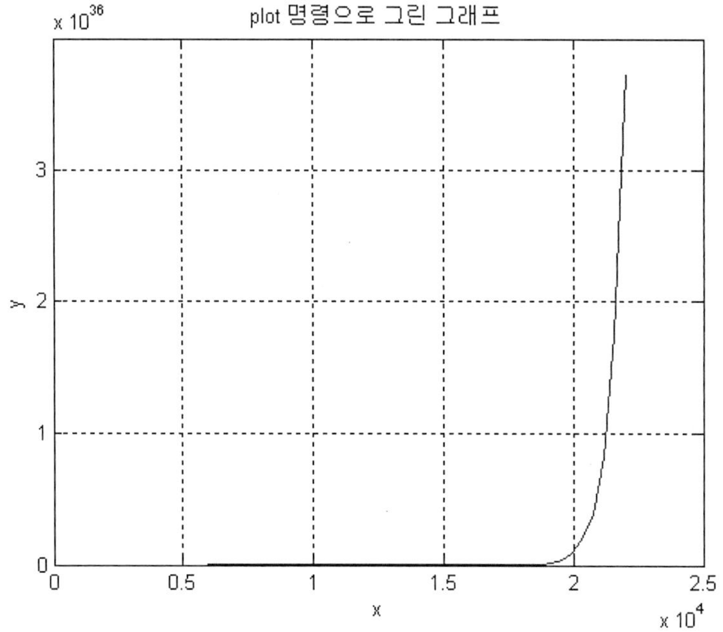

그림 4.20 예제 4.20의 실행 결과

그림 4.20을 보면, plot 명령의 사용은 좋은 선택이 아님을 알 수 있다. 예제 4.21은 같은 함수를 loglog 명령을 이용해서 그려보는 프로그램이다. 그림 4.21은 프로그램을 실행한 결과이다. 주어진 함수에 대해서 loglog 명령이 좋은 선택임을 알 수 있다.

예제 4.21 loglog 명령을 사용한 그래프

```
% loglog 명령을 이용하여 그래프를 그린다.
t=.1:.01:5;
x=exp(2*t);
y=x.*exp(cosh(t));
%plot(x,y)
loglog(x,y)
grid
xlabel('x');
ylabel('y','rotation',0); % ylabel을 수평방향으로 되돌려 놓음.
title('loglog 명령으로 그린 그래프')
```

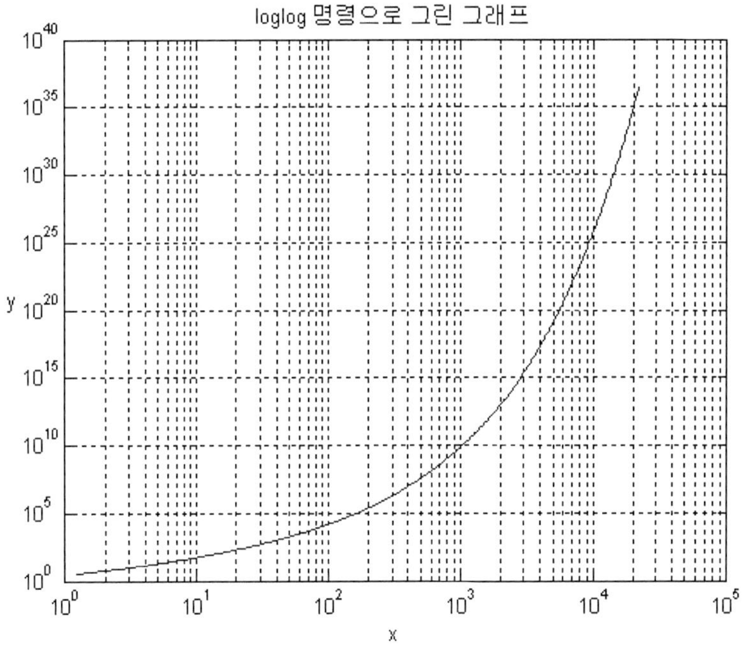

| 그림 4.21 | 예제 4.21의 실행 결과

예제 4.22는 함수 $y = 3^{-0.1x+10}$을 구간 $0 \le x \le 100$에 대해서 그리는 프로그램이다. semilogy 명령을 이용해서 그려본다. 그림 4.22는 프로그램을 실행한 결과이다.

예제 4.22 semilogy 명령을 사용한 그래프

```
% semilogy 명령을 이용하여 그래프를 그린다.
x=0.1:0.01:100;
y=3.^(-0.1*x+10);
semilogy(x,y)
grid
xlabel('x');ylabel('y')
title('semilogy 명령으로 그린 그래프')
```

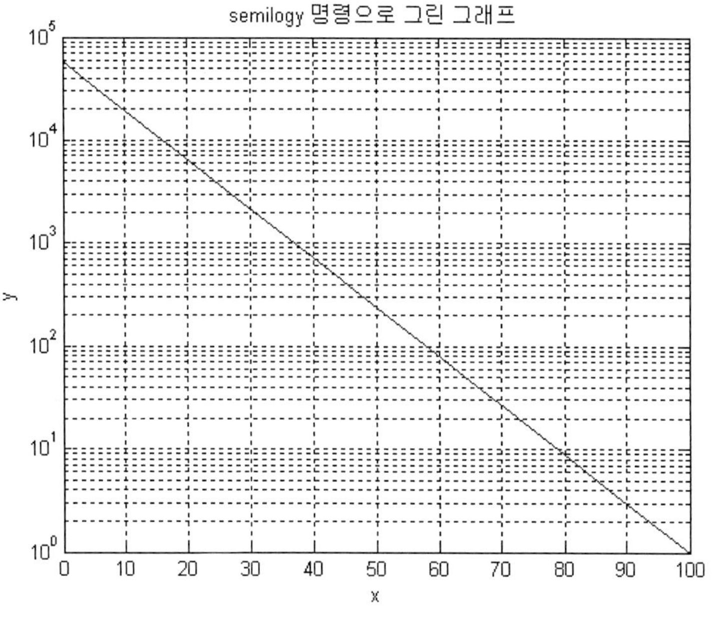

| 그림 4.22 | 예제 4.22의 실행 결과

4.7 막대그래프

막대그래프는 수직상의 가는 막대 모양의 도표로써 MATLAB에서는 bar 명령으로 실행된다. 가장 간단한 형태는 다음과 같다.

```
bar(y)
```

예제 4.23은 bar(y) 명령을 사용하여 막대그래프를 그리는 프로그램이다. 그림 4.23은 프로그램을 실행한 결과이다.

예제 4.23 bar 명령을 사용한 그래프

```
% bar 명령을 사용하여 그래프를 그린다.
y=-5:0.5:5;
bar(y)
title('bar(y)를 사용한 그래프')
set(gcf,'color','w')
```

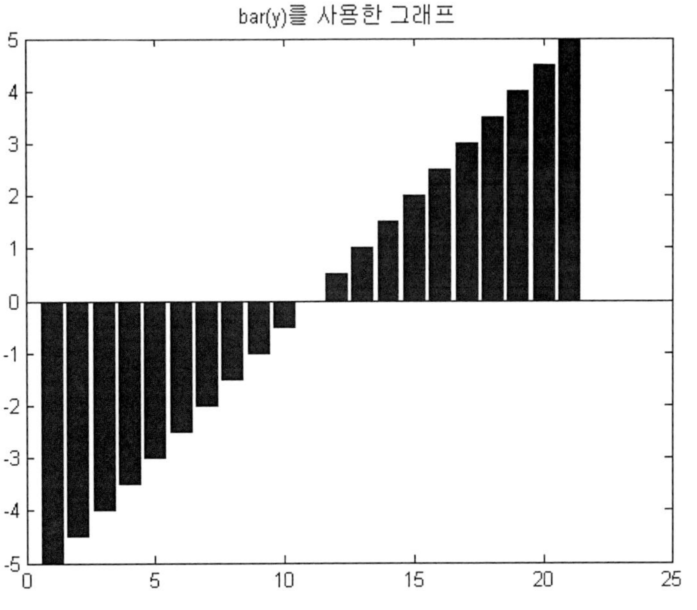

| 그림 4.23 | 예제 4.23의 실행 결과

막대그래프를 그릴 때, 보다 일반적인 형태는 다음과 같다.

```
bar(x,y)
```

예제 4.24는 bar(x,y) 명령을 사용하여 $y = x^3$을 구간 $0 \le x \le 20$에 대해서 막대그래프로 표현하는 프로그램이다. 그림 4.24는 프로그램을 실행한 결과이다.

예제 4.24 bar 명령을 사용한 그래프

```
% bar(x,y) 명령을 사용하여 그래프를 그린다.
x=0:1:20;
y=x.^3;
bar(x,y)
xlabel('x');ylabel('y')
title('bar(x,y)를 사용하여 그린 그래프')
```

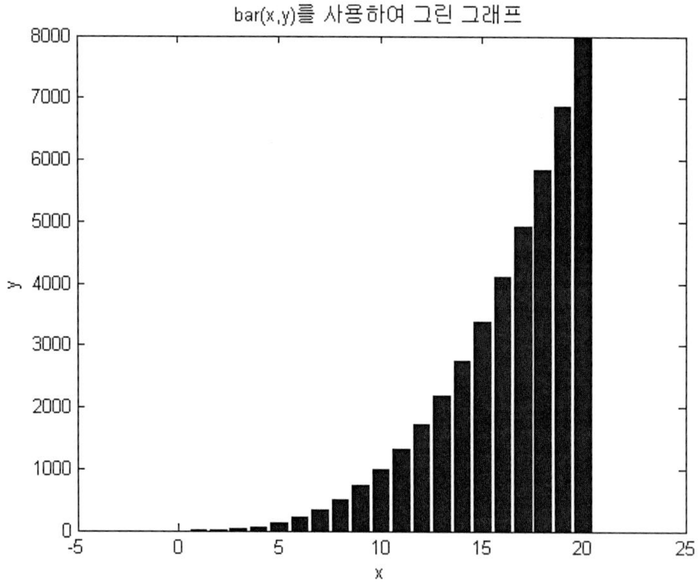

| 그림 4.24 | 예제 4.24의 실행 결과

barh 명령을 사용하면 수직막대가 아닌 수평 막대그래프가 그려진다. 예제 4.25는 barh(y) 명령을 사용하여 세계 인구를 수평 막대그래프로 표현하는 프로그램이다. 그

림 4.25는 프로그램을 실행한 결과이다.

예제 4.25 barh 명령을 사용한 그래프

```
% barh 명령을 사용하여 세계 인구를 수평막대 그래프로 표현한다.
x=char('아시아','유럽','아프리카','북미','남미');
y=[3300;700;690;400;300];
barh(y)
gtext(x(1,:));
gtext(x(2,:));
gtext(x(3,:));
gtext(x(4,:));
gtext(x(5,:));
xlabel('인구(백만)')
title('세계 인구','fontsize',12)
```

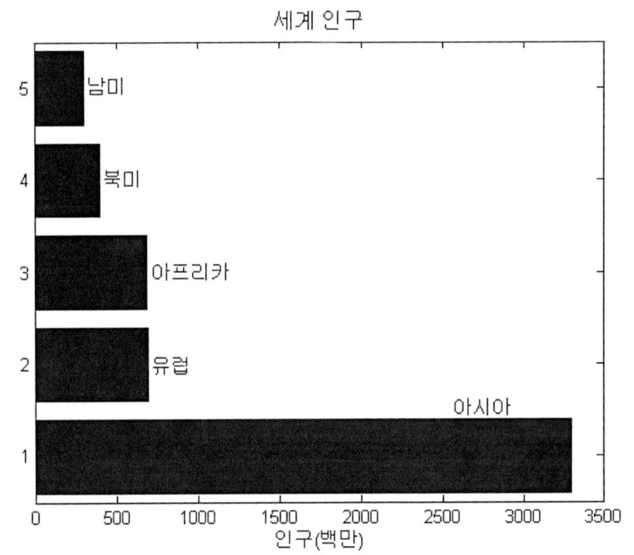

┃그림 4.25┃ 예제 4.25의 실행 결과

4.8 극좌표를 사용한 그래프

2차원에서 점의 위치는 극좌표(r, θ)를 사용하여 표현될 수 있다. MATLAB에서는 polar 명령이 사용되는데 일반적인 형태는 다음과 같다.

```
polar(각도, 반경, line specifiers)
```

예제 4.26은 polar 명령을 사용하여 $r = \exp(-0.2\theta)\sin(5\theta)$ 을 구간 $0 \le \theta \le 2\pi$ 에 대해서 그리는 프로그램이다. 그림 4.26은 프로그램을 실행한 결과이다.

예제 4.26 polar 명령을 사용한 극좌표 그래프

```
% polar명령을 사용하여 극좌표에서 그래프를 생성한다.
theta=0:0.05:2*pi;
r=exp(-0.2*theta).*sin(5*theta);
polar(theta,r)
title('polar명령을 사용하여 그린 그래프')
grid on
set(gcf,'color','w')
```

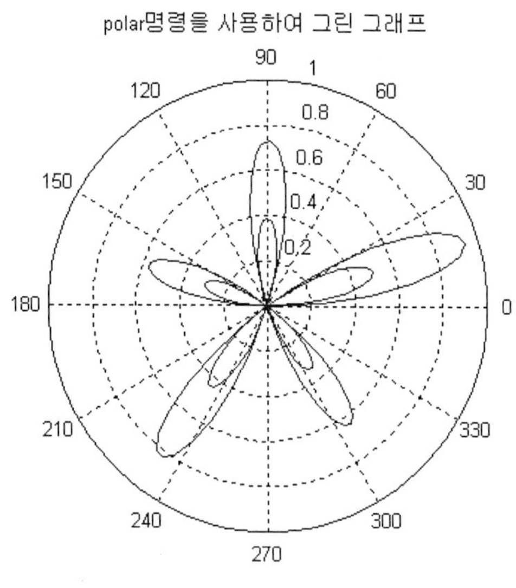

그림 4.26 예제 4.26의 실행 결과

예제 4.27은 polar 명령을 사용하여 $r = 20 + 15\cos\theta$를 구간 $0 \le \theta \le 2\pi$에 대해서 그리는 프로그램이다. 그림 4.27은 프로그램을 실행한 결과이다.

예제 4.27 polar 명령을 사용한 극좌표 그래프

```
% polar명령을 사용하여 극좌표에서 그래프를 생성한다.
theta=0:0.1:2*pi;
r=20+15*cos(theta);
polar(theta,r,'rs')
title('polar명령을 사용하여 그린 그래프')
grid on
```

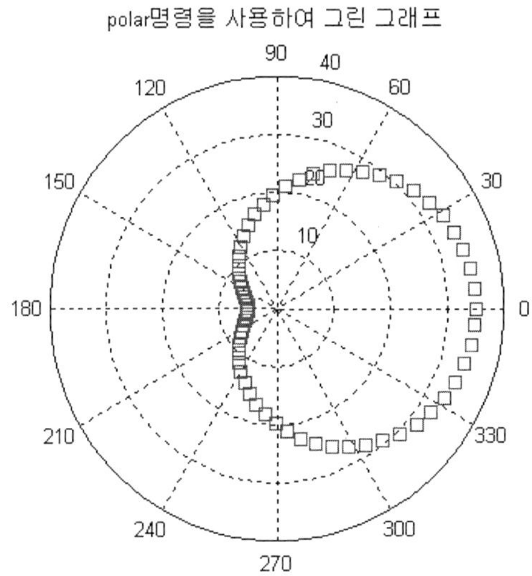

그림 4.27 예제 4.27의 실행 결과

4.9 하나의 그림 창안에 다수의 그래프 그리기

subplot이라는 명령을 사용하면 하나의 그림 창안에 다수의 그래프를 그릴 수 있다. 기본 형식은 다음과 같다.

```
subplot(m,n,p)
```

위와 같은 명령에 의해, 하나의 그림 창이 mxn 배열의 작은 그림 창들로 분할하게 된다. 변수 p는 작은 그림의 배열 번호를 나타낸다.

예제 4.28은 subplot 명령을 사용하여 $y_1 = \sin t$, $y_2 = \exp(-0.1t)\sin t$, $y_3 = \exp(-0.1t)\sin^2 t$, 그리고 $y_4 = \exp(-0.2t)\sin^2 t$를 구간 $0 \le t \le 30$에 대해서 그리는 프로그램이다. 그림 4.28은 프로그램을 실행한 결과이다.

예제 4.28 subplot 명령을 사용한 그래프

```
% subplot을 활용하여 y1, y2, y3, y4 그래프를 생성한다.
t=0:0.3:30;
subplot(221),plot(t,sin(t)),title('sin(t)')
xlabel('t');ylabel('y_1')
subplot(222),plot(t,exp(-0.1*t).*sin(t)),title('exp( - 0.1 t) sin(t)')
xlabel('t');ylabel('y_2')
subplot(223),plot(t,exp(-0.1*t).*sin(t).^2),title('exp( -0.1 t)*sin^2(t)')
xlabel('t');ylabel('y_3')
subplot(224),plot(t,exp(-0.2*t).*sin(t).^2),title('exp( - 0.2 t) sin^2(t)')
xlabel('t');ylabel('y_4')
```

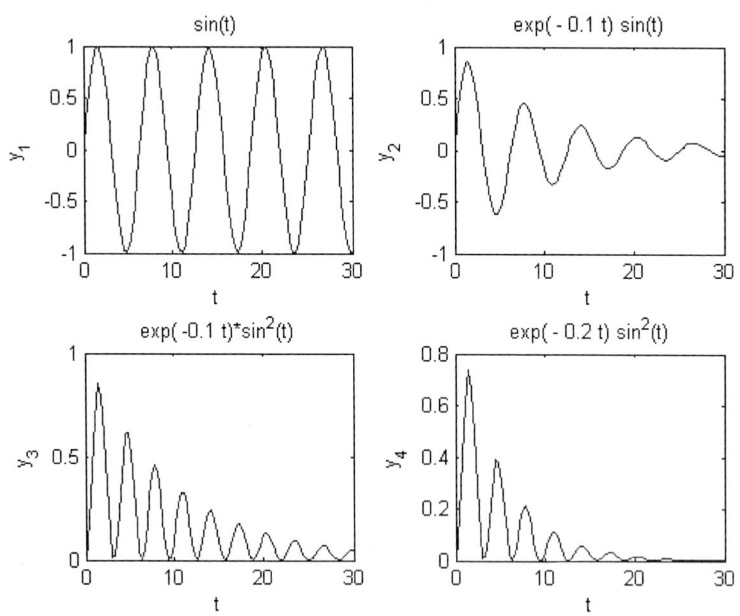

그림 4.28 예제 4.28의 실행 결과

예제 4.29에서는 그림 4.29의 $f(t)$를 $f(t) = \sum_{n=1,3,5..}^{m} \left(\frac{8}{n\pi}\right) \sin\frac{n\pi t}{5}$의 관계식을 이용하여 근사적으로 표현하려고 한다. subplot을 사용하여 $m = 5, 11, 31, 101$에 대해서, $f(t)$ $(-5 \le t \le 5)$를 그리는 스크립트 파일은 아래와 같다. 그림 4.30은 프로그램을 실행한 결과이다.

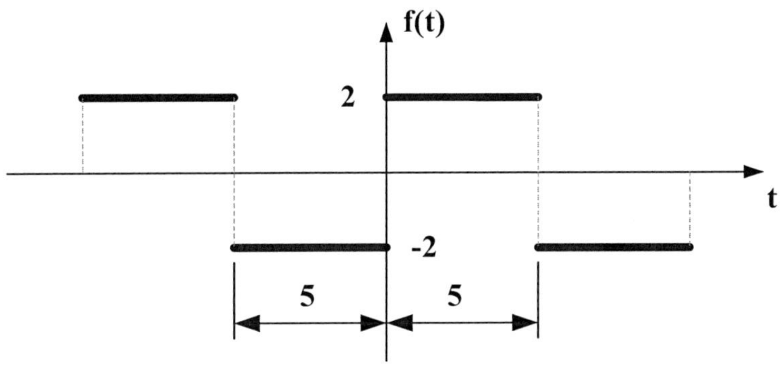

| 그림 4.29 | 함수 $f(t)$ 그래프

예제 4.29 subplot 명령을 사용한 그래프

```
% subplot를 활용하여 그래프 그리는 프로그램이다.
% 주어진 그래프를 푸리에 급수로 근사화하여 그린다.

t=-5:.01:5;%시간 t 지정
m=[5 11 31 101];%m값을 배열로 지정
for i=1:length(m)%각 m값에 대하여
    f=zeros(1,length(t));%f=0으로 초기화
    for n=1:2:m(i)%n=1,3,5,...의 순서로
        f=f+(8/(n*pi))*sin((n*pi*t)/5);%f를 계산
    end
    string=['m=' num2str(m(i)) '일 때'];%각 상황에 따른 그래프 제목 문자열
    subplot(220+i);plot(t,f);grid on%subplot의 위치를 이동하며
    title(string);xlabel('t(sec)');ylabel('f(t)');%그래프 제목, 축 이름 표시
end
```

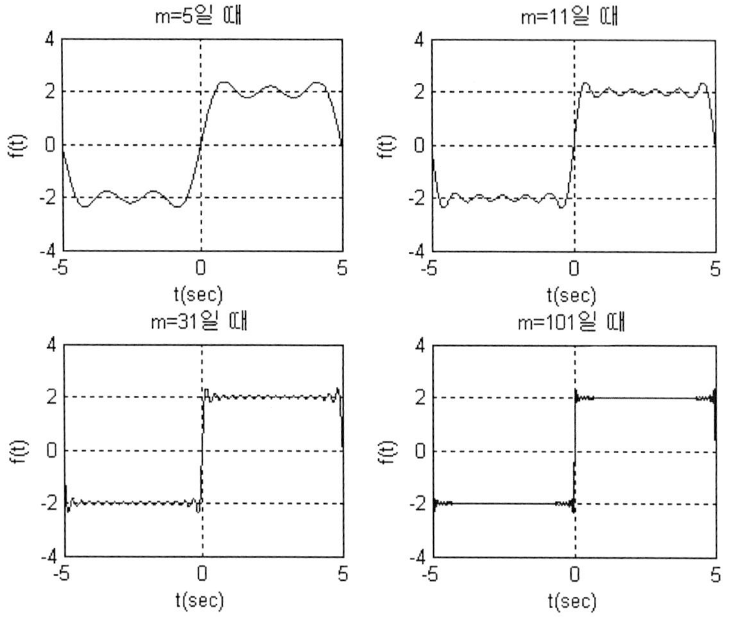

그림 4.30 예제 4.29의 실행 결과

예제 4.30에서는 $f(x) = \cosh x$를 $f(x) = \sum_{n=0}^{m} \frac{x^{2n}}{(2n)!}$의 관계식을 이용하여 근사적으로 표현하려고 한다. subplot을 사용하여 $m = 2, 10, 50, 100$에 대해서, $f(x)$ $(-2 \leq x \leq 2)$를 그리는 스크립트 파일은 아래와 같다. 여기서 $(2n)!$은 factorial(2*n)으로 구현된다. 그림 4.31은 프로그램을 실행한 결과이다.

예제 4.30 subplot 명령을 사용한 그래프

```
%  coshx를 근사화 하는 프로그램임.
%  subplot을 활용하여 그래프를 생성한다.

x=-2:.01:2;                              %x범위 설정
m=[2 10 50 100];                         %m값 지정
for i=1:length(m)                        %m값에 대하여
    f=zeros(1,length(x));                %f의 초기화
    for n=0:m(i)
        f=f+(x.^(2*n))/(factorial(2*n));
    end                                  %f값 계산
```

```
    subplot(220+i); plot(x,f);                %subplot위치에 그래프 표시
    grid on;axis([-2 2 1 cosh(2)]);           %격자 표시/축 한정
    string=['m=' num2str(m(i)) '일 때']; %제목 지정
    title(string);xlabel('x');                %그래프 제목/축 이름 표시
    ylabel('{\fontname{cambria}cosh}x의 근사값');
end
```

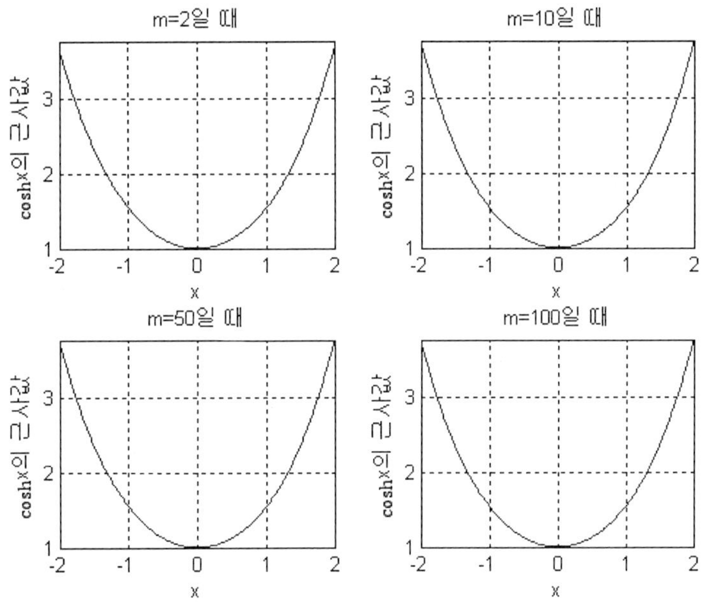

▌그림 4.31▐ 예제 4.30의 실행 결과

4.10 2차원 동영상 그래프 그리기

pause라는 명령을 hold on/hold off 명령과 결합하여 사용하면 동영상 구현이 가능하다. pause 명령의 일반적인 형태는 다음과 같다.

```
pause(n)
```

pause 명령은 프로그램 실행을 잠시 멈추게 하는데, n값에 따라 멈추는 시간이 조정된다. n이 크면 클수록 멈추는 시간은 길어진다.

예제 4.31은 pause 명령을 사용하여 함수 $y=-4x^2$을 구간 $-1 \le x \le 1$에 대해서 그리는 프로그램이다. 그림 4.32는 프로그램을 실행한 결과이다. 결과는 동영상으로 컴퓨터 화면에 출력된다.

예제 4.31 2차원 동영상 그래프

```
% pause명령과 hold on/hold off를 연계하여 함수를 동영상으로 그리기
hold on
for x=-1:0.05:1
y=-4*x.^2;
plot(x,y,'*')
pause(0.1)
axis([-1  1  -4  0.5])
end
grid
title('함수를 동영상으로 표현하기')
hold off
```

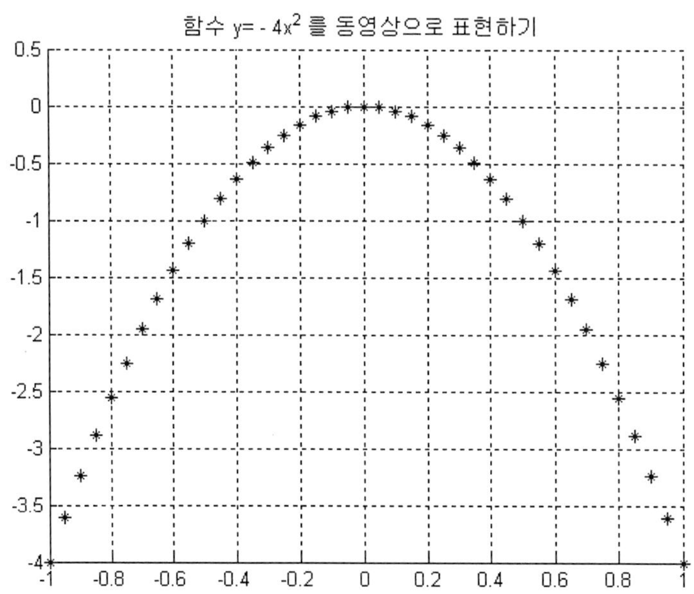

그림 4.32 예제 4.31의 실행 결과

다음 예제는 그림 4.33과 같은 캔틸레버 보에서 발생하는 처짐을 동영상으로 표현하는 프로그램이다. 캔틸레버 보의 끝단에 힘 P가 작용할 때 처짐은

$$y = \frac{Px^2}{6EI}(3L - x)$$

로 주어지는데, 처짐 y 그래프를 그리는 스크립트 파일은 아래와 같다.

단, $E = 70\ \mathrm{GPa}$, $I = 10^{-4}\ \mathrm{m}^4$, $L = 5\ \mathrm{m}$, 그리고 $P = 50\ \mathrm{kN}$이다.

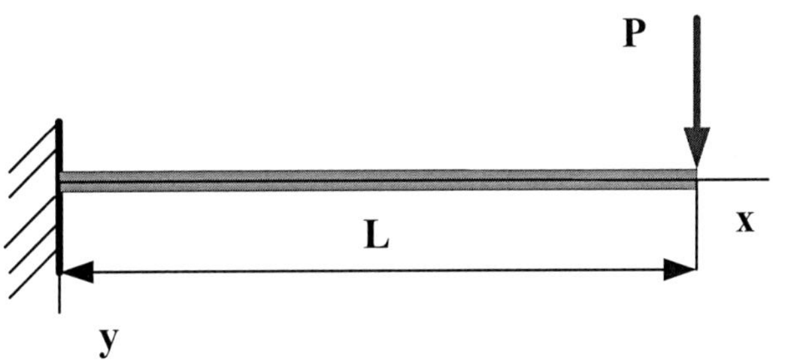

❙그림 4.33❙ 하중을 받고 있는 캔틸레버 보

예제 4.32의 실행결과가 그림 4.34처럼 나타나는데, 결과는 동영상으로 컴퓨터 화면에 출력된다.

예제 4.32 2차원 동영상 그래프

```
% pause명령과 hold on/hold off를 연계하여,
% 캔틸레버 보의 처짐 동영상 그리기

hold on
P=50e03;E=70e09;            %P=50kN, E=70GPa
I=1e-4;L=5;                 %I=10^(-4)m^4, L=5m
axis([0 L -L/2 L/2]);       %축 한정
grid on                     %격자 표시
for x=0:.05:L;              %x축(위치)값에 따라
    y=-(P*x.^2/(6*E*I)).*(3*L-x);%처짐량 계산
    plot(x,y,'*');          %그래프 표시
    pause(.01);             %잠시 멈춤
```

```
end
title('캔틸레버 보의 처짐');%그래프의 제목 표시
xlabel('보의 길이(m)에 따른 위치');
ylabel('처짐(m)');              %축 이름 표시
hold off                        %hold on 해제
```

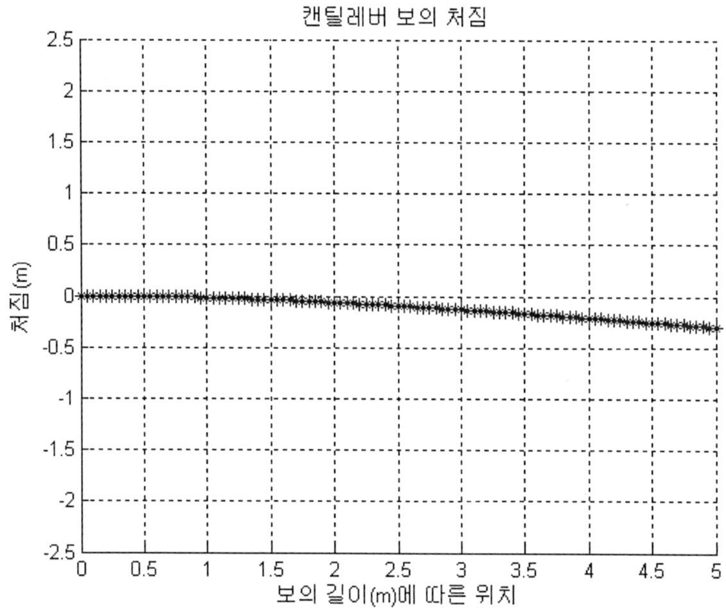

그림 4.34 예제 4.32의 실행 결과

다음 예제는 직선 운동을 하는 어떤 질량의 시간에 따른 가속도의 변화를 동영상으로 표현하는 프로그램이다. 가속도의 변화는 다음 식으로 표현된다.

$a(t) = 0 \qquad (0 \le t \le 10s)$

$a(t) = -5\ \mathrm{m/s^2} \qquad (10 \le t \le 30s)$

$a(t) = 0 \qquad (30 \le t \le 40s)$

$a(t) = 3\ \mathrm{m/s^2} \qquad (40 \le t \le 45s)$

$a(t) = -2\ \mathrm{m/s^2} \qquad (45 \le t \le 50s)$

예제 4.33의 실행결과가 그림 4.35처럼 나타나는데, 결과는 동영상으로 컴퓨터 화면에 출력된다.

예제 4.33

```
% 질점의 가속도 그리기
clear; clc; clf;                          %변수 초기화

axis([0 50 -6 4]);                        %축 한정
grid on, hold on                          %격자 표시/hold on;
title('질량의 가속도 그래프');            %제목 표시
xlabel('t(sec)');                         %축 이름 표시
ylabel('가속도(m/s^{2})');
for t=0:.2:50                             %각 t 값에 대하여
    if 10<=t&&t<30                        %10~30인 경우
        a=-5;
    elseif 40<=t&&t<45                    %40~45인 경우
        a=3;
    elseif 45<=t&&t<=50                   %45~50인 경우
        a=-2;
    else                                  %그 외의 경우
        a=0;
    end
    plot(t,a,'.');                        %점 표시
    pause(.001);                          %잠시 멈춤
end
hold off
set(gcf,'color','w')
```

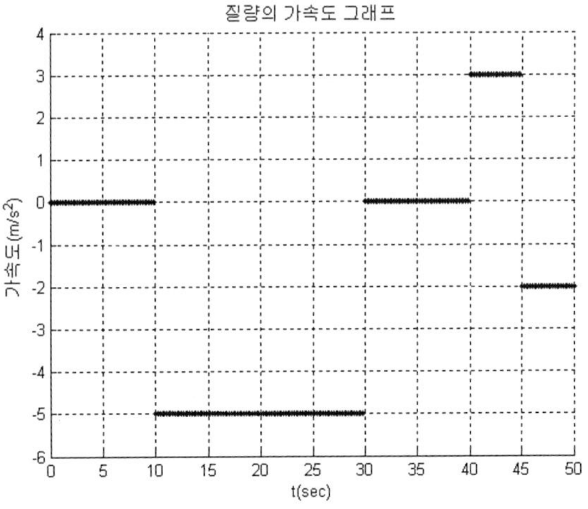

그림 4.35 예제 4.33의 실행 결과

예제 4.34에서는, 예제 4.29에서 다룬 $f(t) = \sum_{n=1,3,5..}^{m} \left(\frac{8}{n\pi}\right) \sin\frac{n\pi t}{5}$의 관계식을 동적으로 표현하려고 한다. subplot을 사용하여 $m = 5, 11, 31, 101$에 대해서, $f(t)$ $(-5 \le t \le 5)$를 그리는 스크립트 파일은 아래와 같다. 그림 4.36은 프로그램을 실행한 결과이다. 결과는 동영상으로 컴퓨터 화면에 출력된다.

예제 4.34 2차원 동영상 그래프

```
% subplot과 pause를 사용하여 동영상 표현.
%푸리에 급수
m=[5 11 31 101];%m값을 배열로 지정

for t=-5:.1:5     %각 t값에 따라
    for i=1:4     %각 m값에 대하여
        subplot(220+i);hold on %subplot(i)번에 hold on상태로 출력지정
        axis([-5.1 5.1 -3 3]);%축 한정
        f=0;      %f값 초기화
        for n=1:2:m(i)
            f=f+(8/(n*pi))*sin((n*pi*t)/5);
        end%함수 값 계산
        plot(t,f,'*');%함수 점 출력
        grid on      %격자 표시
        string=['m=' num2str(m(i)) '일 때'];%제목 표시를 위한 문자열 설정
        title(string);xlabel('t(sec)');ylabel('f(t)');%그래프 제목, 축 이름 표시
    end
    pause(.05);%잠시 멈춤
end
```

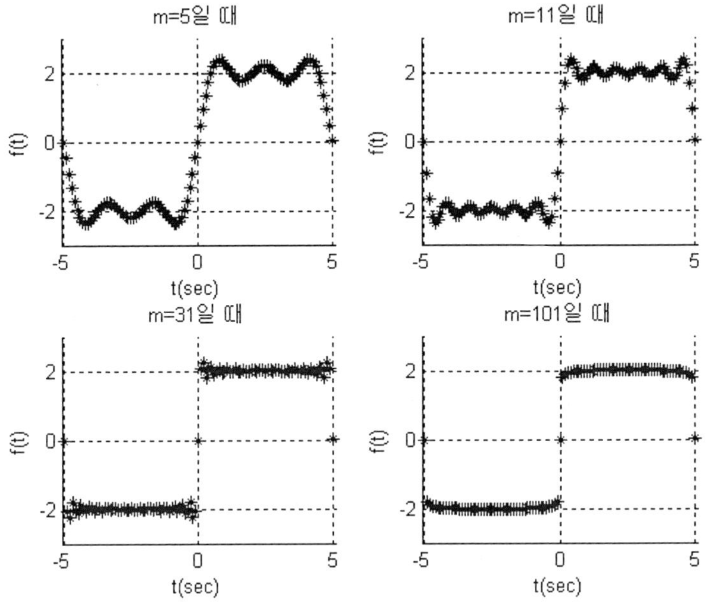

▌그림 4.36▐ 예제 4.34의 실행 결과

4.11 특별한 그래프

지금까지 설명한 2차원 그래프 이외에도 MATLAB은 다양한 형태의 그래픽기능을 제공하고 있다. 여기에서는 그 중 몇 가지 특별한 그래프를 살펴본다.

예제 4.35 stairs

stairs 명령은 그래프를 계단형상으로 출력한다. 일반적인 입력 형태는 다음과 같다.

```
stairs(x,y)
```

그림 4.37은 프로그램을 실행한 결과이다.

```
% stairs 명령을 이용하여 그래프 그리기
x=-10:1:10;
y=x.^2+5;
stairs(x,y)
axis([-12 12   0 110])
xlabel('x');ylabel('y')
title('stairs 명령을 사용하여 y=x^2+5 그리기 ')
```

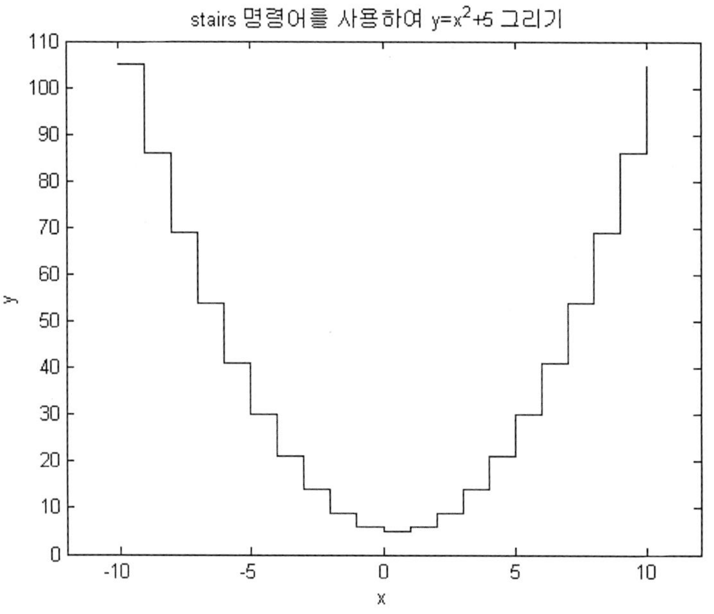

그림 4.37 예제 4.35의 실행 결과

예제 4.36 errorbar

errorbar 명령은 그래프의 오차를 확인할 때 사용한다. 일반적인 입력 형태는 다음과 같다.

```
errorbar(x,y,er)
```

er은 오차의 크기를 나타낸다. 이 예제에서는 구간 $0 \le x \le 3$에서 $y = 1 + x + \frac{x^2}{2!}$

$+\dfrac{x^3}{3!}$를 e^x와 비교하여 오차의 크기를 그래프로 나타내고 있다. 그림 4.38은 프로그램을 실행한 결과이다.

```
% errorbar를 이용하여 오차의 크기 그리기
x=0:0.1:3;
f=1+x+x.^2/factorial(2)+x.^3/factorial(3);
er=f-exp(x);
errorbar(x,f,er)
xlabel('x'),ylabel('f')
title('errorbar를 이용하여 오차의 크기 확인하는 그래프')
```

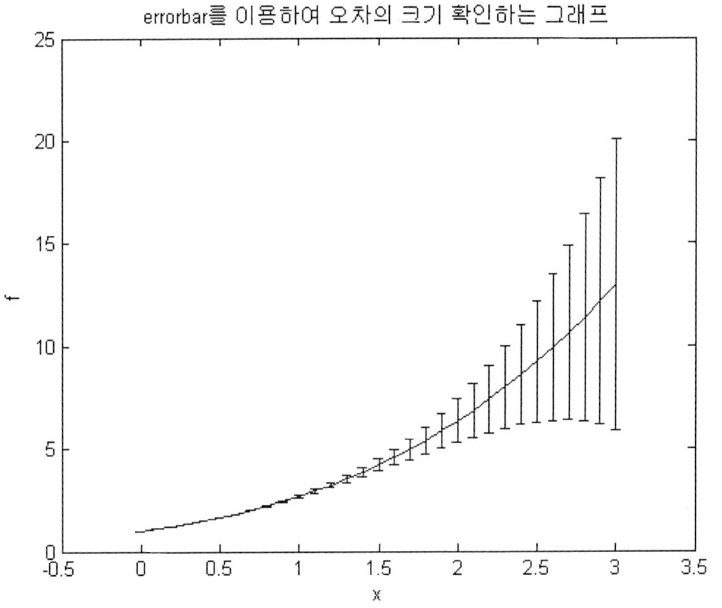

▌그림 4.38▐ 예제 4.36의 실행 결과

예제 4.37 plotyy

plotyy 명령은 2중 y축 그래프를 그릴 때 사용한다. 일반적인 입력 형태는 다음과 같다.

```
plotyy(x,y1,x,y2)
```

이 예제에서는 구간 $0 \le x \le 5$에서 $y_1 = \exp(-0.5x)\sin x$와 $y_2 = \exp(x)\sin x$를 2중 y축 그래프로 나타내고 있다. 그림 4.39는 프로그램을 실행한 결과이다.

```
% plotyy를 사용하여 2중 y축 그래프를 그리는 프로그램.
x=1:0.1:5;
y1=exp(-0.5*x).*sin(x);
y2=exp(x).*sin(x);
Ax=plotyy(x,y1,x,y2);
xlabel('x')
hy1=get(Ax(1),'ylabel');
hy2=get(Ax(2),'ylabel');
set(hy1,'string','exp(-0.5x) sin(x)');
set(hy2,'string','exp(x)sin(x)');
title('plotyy를 사용하여 그린 2중 y축 그래프')
grid on
```

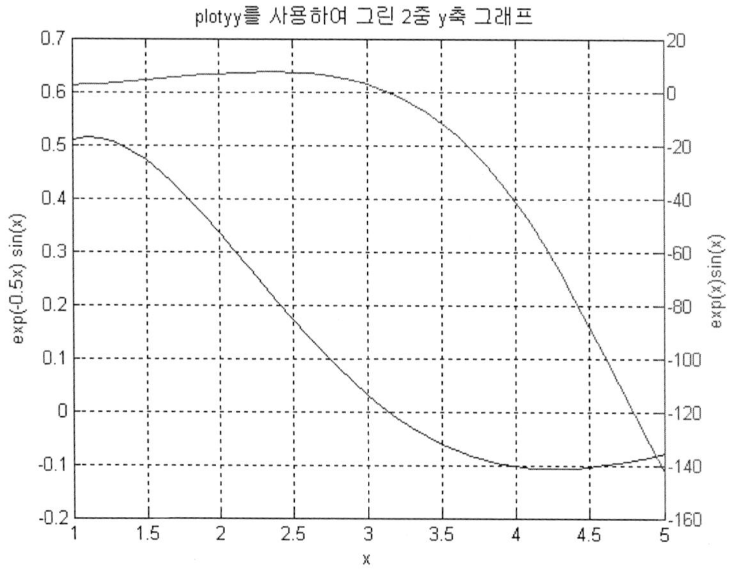

그림 4.39 예제 4.37의 실행 결과

예제 4.38 pie

pie 명령은 입력 벡터 전체 요소에 대해서 각 요소의 백분율을 계산하여 파이차트에 그린다. 백분율은 반올림된 정수를 사용하고 파이차트에 그려지는 데이터의 순서는 입력벡터의 요소의 순서에 따라서 반시계 방향으로 그려진다. 일반적인 입력 형태는 다음과 같다.

```
pie(y)
```

여기에서 y는 입력벡터를 나타낸다. 이 예제에서는 세계 인구를 파이 차트로 나타내고 있다. 그림 4.40은 프로그램을 실행한 결과이다.

```
%pie 명령을 사용한 프로그램
x=char('아시아','유럽','아프리카',...
    '북미','남미');
y=[3330;700;690;440;310];
pie(y)
for i=1:5.
    gtext(x(i,:));
end
Title('세계 인구',...
    'fontsize', 14)
```

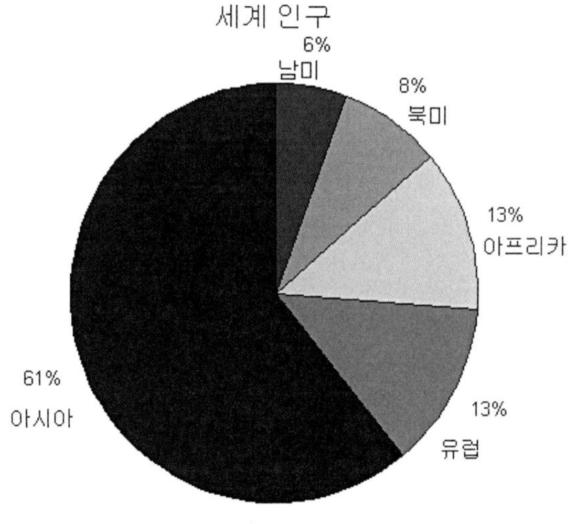

그림 4.40 예제 4.38의 실행 결과

예제 4.39 stem

stem 명령은 줄기 모양으로 그래프를 그린다. 일반적인 입력 형태는 plot과 유사하며 다음과 같다.

```
stem(x,y)
```

이 예제에서는 함수 $y = \exp(-0.4t)\sin(t)$를 구간 $0 \le t \le 4\pi$에 대해서 나타내고 있다. 그림 4.41은 프로그램을 실행한 결과이다.

```
%stem명령을 이용하여 줄기모양의 그래프를 그린다.
t=linspace(0,4*pi,100); % 0부터 4pi까지 100등분함
f=exp(-0.4*t).*sin(t);
stem(t,f)
set(gcf,'color','w')
xlabel('t');ylabel('f(t)')
title('stem 명령을 이용한 함수 f(t)=exp(-0.4t) sin(t) 그래프')
```

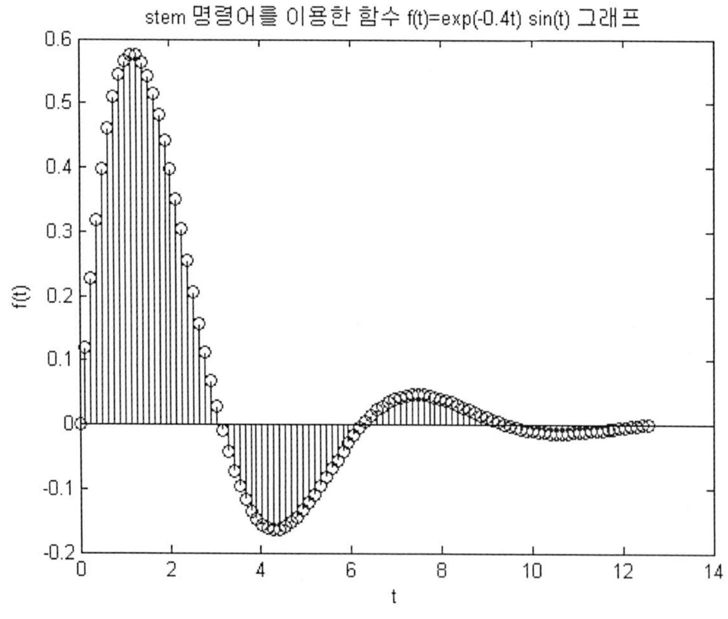

그림 4.41 예제 4.39의 실행 결과

예제 4.40 compass

compass 명령은 복소수로 된 화살표를 그린다. 일반적인 입력 형태는 다음과 같다.

```
compass(z)
```

여기서 z는 복소함수를 나타낸다. 이 예제에서는 함수

$z(t) = \exp(-0.1t)[\cos(2t) + i\sin(2t)]$를 구간 $0 \leq t \leq 2\pi$에 대해서 나타내고 있다. 그림 4.42는 프로그램을 실행한 결과이다.

```
% compass 명령을 이용하여 복소수로 된 화살표를 그리는 프로그램
t=-0:pi/20:2*pi;
x=exp(-0.1*t).*cos(2*t);
y=exp(-0.1*t).*sin(2*t);
z=x+i*y;
compass(z)
%xlabel('t');ylabel('f(t)')
title('compass 명령을 이용한 복소함수 z=x+i*y 그래프')
```

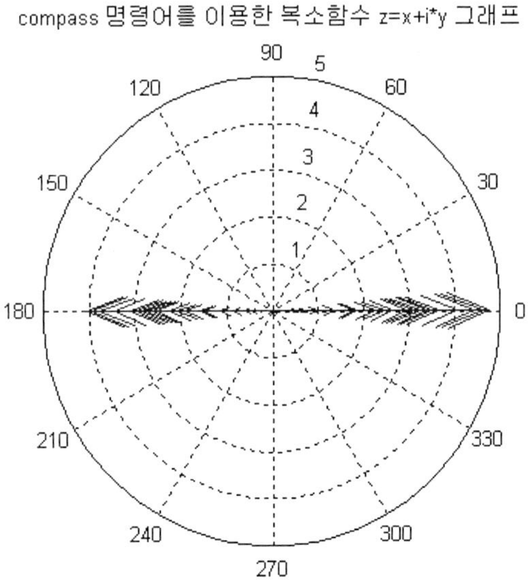

그림 4.42 예제 4.40의 실행 결과

예제 4.41 comet

comet 명령은 혜성처럼 움직이는 그래프를 그린다. 일반적인 입력 형태는 다음과 같다.

```
comet(x,y)
```

이 예제에서는 함수 $y(t)=\exp(-0.1t)\sin(t)$를 구간 $0 \le t \le 40\pi$에 대해서 나타내고 있다. 실행한 결과는 동적으로 표현된다.

```
% comet 명령을 이용하여 혜성처럼 움직이는 그래프를 그리는 프로그램
t=0:0.01:40*pi;
y=exp(-0.1*t).*sin(t);
comet(t,y)
xlabel('시간(t)');ylabel('변위')
title('comet 명령을 이용한  y=exp(-0.1t)sin(t) 그래프')
```

contour 명령은 x-y 평면에 2차원 등고선 그래프를 그린다. 일반적인 입력 형태는 다음과 같다.

```
contour(X,Y,Z,n)
```

X,Y는 주어진 함수의 영역으로부터 정의된 행렬이고, Z는 X,Y 값으로부터 계산된 행렬이다. n은 사용자에 의해 정의된 등고선의 밀도인데, 선택사항이다.

contour 명령을 사용하여 등고선 그래프를 생성하기 위해서는, 먼저 주어진 함수의 영역을 포함하는 x-y 평면에 그리드(grid)를 만들어야 한다. 그리드를 만드는 명령은 meshgrid인데, 입력형태는 다음과 같다.

```
[X,Y]=meshgrid(x,y)
```

여기서 x,y는 함수의 영역이고, X,Y는 각각 그리드를 구성하는 점들을 정의하는 행렬이다. 예를 들어, 어떤 함수의 영역이 $-1 \le x \le 3$, $1 \le y \le 3$이라고 가정하자. 그리드의 밀도는 사용자가 정해 주는데, 여기에서는 그리드 점들 사이의 거리를 1로 하는 그리드를 생성해 본다. 그림 4.43은 그리드를 보여주고 있다.

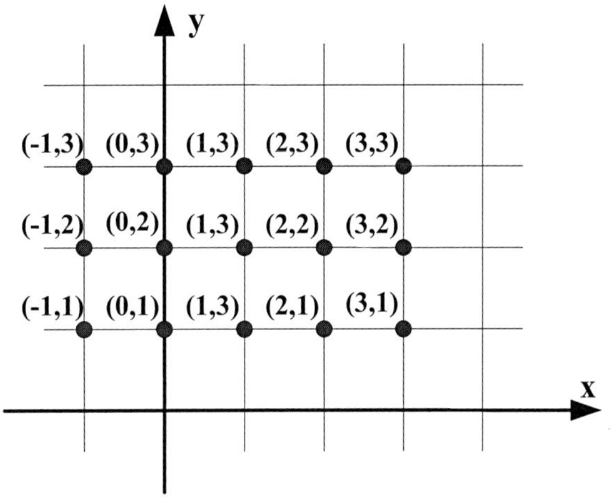

그림 4.43 $-1 \leq x \leq 3$과 $1 \leq y \leq 3$를 x-y 평면에서 1 간격으로 분포한 그리드

그림 4.43에서 그리드를 구성하는 점들은 두 개의 행렬 X와 Y로 정의될 수 있다. 행렬 X는 모든 점들의 x 좌표를 가지고 있으며, Y 행렬은 모든 점들의 y 좌표를 가지고 있다.

$$X = \begin{bmatrix} -1 & 0 & 1 & 2 & 3 \\ -1 & 0 & 1 & 2 & 3 \\ -1 & 0 & 1 & 2 & 3 \end{bmatrix} \qquad Y = \begin{bmatrix} 3 & 3 & 3 & 3 & 3 \\ 2 & 2 & 2 & 2 & 2 \\ 1 & 1 & 1 & 1 & 1 \end{bmatrix}$$

X행렬이 동일한 행으로 구성되는 이유는 각 행의 점들이 같은 x좌표를 가지기 때문이다. Y행렬이 동일한 열로 구성되는 이유는 각 열의 점들이 동일한 y좌표를 가지기 때문이다. MATLAB에서 meshgrid 명령이 이러한 X,Y 행렬을 생성시켜준다. 이러한 X,Y 행렬이 만들어지면 각 그리드 점에서의 Z값이 계산되어 진다. 예를 들어 $z = -\frac{1}{2}x^2 + xy + y^2$로 주어지는 경우, 위의 그리드에 있는 각 점에서의 Z값은 다음과 같이 계산된다.

```
% meshgrid 연습하는 프로그램임
x=-1:3;
y=1:3;
% x-y 평면에 그리드 생성.
```

```
[X,Y]=meshgrid(x,y) % 그리드를 구성하는 점들은 두 개의 행렬 X,Y로
정의됨.
Z=-2*X.^2+X.*Y+Y.^2
```

Z에 대한 계산 결과는 아래와 같다.

```
X =
    -1     0     1     2     3
    -1     0     1     2     3
    -1     0     1     2     3


Y =
     1     1     1     1     1
     2     2     2     2     2
     3     3     3     3     3


Z =
    -2     1     0    -5   -14
     0     4     4     0    -8
     4     9    10     7     0
```

예제 4.42 contour

이 예제에서는 contour 명령을 사용하여 함수 $z=-2x^2+xy+y^2$을 구간 $|x|\le 5$와 $|y|\le 5$에 대해서 나타내고 있다. 그림 4.44는 실행한 결과를 보여주고 있다.

```
% contour 명령을 이용하여 등고선 그래프를 그리는 프로그램
x=-5:0.2:5;
y=-5:0.2:5;
% x-y 평면에 그리드 생성.
[X,Y]=meshgrid(x,y); % 그리드를 구성하는 점들은 두 개의 행렬 행렬 X,Y로 정의됨.
Z=-2*X.^2+X.*Y+Y.^2;
cs=contour(X,Y,Z,15); % 15는 등고선의 레벨임(선택사항)
clabel(cs)
```

```
xlabel('x');ylabel('y')
title('contour 명령을 이용한  z=-2x^2+xy+y^2 그래프')
```

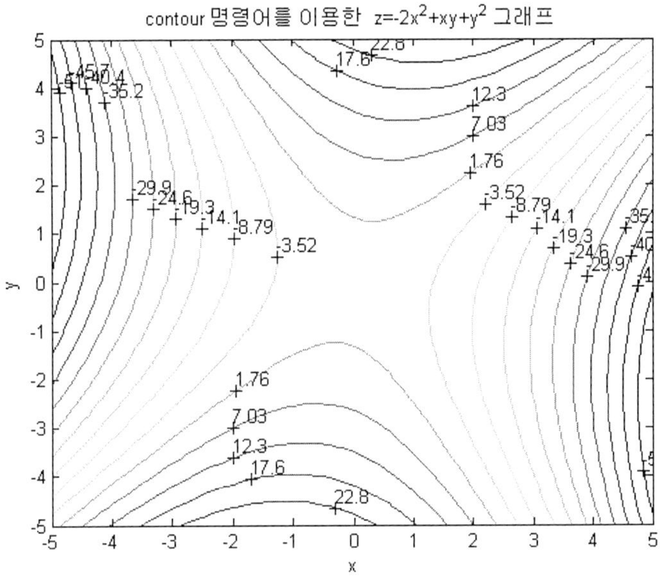

| 그림 4.44 | 예제 4.42의 실행 결과

quiver는 주어진 함수의 영역에서 벡터필드를 그리는 명령이다. quiver 명령을 사용하기 위해서는 먼저 meshgrid를 사용하여 주어진 함수의 영역에서 그리드를 생성한다. 그리드 점들을 나타내는 행렬 X와 Y가 구해지면, 다음에 gradient라는 명령을 이용하여 주어진 함수의 변화율을 구하게 되는데, gradient의 기본 입력 형태는 다음과 같다.

```
[FX,FY]=gradient(Z)
```

여기서

$$FX = dZ/dX,\ \ FY = dZ/dY$$

를 나타낸다. quiver는 gradient 명령을 사용하여 얻어진 FX와 FY를 사용하여, 다음과 같이 입력된다.

```
quiver(X,Y,FX,FY,n)
```

n은 벡터의 길이를 조절하는 숫자이다. 숫자가 클수록 그래픽에서 벡터의 길이가 길어진다.

예제 4.43 quiver

이 예제에서는 quiver 명령을 사용하여 함수 $z = x^2 - 5\sin(xy) + y^2$을 구간 $|x| \le 3$과 $|y| \le 3$에 대해서 나타내고 있다. 그림 4.45는 실행한 결과를 보여주고 있다.

```
% quiver 명령을 이용하여 벡터필드 그래프를 그리는 프로그램
x=-3:0.2:3;
y=-3:0.2:3;
% x-y 평면에 그리드 생성.
[X,Y]=meshgrid(x,y); % 그리드를 구성하는 점들은 두 개의 행렬 X,Y로 정의됨.
Z=X.^2-5*sin(X.*Y)+Y.^2;
[FX,FY]=gradient(Z); % FX=dZ/dX(수평방향 변화율), FY=dZ/dY(수직방향 변화율)
quiver(X,Y,FX,FY,2)
xlabel('x');ylabel('y')
title('quiver 명령을 이용한  z=x^2-5*sin(xy)+y^2 그래프')
```

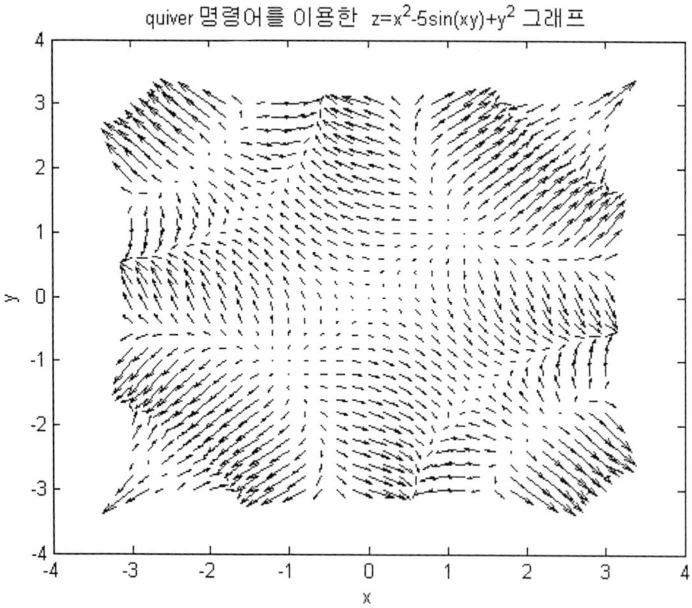

그림 4.45 예제 4.43의 실행 결과

pcolor는 주어진 함수의 영역에서 컬러를 사용하여 체커판 형상으로 함수를 표현하는 명령이다. pcolor 명령을 사용하기 위해서는 먼저 meshgrid를 사용하여 주어진 함수의 영역에서 그리드 점들을 나타내는 행렬 X와 Y를 구한다. 다음에 주어진 함수를 행렬로 바꾼 후, pcolor라는 명령을 입력한다. pcolor의 기본 입력 형태는 다음과 같다.

```
pcolor(Z)
```

Z는 함수를 행렬로 나타낸 것이다. pcolor을 사용하면 행렬 Z의 원소들의 크기에 따라 컬러가 배정된다. 컬러가 나타내는 의미는 colorbar라는 명령을 사용해서 나타낼 수 있는데, 색깔에 따라 갖기 다른 값이 지정되어 있다. 원소의 가장 큰 값에는 colorbar에서 가장 큰 값을 갖는 색깔이 배정되고, 가장 작은 원소에는 colorbar에서 가장 작은 값을 갖는 색깔이 배정된다. 나머지 중간 값들에는 colorbar에서 중간 값을 갖는 색깔들이 배정된다.

예제 4.44 pcolor

이 예제에서는 pcolor 명령을 사용하여 함수 $z = x^2 - 5\sin(xy) + y^2$을 구간 $|x| \le 3$과 $|y| \le 3$에 대해서 나타내고 있다. 그림 4.46은 실행한 결과를 보여주고 있다.

```
% pcolor 명령을 이용하여 컬러로 체커판 형상의 그래프를 그리는 프로그램
x=-3:0.2:3;
x=-3:0.2:3;
[X,Y]=meshgrid(x,y);
Z=X.^2-5*sin(X.*Y)+Y.^2;
pcolor(Z)
axis off  % 그래프 축이 화면에 나타나지 않는다.
colorbar % 컬러 막대를 화면에 띄운다. 각 컬러에는 값이 지정되어 있다.
xlabel('x');ylabel('y')
title('함수 z=x^2-5sin(xy)+y^2에 대한 체커판 형상의 컬러 그래프')
```

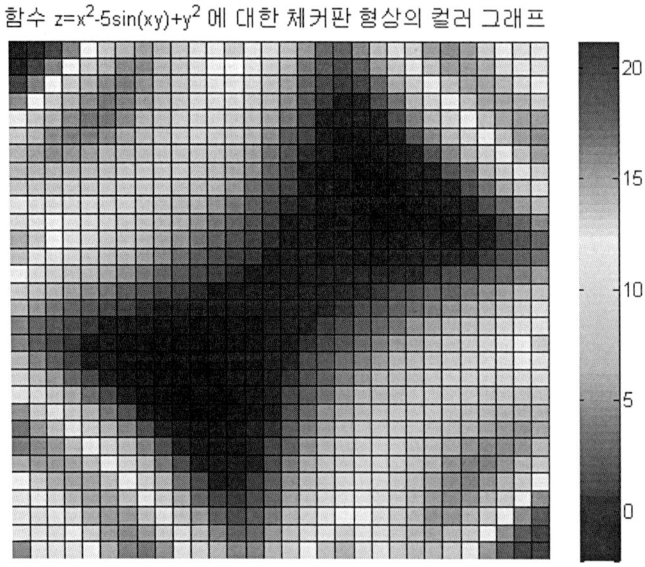

그림 4.46 예제 4.44의 실행 결과

4.12 3차원 그래프

2개 이상의 변수로 구성된 데이터를 표현하는데 3차원 그래프는 매우 유용하다. MATLAB을 사용하여 다양한 종류의 3차원 그래프를 구현할 수 있는데, 특히, plot3, mesh, surf 등이 많이 사용되고 있다. 3차원 그래프를 생성하는 명령들을 예제를 통해 살펴보기로 하자.

4.12.1 plot3

plot3는 3차원 공간 상에서 점들을 연결하여 선 형태로 그래프를 생성한다. 기본 입력 방식은 다음과 같다.

```
plot3(x,y,z, 'line specifiers', 'PropertyName', propertyvalue)
```

예제 4.45는 plot3 명령을 사용하여 함수 $x=\sin(t)$, $y=\cos(t)$, $z=t$을 구간 $0 \le t \le 6\pi$에 대해서 나타내고 있다. 그림 4.47은 실행한 결과를 보여주고 있다.

예제 4.45 plot3 명령을 사용한 그래프

```
% plot3 명령을 사용하여 3차원 그래프를 구현하는 프로그램
t=0:0.05:6*pi;
plot3(sin(t),cos(t),2*t,'b.')
title('\bf{plot3를 사용한 그래프}','FontSize',14)
grid on
xlabel('sin(t)')
ylabel('cos(t)')
zlabel('z','rotation',0)
set(gcf,'color','w')
```

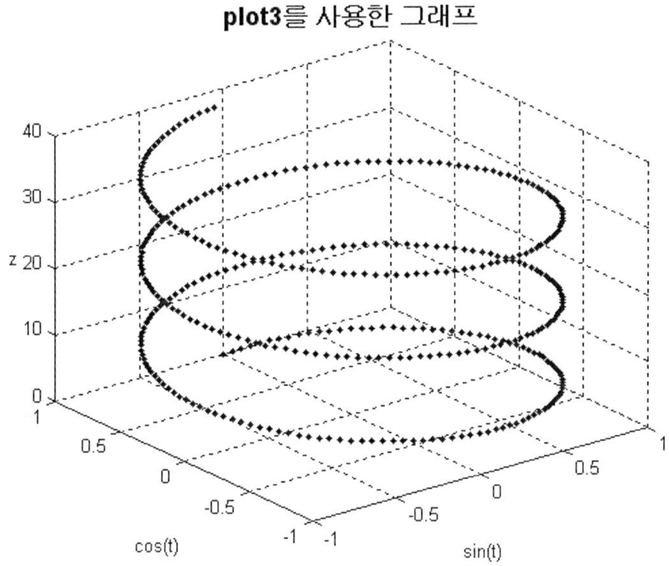

그림 4.47 예제 4.45의 실행 결과

예제 4.46은 plot3 명령을 사용하여 함수 $x_1 = \exp(-0.1t)\sin(t)$, $y_1 = \exp(-0.1t)\cos(t)$, $z_1 = t$와 $x_2 = \exp(-0.2t)\sin(t)$, $y_2 = \exp(-0.2t)\cos(t)$, $z_2 = t$를 구간 $0 \le t \le 10\pi$에 대해서 나타내고 있다. 그림 4.48은 실행한 결과를 보여주고 있다.

예제 4.46 plot3 명령을 사용한 그래프

```
% plot3 명령을 사용하여 2개의 3차원 그래프를 구현하는 프로그램
t=0:0.05:10*pi;
plot3(exp(-0.1*t).*sin(t),exp(-0.1*t).*cos(t),t,'r.', ...
    exp(-0.2*t).*sin(t),exp(-0.2*t).*cos(t),t,'b.')
xlabel('x')
ylabel('y')
zlabel('z','rotation',0)
title('\bf{Plot3를 사용하여 그린 2개의 그래프}','fontsize',14)
set(gcf,'color','w')
grid on
box on
```

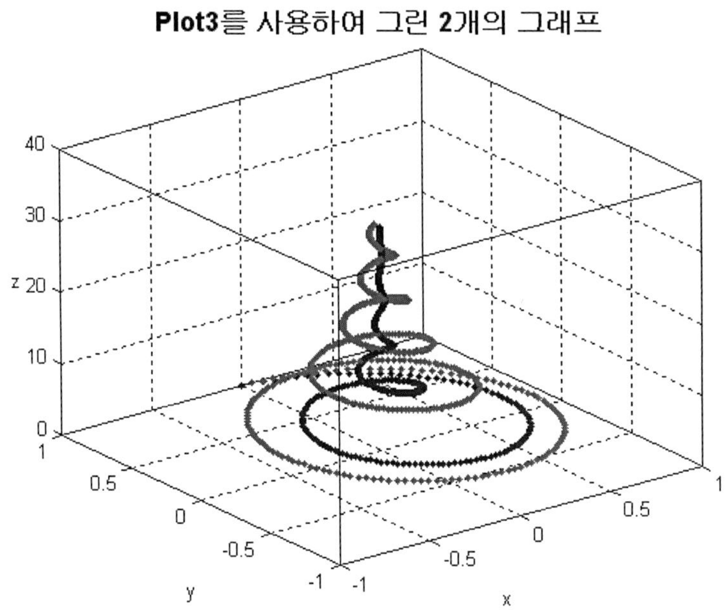

그림 4.48 예제 4.46의 실행 결과

예제 4.47은 plot3와 pause를 사용하여 동영상으로 미사일의 3차원 궤적을 나타내는 프로그램이다. 궤적을 나타내는 식은 $x = \cos t$, $y = \sin t$, $z = 0.1t$이며, $0 \leq t \leq 10\pi$ 초에 대해, pause 명령을 사용하여 미사일의 궤적에 대한 동적영상을 xyz 좌표 공간에서 구현한다.

예제 4.47 3차원 동적 그래프

```
% plot3와 pause를 사용하여 미사일 경로를 동적으로 그리기

clear all clc;
axis ([-1.1 1.1 -1.1 1.1 0 3]);         %축 한정
set(gca,'CameraPosition',[45,45,45]);%plot 회전
grid on, hold on%격자 표시/hold on 상태

for t=0:.05:10*pi%t값에 따라
    x=cos(t);      %x값 계산
    y=sin(t);      %y값 계산
    z=.1*t;        %z값 계산
    plot3(x,y,z,'*');%점 표시
    pause(.001);%잠시 멈춤
end
hold off%hold on 해제
title('\bf{동영상으로 구현한 미사일 궤적}','fontsize', 16)
axis off
set(gcf,'color','w')
```

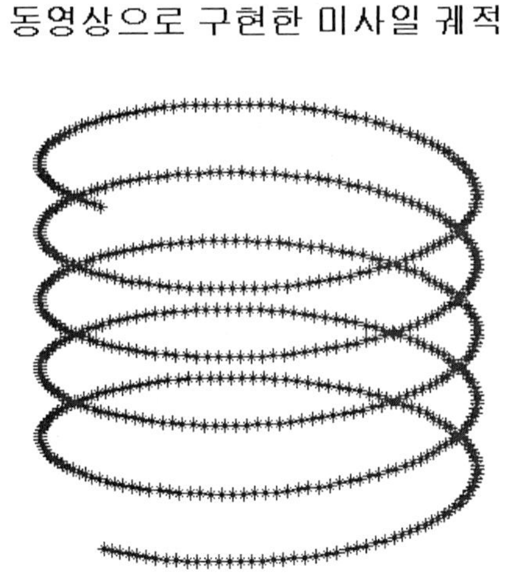

그림 4.49 예제 4.47의 실행 결과

예제 4.48은 plot3와 pause를 사용하여 질점의 3차원 궤적을 동영상으로 나타내는 프로그램이다. 질점의 궤적을 나타내는 식은 $y = \cos(x)$, $z = \sin(x)$이며, $0 \leq$

$x \leqq 10\pi$ 초에 대해, pause 명령을 사용하여 질점의 궤적에 대한 동적영상을 xyz 좌표 공간에서 구현한다.

예제 4.48 3차원 동적 그래프

```
% 질점의 3차원 곡선운동을 동적으로 그리기

clear; clc; clf;                    %변수 초기화
title('\bf{질점의 3차원 운동 궤도}','fontsize',14);          %그래프 제목 표시
axis([0 10*pi -1 1 -1 1]);          %축 한정
grid on, hold on                    %격자 표시/hold on
view([1 1 1]);                      %카메라 방향 지정
xlabel('x');ylabel('y');            %축 이름 표시
zlabel('z','rotation',0);

for x=0:.1:10*pi                    %x값에 따라
    y=cos(x);                       %y값 계산
    z=sin(x);                       %z값 계산
    plot3(x,y,z,'.');               %점 표시
    pause(.001);                    %잠시 멈춤
end
hold off                            %hold on 해제
axis off
set(gcf,'color','w')
```

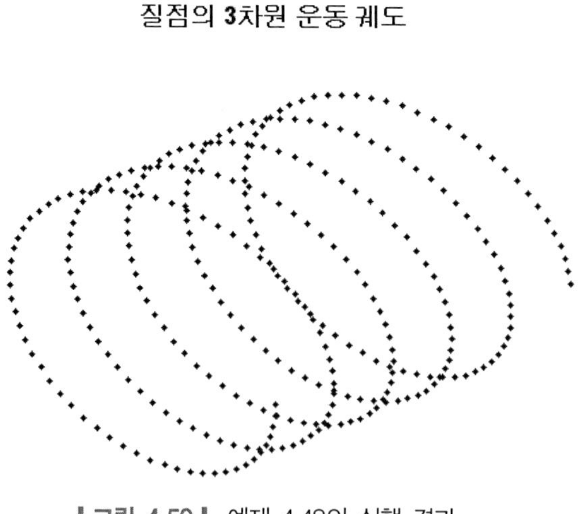

| 그림 4.50 | 예제 4.48의 실행 결과

4.12.2 mesh와 surf

mesh와 surf를 이용하여 3차원 그래프를 그리려고 할 때, 기본 입력 방식은 다음과 같다.

```
mesh(X,Y,Z)
surf(X,Y,Z)
```

X,Y는 주어진 함수의 영역으로부터 정의된 행렬이고, Z는 X,Y 값으로부터 계산된 행렬이다. mesh 그래프는 이 점들을 연결하는 선으로 만들어 진다. surf 그래프는 mesh의 내부 영역에 컬러가 입혀지게 된다.

먼저 주어진 함수의 영역을 포함하는 x-y 평면에 그리드(grid)를 만들어야 한다. 그리드를 만드는 과정은 2차원 contour 그래프를 그릴 때 이미 설명했지만, 다시 정리해 본다. 그리드를 만드는 명령은 meshgrid인데, 입력형태는 다음과 같다.

```
[X,Y]=meshgrid(x,y)
```

여기서 x,y는 함수의 영역이고, X,Y는 각각 그리드를 구성하는 점들을 정의하는 행렬이다. 예를 들어, 어떤 함수의 영역이 $-1 \leq x \leq 3$, $1 \leq y \leq 3$이라고 가정하자. 그리드의 밀도는 사용자가 정해 주는데, 여기에서는 그리드 점들 사이의 거리를 1로 하는 그리드를 생성해 본다. 아래 그림은 $-1 \leq x \leq 3$과 $1 \leq y \leq 3$의 x-y 평면에서 1 간격으로 분포된 그리드를 보여주고 있다.

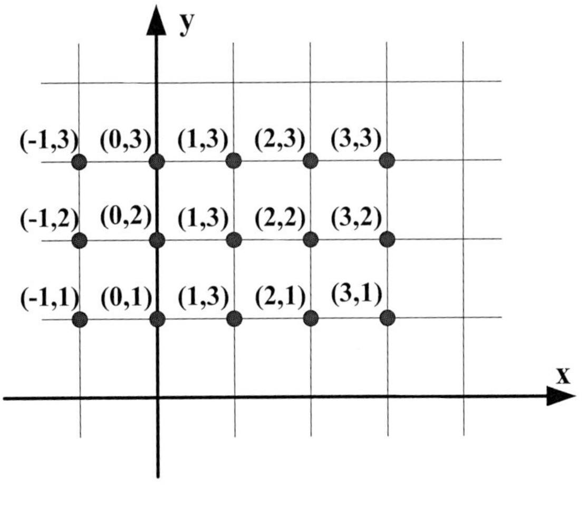

그림에서 그리드를 구성하는 점들은 두 개의 행렬 X와 Y로 정의될 수 있다. 행렬 X는 모든 점들의 x좌표를 가지고 있으며, Y행렬은 모든 점들의 y좌표를 가지고 있다.

$$X=\begin{bmatrix}-1&0&1&2&3\\-1&0&1&2&3\\-1&0&1&2&3\end{bmatrix}\qquad Y=\begin{bmatrix}3&3&3&3&3\\2&2&2&2&2\\1&1&1&1&1\end{bmatrix}$$

X행렬이 동일한 행으로 구성되는 이유는 각 행의 점들이 같은 x좌표를 가지기 때문이다. Y행렬이 동일한 열로 구성되는 이유는 각 열의 점들이 동일한 y좌표를 가지기 때문이다. MATLAB에서 meshgrid 명령이 이러한 X,Y 행렬을 생성시켜준다. 이러한 X,Y 행렬이 만들어지면 각 그리드 점에서의 Z 값이 계산되어 진다.

예제 4.49는 mesh를 사용하여 응력을 3차원으로 표현하는 프로그램이다. 응력을 나타내는 식은

$$\sigma=-\frac{Gb}{2\pi(1-\nu)}\frac{y(3x^2+y^2)}{(x^2+y^2)^2}$$

이고, 식의 영역은

$$-5\times10^{-9}\le x\le 5\times10^{-9}\,\mathrm{m},\ -5\times10^{-9}\le y\le -1\times10^{-9}\,\mathrm{m}$$

이다. 여기서 $G=200\times10^9\,\mathrm{Pa}$, $b=0.286\times10^{-9}\,\mathrm{m}$, $\nu=0.33$이다.

예제 4.49 mesh 명령을 사용한 3차원 그래프

```
% mesh를 이용한 응력함수 그리기

clear; clc; clf;                    %변수 초기화
G=200e9; b=.286e-9; nu=.33; %상수 값 지정

[x,y]=meshgrid(-5e-9:1e-10:5e-9,-5e-9:1e-10:-1e-9);
                                    %x,y의 범위에 대하여meshgrid
sigma=-(G*b/2/pi/(1-nu))*y.*(3*x.^2+y.^2)./((x.^2+y.^2).^2);
                                    %x,y에 대해 응력값 계산
mesh(x,y,sigma);                    %mesh로 표시
grid on, box on                     %격자 표시, box on
axis([-Inf Inf -Inf Inf -Inf Inf]);   %축 한정
title('\bf{mesh를 이용한 응력함수 그리기}','fontsize',14); %그래프 이름 표시
```

```
xlabel('\bf{x}','fontsize',12); ylabel('\bf{y}','fontsize',12);          %축 이름 표시
zlabel('\bf{\sigma}','fontsize',12,'rotation',0);
set(gcf,'color','w')
```

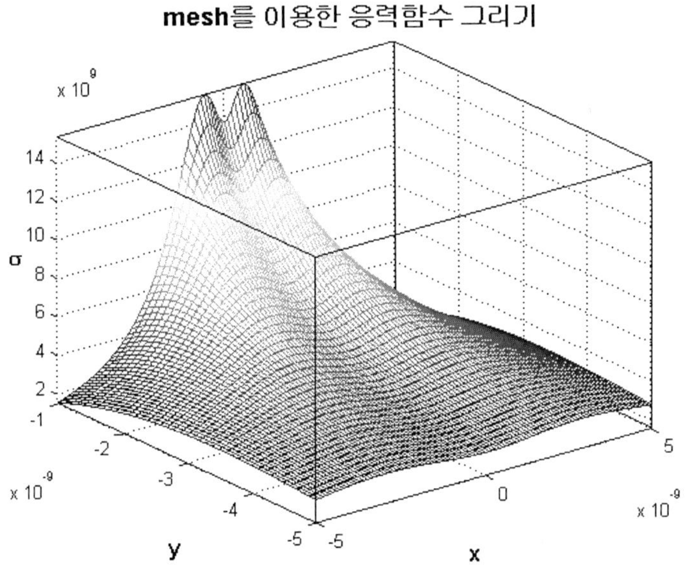

▌그림 4.51▐ 예제 4.49의 실행 결과

예제 4.50은 meshc를 사용하여 함수를 3차원으로 표현하는 프로그램이다. meshc를 사용하면 mesh 밑에 등고선 그림을 나타내 준다. 함수를 나타내는 식은

$$f(x,y) = 2\cos x + (-x^2 - y^2)$$

이고, 식의 영역은

$$-3 \leqq x \leqq 3, \; -3 \leqq y \leqq 3$$

이다. 그림 4.52는 실행한 결과를 보여주고 있다. 컬러가 나타내는 의미는 colorbar라는 명령을 사용해서 나타낼 수 있는데, 색깔에 따라 갖기 다른 값이 지정되어 있다. 원소의 가장 큰 값에는 colorbar에서 가장 큰 값을 갖는 색깔이 배정되고, 가장 작은 원소에는 colorbar에서 가장 작은 값을 갖는 색깔이 배정된다. 나머지 중간 값들에는 colorbar에서 중간 값을 갖는 색깔들이 배정된다.

예제 4.50 meshc 명령을 사용한 3차원 그래프

```
% meshc를 이용한 함수의 표시

clear; clc;
[X,Y]=meshgrid(-3:.01:3);     %x,y의 범위를 지정
Z=2*cos(X)-(X.^2+Y.^2); %z값을 지정
meshc(X,Y,Z);                        %출력
grid on
title('\bf{z=2cos(x)-(x^{2}+y^{2})}','fontsize',12 );%그래프 제목 표시
xlabel('\bf{x}','fontsize',12);ylabel('\bf{y}','fontsize',12)
zlabel('\bf{z}','fontsize',12,'rotation',0);%축 이름 표시
box on
set(gcf,'color','w')
colorbar % 컬러 막대를 화면에 띄운다. 각 컬러에는 값이 지정되어 있다.
```

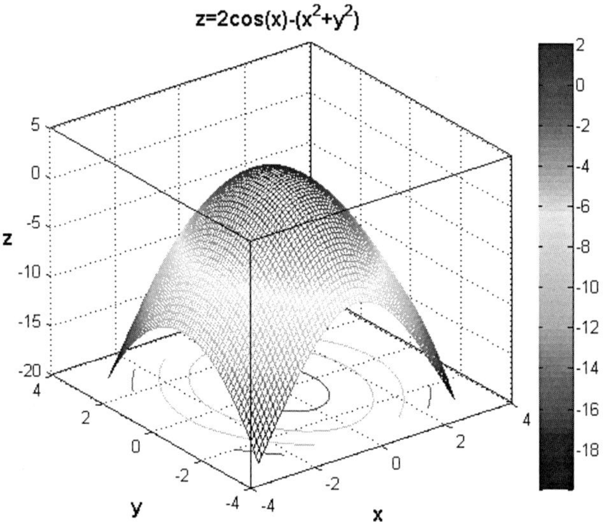

그림 4.52 예제 4.50의 실행 결과

예제 4.51은 meshz를 사용하여 함수를 3차원으로 표현하는 프로그램이다. meshz를 사용하면 mesh의 경계에 막을 형성한다. 함수를 나타내는 식은

$$z = x\exp(-x^2 - y^2)$$

이고, 식의 영역은

$$-3 \leqq x \leqq 3,\ -3 \leqq y \leqq 3$$

이다. 그림 4.53은 실행한 결과를 보여주고 있다.

예제 4.51 meshz 명령을 사용한 3차원 그래프

```
% meshz를 이용한 함수의 표시

clear; clc;
[X,Y]=meshgrid(-3:0.1:3);
Z=X.*exp(-X.^2-Y.^2);
colormap winter % 컬러의 특성을 바꿔준다.
% 아래에 있는 내용은 사용할 수 있는 colormap의 선택사항을 나타내 주고 있다.
% colormap : hsv, hot, gray, bone, copper, pink, white, flag, lines,
% colorcube, jet, prism, cool, autumn, spring, winter, summer
meshz(X,Y,Z)
title('\bf{z=xexp(-x^{2}-y^{2})}','fontsize',12 );%그래프 제목 표시
xlabel('\bf{x}','fontsize',12);ylabel('\bf{y}','fontsize',12)
zlabel('\bf{z}','fontsize',12,'rotation',0);%축 이름 표시
box on
set(gcf,'color','w')
colorbar
```

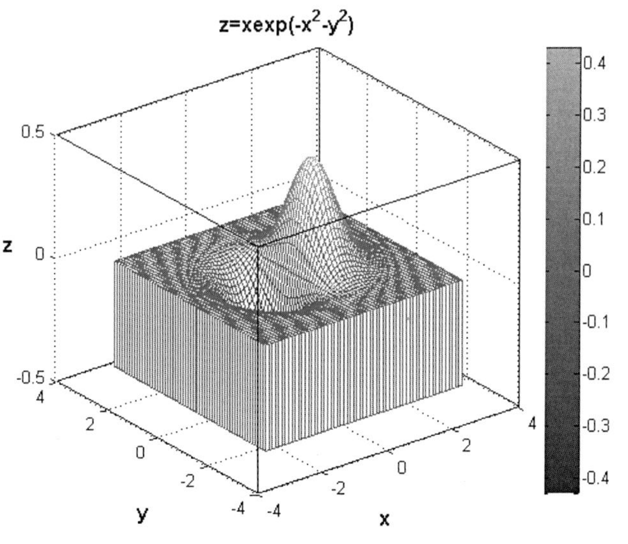

그림 4.53 예제 4.51의 실행 결과

예제 4.52는 surf를 사용하여 응력함수를 3차원으로 표현하는 프로그램이다. 응력함수는 다음과 같이 주어진다.

$$\sigma = -\frac{M_z y}{I_{zz}} + \frac{M_y z}{I_{yy}}$$

이러한 응력은 굽힘 모멘트 M_z와 M_y가 사각형 단면의 보(beam)에 작용할 때 점 (x,y)에서 발생한다. 위 식에서 $I_{zz} = \frac{1}{12}bh^3$ 이고 $I_{yy} = \frac{1}{12}hb^3$ 이다. 이 예제에서는 $h = 0.06\,\text{m}$, $b = 0.03\,\text{m}$, $M_y = 2000\,\text{N}\cdot\text{m}$, $M_z = 2500\,\text{N}\cdot\text{m}$ 값을 사용한다. 예제에서는 $-0.02 \le y \le 0.02\ m$, $-0.015 \le z \le 0.015\ m$ 범위에서 응력을 그린다. 그림 4.54는 실행한 결과를 보여주고 있다.

예제 4.52 surf 명령을 사용한 3차원 그래프

```
% surf를 이용한 응력함수 그리기

clear; clc; clf;                              %변수 초기화
h=.06; b=.03;                                 %상수 값 지정
Izz=b*h^3/12; Iyy=h*b^3/12;
My=2000; Mz=2500;

[y,z]=meshgrid(-.02:.001:.02,-.015:.001:.015);
                                              %x,y의 범위에 대하여 meshgrid
sigma=My/Iyy*z-Mz/Izz*y;                      %응력 값 계산
surf(y,z,sigma);                              %surf로 표시
axis([-Inf Inf -Inf Inf -Inf Inf]);           %축 한정
grid on, box on                               %격자 표시, box 표시
title('surf를 이용한 응력함수 그리기');       %그래프 제목 표시
xlabel('y'); ylabel('z');                     %축 이름 표시
zlabel('\sigma','rotation',0);
set(gcf,'color','w')
colorbar
```

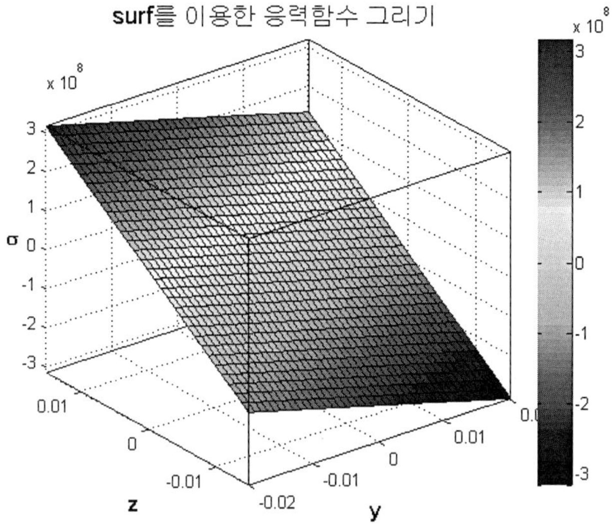

| 그림 4.54 | 예제 4.52의 실행 결과

예제 4.53은 surfl를 사용하여 함수를 3차원으로 표현하는 프로그램이다. surfl를 사용하면 surf의 표면에 빛이 반사된 느낌이 형성한다. 함수를 나타내는 식은

$$f(x,y) = 80^{-(x-1)^2} e^{-3(y-1)^2}$$

이고, 식의 영역은

$$0 \leqq x \leqq 1,\ 0 \leqq y \leqq 1$$

이다. 그림 4.55는 실행한 결과를 보여주고 있다.

예제 4.53 surfl 명령을 사용한 3차원 그래프

```
% surfl를 이용한 함수의 표시

clear; clc;
[x,y]=meshgrid(0:.05:1);      %x,y축 지정
f=80.^(-(x-1).^2).*exp(-3*(y-1).^2);%f값 계산
surfl(x,y,f);              %그래프 표시

shading interp          %표시 방식 변경
```

```
title('\bf{surf를 이용한 함수의 표시}','fontsize',14);   %그래프 이름
xlabel('\bf{x}','fontsize',12);ylabel('\bf{y}','fontsize',12)
zlabel('\bf{z}','fontsize',12,'rotation',0);%축 이름
box on
set(gcf,'color','w')
colorbar
```

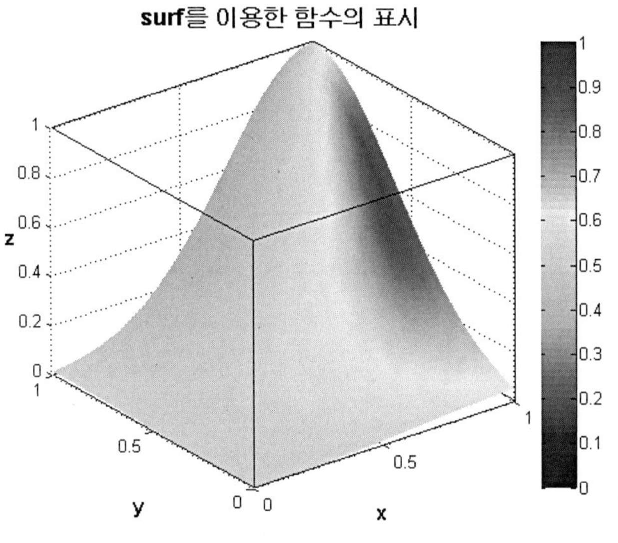

| 그림 4.55 | 예제 4.53의 실행 결과

4.12.3 특별한 3차원 그래프

MATLAB에는 특별한 3차원 그래프들이 내장되어 있다. 예제를 통해 살펴본다.

예제 4.54 sphere

```
% sphere 내장함수
clear; clc;
[x,y,z]=sphere(100);
surf(x,y,z);              %그래프 표시
xlabel('\bf{x}','fontsize',12);ylabel('\bf{y}','fontsize',12)
```

```
zlabel('\bf{z}','fontsize',12,'rotation',0);%축 이름
title('surf를 이용해 구 형상 구현','fontsize',14)
%shading interp;         %표시 방식 변경
box on
set(gcf,'color','w')
```

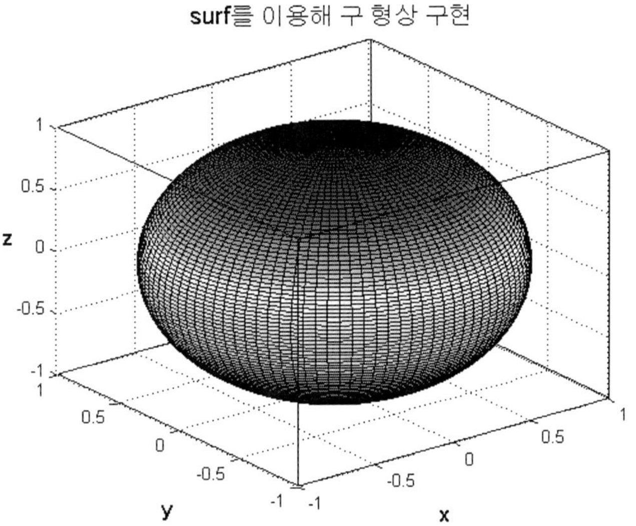

| 그림 4.56 | 예제 4.54의 실행 결과

예제 4.55 cylinder

```
% cylinder 내장함수

clear; clc;
t=0:0.08:2*pi;
[x,y,z]=cylinder(5+sin(t));
surf(x,y,z)
xlabel('\bf{x}','fontsize',12);ylabel('\bf{y}','fontsize',12)
zlabel('\bf{z}','fontsize',12,'rotation',0);%축 이름
title('surf를 이용해 실린더 형상 구현','fontsize',14)
shading interp        %표시 방식 변경
box on
set(gcf,'color','w')
```

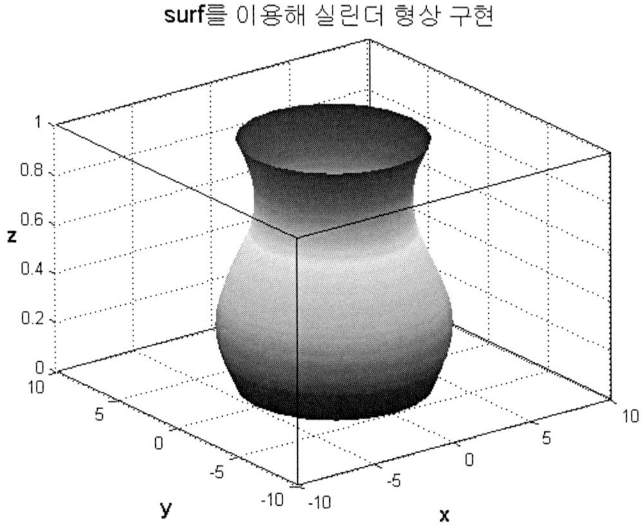

그림 4.57 예제 4.55의 실행 결과

예제 4.56 contour3

contour3는 3차원 contour 선의 그림을 생성한다. 다음 함수에 대해서 3차원 contour를 생성해 본다.

$$z = \frac{10}{1+x^2+y^2} \qquad |x| \leq 3, \quad |y| \leq 3$$

```
% contour3 내장함수를 활용하는 예제
clear; clc;
r=linspace(-3,3,100);
[x,y]=meshgrid(r,r);
z=10./(1+x.^2+y.^2);
contour3(z)     % mesh(z)
xlabel('\bf{x}','fontsize',12);ylabel('\bf{y}','fontsize',12)
zlabel('\bf{z}','fontsize',12,'rotation',0);%축 이름
title('contour3를 이용한 그래프','fontsize',14)
box on
set(gcf,'color','w')
```

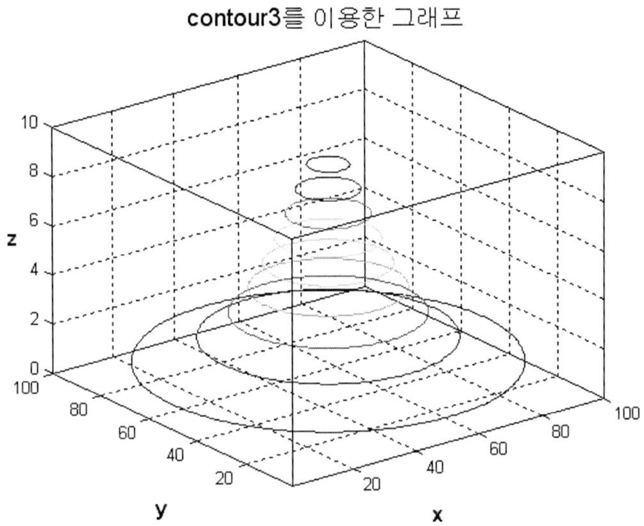

| 그림 4.58 | 예제 4.56의 실행 결과

예제 4.57 waterfall

waterfall은 독특한 3차원 그림을 생성한다. 다음 함수에 대해서 3차원 그래프를 생성해 본다.

$$z = -\frac{10}{10 + x^2 + y^2} \qquad |x| \leq 5, \quad |y| \leq 5$$

```
% waterfall 내장함수를 활용하는 예제

clear; clc;
r=linspace(-5,5,100);
[x,y]=meshgrid(r,r);
z=-10./(10+x.^2+y.^2);
waterfall(z)
hidden off
xlabel('\bf{x}','fontsize',12);ylabel('\bf{y}','fontsize',12)
zlabel('\bf{z}','fontsize',12,'rotation',0);%축 이름
title('waterfall를 이용한 그래프','fontsize',14)
%shading interp;         %표시 방식 변경
box on
set(gcf,'color','w')
```

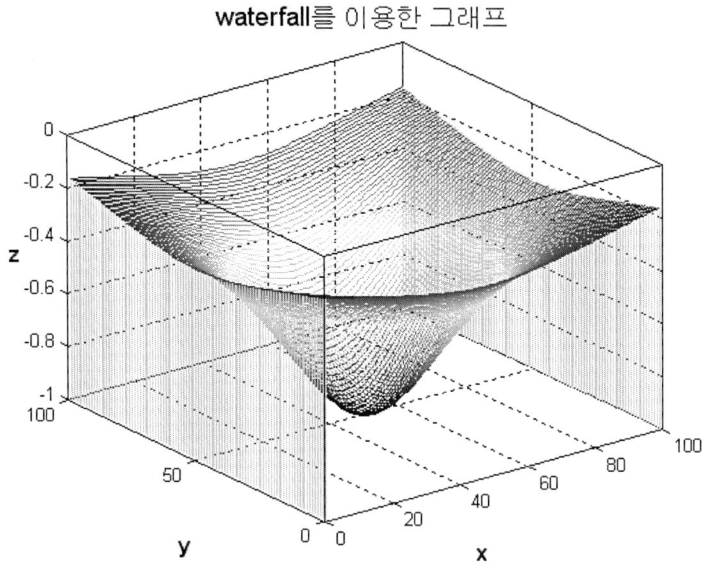

그림 4.59 예제 4.57의 실행 결과

예제 4.58 pie3

pie3는 3차원으로 구현된 파이차트이다. 2차원 파이차트에서 다룬 세계 인구분포를 3차원으로 구현해 본다.

```
% pie3 내장함수를 활용하는 예제

clear; clc;
pop=[3332;696;694;437;307];
ex=[0 1 0 0 1]; % 1은 파이 중심에서 약간 떨어져 나온다. 0이면 그대로.
pie3(pop,ex);
title('\bf{세계 인구}','fontsize',14)
set(gcf,'color','w')
```

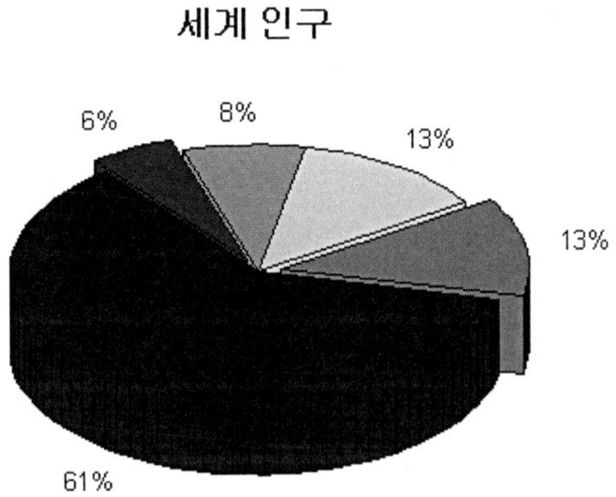

| 그림 4.60 | 예제 4.58의 실행 결과

예제 4.59 stem3

stem3는 3차원으로 구현된 줄기모양의 그래프이다. 다음 함수에 대해서 3차원 stem를 생성해 본다.

$$x = t,\ y = t\cos(t), \quad z = e^{t/10} - 1$$
$$0 \leq t \leq 10\pi$$

```
% stem3 내장함수를 활용하는 예제

clear; clc;
t=linspace(0,10*pi,200);
x=t;y=t.*cos (t);
z=exp(t/10)-1;
stem3(x,y,z,'filled')
xlabel('\bf{x}')
ylabel('\bf{x cos(x)}')
zlabel('\bf{e^t/10 - 1}')
title('\bf{stem3를 사용하여 구현한 그래프}','fontsize',14)
box on
set(gcf,'color','w')
```

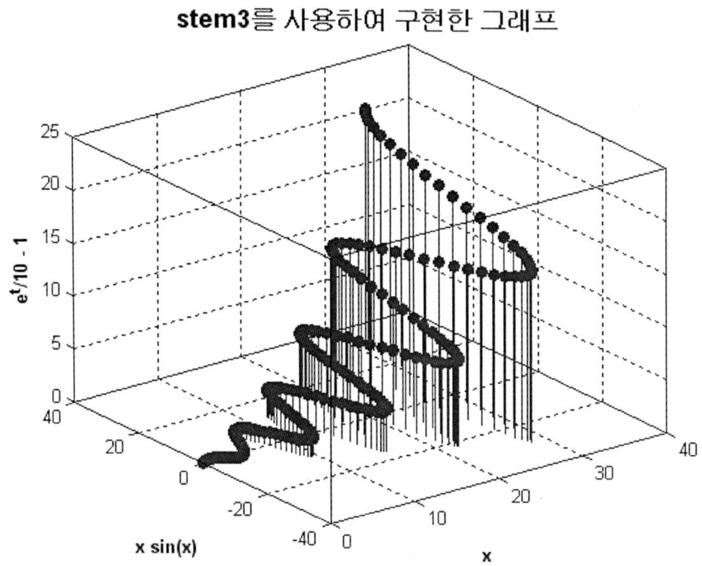

▌그림 4.61 ▌ 예제 4.59의 실행 결과

연 · 습 · 문 · 제

1. 함수 $y=e^{-0.4t}\sin(t)$를 구간 $0 \le t \le 10$에 대해 그린 후, axis([-2,6,-0.7,0.7]를 사용하여 다시 그려라.

2. 함수 $y=1+(\alpha-1)x^2/2^{\alpha/(\alpha-1)}$를 구간 $0 \le x \le 1$에 대해서 그려라. 여기서 $\alpha = 1.4$ 이다.

3. $y=\tanh x$ 그래프를 그려라. 단, y를 수직축으로, x를 수평축으로 선택함.

4. $y=\cosh^2 x-\sinh^2 x$ 그래프를 그려라. 단, y를 수직축으로, x를 수평축으로 선택함.

5. $w=\sin^{-1}y$ $(-1 \leqq y \leqq 1)$그래프를 그려라. 단, w를 수직축으로, y를 수평축으로 선택함.

6. $v=\sin^{-1}y+\cos^{-1}y$ 그래프를 그려라. 단, v를 수직축으로, y를 수평축으로 선택함.

7. fplot 을 사용하여 함수$f(x)=x\ \sin(2x)$를 구간 $0 \leqq x \leqq 10\pi$에 대해서 그려라.

8. plot을 사용하여 함수 $y=e^{-0.1x}\cos 2x$와 함수$y=\sin(2x+2)$를 같은 그래프에 그려라. 구간은 $0 \le x \le 3\pi$이다.

9. polar 명령을 사용하여 $r=\theta/2\pi$를 구간 $0 \le \theta \le 2\pi$에 대해서 그려라.

10. polar 명령을 사용하여 $r=\exp(-0.3t)\sin(3t)$를 구간 $0 \le t \le 2\pi$에 대해서 그려라.

11. bar(x,y) 명령을 사용하여 $y = x^2$을 구간 $-10 \leq x \leq 10$에 대해서 그려라.

12. 함수 $y_1(x) = \dfrac{x}{1+x^4}$과 함수 $y_2 = \dfrac{x}{1+\sin x + x^4}$을 구간 $-5 \leq x \leq 5$에 대해서 그려라.

13. 함수 $y_1(x) = \dfrac{2+\sin(t)}{2-\cos(0.25t)}\exp(-0.05t)$과

함수 $y_2(x) = \dfrac{2+\sin(t)}{2-\cos(0.25t)}\exp(-0.2t)$을 구간 $0 \leq t \leq 30$(초)에 대해서 그려라.

14. 함수 $y_1(x) = \dfrac{2+\sin(t)}{2-\cos(0.25t)}\exp(-0.05t)$과

함수 $y_2(x) = \dfrac{2+\sin(t)}{2-\cos(0.25t)}\exp(-0.2t)$을 구간 $0 \leq t \leq 30$(초)에 대해서 그린 후, axis[0 20 −1 3]을 사용하여 결과를 출력하라.

15. 다음 함수를 그려라.(적절한 좌표계의 선택이 중요함)

$$y = \sqrt{\frac{100(1-0.01x^2)^2 + 0.02x^2}{(1-x^2)^2 + 0.1x^2}}$$

16. subplot 명령을 사용하여 $y_1 = \sin t$, $y_2 = \exp(-0.2t)\sin(t+1)$, 그리고 $y_3 = \exp(-0.2t)\sin^2(t+1)$ 를 구간 $0 \leq t \leq 30$ 에 대해서 그려라.

17. $0 \leqq x \leqq 5$ 일 때 함수 $y = e^{-1.2x}\sin(10x+5)$, $-6 \leqq x \leqq 6$일 때 함수 $y = |x^3 - 100|$를 subplot 명령을 이용하여 나타내어라. 특히, x의 간격을 적절히 선택하라.

18. 아래 그림($-10 \leq t \leq 10$)을 그리는 스크립트 파일을 작성하라.

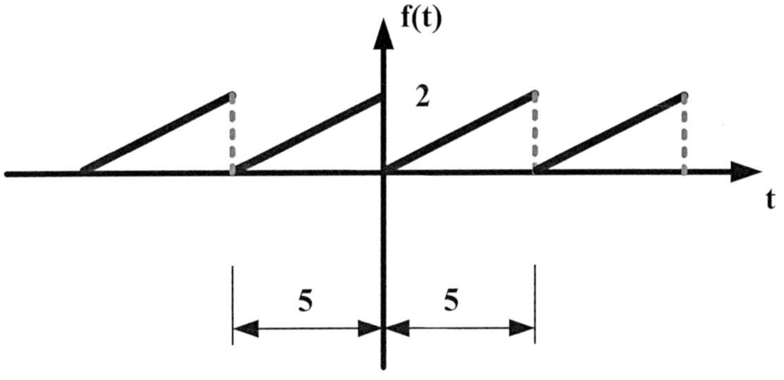

19. 아래 그림에서, $-5 \leq t \leq 5$에 대하여 $f(t)$는 다음 식으로 근사화 될 수 있다. 즉,

$$f(t) = 1 + \sum_{n=1,2,3..}^{m} \left(-\frac{2}{n\pi}\right) \sin\frac{n\pi t}{5}.$$

$m = 2, 8, 20, 60$에 대해서, subplot을 이용하여 $f(t)$를 그리는 스크립트 파일을 작성하라.

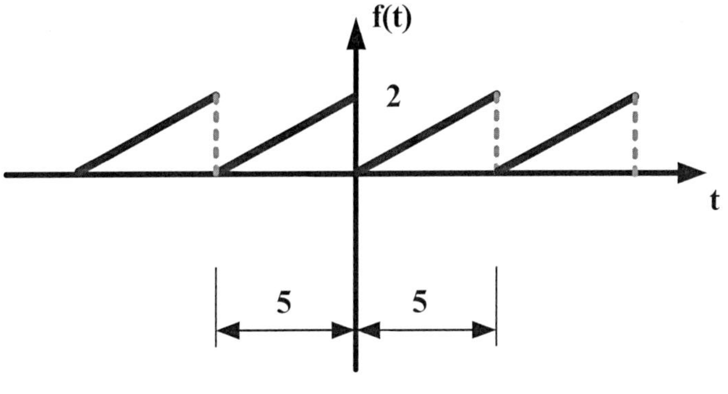

20. $0 \leq t \leq 20$일 때, 함수 $y = \cos\omega_n t + \frac{1}{\omega_n}\sin\omega_n t + \frac{\omega_n t}{2}\sin\omega_n t$를

$\omega_n = \frac{\sqrt{k}}{10}$ (k = 100, 400, 900, 1600)에 대해서 subplot 명령을 사용하여 나타내어라.

21. 직선 운동을 하는 어떤 질량의 시간에 따른 가속도의 변화가 다음 식으로 표현된다.

$a(t) = 0 \qquad (0 \le t \le 10s)$

$a(t) = -5\ \mathrm{m/s^2} \qquad (10 \le t \le 20s)$

$a(t) = 0 \qquad (20 \le t \le 40s)$

$a(t) = 3\ \mathrm{m/s^2} \qquad (40 \le t \le 45s)$

$a(t) = -5\ \mathrm{m/s^2} \qquad (45 \le t \le 50s)$

위 식을 그래프로 나타내는 스크립트 파일을 작성하라.

22. 문제 21을 동영상으로 표현하는 스크립트 파일을 작성하라.

23. 농구 선수 코비 브라이언트가 지상으로 부터 높이 2.5ft에 있는 농구 골을 향해 25ft 거리에서 공을 던졌다. 초기 속도 $v_0 = 29.87$ ft/s로 50° 각도로 던졌다. 공의 궤적을 조사하니,

$x = v_0 t \cos 50°$

$y = v_0 t \sin 50° - 16.1t^2$ 였다.

공을 던진 후 $t = 1.302$ 초에 골에 들어갔다. 먼저, 골의 위치($x = 25$ ft, $y = 2.5$ ft)를 빨간 'o'로 표시하라. 다음에 $0 \leqq x \leqq 28$, $0 \leqq y \leqq 10$의 좌표축을 설정하고, (x,y) 좌표공간에서 공의 궤적을 그려라.(pause를 사용하여 동영상으로 처리함. 프로그램 중 초기 적당한 곳에 axis off 명령을 사용하여 좌표축이 동적 상황에서 나타나지 않도록 하라.)

24. 어떤 로봇의 팔의 경로를 조사하니 다음과 같았다.

$$x = (0.5 + 5t)\sin\left(\frac{2\pi}{3}t\right)\cos(4\pi t)$$

$$y = (0.5 + 5t)\sin\left(\frac{2\pi}{3}t\right)\sin(4\pi t)$$

$$z = (0.5 + 5t)\cos\left(\frac{2\pi}{3}t\right) \qquad (t : \text{분})$$

$0 \leqq t \leqq 0.2$분에 대해, pause 명령을 사용하여 로봇 팔의 궤적에 대한 동적영상을 xyz 좌표 공간에서 구현하라. 좌표축은 처음에, $-0.6 \le x \le 0.2$, $0 \le y \le 0.4$, $0.4 \le z \le 1.4$ 로 설정하고 grid on 과 box on 명령을 사용한다.

25. 어떤 첨단 미사일의 경로를 조사하니 다음과 같았다.

$x = e^{-0.2t}\sin t$

$y = e^{-0.2t}\cos t$

$z = t \qquad (t : \text{초})$

$0 \leqq t \leqq 12\pi$초에 대해, pause 명령을 사용하여 미사일의 궤적에 대한 동적영상을 xyz 좌표 공간에서 구현하라. (plot3 사용)

26. 이동하는 질점의 위치가 다음과 같이 시간의 함수로 주어진다.

$y = 2\cos(x)$

$z = 2\sin(x)$

(x : 각도, radian)

$0 \leqq x \leqq 15\pi$에 대해, pause 명령을 사용하여 질점의 궤적에 대한 동적영상을 xyz 좌표 공간에서 구현하라. (plot3 사용)

27. mesh를 사용하여 다음의 응력을 그리는 스크립트 파일을 작성하라.

$$\sigma = -\frac{Gb}{2\pi(1-\nu)}\frac{y(3x^2+y^2)}{(x^2+y^2)^2}$$

$-5\times10^{-9} \leqq x \leqq 5\times10^{-9}\,\text{m},\ -5\times10^{-9} \leqq y \leqq -1\times10^{-9}\,\text{m}$

여기서 $G = 70\times10^9\,\text{Pa},\ b = 0.286\times10^{-9}\,\text{m},\ \nu = 0.3$이다.

28. 굽힘 모멘트 M_z와 M_y로 인한 사각형 단면의 보(beam)의 점(x, y)에서의 응력은 다음과 같이 주어진다.

$$\sigma = -\frac{M_z y}{I_{zz}} + \frac{M_y z}{I_{yy}}$$

위 식에서 $I_{zz} = \frac{1}{12}bh^3$ 이고 $I_{yy} = \frac{1}{12}hb^3$ 이다. 이 문제에서 $h = 0.04\,\text{m}$, $b = 0.04\,\text{m}$, $M_y = 3000\,\text{N}\cdot\text{m}$, $M_z = 3500\,\text{N}\cdot\text{m}$로 주어진다. $-0.02 \leq y \leq 0.02\,\text{m}$, $-0.015 \leq z \leq 0.015\,\text{m}$ 범위에서 surf를 사용하여 응력을 그리는 스크립트 파일을 작성하라.

29. $-2 \leqq x \leqq 2, -2 \leqq y \leqq 2$ 일 때, $z = x\exp[-(x-y^2)^2 - y^2]$ 를 그려라.

CHAPTER 05

함수 파일과 프로그래밍

5.1 함수 파일 만들기

함수 파일은 스크립트 파일처럼 m파일인데, 외부로부터 값을 입력받아서 지정된 연산을 수행한 후, 다시 외부로 결과 값을 출력해주는 함수로써의 기능을 한다. 따라서 외부로부터 값을 입력 받는 부분과 출력해 주는 부분이 존재한다. 함수 파일의 형태는 다음과 같다.

```
function [출력 인자] = 함수이름 (입력 인자)
%주석문(함수의 일반적인 설명)
MATLAB 명령
```

여기서 주의해야 할 점은, 저장하는 파일명은 가능한 한 함수이름과 동일하게 정하라는 것이다.

함수 파일은 입력과 출력되는 인자의 수에 따라 다음과 같이 형태가 달라진다.

1) n개(입력1, 입력2,..., 입력n)를 입력받고, m개(출력1, 출력2,..., 출력m)를 출력하는 경우
function [출력1, 출력2,..., 출력m]=filename(입력1, 입력2,..., 입력n)

2) n개(입력1, 입력2,...,입력n)를 입력받고, 1개(출력1)를 출력하는 경우
   function 출력1=filename(입력1, 입력2,..., 입력n)
3) n개(입력1, 입력2,...,입력n)를 입력받고, 출력하는 변수가 없는 경우
   function filename(입력1, 입력2,..., 입력n)

예제 5.1 함수파일 : stressvalue.m

부재의 한 점에서의 응력 상태가 정해지면(그림 5.1), 응력 변환방정식

$$\sigma_n = \frac{\sigma_x + \sigma_y}{2} + \frac{\sigma_x - \sigma_y}{2}\cos 2\theta + \tau_{xy}\sin 2\theta$$

$$\tau_{nt} = -\frac{(\sigma_x - \sigma_y)}{2}\sin 2\theta + \tau_{xy}\cos 2\theta$$

를 이용하여, 임의의 $\theta(0 \leqq \theta \leqq 2\pi)$에 대한 응력 σ_n과 τ_{nt}를 구하는 함수 파일은 다음과 같다.

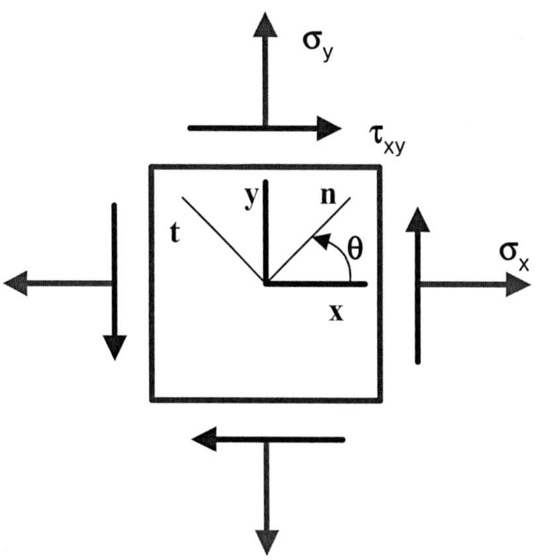

그림 5.1 응력 요소

```
function [sn,tnt]= stressvalue(theta,sx,sy,txy)
% 다중 입력을 받아서 다중 출력을 보내는 함수파일 예
% 응력변환식을 이용하여 각 theta에 따라 변하는
% 수직응력과 전단응력을 구하는 함수 파일이다.
% 입력변수 1)각 theta, 2)수직응력 sx,sy; 전단응력 txy
% 출력변수는 각 theta에서의 수직응력 sn과 전단응력 tnt이다.
% 파일명은 stressvalue.m이다.
sn=(sx+sy)/2+(sx-sy)/2*cos(2*theta*pi/180)+txy*sin(2*theta*pi/180);
tnt=-(sx-sy)/2*sin(2*theta*pi/180)+txy*cos(2*theta*pi/180);
```

$\theta = 45°$, $\sigma_x = 10\,\mathrm{MPa}$, $\sigma_y = 0$, $\tau_{xy} = 0$일 때, σ_n과 τ_{nt}는 다음과 같이 구한다.

```
>> [s t]=stressvalue(45,10,0,0)
s =
     5
t =
    -5
```

$\theta = 45°$, $\sigma_x = 0$, $\sigma_y = 0$, $\tau_{xy} = 10\,\mathrm{MPa}$일 때, σ_n과 τ_{nt}는 다음과 같이 구한다.

```
>> [s t]=stressvalue(45,0,0,10)
s =
    10
t =
  6.1232e-016

>> stressvalue(45,0, 0,10)
ans =
    10
```

위 예에서 관찰되는 것처럼, 출력변수가 여러 개인 함수 파일에 출력변수를 지정하지 않고 입력변수 값만 입력하고 실행하면, 첫 번째 출력 변수 값만 화면에 나타남을 알 수 있다.

예제 5.2 함수 파일 : drop.m

자유 낙하하는 물체의 속도와 변위를 구하는 함수 파일이다. 자유 낙하하는 물체의 속도와 변위는 다음 식으로 주어진다.

$$v(t) = v_o - gt$$

$$y = v_o t - \frac{1}{2} g t^2$$

```
function [disp,vel]=drop(g,v0,t);
% 자유 낙하하는 물체의 속도와 낙하 거리를 구하는 함수파일
% 입력 변수는 1)중력가속도 g, 2) 초기속도 v0, 3) 시간 t
% 출력변수는 변위 disp, 속도 vel
% 위 방향은 (+), 아래 방향은 (-)임
disp=v0*t-0.5*g*t.^2;
vel=v0 - g*t;
```

중력가속도 $g = 9.81\ \mathrm{m/s^2}$, 초기속도 $v_o = 10\ \mathrm{m/s}$(위 방향), 시간 $t = 1$초일 때, 변위와 속도는 다음과 같다. 즉, 변위는 $5.095\ \mathrm{m}$(위 방향)이고 속도는 $0.19\ \mathrm{m/s}$(위 방향)이다.

```
>> [a b]=drop(9.81,10,1)
a =
    5.0950
b =
    0.1900
```

중력가속도 $g = 9.81\ \mathrm{m/s^2}$, 초기속도 $v_o = 10\ \mathrm{m/s}$(위 방향), 시간 $t = 2$초일 때, 변위와 속도는 다음과 같다. 즉, 변위는 $0.38\ \mathrm{m}$(위 방향)이고 속도는 $-9.62\ \mathrm{m/s}$(아래 방향)이다.

```
>> [a b]=drop(9.81, 10, 2)
a =
    0.3800
b =
   -9.6200
```

예제 5.3 함수 파일 : cantilbeam.m

그림 5.2와 같은 캔틸레버 보의 끝단에 힘 P가 작용하면 처짐은 $y=\frac{Px^2}{6EI}(3L-x)$로 주어진다. 하중 P와 x에 따라 처짐량 y를 구하는 함수 파일을 작성한다. 단, $E=100\,\mathrm{GPa}$, $I=10^{-4}\,\mathrm{m}^4$, $L=5\,\mathrm{m}$임.

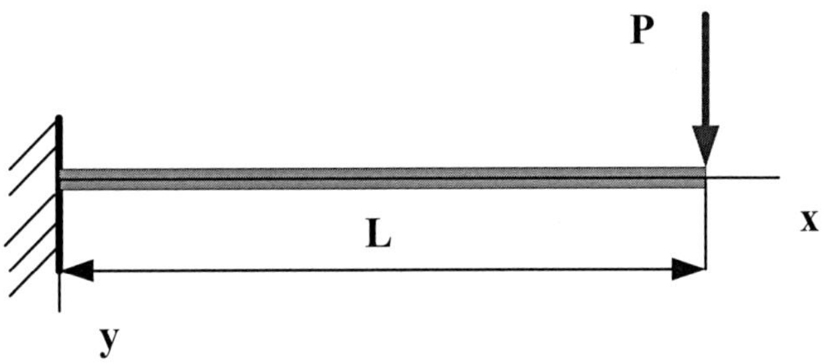

그림 5.2 캔틸레버 보

```
function y=cantilbeam(p,x)
% 캔틸레버 보의 처짐을 구하는 함수파일임.
% 입력 변수는 1) 하중P, 2) 처짐을 구하려는 보의 위치 x
% 출력 변수는 처짐량 y
% 함수 파일 이름은 cantilbeam.m
E=100e09;  % E=100GPa
I=1e-4;L=5;  % I=10^(-4)m^4, L=5m
y=-(p*x.^2/(6*E*I)).*(3*L-x); % 처짐량 계산
```

하중 $p=50{,}000N$이 작용할 때 위치 $x=5\,\mathrm{m}$(끝단)에서의 처짐은 다음과 같이 계산된다.

```
>> cantilbeam(50000,5)
ans =
   -0.2083

>> y=cantilbeam(50000,5)
y =
   -0.2083
```

예제 5.4- 그래프 출력 함수 파일: singraph.m

여기서는 출력변수 없이 그래프만 출력하는 예를 다룬다.

```
function singraph(x);
%y=exp(-xt)sin(xt) 그래프 출력 함수 파일
% 입력 변수는 x
% 출력변수는 없고 그래프만 직접 출력
% 파일 이름-singraph.m
t=0:0.01:10;
y=exp(-x.*t/10).*sin(x.*t);
plot(t,y), grid
xlabel('t (sec)'), ylabel('y(t)')
title('y=exp(-xt/10)sin(xt)를 그리는 함수 파일')
```

```
>> singraph(10)
```

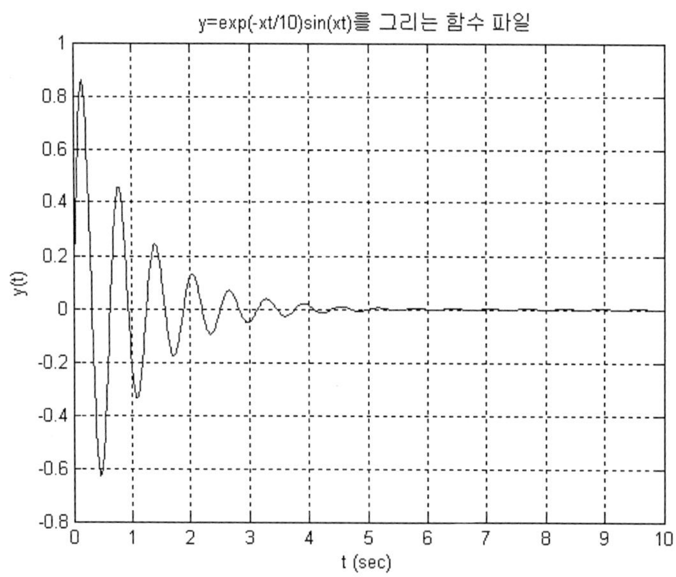

그림 5.3 예제 5.4의 출력 결과

필요한 경우, 함수 파일에 대한 내용을 명령 창에서 직접 확인할 수 있다. 2가지 명령이 가능한데, 첫 번째는 파일의 내용을 모두 열지 않고 중요한 특성만 알아보는 방법이 있고, 명령 창에서 함수 파일 전체를 읽어 보는 방법이 있다.

첫 번째 경우에 대한 입력 방식은 다음과 같다.

```
help (함수파일명)
```

두 번째 경우에 대한 입력 방식은 다음과 같다.

```
type (함수파일명)
```

예제 5.1에서 다룬 함수 파일에 대해서 명령 창에서 help와 type을 입력하면 다음과 같은 결과가 나온다.

```
>> help stressvalue
  다중 입력을 받아서 다중 출력을 보내는 함수파일 예
  응력변환식을 이용하여 각 theta에 따라 변하는
  수직응력과 전단응력을 구하는 함수 파일이다.
  입력변수 1)각 theta, 2)수직응력 sx,sy; 전단응력 txy
  출력변수는 각 theta에서의 수직응력 sn과 전단응력 tnt이다.
  파일명은 stressvalue.m이다.

>> type stressvalue

function [sn,tnt]= stressvalue(theta,sx,sy,txy)
% 다중 입력을 받아서 다중 출력을 보내는 함수파일 예
% 응력변환식을 이용하여 각 theta에 따라 변하는
% 수직응력과 전단응력을 구하는 함수 파일이다.
% 입력변수 1)각 theta, 2)수직응력 sx,sy; 전단응력 txy
% 출력변수는 각 theta에서의 수직응력 sn과 전단응력 tnt이다.
% 파일명은 stressvalue.m이다.
sn=(sx+sy)/2+(sx-sy)/2*cos(2*theta*pi/180)+txy*sin(2*theta*pi/180);
tnt=-(sx-sy)/2*sin(2*theta*pi/180)+txy*cos(2*theta*pi/180);
```

예제 5.5 함수 파일 : myfun1.m

이 예제에서는 사용자가 먼저 함수 파일을 정의한 후, 다른 곳에서 그 함수 파일을 불러서 사용하는 예를 보여준다.

```
function y=myfun1(x);
% 사용자가 정의한 함수
% 함수는 y=exp(-x/10)sin(x)
% 함수 파일명은 myfun1.m
y=exp(-x/10).*sin(x);
```

명령 창에서 위 파일을 불러서 다음과 같이 사용한다.

```
>> x=0:0.01:10;
>> plot(x,myfun1(x))
```

출력 결과는 다음과 같다.

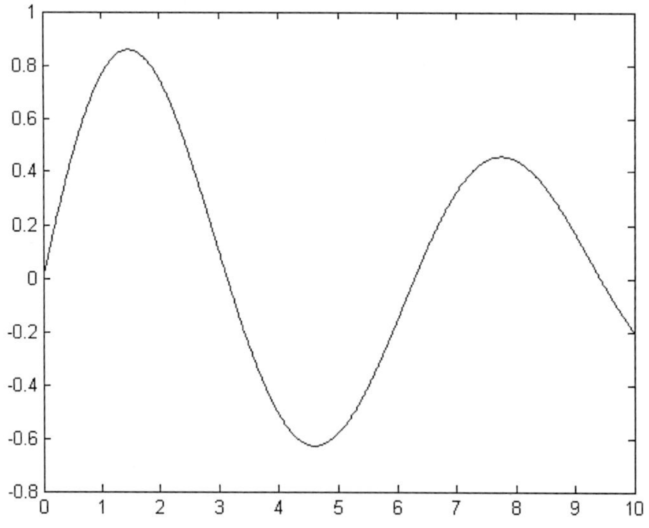

그림 5.4 예제 5.5의 출력 결과

5.2 feval 명령

feval 명령을 사용하면 함수 파일의 값을 다른 방식으로 구할 수 있다. 기본 입력 형태는 다음과 같다.

```
변수 = feval('함수파일 이름', 입력 수치)
```

예제 5.6 feval 명령 사용 예

```
>> [a b]=feval('stressvalue',45,10,0,0)
a =
     5
b =
    -5
```

예제 5.7 feval 명령 사용 예

```
>> feval('singraph',5)
```

출력 결과는 아래 그림과 같다.

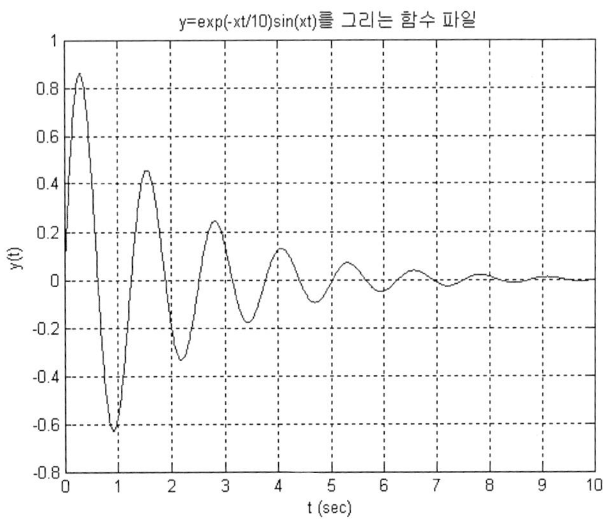

그림 5.5 예제 5.7의 출력 결과

예제 5.8 feval 명령 사용 예

```
>> x=0:0.01:20;
>> plot(x,feval('myfun1',x))
```

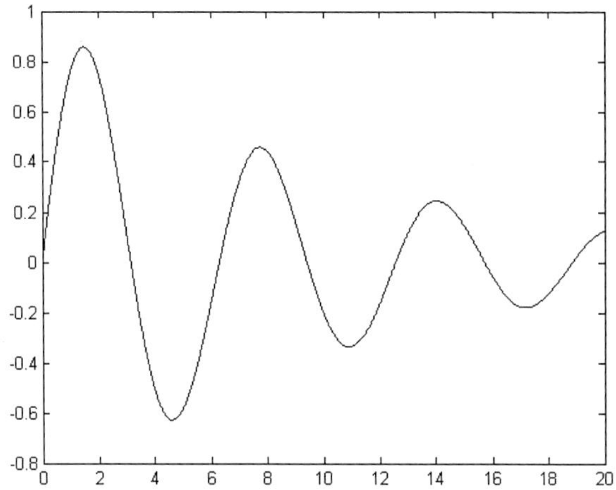

그림 5.6 예제 5.8의 출력 결과

예제 5.9 feval 명령 사용 예

```
>> x=0:0.01:30;
>> plot(x,sinh(x).*feval('myfun1',x))
```

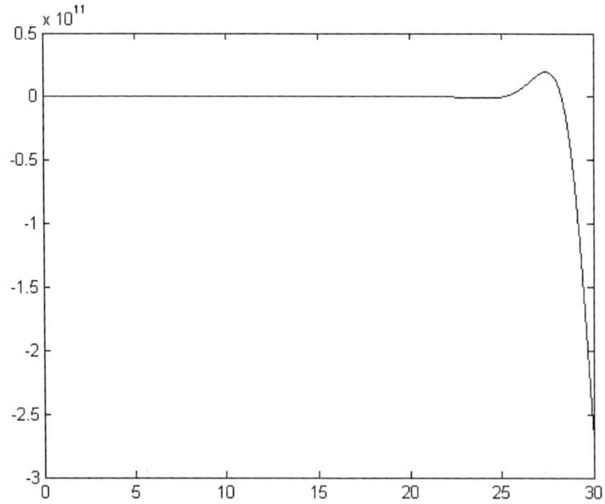

그림 5.7 예제 5.9의 예제

5.3 프로그래밍

프로그램이란 명령들을 순차적으로 나열한 것이라 할 수 있다. 앞에서 다룬 스크립트 파일이나 함수 파일은 프로그램이 비교적 단순하다고 볼 수 있다. 일반적으로 프로그램들은 명령들이 기술된 순서 그대로 실행되지 않거나, 프로그램에 사용되는 입력 변수에 따라 실행되는 명령들이 달라지기도 한다.

MATLAB은 프로그램의 흐름을 제어하는데 사용될 수 있는 몇 가지 도구를 제공한다. 조건문은 명령의 실행을 생략하거나 특정한 명령 그룹이 조건에 따라 각각 다르게 실행되도록 해준다. for/end문과 while/end 문은 일련의 명령들이 반복적으로 실행되도록 해준다.

5.3.1 순환문과 조건문의 구조

순환문은 명령 또는 명령 그룹이 연속적으로 반복하여 실행되도록 해 주는데, MATLAB에는 두 종류의 순환문을 가지고 있다. for/end에서는 순환문이 시작될 때 반복횟수가 정해진다. while/end에서는 반복횟수가 정해져 있지 않고, 특정한 조건이 만족될 때까지 순환이 계속 진행된다.

5.3.1.1 for/end 순환문

이 순환문의 형식은 아래와 같다.

```
for
  변수=수식
  수행문장
  ....
  수행문장
end
```

예제들을 통하여 for/end 순환문의 특성을 알아본다.

예제 5.10 for/end 순환문 예

```
>> for i=1:2:10
v(i)=i;
end
>> v
v =
     1    0    3    0    5    0    7    0    9
```

예제 5.11 for/end 순환문 예

$f(x) = \cosh(x)$는 다음과 같은 Taylor 급수로 근사화 될 수 있다.

$$f(x) = \sum_{n=0}^{m} \frac{x^{2n}}{(2n)!}$$

Taylor 급수를 사용하여 $\cosh(x)$를 계산하는 함수 파일을 작성하자. 이 함수 파일을 활용하여 $m=6$과 $m=10$에 대해서 $\cosh(\pi/3)$를 계산해 보자.

작성된 함수 파일은 아래와 같다.

```
function fsum=coshfun(x,m);
% cosh를 Tayor시리즈로 근사화.
% 입력변수는 x와 m
% 출력변수는 fsum
% 함수파일 명은 coshfun.m
    fsum=0;        % 시그마 합 초기화
 for n=0:m;     % m에 따른 횟수 조절
        f=x.^(2*n)/factorial(2*n);   % 함수
        fsum = fsum+f;          % 시그마 합
 end
```

$m=6$과 $m=10$에 대해서 $\cosh(\pi/3)$를 계산한 결과는 다음과 같다.

```
>> coshfun(pi/3,6)
ans =
    1.6003
```

```
>> coshfun(pi/3,10)
ans =
    1.6003
```

예제 5.12 for/end 순환문 예

```
>> for i=1:4
        for j=1:3
                A(i,j)=i+j;
        end
 end
>> A
A =
     2     3     4
     3     4     5
     4     5     6
     5     6     7
```

예제 5.13 for/end 순환문 예

```
>> for i=9:-2:1
        y(10-i)=i;
 end
>> y
y =
     9     0     7     0     5     0     3     0     1
```

5.3.1.2 if-elseif-else-end 문

if-elseif-else-end 문 기본 구조는 아래와 같다.

```
if 조건식1, 수행문장1
  elseif 조건식2, 수행문장2
  else 수행문장3
end
```

이 구조는 두 개의 조건문을 포함하고 있는데(if 와 elseif), 이들은 세 가지 수행문장 중 하나를 선택하여 실행하도록 한다. 첫 번째는 조건식1이 포함되어 있는 if문이다. 조건식1이 참인 경우는 if와 elseif 문 사이의 수행문장1이 실행되고, end까지의 명령은 생략된다. 조건식이 거짓인 경우는 elseif까지의 명령이 생략된다. 다음에 조건식2가 참이면, elseif와 else사이의 수행문장2가 실행되고, end까지의 명령은 생략된다. 만약 조건식2가 거짓이면, else까지의 명령은 생략되고, else와 end 사이의 수행문장3이 실행된다.

예제 5.14 if/elseif/else/end 문 사용 예

```
>> price=120;
>> if price>100
          apple='Large'
 elseif price>50
          apple='Middle'
else
          apple='Small'
end

apple =
Large
```

예제 5.15 if/elseif/else/end 문 사용 예

```
function a=grade(x);
% 학점을 주는 프로그램
% 입력변수는 x
% 함수파일 명은 grade.m

if x>94
     a='A+'
 elseif x>89
     a='Ao'
      elseif x>84
     a='B+'
      elseif x>79
```

```
        a='Bo'
         elseif x>74
        a='C+'
         elseif x>69
        a='Co'
         elseif x>64
        a='D+'
         elseif x>59
        a='Do'
else
        a='F'
end
```

실행 결과는 다음과 같다.

```
>> grade(98);
a =
A+

>> grade(89);
a =
B+

>> grade(83);
a =
Bo
```

예제 5.16 if/elseif/else/end 문 사용 예

직선 운동을 하는 어떤 질량의 시간에 따른 가속도의 변화가 다음 식으로 표현된다.

$$a(t) = 0 \qquad (0 \le t \le 10s)$$

$$a(t) = -5\ \mathrm{m/s^2} \qquad (10 \le t \le 20s)$$

$$a(t) = 0 \qquad (20 \le t \le 40s)$$

$$a(t) = 3\ \mathrm{m/s^2} \qquad (40 \le t \le 45s)$$

$$a(t) = -5\ \mathrm{m/s^2} \qquad (45 \le t \le 50s)$$

if-elseif-else-end 문을 이용하여 위 식을 그래프로 나타내는 스크립트 파일을 작성한다.

```
% 직선운동을 하는 질량의 가속도 변화 그래프

clear; clf; hold off   % 그래프 초기화

hold on            % hold on
grid on            % 그리드 온
title('가속도의 변화');          % 제목
xlabel('t(sec)');                % x축 라벨
ylabel('a (m/s^2)');   % y축 라벨

for t=0:.1:50;             % 시간 범위 설정
    if(t<=10)               % t가 10보다 작거나 같을 때
        a = 0;
    elseif(t<=20)           % t가 20보다 작거나 같을 때
        a = -5;
    elseif(t<=40)           % t가 40보다 작거나 같을 때
        a = 0;
    elseif(t<=45)           % t가 45보다 작거나 같을 때
        a = 3;
    else                     % 나머지(t가 50보다 작거나 같을 때)
        a = -5;
    end
    plot(t,a,'.');          % 그래프 출력
end
axis([0 50 -6 4]);  % 축 범위 설정
```

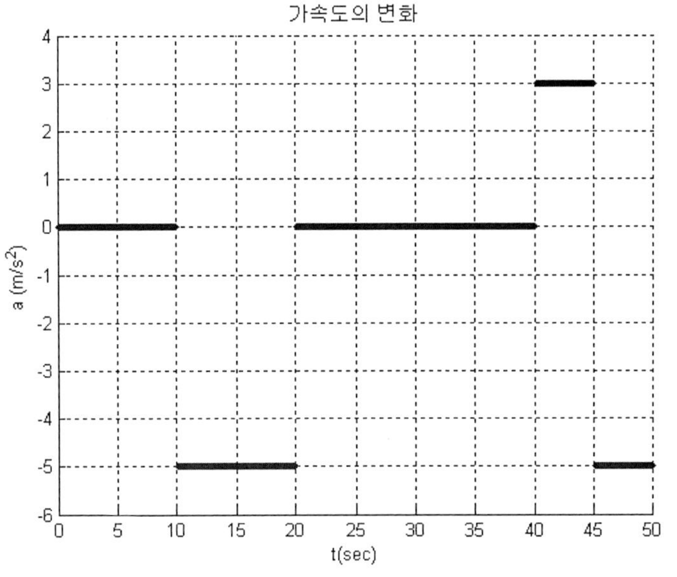

그림 5.8 예제 5.16의 실행 결과

5.3.1.3 while/end 문

while/end 순환문은 반복의 수를 미리 알 수 없는 경우에 사용되어진다. 반복의 수는 순환이 시작되는 시점에서는 정의되지 않으며, 기술된 조건이 만족될 때까지 순환과정을 계속 진행한다. while/end 순환문의 구조는 다음과 같다.

```
while 조건식
     수행문장
end
```

while 문의 첫 번째 선은 조건식을 포함하고 있다. 프로그램이 이 선에 도달하게 되면 조건식이 체크되는데, 거짓이면 end 문까지의 수행문장을 생략하고 프로그램을 계속 진행시킨다. 조건식이 참이면, while과 end 사이의 수행문장을 실행시킨다. 다시 while 문으로 되돌아가 조건식을 체크하며, 이러한 반복이 조건식이 거짓이 될 때까지 계속된다.

예제 5.17 while/end 문 사용 예

```
>> n=0;
>> while 2^n<=100
n=n+1;
end
>> n
n =
      7
```

예제 5.18 while/end 문 사용 예

그림 5.9에서, $-5 \leq t \leq 5$에 대하여 $f(t)$는 다음 식으로 근사화 될 수 있다. 즉,

$$f(t) = \sum_{n=1,3,5..}^{m} \left(\frac{8}{n\pi}\right) \sin \frac{n\pi t}{5}$$

while/end를 사용하여 $f(t)$를 그리는 스크립트 파일을 작성한다.

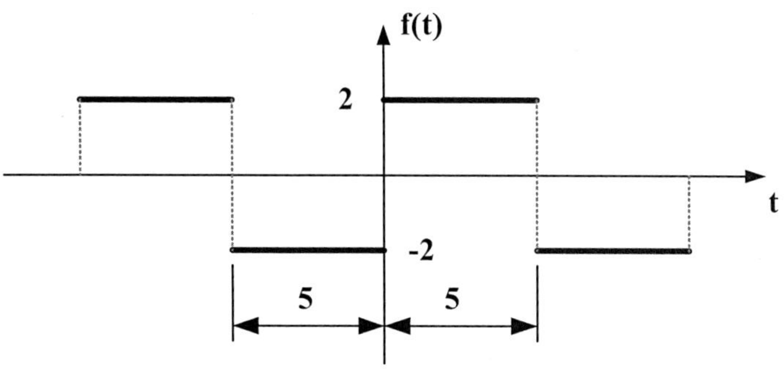

그림 5.9 예제 5.18 그래프

```
% While/end를 활용하여 그래프 그리는 프로그램이다.
% 주어진 그래프를 푸리에 급수로 근사화하여 그린다.
t=-5:.01:5; %시간 t 지정
n=1;
f=0;
m=input('m=(1보다 큰 홀수를 입력하시오)   ');
```

```
 while n<=m
        f=f+(8/(n*pi))*sin((n*pi*t)/5);%f를 계산
        n=n+2;
    end
    string=['m=' num2str(m) '일 때'];%그래프 제목 문자열
plot(t,f)
title(string);xlabel('t(sec)');ylabel('f(t)');%그래프 제목, 축 이름 표시
grid on
set(gcf,'color','w')
```

명령 창에서 다음과 같이 입력한다. 그림 5.10은 실행된 결과를 나타낸다.

```
>> fourise
m=(1보다 큰 홀수를 입력하시오)   51
```

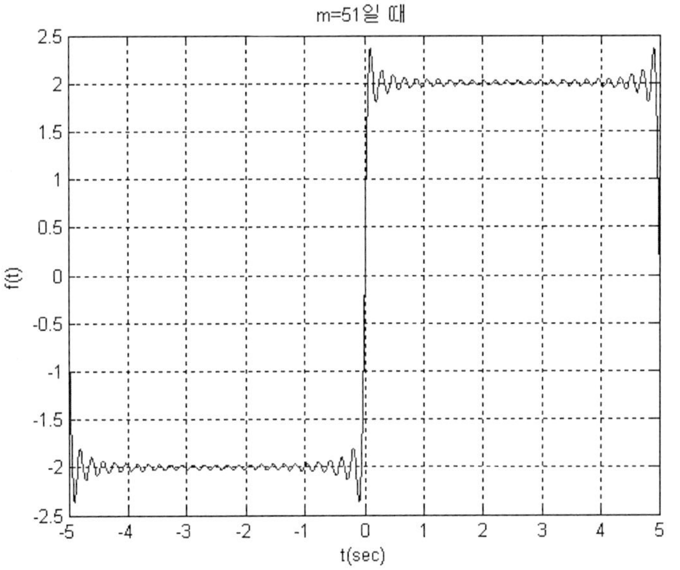

| 그림 5.10 | 예제 5.18의 실행 결과

5.3.1.4 break 명령

순환문 내에 존재하는 break 명령은 반복 실행을 종료시킨다. break 명령이 나타나면 순환문의 end 명령으로 점프하고 다음 명령을 계속 실행시킨다. break 명령은 조건문 내에서 사용되는 것이 일반적이며, 순환문 내에서 어떤 조건이 만족되면 순환이 종료될 수 있는 방법을 제공한다.

예제 5.19 break 명령 사용 예

```
>> r=0;
>> while r<100
r=input('0보다 크고 100보다 작은 반지름을 입력하시오.:');
if r<=0, break, end
vol=(4/3)*pi*r^3;
fprintf('구의 부피= %7.3f\n', vol)
end

0보다 크고 100보다 작은 반지름을 입력하시오.:2
구의 부피=  33.510
0보다 크고 100보다 작은 반지름을 입력하시오.:4
구의 부피= 268.083
0보다 크고 100보다 작은 반지름을 입력하시오.:10
구의 부피= 4188.790
0보다 크고 100보다 작은 반지름을 입력하시오.:0
```

5.3.1.5 관계 및 논리 연산자

관계 연산자는 두 개의 숫자를 비교하여 비교문의 참과 거짓을 결정하며, 비교문이 참인 경우에는 1, 거짓인 경우에는 0의 값이 그 구문에 배정된다. 논리 연산자는 참/거짓 구문을 관찰하여 특정한 연산자에 따라 참(1)과 거짓(0)을 판정한다. 관계 연산자와 논리 연산자는 모두 수학적 표현과 함께 사용될 수 있으며, 프로그램의 흐름을 제어하기 위한 판단과정에서 다른 명령들과 조합하여 사용되어지는 경우가 많다.

많이 사용되는 관계 연산자와 논리 연산자가 표 5.1에 나타나 있다.

표 5.1 관계 연산자와 논리 연산자

>	보다 크다
<	보다 작다
==	같다
>=	같거나 크다
<=	작거나 같다
~=	같지 않다
&	그리고(논리곱)
|	또는 (논리합)
~	아니다 (부정)

예제를 통해 관계연산자와 논리연사자의 활용과정을 살펴본다.

그림 5.11에 보여진 캔틸레버 보의 끝단에 힘 P가 작용하면 처짐은

$$y = \frac{Px^2}{6EI}(3L - x)$$

로 주어진다. 여기서, $E = 100\ \mathrm{GPa}$, $I = 10^{-4}\ \mathrm{m}^4$, $L = 5\ \mathrm{m}$, 그리고 $P = 50\ \mathrm{kN}$이다.

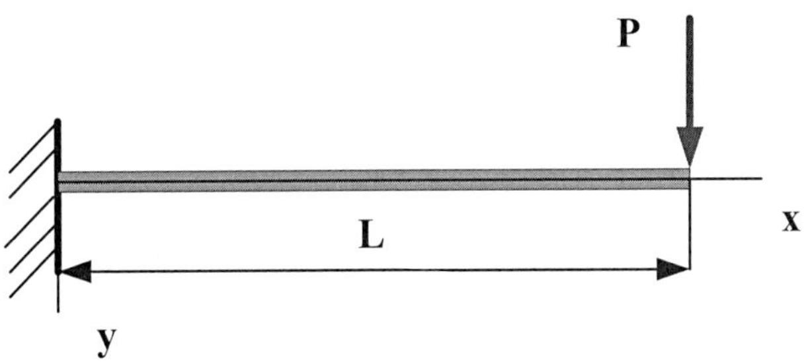

| 그림 5.11 | 보의 끝단에 집중 하중을 받고 있는 캔틸레버 보

예제 5.20 <=연산자

```
>> E=100e09; p=50000; I=1/10000; L=5;  x=2;
>> if x<=L, y=-(p*x.^2/(6*E*I)).*(3*L-x)   % 처짐량 계산
end

y =
   -0.0433
```

예제 5.21 ==연산자

```
>> E=100e09; p=50000; I=1/10000; L=5;  x=5;
>> if x==L, y=-(p*x.^2/(6*E*I)).*(3*L-x)   % 처짐량 계산
end

y =
   -0.2083
```

예제 5.22 ~= 연산자

```
>> E=100e09; p=50000; I=1/10000; L=5;  x=4;
>> if x~=L, y=-(p*x.^2/(6*E*I)).*(3*L-x)   % 처짐량 계산
end

y =
   -0.1467
```

연 · 습 · 문 · 제

1. 화씨온도를 섭씨온도로 변환하는 함수 파일을 작성하라.

2. 다음 함수 y를 구하는 함수 파일을 작성하고, $0 \leq x \leq 100$에 대하여 그래프를 그려라.

$$y = \sqrt{\frac{100(1-0.01x^2)^2+0.02x^2}{(1-x^2)^2+0.1x^2}}$$

3. 주어진 r과 n에 대하여 기하 급수 $1+r+r^2+r^3+....+r^n$의 합을 계산하는 함수 파일을 작성하라.

4. 임의의 정수 n에 대하여 factorial $n!$을 계산하는 함수 파일을 작성하라.

5. 속이 찬 원통의 관성 모멘트는 $I=\frac{1}{2}MR^2$으로 주어진다. $M=5\,\mathrm{kg}$으로 가정하고, $0 \leq R \leq r$에 대해 I값의 그래프를 그리는 함수파일을 작성하라. (명령창에서 r값을 입력하면, $0 \leq R \leq r$에 대한 I를 나타내는 그래프를 의미함)

6. 아래 그림과 같이, 질량 m인 상자가 줄에 의해 당겨지고 있다. 상자를 움직이기 위해 필요한 힘은 다음과 같이 주어진다.

$$F = \frac{\mu mg}{\cos\theta + \mu\sin\theta}$$

여기서 μ는 마찰계수이며, $g=9.81\,\mathrm{m/s^2}$이다. 질량 m, 마찰계수 μ, 각 θ를 입력 변수로 하고 당기는 힘 F를 출력 변수로 하는 함수 파일을 작성하라.

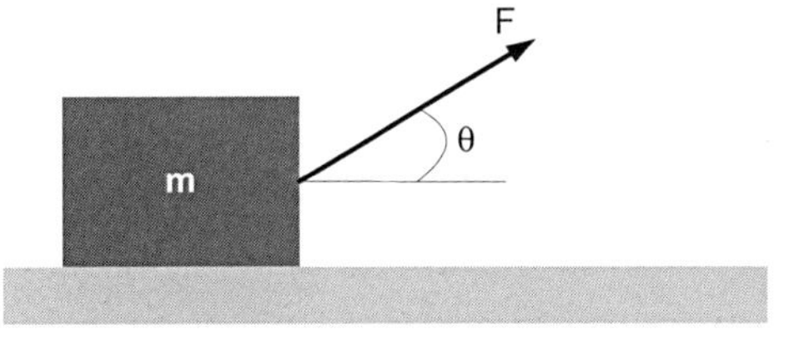

7. 문제 6에서 작성한 함수 파일을 이용하여, $m = 20$ kg, $\mu = 0.4$에 대해, 각 θ의 변화에 따른 F의 변화를 나타내는 2차원 그래프를 그려라.

8. 문제 6에서 작성한 함수 파일을 이용하여, $m = 20$ kg에 대해, 각 θ와 마찰계수 μ의 변화에 따른 F의 변화를 나타내는 3차원 그래프를 그려라.

9. 아래 그림과 같이 포 A로부터 수평거리 3600 m, 수직거리 600 m되는 표지를 맞추기 위하여 초기속도 $v_o = 240$ m/s로 포탄을 발사한다. 발사체의 x와 y좌표를 시간 t의 항으로 나타내면 다음과 같다.

$$x = v_o(\cos\alpha)t, \quad y = v_o(\sin\alpha)t - \frac{9.81}{2}t^2$$

t의 영역은 $t = 0$에서부터 $t = \dfrac{3600}{v_o \cos\alpha}$까지이다. 발사각 α와 시간 t를 입력 변수로 하고, x와 y를 출력 변수로 하는 함수 파일을 작성하라.

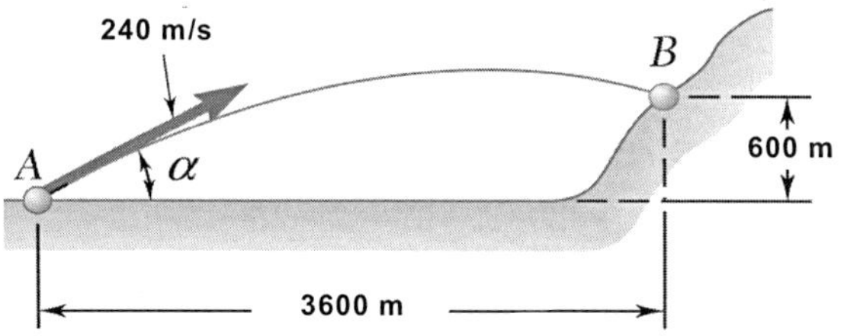

10. 문제 9에서 작성된 함수 파일을 활용하여, 포 A로부터 수평거리 3,600 m, 수직거리 600 m되는 표지를 맞추기 위한 발사각 θ와 그 때의 시간 t를 구하라. 초기속도 값은 $v_o = 240$ m/s이다.

11. 다음 데이터를 그릴 수 있는 함수 파일을 작성하라.

$\boldsymbol{x}$= [0 5 10 15 20 25 30 35 40]

$\boldsymbol{y}$= [−0.3333 0.0588 0.0642 0.0513 0.0416 0.0347 0.0297 0.0259 0.0230]

12. 아래 그림과 같은 캔틸레버 보의 끝단에 힘 P가 작용하면 처짐은

$$y=\frac{Px^2}{6EI}(3L-x)$$

로 주어진다. 입력 변수 P와 x에 대해서 처짐 y를 구하는 함수파일을 작성하라.
단, $E=70\,\mathrm{GPa}$, $I=10^{-4}\,\mathrm{m}^4$, $L=5\,\mathrm{m}$임.

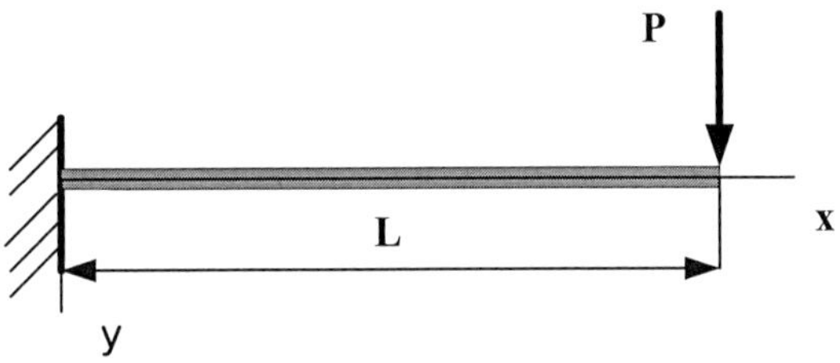

13. 문제 12에서 작성한 함수 파일을 활용하여, (P,x,y)에 대한 3차원 그래프를 그려라.

14. 아래 그림과 같은 캔틸레버 보의 끝단에 힘 P와 모멘트 M이 작용하면 처짐은 $y=\frac{Mx^2}{2EI}+\frac{Px^2}{6EI}(3L-x)$로 주어진다. 입력 변수 P와 M, 그리고 x에 대해서 처짐 y를 구하는 함수파일을 작성하라.
단, $E=110\,\mathrm{GPa}$, $I=2\times10^{-4}\,\mathrm{m}^4$, $L=10\,\mathrm{m}$임

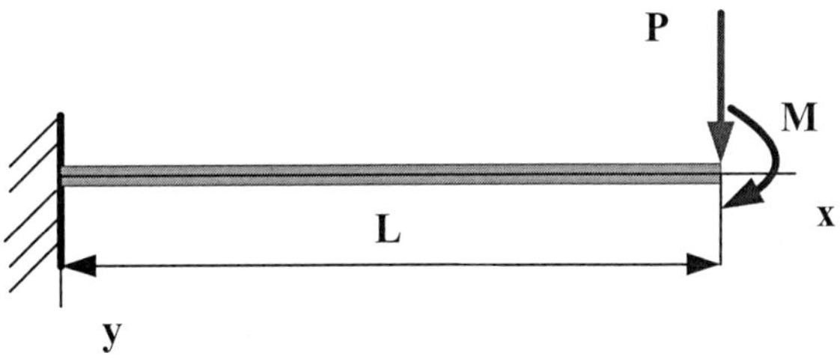

15. 문제 14에서 작성한 함수 파일을 활용하여, 각각 $x=L/2$과 $x=L$에서 (P,M,y)에 대한 3차원 그래프를 그려라.

16. $-5 \leq t \leq 5$에 대하여 $f(t)$는 다음 식으로 근사화된다. 즉,

$$f(t) = 1 + \sum_{n=1,2,3..}^{m} \left(-\frac{2}{n\pi}\right) \sin\frac{n\pi t}{5}$$

m과 t를 입력 변수로 하고 $f(t)$를 출력변수로 하는 함수 파일을 작성하라.

17. 문제 16에서 작성한 함수 파일을 활용하여, $m = 2, 8, 20, 60$에 대해서 2차원 $f(t) - t$ 그래프를 그려라.

18. 다음 함수 $f(x,y)$를 구하는 함수 파일을 작성하고, $0 \leq x \leq 5$, $0 \leq y \leq 5$에 대하여 3차원 그래프를 그려라.

$$f(x,y) = x^2 - 8x + y^2 - 6y - 0.1xy + 50$$

19. 다음 함수 $f(x,y)$를 구하는 함수 파일을 작성하고, $-3 \leq x \leq 3$, $-3 \leq y \leq 3$에 대하여 3차원 그래프를 그려라.

$$f(x,y) = 0.2\cos x + y(-x^2 - y^2)$$

20. 다음 함수 $f(x,y)$를 구하는 함수 파일을 작성하고, $0 \leq x \leq 1$, $0 \leq y \leq 1$에 대하여 3차원 그래프를 그려라.

$$f(x,y) = 80^{-(x-1)^2} e^{-3(y-1)^2}$$

21. 다음 함수 z를 구하는 함수 파일을 작성하고, $-2 \leq x \leq 2, -2 \leq y \leq 2$에 대하여 3차원 그래프를 그려라.

$$z = x\exp[-(x-y^2)^2 - y^2]$$

22. 다음 함수 $f(x,y)$를 구하는 함수 파일을 작성하고, $0 \leq x \leq 5$, $0 \leq y \leq 5$에 대하여 3차원 그래프를 그려라.

$$f(x,y) = y^2 + xe^y - \tanh(x)$$

23. 다음 함수를 구하는 함수 파일을 작성하라.

$$y = \cos\omega_n t + \frac{1}{\omega_n}\sin\omega_n t + \frac{\omega_n t}{2}\sin\omega_n t$$

$1 \leqq w_n \leqq 20$, $0 \leqq t \leqq 20$에 대해서, 3차원 그래프를 그려라.

CHAPTER 06

다항식과 기호 수학

다항식은 공학분야에서, 어떠한 문제를 모델링 하는 과정에 자주 사용되는 수학식이다. MATLAB은 다항식을 다루기 위한 내장함수를 다양하게 제공하고 있다.

6.1 다항식에 대한 MATLAB 명령

다항식은 다음과 같은 형식을 가진다.

$$y = c_1x^n + c_2x^{n-1} + \ldots + c_nx + c_{n+1}$$

다항식 $p(x) = x^3 + 2x^2 + 3x + 4$를 MATLAB에서는 다항식의 계수만을 사용하여 다음과 같은 행벡터로 표현한다.

```
p=[1 2 3 4]
```

poly2sym은 이러한 다항식 계수를 원래의 형태로 바꿔주는 MATLAB 명령이고, sym2poly는 poly2sym을 통해서 표현된 다항식을 계수들만으로 된 행벡터를 생성한다.

```
>> p=[1 2 3 4]
p =
     1     2     3     4


>> q=poly2sym(p)
```

```
q =
x^3+2*x^2+3*x+4

>> r=sym2poly(q)
r =
     1     2     3     4
```

6.1.1 다항식의 값

$x=-2$와 $x=-1$에서 다항식 $p(x)=x^3+2x^2+3x+4$의 값을 구해보자. 이때 사용되는 MATLAB 명령은 polyval이다.

```
>> polyval(p,-2)
ans =
    -2

>> polyval(p,-1)
ans =
     2
```

$-2 \le x \le -1$에서 다항식 값의 부호가 바뀌므로 근이 $-2 \le x \le -1$ 사이에 있음을 알 수 있다. 다항식 $p(x)=x^3+2x^2+3x+4$를 $-5 \le x \le 5$에 대해서 그래프로 그려보고, $-2 \le x \le -1$에 근이 있는지 살펴보자. 그림 6.1에 실행결과가 나타나 있는데, $-2 \le x \le -1$에 근이 있음을 그래프를 통해서 알 수 있다.

```
>> p=[1 2 3 4]
p =
     1     2     3     4


>> x= -5:0.01:5;
>> y=polyval(p,x);
>> plot(x,y);xlabel('x');ylabel('y');grid on
```

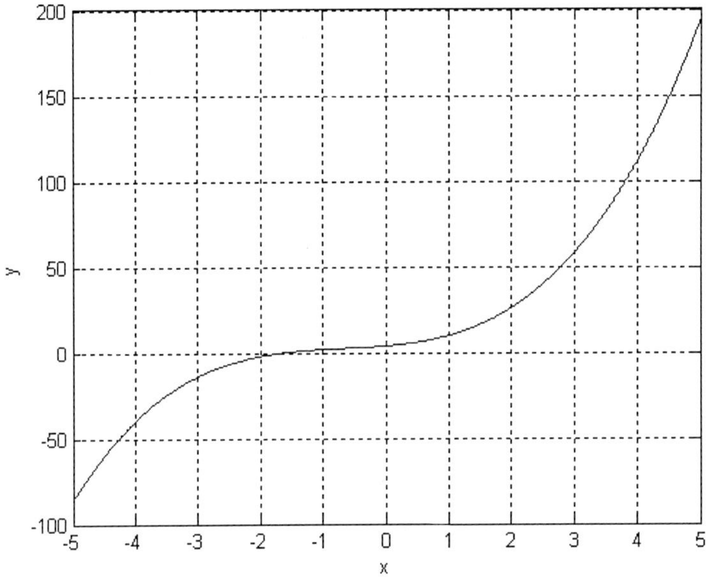

| 그림 6.1 | $-5 \le x \le 5$에 대한 다항식 $p(x) = x^3 + 2x^2 + 3x + 4$ 그래프

6.1.2 다항식의 근

다항식의 값을 0으로 만드는 인수의 값을 다항식의 근이라 한다. 예를 들어, $f(x) = x^3 - 6x^2 + 11x - 6$의 근은 $x^3 - 6x^2 + 11x - 6 = 0$ 을 만족시키는 x 값인데, $x = 1, 2, 3$이 근이 된다. MATLAB 함수 polyval을 사용하여 확인해 보자.

MATLAB에는 roots라는 내장함수가 있는데, 다항식의 근을 구하는데 사용한다. 입력 형태는 다음과 같다.

```
x=roots(p)
```

roots를 활용하여 다항식 $f(x) = x^3 - 6x^2 + 11x - 6$의 근을 구해본다.

```
>> p=[1 -6 11 -6]
p =
     1    -6    11    -6


>> x=roots(p)
```

```
x =
    3.0000
    2.0000
    1.0000
```

다항식의 근을 알고 있는 경우, poly라는 명령을 사용하면 다항식의 계수를 구할 수 있다. poly의 입력 형태는 다음과 같다.

```
p=poly(x)
```

앞에서 다룬 다항식 $f(x) = x^3 - 6x^2 + 11x - 6$의 근 $x = 1, 2, 3$에 대해 poly 명령을 적용해 본다.

```
x =
    3.0000
    2.0000
    1.0000

>> p=poly(x)
p =
    1.0000   -6.0000   11.0000   -6.0000

>> q=poly2sym(p)
q =
x^3-6*x^2+11*x-6

>> polyval(p,1)
ans =
     0
```

6.1.3 다항식의 연산

두 다항식의 덧셈이나 뺄셈은 그의 계수로 이루어진 벡터들을 서로 더하거나 빼면 된다. 두 다항식 $f_1(x) = x^3 + 2x^2 + 3x + 4$와 $f_2(x) = x^3 - 6x^2 + 11x - 6$를 더해 본다.

```
>> p1=[1 2 3 4];
>> p2=[1 -6 11 -6];
>> p=p1+p2
p =
    2   -4   14   -2

>> q=poly2sym(p)
q =
2*x^3-4*x^2+14*x-2
```

두 다항식의 곱셈은 그의 계수로 이루어진 벡터들을 p_1과 p_2라 할 때, conv라는 명령을 다음과 같이 입력하여 실행한다.

```
r = conv(p1,p2)
```

두 다항식 $f_1(x) = x^3 + 2x^2 + 3x + 4$와 $f_2(x) = x^3 - 6x^2 + 11x - 6$를 곱해본다.

```
>> p1=[1 2 3 4];
>> p2=[1 -6 11 -6];
>> r=conv(p1,p2)
r =
    1   -4    2    2   -3   26  -24

>> q=poly2sym(r)
q =
x^6-4*x^5+2*x^4+2*x^3-3*x^2+26*x-24
```

두 다항식의 나눗셈은 그의 계수로 이루어진 벡터들을 p_1과 p_2라 할 때, deconv라는 명령을 다음과 같이 입력하여 실행한다.

```
[s,t] = deconv(p1,p2)
```

여기서 s는 몫에 해당하는 다항식의 계수 벡터이고, t는 나머지에 해당하는 다항식의 계수 벡터이다. 다항식 $f(x)=x^3-6x^2+11x-6$를 $x-1$으로 나누어 본다.

```
>> p1=[1 -6 11 -6];
>> p2=[1 -1];
>> [s,t]=deconv(p1,p2)
s =
     1    -5     6
t =
     0     0     0     0


>> q=poly2sym(s)
q =
x^2-5*x+6
```

6.1.4 다항식의 도함수

내장함수 polyder를 활용하면, 다항식의 도함수를 구할 수 있다. 입력 형태는 3가지가 있고, 각각의 출력 결과는 달라진다.

1) a=polyder(p)

p는 다항식의 계수로 이루어진 벡터이고, 출력 결과 a는 다항식의 도함수에 대한 계수 벡터이다.

2) b=polyder(p1,p2)

두 다항식의 곱에 관한 도함수이다. p1과 p2는 곱해질 두 다항식의 계수 벡터들이다. a는 곱해진 다항식의 도함수에 대한 계수 벡터이다.

3) [c,d]=polyder(p3,p4)

$f(x)=\dfrac{p_3(x)}{p_4(x)}$에 대한 도함수를 구한다.

$f'(x)=\dfrac{p'_3(x)p_4(x)-p_3(x)p'_4(x)}{p_4^2(x)}$ 이므로 $c=p'_3(x)p_4(x)-p_3(x)p'_4(x)$

이고 $d=p_4^2(x)$가 된다.

다항식 $f(x)=x^3-6x^2+11x-6$의 도함수를 구해본다.

```
>> p=[1 -6 11 -6];
>> q=poly2sym(p)
q =
x^3-6*x^2+11*x-6

>> a=polyder(p)
a =
     3   -12    11

>> r=poly2sym(a)
r =
3*x^2-12*x+11
```

두 다항식 $p_1(x)=x^2-5x+6$과 $p_2(x)=x-1$의 곱에 대한 도함수를 구해본다.

```
>> p1=[1 -5 6];
>> p2=[1 -1];

>> b=polyder(p1,p2)
b =
     3   -12    11

>> p=conv(p1,p2)
p =
     1    -6    11    -6
```

$p(x) = \dfrac{x^3 - 6x + 11x - 6}{x - 1}$ 에 대한 도함수를 구해본다.

```
>> p=[1 -6 11 -6];
>> p2=[1 -1];
>> [c,d]=polyder(p,p2)
c =
     2    -9    12    -5


d =
     1    -2     1


>> f=deconv(c,d)
f =
     2    -5


>> g=poly2sym(f)


g =
2*x-5
```

6.2 기호 연산(Symbolic Math)

지금까지 수행된 연산은 주로 수치적인 것이었다. MATLAB에 의해 수치적인 식이 실행될 때는, 그 결과는 수치적인 것이 된다. 이러한 수치들은 엄밀해 또는 근사해 중 하나이다. 때때로 기호 연산이 요구되는데, 이는 기호변수로 구성된 식의 수학 연산이며, 이러한 연산 결과는 기호 변수로 구성된 수학식이 된다. MATLAB에는 기호 연산을 수행할 수 있는 많은 종류의 내장함수들이 있다. 기호 연산은 MATLAB에 Symbolic Math Toolbox가 설치된 경우에 실행될 수 있다.

6.2.1 기호식

기호객체는 하나의 변수, 숫자, 또는 기호 변수와 숫자로 구성된 식이 될 수 있다. 기호식은 하나 이상의 기호 객체를 포함하고 있는 수학식이다. 기호 객체는 sym 또는 syms 명령으로 생성된다. 기본 입력 형태는 다음과 같다.

```
객체 이름 = sym('기호 변수와 숫자로 구성된 식')
```

객체 이름이 하나의 기호 변수가 된다. 다음은 기호 변수들이 정의 되는 예들을 보여주고 있다.

```
>> a=sym('A')
a =
A

>> b=sym('beta')
b =
beta

>> d=sym(100)
d =
100
```

syms 명령을 사용하면, 여러 개의 기호 변수를 단 한 개의 명령으로 생성할 수 있다. 기본 입력 형태는 다음과 같다.

```
syms 변수1, 변수2, ..., 변수n
```

다음은 syms에 의해 기호 변수들이 정의되는 예들을 보여주고 있다.

```
>> syms a func x
>> a
a =
a

>> func
```

```
func =
func

>> x
x =
x
```

기호식은 기호 변수로 구성된 수학식이다. 일단 기호 변수가 생성되면, 그들은 기호식을 만드는데 사용될 수 있다. 다음은 syms를 사용하여 기호 식들을 생성하는 예들을 보여주고 있다.

```
>> syms x a b c
>> x=(-b+sqrt(b^2-4*a*c))/(2*a)
x =
1/2*(-b+(b^2-4*a*c)^(1/2))/a
```

실행 가능한 수학식으로 구성된 기호식이 입력되면, 연산이 수행된 상태로 기호식이 생성된다.

```
>> syms x
>> y=3*x^3-15*x^2+23*x-1-(x^3-6*x^2+11*x-6)
y =
2*x^3-9*x^2+12*x+5
```

계산이 수행되면 근사 값이 아닌 엄밀한 해가 얻어진다.

```
>> a=sym(6);b=sym(4);c=sym(2);
>> d=a/b+sqrt(c)
d =
3/2+2^(1/2)

>> e=a/c+sqrt(b)
e =
5
```

기호식은 수치적인 식을 실행하여 얻어진 수치 변수를 포함할 수 있다. 이러한 변수들이 기호식에 사용되면, 수치변수의 근사 값이 아닌 엄밀한 값으로 바뀌어 삽입된다.

```
>> a=sym(6);c=sym(2);
>> d=5/2
d =
    2.5000

>> e=a/c
e =
3

>> f=a/c+d
f =
11/2
```

double 명령을 사용하면, 엄밀한 형태로 쓰여진 기호식이 수치적인 형태로 변환된다.

```
>> a=4/3
a =
    1.3333

>> b=sym(5)*sqrt(4)
b =
10

>> c=a+b
c =
34/3

>> d=double(a+b)
d =
   11.3333
```

sym 명령을 이용하여 기호식을 생성할 수 있다.

```
>> a= sym('x*(x*(x+1)+2)+3')
a =
x*(x*(x+1)+2)+3

>> b =sym('sin(x)^2+cos(x)^2')
b =
sin(x)^2+cos(x)^2

>> c=sym('(x^2-1)/(x+1)')
c =
(x^2-1)/(x+1)

>> d=sym('x^3-6*x^2+11*x-6')
d =
x^3-6*x^2+11*x-6
```

6.2.2 기호식의 형태 변경

생성된 기호식들은, 같은 차수의 항으로 모으거나, 곱셈의 전개, 나눗셈, 삼각공식을 이용한 변경 등이 가능하다. 예를 통해 기호식의 형태를 변경하는데 사용되는 내장함수들을 살펴보자.

expand : 수식을 전개한다.

```
>> s= sym('x*(x*(x+1)+2)+3')
s =
x*(x*(x+1)+2)+3

>> expand(s)
ans =
x^3+x^2+2*x+3
```

```
>> syms x a b
>> expand(tan(a+b))
ans =
(tan(a)+tan(b))/(1-tan(a)*tan(b))

>> w=(x-a)*(x+b)*x^2
w =
(x-a)*(x+b)*x^2

>> expand(w)
ans =
x^4+x^3*b-x^3*a-x^2*a*b
```

collect : 식의 여러 항들 중에서 같은 차수의 변수를 포함하는 항을 모은다.

```
>> a=sym('(4*x^2+2*x+1+sin(x)+3*cos(2*x))+(x^2+x+4+2*cos(2*x))')

a =
(4*x^2+2*x+1+sin(x)+3*cos(2*x))+(x^2+x+4+2*cos(2*x))

>> collect(a)
ans =
5*x^2+3*x+5+sin(x)+5*cos(2*x)

>> syms x a b c
>> s=(x+a)*(x+b)*(x+c)
s =
(x+a)*(x+b)*(x+c)

>> collect(s)
ans =
x^3+(a+b+c)*x^2+(a*b+(a+b)*c)*x+a*b*c
```

factor : 주어진 다항식을 보다 낮은 차수의 다항식의 곱(인수분해)으로 바꿔준다.

```
>> s=sym('x^3-6*x^2+11*x-6')
s =
x^3-6*x^2+11*x-6

>> factor(s)
ans =
(x-1)*(x-2)*(x-3)

>> syms x a b c
>> w=x^3+(-a+b-c)*x^2+(-a*b-(-a+b)*c)*x+a*b*c
w =
x^3+(-a+b-c)*x^2+(-a*b-(-a+b)*c)*x+a*b*c

>> factor(w)
ans =
-(-x+a)*(x+b)*(x-c)
```

simplify : 원식보다 단순한 형태를 가진 식을 만든다.

```
>> s =sym('sin(x)^2+cos(x)^2')
s =
sin(x)^2+cos(x)^2

>> simplify(s)
ans =
1

>> syms x
>> r=simplify((x+1)/(x^2-1))
r =
1/(x-1)
```

numden : 분모와 분자를 따로 표현해 준다.

```
>> s=sym('(x^3-1)/(x-1)')
s =
(x^3-1)/(x-1)

>> [n,d]=numden(s)
n =
x^3-1

d =
x-1
>> t=simplify(s)
t =
x^2+x+1
```

finverse : 주어진 함수의 역함수를 생성한다.

```
>> syms x
>> a=sym(1/(x-1))
a =
1/(x-1)

>> a1=finverse(a)
a1 =
(x+1)/x

>> b=sym(sin(x))
b =
sin(x)

>> b1=finverse(sin(x))
b1 =
```

```
asin(x)

>> syms x
>> c=sym(sqrt(x))
c =
x^(1/2)

>> c1=finverse(c)
c1 =
x^2
```

compose : 합성함수를 생성한다.

```
>> syms x
>> s1=sym(x^3+x^2+1)
s1 =
x^3+x^2+1

>> s2=sym(cos(x))
s2 =
cos(x)

>> s=compose(s1,s2)
s =
cos(x)^3+cos(x)^2+1
```

taylor : 주어진 함수에 대한 Taylor 급수를 생성한다. 기본은 최대 차수가 5차인 다항식까지 전개한다. taylor(s, 'order', n)을 입력하면 함수 s에 대한 Taylor 급수를 최대 (n-1)차까지 전개한다.

pretty : 기호식을 수학식과 닮은 형태로 출력한다.

```
>> syms x
>> a1=sym(exp(x));a2=sym(cos(x));a3=sym(sin(x));
```

```
>> b1=taylor(a1)
b1 =
1+x+1/2*x^2+1/6*x^3+1/24*x^4+1/120*x^5
>> pretty(b1)
                         2         3          4           5
              1 + x + 1/2 x  + 1/6 x  + 1/24 x  + 1/120 x

>> b11=taylor(a1,'order', 7)
b11 =
1+x+1/2*x^2+1/6*x^3+1/24*x^4+1/120*x^5+1/720*x^6
>> pretty(b11)
                    2         3          4           5           6
        1 + x + 1/2 x  + 1/6 x  + 1/24 x  + 1/120 x  + 1/720 x

>> b2=taylor(a2)
b2 =
1-1/2*x^2+1/24*x^4
>> pretty(b2)
                                  2          4
                         1 - 1/2 x  + 1/24 x

>> b22=taylor(a2,'order', 8)
b22 =
1-1/2*x^2+1/24*x^4-1/720*x^6

>> b3=taylor(a3, 'order', 7)
b3 =
x-1/6*x^3+1/120*x^5
>> pretty(b3)
                                  3          5
                         x - 1/6 x  + 1/120 x
```

6.2.3 기호식의 미분과 적분

diff: 기호식을 미분할 때 사용한다.

1) diff(s) : 기호식 s를 미분한다. 독립 변수가 1개일 때 사용한다. 2개 이상일 때는 default 기호 변수에 대해 미분을 수행한다. MATLAB에서 default 순서는 x에서 시작하여 x와 가까운 문자 순으로 계속된다. default 기호변수를 알려면, findsym(s,1)을 입력하면 된다.

2) diff(s,n) : n=2이면 2차, n=3이면 3차 도함수를 구한다.

3) diff(s,y) : 식 s를 y에 대해서 미분한다.

4) diff(s,t,2): 식 s를 t에 대해서 2번 미분한다.

```
>> syms x t n
>> a1=diff(x^n)
a1 =
n*x^(n - 1)

>> a2=diff(exp(-x*t))
a2 =
-t*exp(-t*x)

>> a3=diff(exp(-x*t),t)
a3 =
-x*exp(-t*x)

>> a4=diff(exp(-x*t),t,3)
a4 =
-x^3*exp(-t*x)
```

int : 기호식을 적분할 때 사용한다.

1) int(s) : 기호식 s를 적분한다. 독립 변수가 1개 일 때 사용한다. 2개 이상일 때는 default 기호 변수에 대해 적분을 수행한다. MATLAB에서 default 순서는 x에서 시작하여 x와 가까운 문자 순으로 계속된다. default 기호변수를 알려면, findsym(s,1)을 입력하면 된다.
2) int(s,y) : 식 s를 y에 대해서 적분한다.
3) int(s,m,n) : 기호식 s를 m부터 n까지 적분한다(정적분).

eval : 수식을 계산해 준다.

```
>> syms x t
>> b1=int(t/x)
b1 =
t*log(x)

>> b2=int(t/x,t)
b2 =
t^2/(2*x)

>> b3=int(exp(2*x),1,3)

b3 =
(exp(2)*(exp(4) - 1))/2

>> eval(b3)
ans =
  198.0199
```

6.2.4 대수 방정식의 해 구하기

solve : 대수 방정식의 해를 구한다. 단일 방정식뿐만 아니라, 연립방정식의 해를 구할 때도 사용된다. solve를 사용하여 대수 방정식의 해를 구할 때는 식의 형태를 다음과 같이 바꿔준 후에, '=0'을 제외한 부분만 입력해 주면 된다.

```
f(x)=0 또는 f(x,y,z,..)=0
```

1) h=solve(f) : 단일 방정식 f의 해를 default 변수에 대해서 구해준다.

2) h=solve(f,'y') : 단일 방정식 f의 해를 y 변수에 대해서 구해준다.

3) [x1,x2,x3,...,xn]=solve(f1,f2,f3,...,fn) : n개의 연립방정식의 해를 구한다.

```
>> x=solve('a*x+b*y')
x =
-b*y/a

>> y=solve('a*x+b*y','y')
y =
-a*x/b

>> x= solve('x^3-6*x^2+11*x-6')
x =
 1
 2
 3

>> [x1,x2]=solve('2*x1+x2-5','3*x1-x2')
x1 =
1
x2 =
3
```

6.2.5 상미분 방정식의 해 구하기

상미분 방정식(ODE)은 dsolve 명령을 이용하여 기호적으로 계산된다. 단일 미분방정식은 물론 연립 미분방정식의 해를 구하는데 사용된다. 여기서는 단일 방정식의 해를 구하는 방법만 다룬다. 미분 방정식에 대한 자세한 내용은 부록 A에 기술되어 있다.

t를 독립변수로 하고, y를 종속 변수로 하는 1계 ODE는 다음과 같이 표현된다.

$$\frac{dy}{dt} = f(t,y)$$

t를 독립변수로 하고, y를 종속 변수로 하는 2계 ODE는 다음과 같이 표현된다.

$$\frac{d^2y}{dt^2} = f(t, y, \frac{dy}{dt})$$

미분 방정식의 해는 일반해와 특수해가 있다.

일반해 :

일반해를 구할 때 dsolve는 다음 형태로 입력된다.

```
dsolve('ode') 또는 dsolve('ode','var')
```

1) dsolve('ode') : 독립변수는 MATLAB에 의해 t(default)로 가정된다.

2) dsolve('ode', '독립변수') : t가 아닌 다른 문자를 독립변수로 사용할 때, 독립변수를 정확히 입력해야 한다.

$\frac{dy}{dt} = e^{2t} + y$의 일반해는 다음과 같이 구해진다.

```
>> dsolve('Dy=exp(2*t)+y')
ans =
exp(2*t)+exp(t)*C1
```

$\frac{d^2y}{dt^2} + \frac{dy}{dt} - 2y = 0$의 일반해는 다음과 같이 구해진다.

```
>> dsolve('D2y+Dy-2*y=0')
ans =
C1*exp(-2*t)+C2*exp(t)

>> dsolve('D2x+Dx-2*x=0')
ans =
C1*exp(-2*t)+C2*exp(t)
```

$\frac{d^2y}{dt^2}+4y=0$의 일반해는 다음과 같이 구해진다.

```
>> dsolve('D2y+4*y=0')
ans =
C1*sin(2*t)+C2*cos(2*t)
```

MATLAB은 t를 default 독립변수로 가정하고 있기 때문에, $\frac{dy}{dx}=e^{2x}+y$ 형태의 일반해를 구할 때는 독립변수를 'x'로 지정해 주어야 한다.

```
>> dsolve('Dy=exp(2*x)+y','x')
ans =
exp(2*x)+exp(x)*C1

>> dsolve('Dy=exp(2*x)+y')
ans =
-exp(2*x)+exp(t)*C1
```

특수해 :

ODE의 특수해는 초기 조건이 지정된 경우에 얻어진다. 1계 방정식은 1개의 초기 조건이 요구되며, 2계 방정식은 2개의 초기 조건이 필요하다. n계 ODE는 n개의 초기 조건이 요구된다. 특수해를 얻기 위한 dsolve의 입력 형태는 다음과 같다.

1) dsove('1계 ODE', '조건1', '독립변수')

2) dsolve('2계 ODE', '조건1', '조건2', '독립변수')

3) dsolve('n계 ODE', '조건1', '조건2',..., '조건n', '독립변수')

초기 조건 $y(0)=2$를 갖는 1계 ODE $\frac{dy}{dt}=20-4y$의 해는 다음과 같이 구해진다.

```
>> dsolve('Dy=20-4*y','y(0)=2')
ans =
5-3*exp(-4*t)
```

초기 조건 $y(0)=-1$과 $y'(0)=0$을 갖는 2계 ODE $y''-y=2e^x$의 해는 다음과 같이 구해진다.

```
>> dsolve('D2y-y=2*exp(t)','y(0)=-1','Dy(0)=0')
ans =
-exp(t)+t*exp(t)
```

3계 ODE $y'''-2y''-y'+2y=0$의 해는 다음과 같이 구해진다.

```
>> dsolve('D3y-2*D2y-Dy+2*y=0')
ans =
C1*exp(-t)+C2*exp(2*t)+C3*exp(t)
```

초기 조건 $y(0)=1$, $y'(0)=0$, $y''(0)=-2$, 그리고 $y'''(0)=2$을 갖는 4계 ODE $y^{IV}+3y'''+8y''+8y'+4y=0$의 해는 다음과 같이 구해진다.

```
>> dsolve('D4y+4*D3y+8*D2y+8*Dy+4*y=0','y(0)=1',
  'Dy(0)=0','D2y(0)=-2','D3y(0)=2')
ans =
exp(-t)*cos(t)+exp(-t)*cos(t)*t
```

초기 조건 $y(0)=3$, $y'(0)=-2$, 그리고 $y''(0)=-1$을 갖는 3계 ODE $y'''-4y'=10\cos x+5\sin x$의 해는 다음과 같이 구해진다.

```
>> dsolve('D3y-4*Dy=10*cos(t)+5*sin(t)','y(0)=3',
  'Dy(0)=-2','D2y(0)=-1')
ans =
2-2*sin(t)+cos(t)
```

6.2.6 기호식의 그래프

ezplot은 기호식을 그래프로 표현할 때 사용하는 명령이다. 기호식 f를 그래프로 표현하기 위한 기본 입력형태는 다음과 같다.

```
ezplot(f)
ezplot(f,[xmin, xmax])
ezplot(f,[xmin, xmax, ymin, ymax])
```

ezplot을 사용하여 기호식 $f(t)=5-3e^{-4t}$를 구간 $-2 \le t \le 2$에 대해서 그래프로 표현해 본다. 그림 6.2는 출력 결과를 나타낸다.

```
>> syms t
>> f=5-3*exp(-4*t);
>> ezplot(f,[-2,2])
```

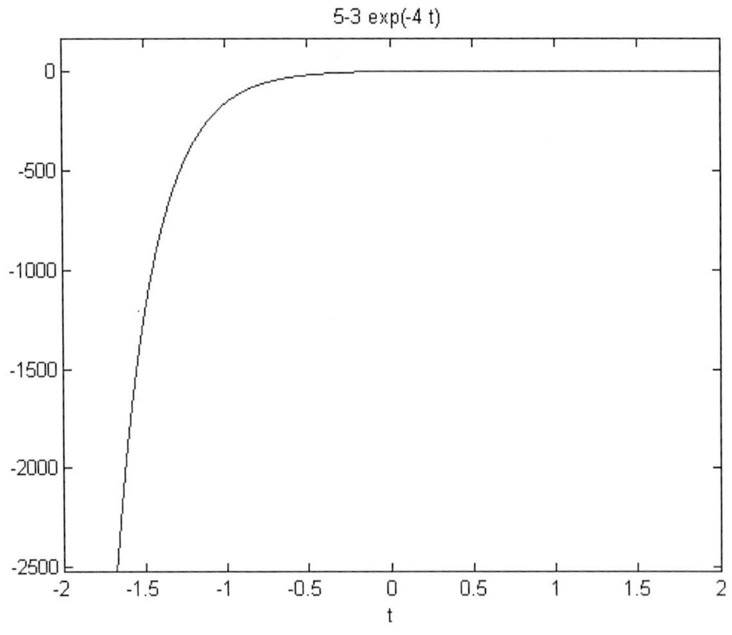

| 그림 6.2 | 구간 $-2 \le t \le 2$에서의 $f(t)=5-3e^{-4t}$ 그래프

ezplot 명령은 매개 변수 형식으로 주어지는 기호식을 그래프로 표현하는데도 사용될 수 있다. 예를 들어, $x(t)$와 $y(t)$를 x-y 그래프로 그리려고 하면, 다음과 같이 입력하면 된다.

```
ezplot(x,y)
ezplot(x,y, [tmin, tmax])
```

ezplot을 사용하여 기호식 $x(t)=3\cos(3t)$와 $y(t)=5\sin(5t)$를 구간 $-2 \le t \le 2$에 대해서 x-y그래프로 표현해 본다. 그림 6.3은 출력 결과를 나타낸다.

```
>> syms t
>> ezplot(3*cos(3*t),5*sin(5*t), [-2,2])
```

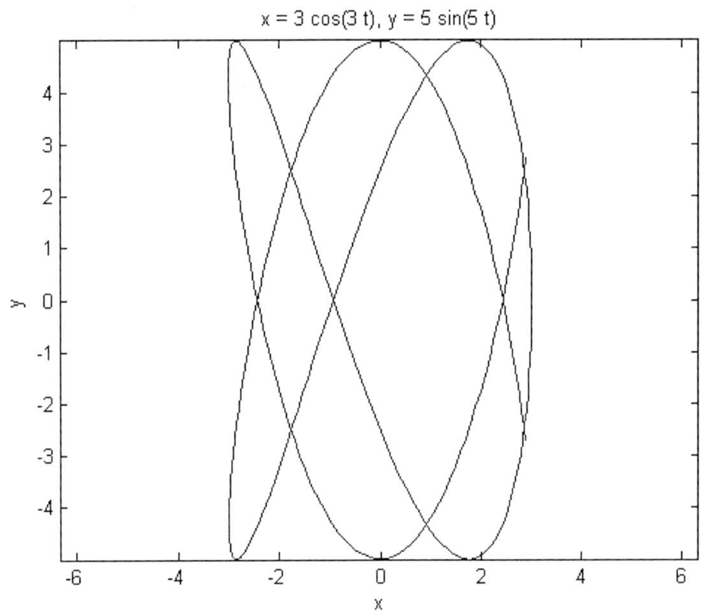

그림 6.3 $-2 \le t \le 2$에서의 $x(t)=3\cos(3t)$와 $y(t)=5\sin(5t)$ 그래프

6.2.7 기호식을 이용한 수치계산

subs 명령은 기호 변수에 숫자를 대입하여 기호식의 값을 얻으려고 할 때 사용한다. subs는 여러 가지 입력 방식을 갖는다.

1) s=subs(기호식, 기호변수, 변수 값) : 하나의 기호 변수에 수치 값을 대입한다.

2) s=subs(기호식, {변수1, 변수2}, {변수1 값, 변수2 값}] : 두 개의 기호 변수에 수치 값을 대입한다. 2개 이상일 경우, 이러한 방법으로 변수와 변수 값을 늘려 나가면 된다.

```
>> syms t x
>> f=2-2*sin(t)+cos(t);
>> s1=subs(f,t,2)
s1 =
   -0.2347
>> f1=exp(-x*t)*sin(2*t);
>> s2=subs(f1,{x,t},{0.1,2})
s2 =
   -0.6196
```

연·습·문·제

1. 다음 함수를 미분하라.

1) a1 = exp(-0.1xt)
2) a2 = exp(axt)
3) a3 = sin(axt)
4) a4 = cos(axt)
5) a5 = tan(axt)
6) a6 = cot(axt)
7) a7 = sinh(axt)
8) a8 = cosh(axt)
9) a9 = log(ax)
10) a10 = asin(ax)
11) a11 = acos(ax)
12) a12 = atan(ax)

2. 다음 함수를 적분하라.

a1 = x^2 (1에서 10까지)
a2 = 1/x (1에서 10까지)
a3 = exp(-0.1*x)') (1에서 10까지)
a4 = sin(-2x)
a5 = cos(ax)
a6 = tan(bx)
a7 = cot(xt)
a8 = sec(xt)
a9 = csc(axt)
a10 = 1/(x^2+a^2)
a11 = log(axt)
a12 = exp(a*x)*sin(b*x)

3. 다음 연립 방정식의 해를 구하라.

1) $x+y+z=1$

$x+2y+3z=0$

$x+3y+6z=0$

2) $-x_1+x_2+2x_3=2$

$3x_1-x_2+x_3=6$

$-x_1+3x_2+4x_3=4$

3) $2x_1+6x_2+10x_3=0$

$x_1+3x_2+3x_3=2$

$3x_1+14x_2+28x_3=-8$

4) $5x+y=33$

$x+5y+z=26$

$y+5z+w=30$

$z+5w=15$

4. 다음 1계 ODE의 해를 구하라.

1) $y'-y=4$

2) $y'+ky=e^{-kt}$

3) $y'+y=e^{-x}\tan x$

4) $y'+4y=\cos x$

5) $y'+3y=\sin x,\ y(\pi/2)=0.3$

6) $y'-y=e^{2t},\ y(0)=0$

5. 다음 2계 ODE의 해를 구하라.

1) $4y''+4y'-3y=0$

2) $2y''-9y'=0$

3) $y''+9y'+20y=0$

4) $16y'' - \pi^2 y = 0$

5) $y'' + 2ky + k^2 y = 0$

6) $25y'' + 40y' + 16y = 0$

7) $16y'' - 8y' + 5y = 0$

8) $y'' - 9\pi^2 y = 0$

9) $y'' - 2\sqrt{2}\,y' + 2y = 0$

10) $y'' + y' - 6y = 0,\ y(0) = 10,\ y'(0) = 0$

11) $y'' + 4y' + 4y = 0,\ y(0) = 1,\ y'(0) = 1$

12) $4y'' - 25y = 0,\ y(0) = 0,\ y'(0) = -5$

13) $y'' - k^2 y = 0\ ,\ (k \neq 0)\ \ y(0) = 1,\ y'(0) = 1$

14) $9y'' + 6y' + y = 0,\ y(0) = 4,\ y'(0) = -13/3$

15) $y'' - 25y = 0,\ y(0) = 0,\ y'(0) = 20$

16) $y'' - y' - 2y = 0,\ y(0) = -4,\ y'(0) = -17$

17) $y'' - 2y' + (4\pi^2 + 1)y = 0,\ y(0) = -2,\ y'(0) = 6\pi - 2$

6. 다음 2계 ODE의 해를 구하라.

1) $y'' + 4y = \sin 3x$

2) $y'' - y = 2e^x + 6e^{2x}$

3) $y'' + 2y' + 10y = 25x^2 + 3$

4) $y'' + 2y' - 6y = -6x^3 + 3x^2 + 6x$

5) $y'' + 10y' + 25y = e^{-5x}$

6) $y'' - 4y' + 20y = 377\sin x$

7) $3y'' + 10y' + 3y = 9x + 5\cos x$

8) $y'' + 6y' + 9y = 50e^{-x}\cos x$

9) $y'' - 4y = e^{-2x} - 2x,\ y(0) = 0,\ y'(0) = 0$

10) $y'' + 9y = 6\cos 3x,\ y(0) = 1,\ y'(0) = 0$

11) $y'' + y' = 2 + 2x + x^2,\ y(0) = 8,\ y'(0) = -1$

12) $y'' - 6y' + 13y = 4e^{3x},\ y(0) = 2,\ y'(0) = 4$

13) $y'' + 1.5y' - y = 12x^2 + 6x^3 - x^4,\ y(0) = 4,\ y'(0) = -8$

14) $y'' + 1.2y' + 0.36y = 4e^{-0.6x}$, $y(0) = 0$, $y'(0) = 1$

15) $y'' - 2.8y' + 1.96y = 2e^{1.4x}$, $y(0) = 0$, $y'(0) = 0$

7. 다음 고계 ODE의 해를 구하라.

1) $y^{IV} - 16y = 0$

2) $y''' + 9y'' + 27y' + 27y = 0$

3) $y^{IV} - 2y'' + y = 0$

4) $y^{IV} + 2y'' + y = 0$

5) $y^{IV} - y = 0$, $y(0) = -1$, $y'(0) = 7$, $y''(0) = -1$, $y'''(0) = 7$

6) $y^{IV} + 10y'' + 9y = 0$, $y(0) = 0$, $y'(0) = 0$, $y''(0) = 32$, $y'''(0) = 0$

7) $y''' + 6y'' + 12y' + 8y = 0$, $y(0) = 1$, $y'(0) = -2$, $y''(0) = 6$

8) $y''' + 5y'' - y' - 5y = 0$, $y(0) = 5$, $y'(0) = 0$, $y''(0) = 125$

9) $y''' + 3y'' + 3y' + y = e^{-x}\sin x$, $y(0) = 2$, $y'(0) = 0$, $y''(0) = -1$

CHAPTER 07

수치해석에서의 응용

MATLAB은 다양한 공학적인 문제를 수치 해석적으로 풀기 위한 함수를 많이 내장하고 있다. 이 장은 자주 사용되는 내장 함수를 중심으로 사용법을 다루고 있다.

7.1 비선형 방정식의 해

한 개의 변수를 갖는 비선형 방정식은 $f(x)=0$의 형태로 쓰여진다. MATLAB에서는 비선형 방정식의 해를 구하는데 fzero라는 명령을 제공하고 있다. 기본 입력 형태는 다음과 같다.

```
x=fzero('f(x)',x0)
```

여기서 f(x)는 해를 구하려는 비선형 방정식이고, x0는 해를 구하기 위해 사용되는 초기 값이다. 해가 여러 개가 있을 때는 초기 값을 다르게 선택해야 모든 해를 구할 수 있는데, 좋은 방법 중의 하나는 미리 그래프를 그려서 방정식의 특성을 이해한 다음, 초기 값을 선택해 주는 것이다. 예를 통하여 이러한 과정을 살펴본다.

예제 7.1 비선형 방정식의 해 구하기

$f(x)=4\cos(2x)-e^{0.5x}+5$ 을 그리고, 근을 구한다. 다음은 근을 구하는 스크립트 파일이다. 먼저 방정식 함수를 ezplot을 사용해 그려본 결과가 그림 7.1에 나타나 있다. x축과 만나는 점들을 살펴본 후, 초기 값을 각각 0, 2, 4로 하고 세 번 fzero를 실행하여 세 개의 해를 구하였다.

```
비선형 방정식의 해
clear; clc; close all
y=sym('4*cos(2*x)-exp(.5*x)+5');   %방정식 입력
ezplot(y); grid on                 %방정식 그리기
disp('x = ');
disp(fzero('4*cos(2*x)-exp(.5*x)+5',0));  %표시
disp(fzero('4*cos(2*x)-exp(.5*x)+5',2));  %표시
disp(fzero('4*cos(2*x)-exp(.5*x)+5',4));  %표시
```

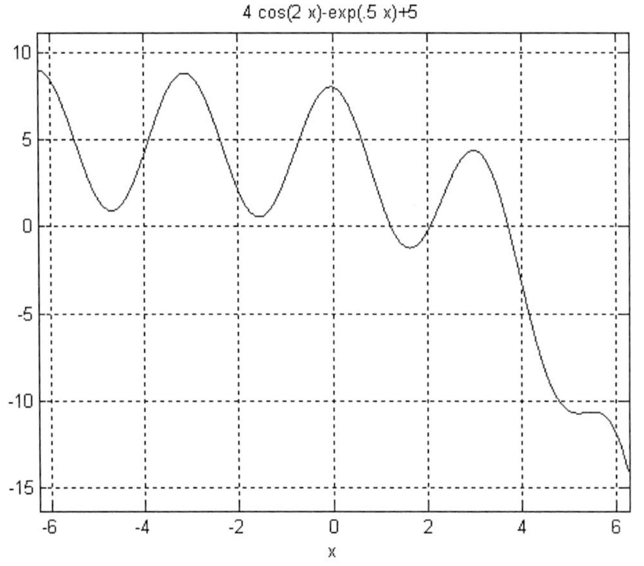

그림 7.1 $f(x) = 4\cos(2x) - e^{0.5x} + 5$ 그래프

```
x =
     1.2374
     2.0665
     3.7375
```

7.2 함수의 최대값과 최소값

함수 $f(x)$의 지역적인 최소값이나 최대값은 그 함수의 도함수가 0이 되는 곳을 찾아서 구한다. MATLAB에서는 $a \le x \le b$의 범위에서 한 개의 변수를 갖는 함수 $f(x)$의 최소값과 그때의 x값을 fminbnd 명령을 사용하여 구한다. 기본 입력 형태는 다음과 같다.

```
[xm fmin]=fminbnd('f(x)',a,b)
```

여기서 fmin은 함수의 최소값이고, xm은 그때의 x 값이다.

예제 7.2 함수의 최소값 구하기

$f(x) = \frac{x^4}{6}\left(\ln x - \frac{11}{6}\right)$을 $0 \le x \le 6$에 대해서 그리고, 지역적인 최소값을 구한다.

다음은 최소값을 구하는 스크립트 파일이다. 함수를 fplot을 사용해 그려본 결과가 그림 7.2에 나타나 있다.

```
% f(x)의 최소값을 구하는 스크립트 파일
clear; clc; close all
fplot('x^4/6*(log(x)-11/6)',[0,6]); grid on %방정식 그리기
title('f(x)=x^4/6(log(x)-11/6) 그래프')
xlabel('x');ylabel('f(x)');
[x fmin]=fminbnd('x^4/6*(log(x)-11/6)',0,6); %표시
disp('최소값= '),disp(fmin)
disp('x 값 = '),disp(x)
```

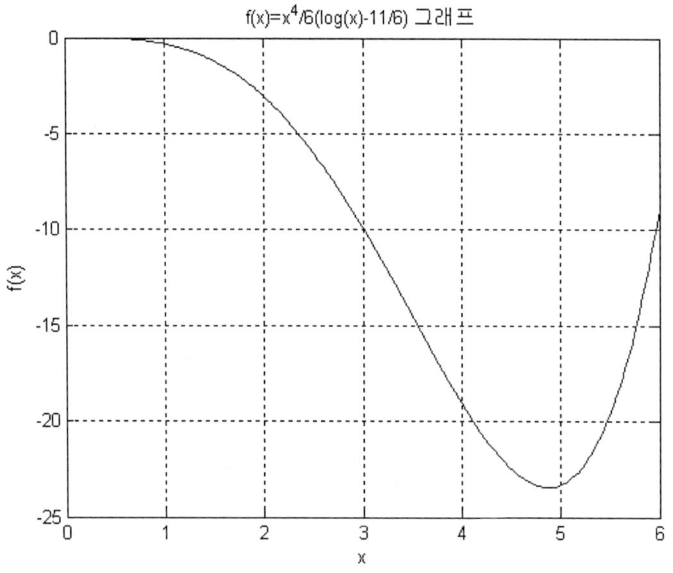

그림 7.2 $f(x)=\frac{x^4}{6}\left(\ln x-\frac{11}{6}\right)$ 그래프

```
최소값=
  -23.4596
x 값 =
    4.8712
```

fminbnd 명령을 사용하여 함수의 최대값을 찾을 수 있다. 주어진 함수에 '-1'을 곱한 후, fminbnd 명령을 사용하면 함수의 최대값이 구해진다.

예제 7.3

$f(x)=\frac{1+x}{1+x^3}$ 을 $0 \le x \le 6$에 대해서 그리고, 지역적인 최대값을 구한다. 다음은 최대값을 구하는 스크립트 파일이다. 함수를 fplot을 사용해 그려본 결과가 그림 7.3에 나타나 있다.

```
% f(x)의 최대값을 구하는 스크립트 파일
clear; clc; close all
fplot('(1+x)/(1+x^3)',[0,6]); grid on %방정식 그리기
title('f(x)=(1+x)/(1+x^3) 그래프')
xlabel('x');ylabel('f(x)');
[x fmax]=fminbnd('-(1+x)/(1+x^3)',0,6); %표시
disp('최대값= '),disp(-fmax)
disp('x 값 = '),disp(x)
```

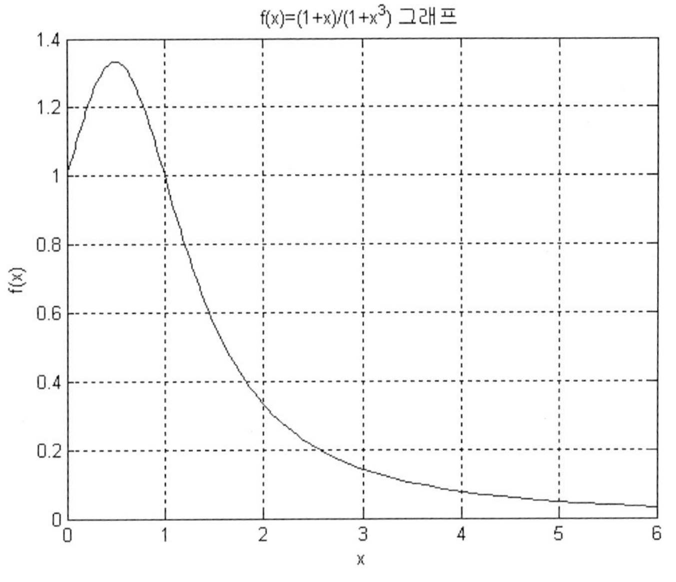

| 그림 7.3 | $f(x)=\dfrac{1+x}{1+x^3}$ 그래프

```
최대값=
    1.3333
x 값 =
    0.5000
```

7.3 곡선 근사

곡선 근사는 수치해석이나 실험을 통해 얻어진 한 조의 데이터 점을 어떤 함수로 근사해 가는 과정이다. 함수의 종류가 많기 때문에 때때로 곡선근사를 한다는 것이 쉬운 일이 아니다. 곡선 근사를 하는 좋은 방법 중의 하나는 그래프를 그려서 데이터와 곡선 근사 결과를 비교해 보는 것이다. 여기에서는 다항식으로 곡선 근사를 하는 과정을 살펴보기로 한다.

다항식으로 데이터 점을 근사하는 데는 두 가지 방법이 있다. 하나는 다항식의 모든 데이터 점을 지나도록 하는 것이고, 다른 하나는 다항식이 데이터 점을 지나지 않더라도 그 데이터를 전체적으로 잘 근사하도록 하는 것이다.

7.3.1 모든 점을 지나는 다항식

한 조의 데이터 점의 수가 n개일 때, 이러한 점들을 모두 지나게 되는 다항식은 (n-1)차로 다음과 같은 형태가 된다.

$$y = a_0 + a_1 x + a_2 x^2 + a_3 x^3 + \dots + a_{n-1} x^{n-1}$$

이러한 다항식에 각각의 데이터 점을 대입한 후, n개의 연립방정식을 풀면 원하는 다항식의 계수가 얻어진다. 차수가 낮을 때는 비교적 곡선 근사가 데이터 점들의 특성을 잘 반영해주지만, 고차의 다항식이 사용될 경우, 큰 오차를 수반하는 경우가 자주 발생한다.

7.3.2 임의의 점을 지나지 않은 다항식

n개의 데이터 점이 주어질 때, (n-1)차 보다 훨씬 낮은 차수를 가지면서 임의의 데이터 점을 지나지는 않더라도 전체적으로 데이터의 특성을 잘 반영하는 다항식을 구할 수 있다. 최소자승법은 데이터 점에 대한 최적의 근사를 찾는 좋은 방법이다.

최소자승법을 사용하여 4개의 데이터 $(x_i,\ y_i)$ $(i = 1,\ 2,\ 3,\ 4)$를 하나의 직선 $f(x) = ax + b$로 근사하는 방법을 살펴보자. 이러한 경우를 선형 맞춤이라고 하는데, 데이터를 근사하기 위한 가장 적합한 계수 a와 b를 구해야 한다. 직선과 데이터와의 편차를 $\gamma_i = y_i - f(x_i)$라고 하면, 직선에 대한 최적의 계수들은 이러한 편차의 제곱의 합을 최소화시키면 얻어진다. 편차의 제곱의 합 E는 다음과 같이 표현된다.

$$E = \sum_{i=1}^{4} \gamma_i^2 = \sum_{i=1}^{4} [f(x_i) - y_i]^2$$
$$= [ax_1 + b - y_1]^2 + [ax_2 + b - y_2]^2$$
$$+ [ax_3 + b - y_3]^2 + [ax_4 + b - y_4]^2$$

E는 a와 b의 함수이므로, 함수 E의 최소는 각각의 변수 a와 b에 대하여 함수 E의 편도함수가 0이 될 때 얻어진다. 즉, 다음과 같은 연립 방정식을 얻는다.

$$\frac{\partial E}{\partial a} = 0, \quad \frac{\partial E}{\partial b} = 0$$

먼저, $\frac{\partial E}{\partial a} = 0$을 실행하면,

$$2x_1[ax_1 + b - y_1] + 2x_2[ax_2 + b - y_2]$$
$$+ 2x_3[ax_3 + b - y_3] + 2x_4[ax_4 + b - y_4] = 0$$

이 얻어지고, 정리하면

$$a(x_1^2 + x_2^2 + x_3^2 + x_4^2) + b(x_1 + x_2 + x_3 + x_4)$$
$$= (x_1 y_1 + x_2 y_2 + x_3 y_3 + x_4 y_4)$$

또는

$$aS_{xx} + bS_x = S_{xy}$$

이 된다. 여기서,

$$S_{xx} = \sum_{i=1}^{4} x_i^2, \quad S_x = \sum_{i=1}^{4} x_i, \quad S_{xy} = \sum_{i=1}^{4} x_i y_i$$

이다. 이번에는 $\frac{\partial E}{\partial b} = 0$을 실행하면,

$$2[ax_1 + b - y_1] + 2[ax_2 + b - y_2]$$
$$+ 2[ax_3 + b - y_3] + 2[ax_4 + b - y_4] = 0$$

이 얻어지고, 정리하면

$$a(x_1 + x_2 + x_3 + x_4) + b(4) = (y_1 + y_2 + y_3 + y_4)$$

또는

$$aS_x + b(4) = S_y$$

이 된다. 여기서,

$$S_x = \sum_{i=1}^{4} x_i,\ S_y = \sum_{i=1}^{4} y_i$$

이다. $\frac{\partial E}{\partial a} = 0$와 $\frac{\partial E}{\partial b} = 0$을 실행하여 얻어진 연립방정식을 풀면 a와 b가 다음과 같이 구해진다.

$$a = \frac{4S_{xy} - S_x S_y}{4S_{xx} - S_x S_x}$$

$$b = \frac{S_{xx} S_y - S_{xy} S_x}{4S_{xx} - S_x S_x}$$

MATLAB에서의 곡선 근사는 최소자승법을 사용하는 polyfit 내장함수를 이용하여 실행된다. 기본 입력형태는 다음과 같다.

```
p = polyfit(x,y,n)
```

여기서 p는 데이터를 근사하는 다항식의 계수 벡터이고, (x,y)는 데이터 점들의 벡터이다. 그리고 n은 다항식 차수이다. 다음 예제는 polyfit을 사용하여 데이터 점들을 근사하는 결과를 보여준다.

예제 7.4 데이터를 근사하는 다항식 구하기

polyfit을 사용하여 다음 데이터를 근사하는 다항식을 구해보자.

$\boldsymbol{x}$= [30 35 40 45 50 55 60 65 70 75]
$\boldsymbol{y}$= [0.85 0.67 0.52 0.42 0.34 0.28 0.20 0.21 0.18 1.15]

아래의 곡선 근사 프로그램 curvefit1은 subplot을 이용하여 여러 차수의 근사 결과를 비교하도록 작성된 함수 파일이다. 최대 6차 다항식까지 근사하도록 작성되었다. 그림 7.4는 서로 다른 차수의 다항식이 데이터 점들을 어떻게 근사하는지 보여 주고 있다. 예제의 데이터 점들은 1차에서 6차까지의 다항식으로 근사된다.

```
function curvefit1(n,x,y);
% polyfit을 이용한 곡선근사 프로그램.
% n은 근사 하는 다항식의 최대 차수(6 이하)
% x와 y는 입력 데이터 점들
% 출력은 다항식의 계수 벡터와 그래프(최대 6개)

hold off
for i=1:n
    p=polyfit(x,y,i)
    x1=min(x):0.1:max(x);
    y1=polyval(p,x1);
    s=num2str(i);
    hold on
    subplot(320+i), plot(x,y,'ro',x1,y1,'-')
    title(['n=',s],'Fontsize',10)
    xlabel('x');ylabel('y','rotation',0)
    set(gca,'Fontsize',8)
    axis([min(x) max(x) -Inf Inf]);
    grid on
end
hold off
```

```
>> x=[30 35 40 45 50 55 60 65 70 75];
>> y=[0.85 0.67 0.52 0.42 0.34 0.28 0.20 0.21 0.18 1.15];
>> curvefit1(6,x,y)
n=1차 다항식 계수 벡터
p =
   -0.0036    0.6729

n=2차 다항식 계수 벡터
p =
    0.0013   -0.1409    4.0072
```

```
n=3차 다항식 계수 벡터
p =
    0.0001   -0.0080    0.3239   -3.3731

n=4차 다항식 계수 벡터
p =
    0.0000   -0.0008    0.0589   -1.8679   22.5714

n=5차 다항식 계수 벡터
p =
    0.0000   -0.0001    0.0053   -0.2485    5.6098  -48.1605

n=6차 다항식 계수 벡터
p =
    0.0000   -0.0000    0.0004   -0.0276    0.9735  -18.0619  138.7063
```

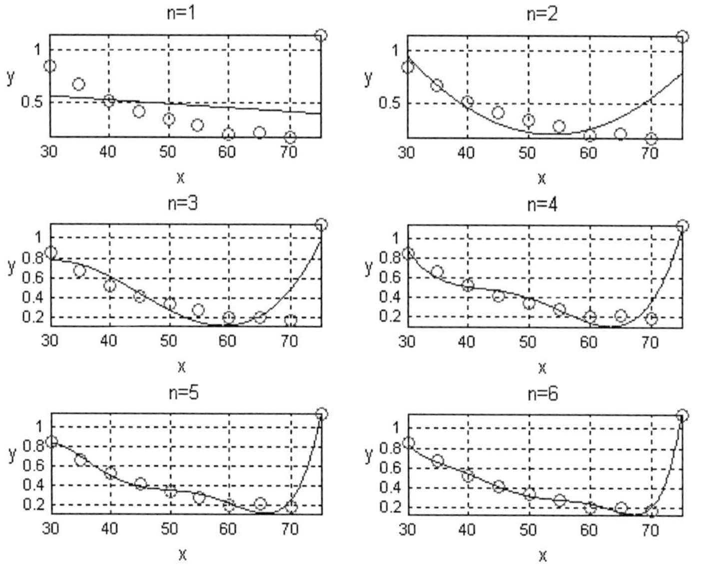

| 그림 7.4 | polyfit을 사용한 곡선 근사

곡선 근사 프로그램 curvefit2는 하나의 근사 결과만을 출력하도록 작성된 함수 파일이다. 그림 7.5는 선택된 차수의 다항식이 데이터 점들을 어떻게 근사하는지 보여 주고 있다.

```
function p=curvefit2(n,x1,y1);

% polyfit 명령을 이용한 곡선 근사이다.
% n은 근사하려는 다항식의 최대 차수이다.
% x과 y1은 입력 데이터 점들이다.
% 출력 p는 다항식의 계수 벡터이다.
% 곡선 근사 그래프는 1개 출력된다.

m=0;
for j=1:length(y1)
    m= m+y1(j);
end        %평균 계산(상관계수에 관련)
m=m/length(y1)
S0=0;
for j=1:length(y1)
    S0= S0+(y1(j)-m).^2;
end        %S0값 계산(상관계수에 관련)
plot(x1,y1,'ro'); hold on              %데이터 도시
r=zeros(1,n);            %상관계수를 모아두기 위한 배열
for i=1:n                                    %1~4차까지
    p=polyfit(x1,y1,i); S=0;                 %최소자승 근사 적용
    for j=1:length(x1)                       %S값 구함
        S = S+(y1(j)-polyval(p,x1(j))).^2;
    end
    r(i)=sqrt((S0-S)/S0);                %상관 계수 r
    disp(['차수=' num2str(i) '일 때 : r=' num2str(r(i))]);
                                              %차수와 함께 계산된 상관 계수 표시
end

x=min(x1):.01:max(x1);                      %변수 범위 설정
[s,i]=min(1-r);                             %1에 가장 가까운 r값을 찾는다
plot(x,(polyval(polyfit(x1,y1,i),x)));
                                        %위에서 찾은 r 값에 해당하는 근사식을 도시
title(['polyfit을 사용한 곡선근사:  ','차수 n =' num2str(i) '일 때']);
xlabel('x');ylabel('y','rotation',0)
grid on
axis([-Inf Inf -Inf Inf]);
```

```
>> x=[30 35 40 45 50 55 60 65 70 75];
>> y=[0.85 0.67 0.52 0.42 0.34 0.28 0.20 0.21 0.18 1.15];
>> p=curvefit2(4,x,y)
차수=1일 때 : r=0.17144
차수=2일 때 : r=0.79838
차수=3일 때 : r=0.90407
차수=4일 때 : r=0.96861

p =
    0.0000    -0.0008     0.0589    -1.8679    22.5714
```

이는 그림 7.5의 다항식이 다음과 같은 형태라는 것을 의미한다.

$$y = -0.0008x^3 + 0.0589\,x^2 - 1.8679\,x + 22.5714$$

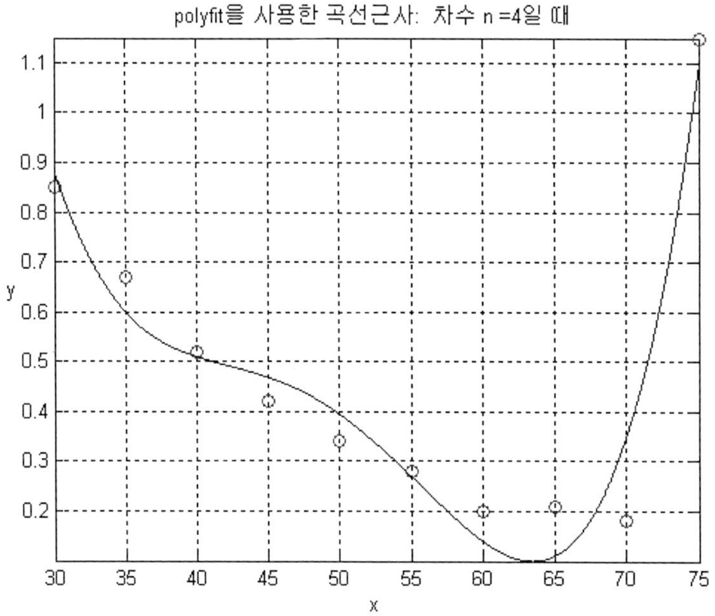

| 그림 7.5 | polyfit을 사용한 곡선 근사

7.3.3 다항식이 아닌 함수로 곡선 근사

주어진 데이터를 다항식이 아닌 함수로 근사해야 하는 경우가 있다. 특정한 데이터 집합에서는 좋은 근사를 보여주는 함수가 따로 있다. 일반적으로 멱 함수, 지수 함수, 로그 함수, 그리고 반비례 함수가 곡선 근사에서 사용될 수 있다. 함수의 형태는 다음과 같다.

- 멱 함수 : $y = ax^m$
- 지수 함수 : $y = ae^{mx}$ 또는 $y = a(10^{mx})$
- 로그 함수 : $y = m\ln(x) + a$ 또는 $y = m\log(x) + a$
- 반비례 함수 : $y = \dfrac{1}{mx + a}$

polyfit을 사용하여 근사하기 위해서는, 함수 형태를 다음과 같은 형태로 바꿔 주면 된다.

$$Y = mX + a$$

로그 함수를 제외하고, 위의 함수들을 다음과 같은 형태로 수정한다.

- 멱 함수 : $\ln(y) = mln(x) + \ln a$
- 지수 함수 : $\ln(y) = mx + \ln(a)$ 또는 $\log(y) = mx + \log(a)$
- 반비례 함수 : $\dfrac{1}{y} = mx + a$

polyfit에 사용될 입력 형태는 다음과 같다.

- 멱 함수 : polyfit($\log(x)$, $\log(y)$, 1)
- 지수 함수 : polyfit(x, $\log(y)$, 1) 또는 polyfit(x, $\log10(y)$, 1)
- 로그 함수 : polyfit($\log(x)$, y, 1) 또는 polyfit($\log10(x)$, y, 1)
- 반비례 함수 : polyfit(x, $1/y$, 1)

다음 예제들은 위의 함수들 중에서, 멱 함수와 지수 함수로 곡선 근사하는 과정을 보여주고 있다.

예제 7.5 멱 함수로 곡선 근사하기

다음 데이터를 멱 함수로 곡선을 근사해 보자.

```
x=[0.15  0.4  0.6  1.01  1.5  2.2  2.4  2.7  2.9  3.5
                              3.8  4.4  4.6  5.1  6.6  7.61]
y=[4.5  5.13  5.69  6.29  7.1  7.55  7.51  8.08  7.87  8.24
                              8.53 8.74 9.0 9.15 9.51 9.91];
```

그림 7.6은 곡선 근사 결과를 보여 주고 있다.

```
x=[0.15   0.4   0.6   1.01   1.5   2.2   2.4   2.7   2.9 3.5 ...
                                        3.8   4.4   4.6   5.1   6.6   7.61];
y=[4.5   5.13   5.69   6.29   7.1 7.55 7.51 8.08 7.87 8.24 ...
                                        8.53 8.74 9.0 9.15 9.51 9.91];
p=polyfit(log(x),log(y),1);
m=p(1);
a=exp(p(2));
xx=0.15:0.05:7.61;
yy=a*xx.^m;
plot(x,y,'ro',xx,yy)
xlabel('x');ylabel('y','rotation',0);
title('멱 함수에 의한 곡선 근사')
grid on
```

```
>> a
a =
    6.4169

>> m
m =
    0.2093
```

이는 그림 7.6의 멱 함수가 다음과 같은 형태라는 것을 의미한다.

$$y = 6.4169\,x^{0.2093}$$

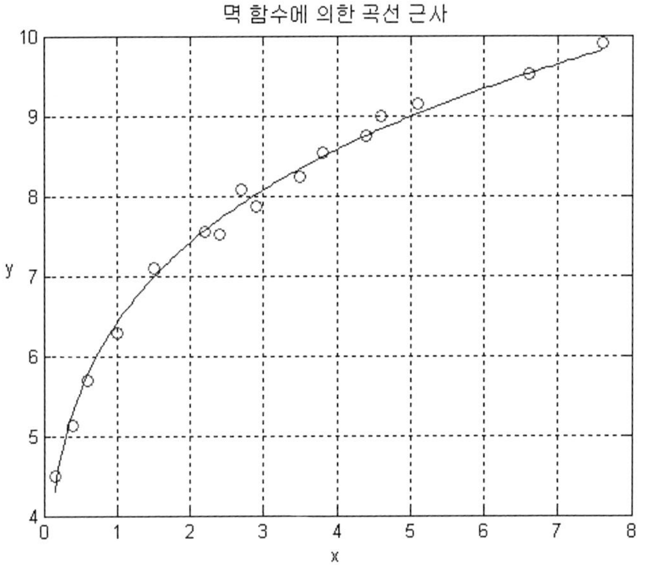

| 그림 7.6 | 멱 함수를 이용한 곡선 근사

예제 7.6 지수 함수로 곡선 근사하기

다음 데이터를 지수 함수로 곡선 근사해 보자.

```
x=[5.4 5.0 4.6 4.2 3.8 3.4 3.0 2.6 2.2 1.8 1.4 1.0
   0.6];
y=[1.0 1.1 1.3 1.5 1.7 1.9 2.2 2.5 3.0 3.6 4.4 5.6
   7.5];
```

그림 7.7은 곡선 근사 결과를 보여 주고 있다.

```
x=[0.6  1.0  1.4  1.8  2.2  2.6  3.0  3.4  3.8  4.2  4.6  5.0  5.4];
y=[7.5  5.6  4.4  3.6  3.0  2.5  2.2  1.9  1.7  1.5  1.3  1.1  1.0];
p=polyfit(x,log(y),1);
m=p(1);
a=exp(p(2));
xx=0.6:0.05:5.4;
yy=a*exp(m*xx);
plot(x,y,'ro',xx,yy)
```

```
xlabel('x');ylabel('y','rotation',0)
title('지수 함수를 이용한 곡선 근사')
grid on
```

```
>> m
m =
   -0.4003

>> a
a =
    7.8884
```

이는 그림 7.7의 지수 함수가 다음과 같은 형태라는 것을 의미한다.

$$y = 7.8884\, e^{-0.4003x}$$

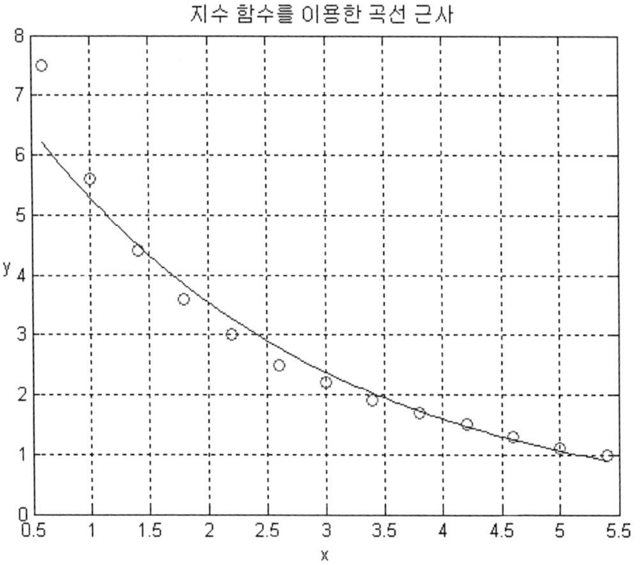

그림 7.7 지수함수를 이용한 곡선 근사

7.4 보간법

보간법은 두 점사이의 값을 추정하는 것이다. MATLAB은 다항식을 이용한 보간함수를 제공하는데, 1차원 보간법의 기본 입력 형태는 다음과 같다.

```
yy=interp1(x,y,xx)
yy=interp1(x,y,xx,'cubic')
yy=interp1(x,y,xx,'spline')
yy=interp1(x,y,xx,'nearest')
```

여기서 x와 y는 입력 데이터 점으로, 순차적(오름차순이거나 내림차순으로 정렬)인 것이어야 한다. xx는 보간점의 수평좌표이고, yy는 xx에 대응하는 값이다. MATLAB에서 위의 보간 방법 중 하나를 이용하여 보간법을 수행할 수 있다.

- 'nearest' : 보간점에 가장 근접한 데이터 점의 값을 내보낸다.
- 'linear' : 선형 스플라인 보간법을 사용한다.
- 'spline' : 3차 스플라인 보간법을 사용한다.
- 'cubic' : 구분적 3차 Hermit 보간법을 사용한다.

다음 예제는 interp1을 사용하여 데이터 점들을 보간하는 과정을 보여준다.

예제 7.7 interp1을 사용하여 데이터를 보간하는 예제

interp1을 사용하여 다음 데이터에 대한 그래프를 그려라. 함수 $y = \frac{x}{x^2+1}$의 그래프를 그려서 두 결과를 비교하라.

$x = [-5\ \ -4\ \ -3\ \ -2\ \ -1\ \ 0\ \ 1\ \ 2\ \ 3\ \ 4\ \ 5];$

$y = [-0.1923\ \ -0.2353\ \ -0.3\ \ -0.4\ \ -0.5\ \ 0.0\ \ 0.5\ \ 0.4\ \ 0.3\ \ 0.2353\ \ 0.1923];$

아래는 interp1을 사용하여 데이터 점들을 보간하는 함수 파일이고, 그림 7.8은 프로그램을 실행한 결과이다.

```
function splinterp1(x,y)
% interp1을 사용하여 데이터를 보간하는 프로그램이다.
% x와 y는 입력 데이터 점들임.
% 출력은 그래프로 나타남.

xx=min(x):.1:max(x);                          %변수 범위 설정
yy=interp1(x,y,xx,'spline');                  %스플라인 보간 적용
plot(x,y,'ro',xx,yy,'--k'); grid on, hold on  %보간 함수를 도시
plot(xx,xx./(xx.^2+1));                       %원 함수를 도시
legend('spline','x/(x^{2}+1)');
xlabel('x');ylabel('y','rotation',0)
title('interp1명령을 이용한 보간')
```

```
>> x= -5:5;
>> y=[-.1923 -.2353 -.3 -.4 -.5 0 .5 .4 .3 .2353 .1923];
>> splinterp1(x,y)
```

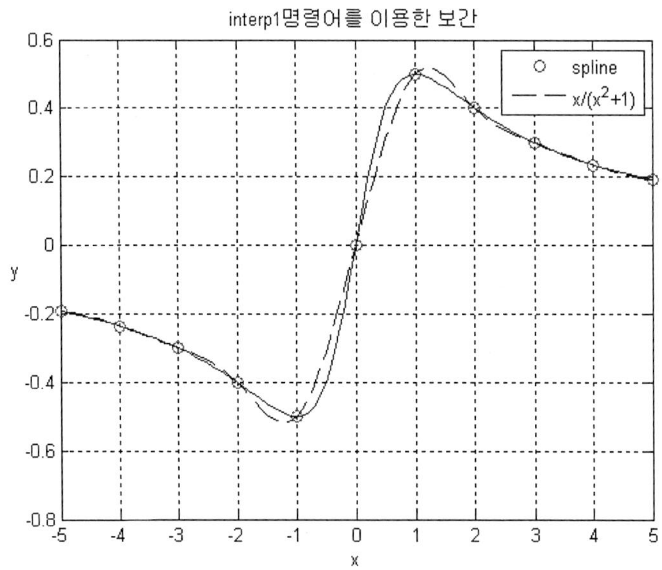

그림 7.8 interp1을 이용한 보간 결과

7.5 수치 적분(Numerical Integration)

수치적분 공식은 적분 구간 안의 점에서 함수 값의 가중 합으로 정적분을 근사한다. 가장 일반적인 수치 적분법은 적분 구간 안의 점들을 균등하게 분포시켜 계산한다. 수치적분은 다음과 같이 표현된다.

$$\int_a^b f(x)dx \approx \sum_{i=0}^{n} c_i f(x_i)$$

여기서 계수 c_i는 적분 방법에 따라 다른 값을 나타낸다. 몇 가지 대표적인 수치적분 공식을 살펴보자.

1) 사다리꼴 공식

적분구간 [a,b]를 n개의 세부 구간으로 균등하게 나누면 각 구간의 크기 h는

$$h = \frac{b-a}{n}$$

이다. 따라서,

$$\begin{aligned}\int_a^b f(x)dx &= \int_a^{x_1} f(x)dx + \int_{x_1}^{x_2} f(x)dx + \dots + \int_{x_{n-1}}^{b} f(x)dx \\ &\approx \frac{h}{2}[f(a)+f(x_1)] + \frac{h}{2}[f(x_1)+f(x_2)] + \dots + \frac{h}{2}[f(x_{n-1})+f(b)]\end{aligned}$$

이고, 정리하면

$$\int_a^b f(x)dx \approx \frac{b-a}{2n}[f(a)+2f(x_1)+ .. +2f(x_{n-1})+f(b)]$$

이 된다.

다음은 사다리꼴 공식을 적용한 수치적분 함수 파일이다.

```
function q=trapint(f,a,b,n);

% 사다리꼴 공식에 의한 수치 적분
% f는 적분하려는 함수(함수 파일로 저장되어 있음)
```

```
% a와 b는 적분 구간임.
% n은 세분화된 구간의 수

h=(b-a)/n;
p=feval(f,a);
for i=1:n-1;
    x(i)=a+h*i;
    p=p+2*feval(f,x(i));
end
p=p+feval(f,b);
q=h*p/2
```

예제 7.8 **사다리꼴 공식을 적용한 적분**

사다리꼴 공식을 활용하여 다음 적분 값을 구해 보자.

$$\int_0^1 \frac{1}{1+x^2}dx = \frac{\pi}{4} \approx 0.7853$$

```
>> trapint('fun1',0,1,10);
q =
    0.7850

>> trapint('fun1',0,1,100);
q =
    0.7854

>> trapint('fun1',0,1,1000);
q =
    0.7854

>> trapint('fun1',0,1,20000);
q =
    0.7854

>> trapint('fun1',0,1,50000);
q =
    0.7854
```

2) Simpson 공식

적분구간 [a,b]를 n개(짝수개)의 세부 구간으로 균등하게 나누면 각 구간의 크기 h는

$$h = \frac{b-a}{n}$$

이다. 따라서,

$$\int_a^b f(x)dx \approx \frac{h}{3}[f(a)+4f(x_1)+2f(x_2)$$
$$+4f(x_3)+2f(x_4)+..+2f(x_{n-2})+4f(x_{n-1})+f(b)]$$

이 된다.

다음은 Simpson 공식을 적용한 수치적분 함수 파일이다.

```
function q=simpint(f,a,b,n);

% Simpson 공식에 의한 수치 적분
% f는 적분하려는 함수(함수 파일로 저장되어 있음)
% a와 b는 적분 구간임.
% n은 세분화된 구간의 수(n은 짝수여야 함.)

h=(b-a)/n;
p=feval(f,a);
for i=1:2:n-1
    x(i)=a+h*i;
    p=p+4*feval(f,x(i));
end
for i=2:2:n-2
    x(i)=a+h*i;
    p=p+2*feval(f,x(i));
end
p=p+feval(f,b);
q=h*p/3
```

예제 7.9 Simpson 공식을 적용한 적분

Simpson 공식을 활용하여 다음 적분 값을 구해 보자.

$$\int_0^1 \frac{1}{1+x^2}dx = \frac{\pi}{4} \approx 0.7853$$

```
>> simpint('fun1',0,1,10);
q =
    0.7854

>> simpint('fun1',0,1,100);
q =
    0.7854

>> simpint('fun1',0,1,1000);
q =
    0.7854

>> simpint('fun1',0,1,10000)
q =
    0.7854
```

MATLAB에 내장되어 많이 사용되는 내장함수는 quad, quadl, trapz가 있다. quad는 adaptive Simpson 방법을 사용하는 적분법이고, quadl은 adaptive Lobatto 방법을 채용한 적분법이다. trapz는 데이터 점으로 주어진 함수를 적분하는데 사용한다. quad와 quadl, 그리고 명령의 입력 형태는 다음과 같다.

```
quad('function',a,b)
quadl('function',a,b)
trapz(x,y)
```

여기서, 함수는 문자열로 입력될 수 있고, 함수 파일 이름으로 입력될 수 있다. a와 b는 적분 구간을 나타내고, x와 y는 데이터 점들을 나타낸다. 다음 예제에서 quad 명령과 quadl 명령을 사용하여 적분한 결과를 살펴본다.

예제 7.10 quad와 quadl 명령을 사용한 적분

quad 명령과 quadl 명령을 활용하여 다음 적분 값을 구해 보자.

$$\int_0^1 \frac{1}{1+x^2}dx = \frac{\pi}{4} \approx 0.7853$$

```
>> quad('1./(1+x.^2)',0,1)
ans =
    0.7854

>> quad('fun1',0,1)
ans =
    0.7854

>> quadl('1./(1+x.^2)',0,1)
ans =
    0.7854
```

예제 7.11 trapz 명령을 적용한 적분

경주용 자동차가 90초 동안 경주장을 한바퀴 돈다. 자동차의 속도(m/s)는 매 6초마다 레이더 총을 이용하여 다음 표와 같이 측정되었다. trapz를 사용하여 경주장의 길이를 구해 본다.

시간 (초)	0	6	12	18	24	30	36	42	48	54	60	66	72
속도 (m/s)	124	134	148	156	147	133	121	109	99	85	78	89	104

```
>> t=0:6:72;
>> v=[124 134 148 156 147 133 121 109 99 85 78 89 104];
>>trapz(t, v)
ans =
        8478
```

7.6 상미분 방정식(ODE)

7.6.1 1계 상미분방정식(first order ordinary differential equation)

미분방정식은 공학을 포함한 다양한 분야에서 중요한 역할을 하지만, 해석적으로 엄밀해를 얻을 수 있는 방정식의 수는 제한되어 있다. 수치해석적인 방법을 사용하면 많은 미분방정식의 해를 구할 수 있다. MATLAB은 미분방정식을 풀기 위한 내장함수를 많이 가지고 있다. 여기에서는 상미분 방정식을 수치적인 방법으로 풀기 위한 MATLAB 사용법만을 다루며, 보다 자세한 내용은 부록 A를 참고하기 바란다.

1계(first order) 상미분 방정식은 하나의 독립변수와 하나의 종속변수, 그리고 종속변수의 도함수로 구성된다. 즉,

$$\frac{dy}{dt} = f(t,y) \text{ 또는 } y' = f(t,y)$$

여기서 t와 y는 각각 독립변수와 종속변수이다. 한 개의 1계 상미분 방정식을 푸는 절차는 다음과 같다.

1) 문제를 다음과 같은 형태로 정리한다.

$$y' = f(t,y),\ t_i \le t \le t_f,\ y(x_0) = y_0$$

위에서 $t_i \le t \le t_f$는 독립변수의 범위를 나타내고, $y(x_0) = y_0$는 y의 초기 값이다. 해는 $t_i \le t \le t_f$ 범위에서 t에 따른 y 값이 된다.

2) $f(t,y)$를 표현하는 함수 파일을 생성한다.

3) 상미분방정식 해석 방법을 선택한다.

많은 방법들이 MATLAB에 내장되어 있다. 대표적인 몇 가지를 소개하면 아래와 같다.

- ode45: 일반적인 문제의 해를 구하는데 사용되는 1단계 해석방법
- ode23: 일반적인 문제의 해를 구하는데 사용되는 1단계 해석방법
  ode45에 비해 빠를 수 있으나, 정확도가 떨어진다.
- ode113: 일반적인 문제의 해를 구하는데 사용되는 다단계 해석방법
- ode15s: ode45로 풀리지 않은 문제의 해를 구하는데 사용되는 다단계 해석방법

4) 상미분방정식의 해를 구한다. 입력 방식의 예는 다음과 같다.

```
[t,y]=ode45('f ', [to:Dt:tf],yo)
```

예제를 통하여 해석과정을 살펴본다.

예제 7.12 1계 상미분방정식 해 구하기

다음 1계 상미분방정식의 해를 구해보자.

$$y' = t + y, \quad 0 \le t \le 1,\ y(0) = 2$$

```
function dy=dfun1(t,y);
dy=t+y;
```

```
>> [t y]=ode45('dfun1',[0:0.1:1],2)

t =
         0
    0.1000
    0.2000
    0.3000
    0.4000
    0.5000
    0.6000
    0.7000
    0.8000
    0.9000
    1.0000

y =
    2.0000
    2.2155
    2.4642
    2.7496
    3.0755
    3.4462
    3.8664
    4.3413
```

```
4.8766
5.4788
6.1548
```

구하고자 하는 해를 다음과 같이 그래프로 표현할 수도 있다.

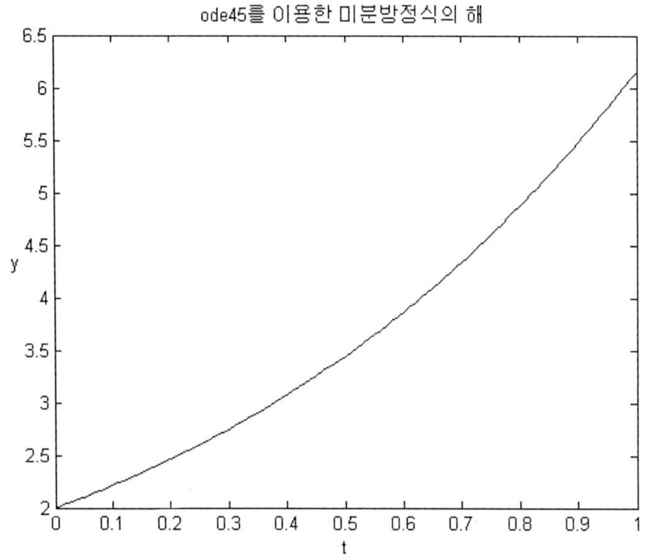

그림 7.9 ode45를 이용한 1계 ODE 해석 결과

예제 7.13 1계 상미분방정식 해 구하기

1계 상미분방정식 $y' = 4t^3$, $y(0) = 1$의 해를 $0 \le t \le 4$에 대해서 구해보자. 엄밀해는

$$y = t^4 + 1$$

이다.

```
function dy=dfun11(x,y);
dy=4*x.^3;
```

```
% 1계 ODE 해를 구하는 프로그램이다.
% 함수 파일은 dfun11이다.
[t,y]=ode45('dfun11',[0:0.1:4],1);
ysol=t.^4+1; % 엄밀해
plot(t,y,t,ysol,'ro')
legend('수치해석 결과', '엄밀해')
xlabel('t');ylabel('y','rotation',0);
title('ode45를 이용한 미분방정식 해')
grid on
set(gcf,'color','w')
```

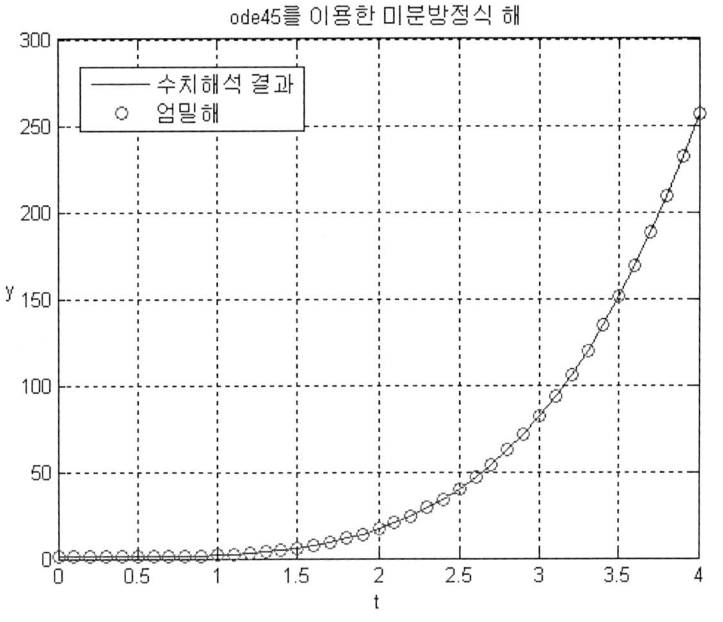

그림 7.10 ode45를 이용한 1계 ODE 해석 결과

예제 7.14 1계 상미분방정식 해 구하기

1계 상미분방정식 $y' = -2y$, $y(0) = 2$의 해를 $0 \le t \le 4$에 대해서 구해보자. 엄밀해는

$$y = 2e^{-2t}$$

이다.

```
function dy=dfun12(x,y);
dy=-2*y;
```

```
% 1계 상미분 방정식 해를 구하는 프로그램이다.
% 함수 파일은 dfun12이다.
[t,y]=ode45('dfun12',[0:0.1:4],2);
ysol=2*exp(-2*t); % 엄밀해
plot(t,y,t,ysol,'ro')
legend('수치해석 결과','엄밀해')
xlabel('t');ylabel('y','rotation',0);
title('ode45를 이용한 미분방정식 해')
grid on
set(gcf,'color','w')
```

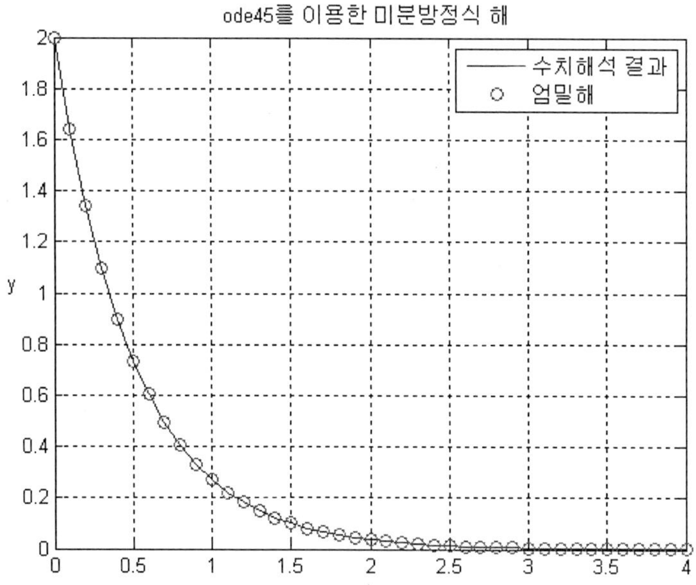

그림 7.11 ode45를 이용한 1계 ODE 해석 결과

예제 7.15 1계 상미분방정식 해 구하기

1계 상미분방정식 $y' + ty = ty^2$, $y(0) = 2$의 해를 $0 \le t \le 1$에 대해서 구해보자. 엄밀해는

$$y = \frac{1}{-\frac{1}{2}e^{t^2/2} + 1}$$

이다.

```
function dy=dfun13(x,y);
dy=-x.*y+x.*y.^2;
```

```
% 1계 상미분 방정식 해를 구하는 프로그램이다.
% 함수 파일은 dfun13이다.
[t,y]=ode45('dfun13',[0:0.05:1],2);
ysol=1./(-0.5.*exp(t.^2./2)+1); % 엄밀해
plot(t,y,t,ysol,'ro')
legend('수치해석 결과','엄밀해')
xlabel('t');ylabel('y','rotation',0);
title('ode45를 이용한 미분방정식 해')
grid on
set(gcf,'color','w')
```

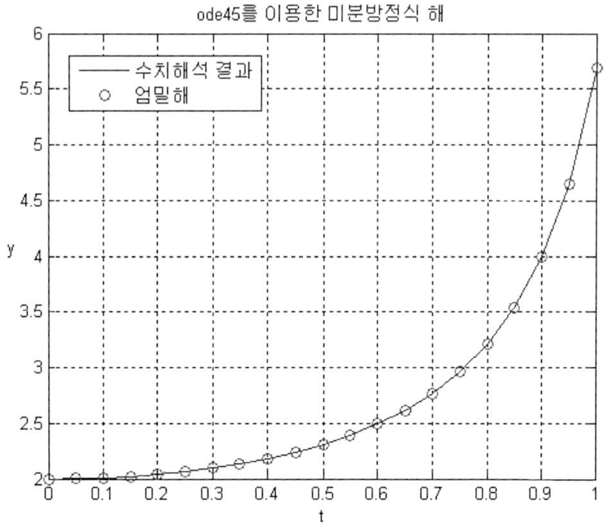

그림 7.12 ode45를 이용한 1계 ODE 해석 결과

7.6.2 1계 연립 선형미분방정식

n개의 미지함수를 포함하는 n개의 1계 미분방정식으로 구성된 선형연립 미분방정식은 다음과 같다.

$$
\begin{aligned}
y'_1 &= a_{11}(t)y_1 + a_{12}(t)y_2 + \ldots + a_{1n}(t)y_n + g_1(t) \\
y'_2 &= a_{21}(t)y_1 + a_{22}(t)y_2 + \ldots + a_{2n}(t)y_n + g_2(t) \\
&\ \ \vdots \\
y'_n &= a_{n1}(t)y_1 + a_{n2}(t)y_2 + \ldots + a_{nn}(t)y_n + g_n(t)
\end{aligned}
$$

초기조건은 다음과 같이 주어진다.

$$y_1(t_o) = K_1,\ y_2(t_o) = K_2,\quad \ldots\ , y_n(t_o) = K_n$$

여기에서는 특별한 경우로, 다음과 같이 2개의 미지함수 $y_1(t)$, $y_2(t)$만을 포함하는 선형 연립미분 방정식을 고려해 본다.

$$
\begin{aligned}
y'_1 &= a_{11}(t)y_1 + a_{12}(t)y_2 + g_1(t) \\
y'_2 &= a_{21}(t)y_1 + a_{22}(t)y_2 + g_2(t)
\end{aligned}
$$

초기조건은 다음과 같이 주어진다.

$$y_1(t_o) = K_1,\ y_2(t_o) = K_2$$

위와 같은 선형 연립 미분방정식을 MATLAB에서 수치적으로 푸는 절차는 다음과 같다.

1) 문제를 다음과 같은 형태로 정리한다.

$$
\begin{aligned}
&y_1{}' = f_1(t, y_1, y_2) \\
&y_2{}' = f_2(t, y_1, y_2),\ t_i \le t \le t_f \\
&y_1(x_0) = K_1,\ \ y_2(x_0) = K_2
\end{aligned}
$$

위에서 $t_i \le t \le t_f$는 독립변수의 범위를 나타내고, $y_1(x_0) = K_1$과 $y_2(x_0) = K_1$는 각각 y_1과 y_2의 초기 값이다. 해는 $t_i \le t \le t_f$ 범위에서 t에 따른 y_1과 y_2

값이 된다.

2) $f_1(t, y_1, y_2)$과 $f_2(t, y_1, y_2)$를 표현하는 함수 파일을 생성한다.

3) 연립 미분방정식 해석 방법을 선택한다. 1계 미분 방정식의 해를 구할 때 사용하는 방법들이 사용될 수 있다.

4) 상미분방정식의 해를 구한다. 입력 방식의 예는 다음과 같다.

```
[t,y]=ode45('f ', [to:Dt:tf],yo)
```

예제를 통하여 해석과정을 살펴본다.

예제 7.16 1계 연립 미분방정식 해 구하기

다음 1계 연립 미분방정식의 해를 $0 \le t \le 1$에 대해서 구해보자.

$$x' + y = t$$
$$y' + 4x = 0$$
$$x(0) = 1, y(0) = -1$$

엄밀해는

$$x(t) = -\frac{1}{4} + \frac{7}{8}e^{2t} + \frac{3}{8}e^{-2t}$$

$$y(t) = t - \frac{7}{4}e^{2t} + \frac{3}{4}e^{-2t}$$

이다.

```
function f=dfun2(t,y);
f=zeros(2,1);
f(1)=-y(2)+t;
f(2)=-4*y(1);
```

```
% 1계 연립 상미분 방정식 해를 구하는 프로그램이다.
% 함수 파일은 dfun2이다.
y0=[1 -1]; % 초기 조건
[t,y]=ode45('dfun2',[0:0.1:1],y0);
xsol=-1/4+7/8*exp(2.*t)+3/8*exp(-2.*t); % 엄밀해
ysol=t-7/4*exp(2.*t)+3/4*exp(-2.*t); % 엄밀해
```

```
subplot(211)
plot(t,y(:,1),t,xsol,'ro')
legend('수치해석 결과','엄밀해')
xlabel('t');ylabel('x(t)','rotation',0);
title('ode45를 이용한 1계 연립 미분방정식 해')
grid on
subplot(212)
plot(t,y(:,2),t,ysol,'ro')
legend('수치해석 결과','엄밀해')
xlabel('t');ylabel('y(t)','rotation',0);
grid on
set(gcf,'color','w')
```

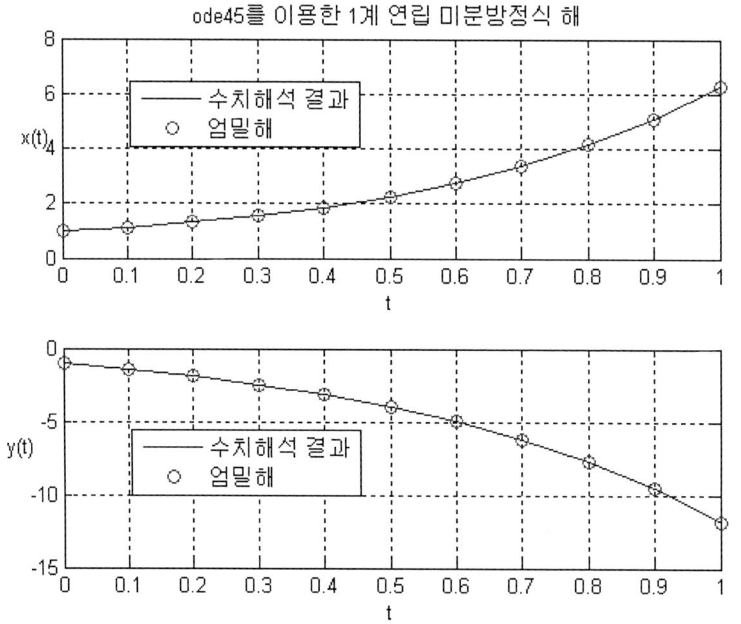

| 그림 7.13 | ode45를 이용한 1계 연립 ODE 해석 결과

7.6.3 2계 및 고계 상미분방정식

일반적으로 n계의 미분 방정식은 n개의 1계 미분방정식으로 이루어진 연립 방정식으로 바꿀 수 있다. n계 미분방정식

$$y^{(n)} = f(t, y, y', y'', \ldots., y^{(n-1)})$$

을 변수변환

$$y_1 = y,\ y_2 = y',\ y_3 = y'',\ \ldots.,\ y_n = y^{(n-1)}$$

에 의해서 항상 아래와 같은 1계 연립미분방정식으로 쓸 수 있다.

$$\begin{aligned} y'_1 &= y_2 \\ y'_2 &= y_3 \\ &\cdot \\ &\cdot \\ y'_{n-1} &= y_n \\ y'_n &= f(t, y_1, y_2, y_3, \ldots., y_n) \end{aligned}$$

위와 같은 선형 연립 미분방정식에 대한 해는 앞에서 설명한 1계 연립 선형미분방정식 해를 구하는 방법에 의해 구해진다. 예제를 통하여 해석과정을 살펴본다.

예제 7.17 2계 상미분방정식 해 구하기

다음 2계 미분방정식의 해를 $0 \le t \le 2$에 대해서 구해보자.

$$\begin{aligned} & y'' + 2y' - 8y = e^t \\ & y(0) = 1, y'(0) = -4 \end{aligned}$$

엄밀해는

$$y(t) = \frac{31}{30}e^{-4t} + \frac{1}{6}e^{2t} - \frac{1}{5}e^t$$

이다.

주어진 2차 ODE를 2개의 1계 미분방정식으로 만들어 주기위해 2개의 새로운 변수를 도입한다. $x_1 = y$및 $x_2 = y'$라고 가정하면,

$$\begin{aligned} x'_1 &= y' = x_2 \\ x'_2 &= y'' = -2y' + 8y + e^t \\ x_1(0) &= 1,\ x_2(0) = -4 \end{aligned}$$

위의 연립 미분방정식을 풀면, 해가 얻어진다.

```
function f=dfun3(t,x);
f=zeros(2,1);
f(1)=x(2);
f(2)=-2.*x(2)+8.*x(1)+exp(t);
```

```
% 2계 미분 방정식 해를 구하는 프로그램이다.
% 함수 파일은 dfun3이다.
x0=[1 -4]; % 초기 조건
[t,x]=ode45('dfun3',[0:0.1:2],x0);
ysol=31/30*exp(-4.*t)+1/6*exp(2.*t)-1/5*exp(t); % 엄밀해
plot(t,x(:,1),t,ysol,'ro')
legend('수치해석 결과','엄밀해')
xlabel('t');ylabel('y(t)','rotation',0);
title('ode45를 이용한 2계 미분방정식 해')
grid on
set(gcf,'color','w')
```

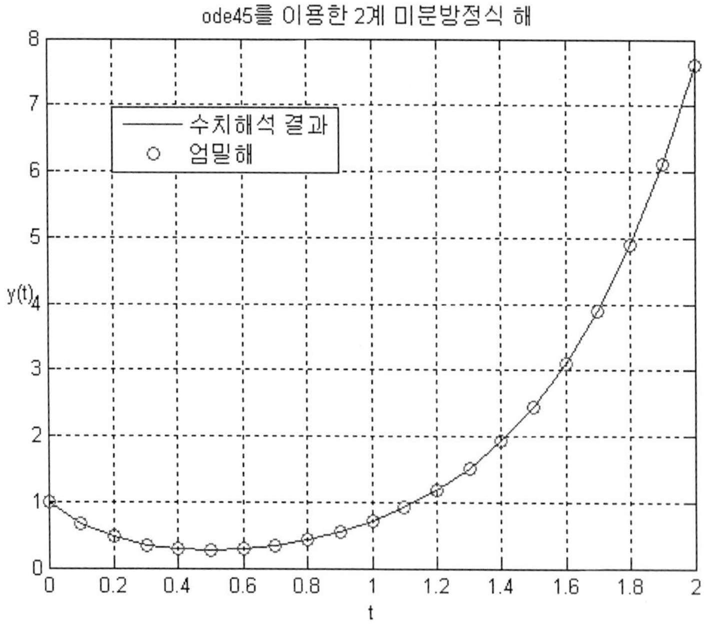

그림 7.14 ode45를 이용한 2계 ODE 해석 결과

예제 7.18 2계 상미분방정식 해 구하기

다음 2계 미분방정식의 해를 $1 \le t \le 3$에 대해서 구해보자.

$$y'' + 2y' - 8y = 4$$
$$y(1) = 0, y'(1) = 0$$

엄밀해는

$$y(t) = \frac{1}{6}e^{-4(t-1)} + \frac{1}{3}e^{2(t-1)} - \frac{1}{2}$$

이다.

주어진 2계 ODE를 2개의 1계 미분방정식으로 만들어 주기위해 2개의 새로운 변수를 도입한다. $x_1 = y$ 및 $x_2 = y'$ 라고 가정하면,

$$x'_1 = y' = x_2$$
$$x'_2 = y'' = -2y' + 8y + 4$$
$$x_1(1) = 0,\ x_2(0) = 0$$

위의 연립 미분방정식을 풀면, 해가 얻어진다.

```
function f=dfun4(t,x);
f=zeros(2,1);
f(1)=x(2);
f(2)=-2.*x(2)+8.*x(1)+4;
```

```
% 2계 미분 방정식 해를 구하는 프로그램이다.
% 함수 파일은 dfun4이다.
x0=[0 0]; % 초기 조건
[t,x]=ode45('dfun4',[1:0.1:3],x0);
ysol=1/6*exp(-4.*(t-1))+1/3*exp(2.*(t-1))-1/2; % 엄밀해
plot(t,x(:,1),t,ysol,'ro')
legend('수치해석 결과','엄밀해')
xlabel('t');ylabel('y(t)','rotation',0);
title('ode45를 이용한 2계 미분방정식 해')
grid on
set(gcf,'color','w')
```

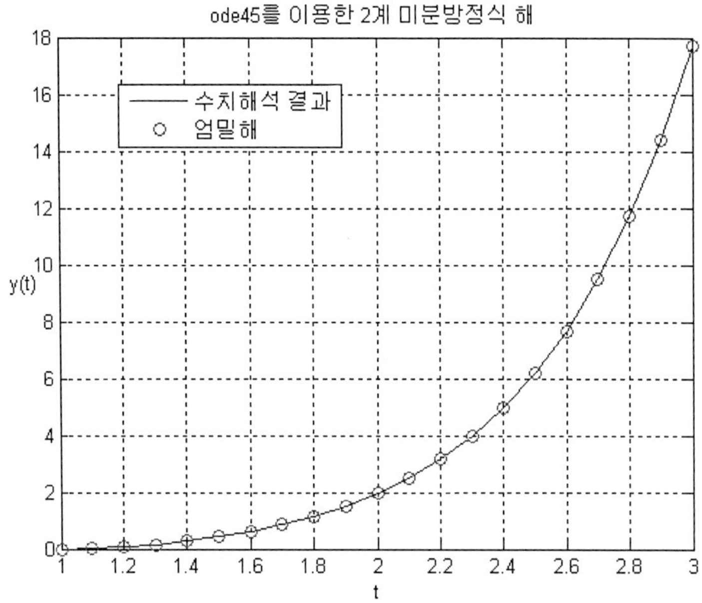

| 그림 7.15 | ode45를 이용한 2계 ODE 해석 결과

예제 7.19 **3계 상미분방정식 해 구하기**

다음 3계 미분방정식의 해를 $0 \le t \le 3$에 대해서 구해보자.

$$y''' - 2y'' - y' + 2y = 2x^2 - 6x + 4$$
$$y(0) = 5, y'(0) = -5, y''(0) = 1$$

엄밀해는

$$y(t) = 2e^{-t} + e^t - e^{2t} + t^2 - 2t + 3$$

이다.

주어진 3계 ODE를 3개의 1계 미분방정식으로 만들어 주기위해 3개의 새로운 변수를 도입한다. $x_1 = y,\ x_2 = y',\ x_3 = y''$라고 가정하면,

$$x'_1 = y' = x_2$$
$$x'_2 = y'' = x_3$$
$$x'_3 = y''' = 2x_3 + x_2 - 2x_1 + 2t^2 - 6t + 4$$
$$x_1(0) = 5,\ x_2(0) = -5, x_3(0) = 1$$

위의 연립 미분방정식을 풀면, 해가 얻어진다.

```
function f=dfun5(t,x);
f=zeros(3,1);
f(1)=x(2);
f(2)=x(3);
f(3)=2*x(3)+x(2)-2*x(1) +2*t^2-6*t+4;
```

```
% 3계 미분 방정식 해를 구하는 프로그램이다.
% 함수 파일은 dfun5이다.
x0=[5 -5 1]; % 초기 조건
[t,x]=ode45('dfun5',[0:0.1:3],x0);
ysol=2*exp(-t)+exp(t)-exp(2.*t)+t.^2-2*t+3; % 엄밀해
plot(t,x(:,1),t,ysol,'ro')
legend('수치해석 결과','엄밀해')
xlabel('t');ylabel('y(t)','rotation',0);
title('ode45를 이용한 3계 미분방정식 해')
grid on
set(gcf,'color','w')
```

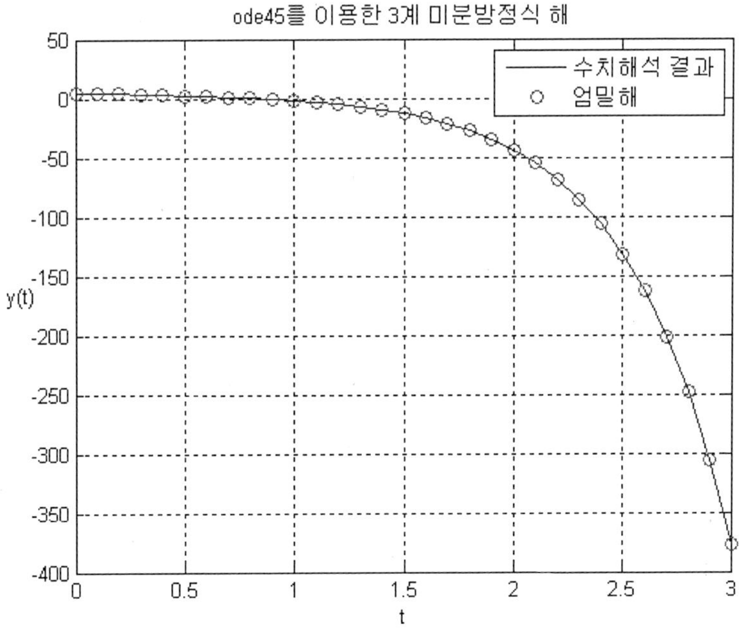

| 그림 7.16 | ode45를 이용한 3계 ODE 해석 결과

예제 7.20 4계 상미분방정식 해 구하기

다음 4계 미분방정식의 해를 $0 \le t \le 3$에 대해서 구해보자.

$$y^{IV} + 10y'' + 9y = 2\sinh(t)$$
$$y(0) = 0, y'(0) = 4.1, y''(0) = 0, y'''(0) = -27.9$$

엄밀해는

$$y(t) = \sin(t) + \sin(3t) + 0.1\sinh(t)$$

이다.

주어진 4계 ODE를 4개의 1계 미분방정식으로 만들어 주기 위해 4개의 새로운 변수를 도입한다. $x_1 = y$, $x_2 = y'$, $x_3 = y''$, $x_4 = y'''$라고 가정하면,

$$x'_1 = y' = x_2$$
$$x'_2 = y'' = x_3$$
$$x'_3 = y''' = x_4$$
$$x'_4 = y^{IV} = -10x_3 - 9x_1 + 2\sinh(t)$$
$$x_1(0) = 0,\ x_2(0) = 4.1,\ x_3(0) = 0,\ x_4(0) = -27.9$$

위의 연립 미분방정식을 풀면, 해가 얻어진다.

```
function f=dfun6(t,x);
f=zeros(4,1);
f(1)=x(2);
f(2)=x(3);
f(3)=x(4);
f(4)=-10*x(3)-9*x(1) +2*sinh(t);
```

```
% 4계 미분 방정식 해를 구하는 프로그램이다.
% 함수 파일은 dfun6이다.
x0=[0 4.1 0 -27.9]; % 초기 조건
[t,x]=ode45('dfun6',[0:0.1:3],x0);
ysol=sin(t)+sin(3*t)+0.1*sinh(t); % 엄밀해
plot(t,x(:,1),t,ysol,'ro')
legend('수치해석 결과','엄밀해')
```

```
xlabel('t');ylabel('y(t)','rotation',0);
title('ode45를 이용한 4계 미분방정식 해')
grid on
set(gcf,'color','w')
```

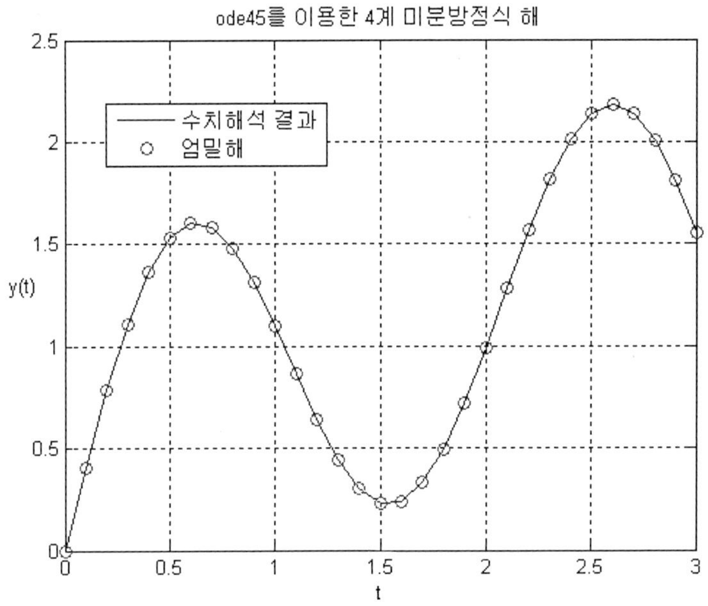

| 그림 7.17 | ode45를 이용한 4계 ODE 해석 결과

연 · 습 · 문 · 제

1. 다음 비선형 방정식의 그래프를 ezplot을 사용하여 그려본 후, fzero를 사용하여 해를 구하라.

1) $f(x) = x^2 - 3$
2) $f(x) = x^3 - 3x^2 + 1$
3) $f(x) = x^3 - 2$
4) $f(x) = 10\pi - 50x + 25\sin x$
5) $f(x) = x^5 - 0.5$
6) $f(x) = x^{10} - 0.5$
7) $f(x) = x^3 - 7x^2 + 14x - 7$
8) $f(x) = \log(x + 0.1) + 1.5$
9) $f(x) = x^3 - 3x^2(2^{-x}) + 3x(4^{-x}) - 8^{-x}$
10) $f(x) = e^{6x} + 3(\log 2)^2 e^{2x} - e^{4x}\log 8 - (\log 2)^3$
11) $f(x) = x\sin x - 1$
12) $f(x) = x - e^{-x}$

2. 다음 함수의 지역적인 최소값을 구하라.

1) $f(x) = x^2 - 3,\ -2 \le x \le 6$
2) $f(x) = x^3 - 3x^2 + 1 \quad -0.5 \le x \le 2.5$
3) $f(x) = x^3 - 7x^2 + 14x - 7,\ 1 \le x \le 4$
4) $f(x) = x\sin x - 1,\ -3 \le x \le 3$

3. 다음 함수의 지역적인 최대값을 구하라.

1) $f(x) = x^3 - 3x^2 + 1 \quad -0.5 \le x \le 2.5$
2) $f(x) = x^3 - 7x^2 + 14x - 7,\ 1 \le x \le 4$
3) $f(x) = x\sin x - 1,\ -3 \le x \le 3$

4. 다음 데이터를 곡선 근사하고, 그래프를 그려라.

1) x= [−1 −0.8 −0.6 −0.4 −0.2 0 0.2 0.4 0.6 0.8 1.0]
   y= [0.05 0.08 0.14 0.23 0.35 0.50 0.65 0.77 0.86 0.92 0.95]

2) x= [30 35 40 45 50 55 60 65 70 75]
   y= [0.85 0.67 0.52 0.42 0.34 0.28 0.20 0.21 0.18 1.15]

3) x= [−3.5 −1.2 −1.9 −3.3 4.0 −1.8 2.3 −0.9 −1.0 0.1]
   y= [32.2 −0.9 4.9 25.7 81.2 4.8 28.5 −2.0 −2.3 −1.2]

4) x= [−4 −3 −2 −1 0 1 2 3 4 5]
   y= [8.0 9.9 1.8 1.4 1.7 3.6 7.5 16.8 14.1 27.2]

5. 보간법을 사용하여 다음 데이터에 대한 그래프를 그리시오.

1) x=[-2 -1.5 -1 -0.5 0 0.5 1 1.5 2]
   y=[0 0 0 0.87 1 0.87 0 0 0]

2) x=[0.0 0.2 0.4 0.6 0.8 1.0]
   y=[0.50 0.65 0.77 0.86 0.92 0.95]

3) x=[-2 -1 0 1 2 3 4]
   y=[-15 0 3 0 -3 0 15]

4) x=[0.0 0.5 1.0 1.5 2.0]
   y=[0.0 0.19 0.26 0.29 0.31]

5) x=[0.00 0.10 0.40 0.50 0.60 0.90 1.00 1.10 1.40 1.50 1.60 1.90 2.00]
   y=[0.00 0.06 0.17 0.19 0.21 0.25 0.26 0.27 0.29 0.29 0.30 0.31 0.31]

6) x=[-2 -1 0 1 2 3 4]
   y=[-14 0.5 3.1 0 -3 0 16]

7) x=[-1 -0.5 0.0 0.5 1.0]
   y=[0.0385 0.1379 1.000 0.1379 0.0385]

8) x=[0.9 1.3 1.9 2.1 2.6 3.0 3.9 4.4 4.7 5.0 6.0 7.0 8.0
9.2 10.5 11.3 11.6 12.0 12.6 13.0 13.3]
y=[1.3 1.5 1.85 2.1 2.6 2.7 2.4 2.15 2.05 2.1 2.25 2.3
2.25 1.95 1.4 0.9 0.7 0.6 0.5 0.4 0.25]

9) x=[0.00 0.20 0.80 1.00 1.20 1.90 2.00 2.10 2.95 3.00]
y=[0.01 0.22 0.76 1.03 1.18 1.94 2.01 2.08 2.90 2.95]

10) x=[1 2 3 4 5 6 7 8 9 10]

y=[1.3 3.5 4.2 5.0 7.0 8.8 10.1 12.5 13.0 15.6]

11) x=[-3.0 -2.33 -1.67 -1.0 -0.33 0.33 1.0 1.67 2.33 3.0]
y=[0.82 -0.77 -1.98 -1.26 0.46 1.11 0.43 0.01 0.68 1.1]

12) x=[0.635 1.435 2.325 3.035 3.835 4.635 5.435];
y=[7.50 4.35 2.97 2.20 1.70 1.28 1.00];

13) x=[0 1 2 3 4 5 6]
y=[0.135 0.479 0.763 0.905 0.964 0.987 0.995]

14) x=[-0.1 -0.8 -0.6 -0.4 -0.2 0.0 0.2 0.4 0.6 0.8 1.0]
y=[0.05 0.08 0.14 0.23 0.35 0.50 0.65 0.77 0.86 0.92 0.95]

6. 보간법을 사용하여 다음 데이터에 대한 그래프를 그려라.

함수 $y=\dfrac{x-3}{x^2+9}$의 그래프를 그려서 두 결과를 비교하라.

$\boldsymbol{x}=[0\ 5\ 10\ 15\ 20\ 25\ 30\ 35\ 40]$

$\boldsymbol{y}=[-0.3333 0.0588\ 0.0642\ 0.0513\ 0.0416 0.0347\ 0.0297\ 0.0259\ 0.0230]$

7. 함수 $y = \sqrt[3]{x}$ 의 그래프를 그려서 두 결과를 비교하라.

$\boldsymbol{x}= [0\ \ 1\ \ 4\ \ 9]$ $\boldsymbol{y}= [0\ 1\ 2\ 3]$

8. 보간법을 사용하여 다음 데이터에 대한 그래프를 그려라.

함수 $f(x) = \dfrac{1}{1+25x^2}$ 의 그래프를 그려서 두 결과를 비교하라.

x=[-1.000 -0.750 -0.500 -0.250 0.000 0.250 0.500 0.750 1.000]

y=[0.0385 0.0664 0.138 0.3902 1.000 0.3902 0.138 0.0664 0.0385]

9. 다음 적분값을 구하시오.

1) $\displaystyle\int_0^3 \sqrt[3]{1+x^3}\,dx$

2) $\displaystyle\int_1^2 \frac{1}{x}dx$

3) $\displaystyle\int_0^2 \exp(-x^2)dx$

4) $\displaystyle\int_0^{2\pi} \sqrt{16\sin^2(r)+9\cos^2(r)}\,dr$

5) $\displaystyle\int_0^1 x\sin(\pi x)dx$

6) $\displaystyle\int_0^4 2^x dx$

7) $\displaystyle\int_0^2 \sqrt{x}\,dx$

8) $\displaystyle\int_{-1}^1 \frac{dx}{1+x^2}$

9) $\displaystyle\int_0^2 e^x dx$

10) $\displaystyle\int_0^1 \frac{1+x}{1+x^3}dx$

11) $\int_{1}^{2} \sqrt{x^3 - 1}\, dx$

12) $\int_{2}^{3} \sqrt{x^2 - 4}\, dx$

13) $\int_{0}^{\pi} x^3 \sin(2x) dx$

14) $\int_{0}^{\pi} x^3 \sin(x^2) dx$

15) $\int_{0}^{2} \ln(x^3 + 1) dx$

16) $\int_{0}^{1} \frac{dx}{\sqrt{x}}$

17) $\int_{0}^{4} \sqrt{1 + \sqrt{x}}\, dx$

18) $\int_{0}^{1} \frac{\sin x}{x} dx$

10. 다음 미분 방정식의 해를 구하라.

1) $y' + 4y = 20,\ 0 \le x \le 5,\ y(0) = 2$

2) $y' - (1 + 3^{-x})y = x + 2,\ 1 \le x \le 3,\ y(0) = e - 1$

3) $y' = 2(y-1)\tanh 2x,\ 1 \le x \le 3,\ y(0) = 4$

4) $y' = y\tan x,\ 0 \le x \le 1,\ y(0) = 2$

5) $y' + 3y = \sin x,\ 1 \le x \le 3,\ y(0) = 1$

6) $y' + 6x^2 y = \exp(-2x^3)/x^2,\ 1 \le x \le 3,\ y(0) = 0$

11. 다음 선형 연립 미분방정식의 해를 구하라.

1) $x' = 4y$

$y'' = 4x + 2 - 16t^2,\ x(0) = 3,\ y(0) = 1$

2) $x' = 4x - 8y + 2\cosh t$

$y' = 2x - 6y + \cosh t + 2\sinh t,\ x(0) = 0,\ y(0) = 0$

3) $x' = -3x - 4y + 5e^t$

$y' = 5x + 6y - 6e^t, \ x(0) = 10, \ y(0) = -20$

12. 다음 미분 방정식의 해를 구하라.

1) $y'' + 2y' + 10y = 10t^2$ $\quad y(0) = 1, y'(0) = -2$

2) $y'' + 4y = 8e^{-2t}$ $\quad y(0) = 2, \ y'(0) = 2$

3) $y'' + 2y' + 2y = 0$ $\quad y(0.5\pi) = 0, y'(0.5\pi) = -2$

4) $y'' - 4y' + 3y = 2\sin(t)$ $\quad y(0.25\pi) = 1, \ y'(0.25\pi) = 1$

5) $y''' - y'' - 4y' + 4y = 4e^{-t}$ $\quad y(0) = 2, y'(0) = 2, y''(0) = -1$

6) $y''' - 4y' = 5\cos(t)$ $\quad y(0) = 2, \ y'(0) = -1, \ y''(0) = -2$

7) $y''' + y'' - 2y = 2x^2 + 2x + 1$ $\quad y(0) = -1, y'(0) = 0, y''(0) = -2$

8) $y^{IV} - 5y'' + 4y = 8\cos(t),$

$y(0) = 1, y'(0) = 0, y''(0) = 0, y'''(0) = 0$

9) $y^{IV} + y''' - 2y'' = -6t^2$

$y(1) = -1, y'(1) = -5.5, y''(1) = -1, y'''(1) = 5$

CHAPTER 08

동역학 문제 해석

이번 장에서는 동역학 문제해석에 MATLAB을 활용하는 과정을 예제를 통해 다루게 된다.

8.1 질점 운동의 운동학

8.1.1 직선 운동

질점이 직선을 따라 움직이는 것을 직선운동(rectilinear motion)이라고 한다.

1) 기준점에 대해서 질점의 변위가 시간의 함수 $x(t)$로 주어지면, 속도 $v(t)$와 가속도 $a(t)$는 미분을 사용해서 다음과 같이 표현된다.

$$v(t) = \frac{dx(t)}{dt}$$

$$a(t) = \frac{dv(t)}{dt} = \frac{d^2x(t)}{dt^2}$$

2) 속도 $v(t)$가 시간의 함수로 주어지면, 가속도는 속도를 미분함으로써 구해진다.

$$a(t) = \frac{dv(t)}{dt}$$

변위는 속도를 시간에 대해서 적분함으로써 얻어진다. 즉,

$$v(t) = \frac{dx}{dt}$$

$$\Rightarrow \int dx = \int v(t)dt$$

$$\Rightarrow x - x_o = \int_{t_o}^{t} v(\alpha)d\alpha$$

3) 가속도가 시간의 함수 $a(t)$로 주어지면, 속도는 가속도를 시간에 대해서 적분함으로써 얻어진다. 즉,

$$a(t) = \frac{dv}{dt}$$

$$\Rightarrow \int dv = \int a(t)\ dt$$

$$\Rightarrow v - v_o = \int_{t_o}^{t} a(\alpha)d\alpha$$

변위는 속도를 적분함으로써 얻어진다.

$$\Rightarrow x - x_o = \int_{t_o}^{t} v(\alpha)d\alpha$$

4) 가속도가 위치의 함수 $a(x)$로 주어지면, 속도는 다음과 같이 표현된다.

$$a(x) = \frac{dv}{dt} = \frac{dv}{dx}\frac{dx}{dt} = v\frac{dv}{dx}$$

$$v\ dv = a(x)\,dx$$

$$\int_{v_o}^{v} v\ dv = \int_{x_0}^{x} a(\alpha)\ d\alpha$$

$$\frac{1}{2}\left(v^2 - v_o^2\right) = \int_{x_o}^{x} a(\alpha)\ d\alpha$$

$$v^2 = v_o^2 + 2\int_{x_o}^{x} a(\alpha)\ d\alpha$$

변위는 적분을 통해서 다음과 같이 표현된다.

$$v(x) = \frac{dx}{dt}$$

$$\int_{x_o}^{x} \frac{dx}{v(x)} = \int_{t_o}^{t} dt = t - t_o$$

5) 가속도가 속도의 함수로 주어진다고 가정하면, 다음과 같은 관계식이 얻어진다.

$$a(v) = \frac{dv}{dt}$$

$$\frac{dv}{a(v)} = dt$$

$$\int_{v_o}^{v} \frac{dv}{a(v)} = \int_{t_0}^{t} d\alpha = t - t_0$$

$$a(v) = \frac{dv}{dt} = \frac{dv}{dx}\frac{dx}{dt} = v\frac{dv}{dx}$$

$$\int_{v_o}^{v} \frac{v\ dv}{a(v)} = x - x_0$$

6) 가속도가 일정할 경우, 직선 운동에 대한 운동학 방정식은 다음과 같이 단순화 된다.

$$\frac{dv}{dt} = a$$

$$v(t) = v_0 + a(t - t_0)$$

$$\frac{dx}{dt} = v$$

$$x(t) = x_0 + v_0(t - t_0) + \frac{1}{2}a(t - t_0)^2$$

$$a = \frac{dv}{dt} = v\frac{dv}{dx}$$

$$\int_{v_0}^{v} v dv = a\int_{x_0}^{x} dx$$

$$v^2 - v_o^2 = 2a(x - x_o)$$

예제 8.1 직선 운동을 하는 질점의 변위, 속도, 가속도

직선 위를 움직이는 질점의 변위가 $x(t)=t^3-6t^2-15t+40\ (m)$으로 주어진다. $0 \le t \le 7(s)$의 범위에 대해서 변위, 속도, 그리고 가속도에 대한 그래프를 그려라. 속도와 가속도의 크기가 각각 최대인 시간을 구하고, 그 시간에서의 변위(단위 : m)값을 구하라.

```
% 변위가 시간의 함수로 주어졌을 때,
% 속도와 가속도를 구하는 프로그램.
% 실행결과는 그래프로 출력함.

clear all clc close all

syms z        %미분을 위한 symbol 변수 선언
x=z^3-6*z^2-15*z+40;    %가속도 식 정의
v=diff(x);    %초기조건을 고려하여 속도 식 정의
a=diff(v);      %초기 조건을 고려하여 변위 식 정의
t=0:.001:7;        %시간 축 지정
x=sym2poly(x); x=polyval(x,t);   %데이터를 배열로 변경
subplot(311);plot(t,x);grid on %그래프 그림
title('변위 그래프');
xlabel('t (sec)');ylabel('x(m)');
axis([-inf inf -inf inf]);
v=sym2poly(v); v=polyval(v,t);   %데이터를 배열로 변경
subplot(312);plot(t,v);grid on %그래프 그림
title('속도 그래프');
xlabel('t (sec)');ylabel('v(m/s)');
axis([-inf inf -inf inf]);
a=sym2poly(a); a=polyval(a,t);   %데이터를 배열로 변경
subplot(313);plot(t,a);grid on %그래프 그림
title('가속도 그래프');
xlabel('t (sec)');ylabel('a(m/s^{2})');
axis([-inf inf -inf inf]);
[vmax,i]=max(v);        %속도 v의 최대 값과 그 때의 원소 번호를 찾는다.
disp(['속도는 t=' num2str((i-1)*.001) '(s)에서 최대이며, 이때 변위는'...
     num2str(x(i)) 'm이다.']);
                        %구한 값을 출력
[amax,i]=max(a);        %가속도 a의 최대 값과 그 때의 원소 번호를 찾는다.
disp(['가속도는 t=' num2str((i-1)*.001) '(s)에서 최대이며, 이때 변위는'...
     num2str(x(i)) 'm 이다.']);
                        %구한 값을 출력
```

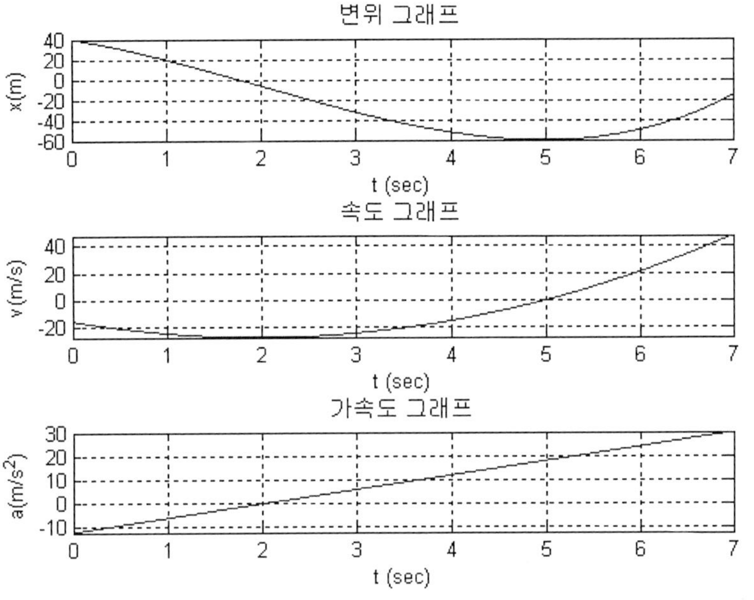

| 그림 8.1 | 예제 8.1의 출력 결과

```
속도는 t=7(s)에서 최대이며, 이때 변위는 -16m이다.
가속도는 t=7(s)에서 최대이며, 이때 변위는 -16m이다.
```

예제 8.2 수직 방향으로 투사되는 질점의 거동

일정한 가속도 $a=-9.81\ \mathrm{m/s^2}$ 상태에서, 질점이 초기 조건 $y(0)=20\,(\mathrm{m})$ $v(0)=10\,(\mathrm{m/s})$로 수직 방향으로 투사되고 있다. 주어진 질점이 도달한 최대 높이와 지표면에 도달 했을 때의 시간을 구하라. 운동이 진행되는 동안 변위, 속도, 가속도에 대한 그래프를 그려라.

```
% 연직방향으로 투사되는 질점의 위치와 속도를 구하는 프로그램이다.
% 중력가속도, 초기속도와 초기변위가 주어짐.

clear all clc close all

syms z        % 미분을 위한 symbol 변수 선언
a=-9.81+0*z;     % 가속도 식 정의
v=10+int(a);    % 초기조건을 고려하여 속도 식 정의
y=20+int(v);      % 초기 조건을 고려하여 변위 식 정의
```

```
t1=0:0.01:100;
y1=sym2poly(y); y1=polyval(y1,t1);  % 위치 y값을 계산한다.
[ymin,j]=min(abs(y1)); % 위치 y가 0이 될 때의 시간을 찾는다.
t=0:.01:t1(j);        % 시간 축 지정
v=sym2poly(v); v=polyval(v,t);  % 데이터를 배열로 변경
subplot(211);plot(t,v);grid on % 그래프 그림
title('속도 그래프');
xlabel('t (sec)');ylabel('v(m/s)');
axis([-inf inf -inf inf]);
y=sym2poly(y); y=polyval(y,t);  % 데이터를 배열로 변경
subplot(212);plot(t,y);grid on % 그래프 그림
title('높이 변화 그래프');
xlabel('t (sec)');ylabel('y(m)');
axis([-inf inf -inf inf]);
[vmin,i]=min(abs(v));      % 속도 v가 0이 될 때의 원소 번호를 찾는다.
disp(['높이는 t=' num2str((i-1)*.01) '(s)에서 최대이며, 이때 높이는' num2str(y(i))
    'm 이다.']);                    % 구한 값을 출력
%[ymin,i]=min(abs(y));         % 위치 y가 0이 될 때의 원소 번호를 찾는다.
disp(['지표면에 도달할 때의 시간은 t=' num2str((j-1)*.01) '(s)이며, 이때 속도는
    'num2str(v(j)) 'm/s 이다.']);      % 구한 값을 출력
```

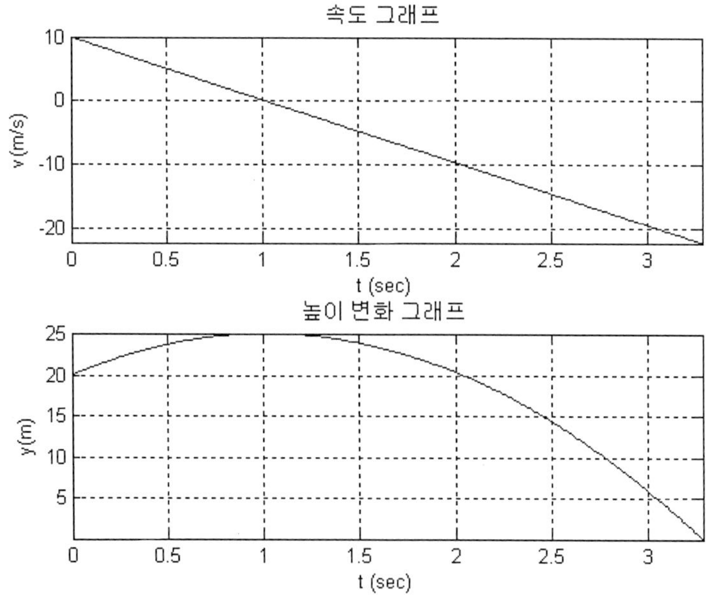

▌그림 8.2▐ 예제 8.2의 출력 결과

```
높이는 t= 1.02(s)에서 최대이며, 이때 높이는 25.0968m이다.
지표면에 도달할 때의 시간은 t= 3.28(s)이며, 이때 속도는 -22.1768m/s 이다.
```

예제 8.3 가속도가 시간의 함수인 문제

직선 위를 움직이는 질점의 가속도가 $a = 6t - 12\,(\mathrm{m/s^2})$으로 주어진다. $0 \le t \le 6\,(s)$의 범위에 대해서 가속도, 속도, 그리고 변위에 대한 그래프를 그려라. 속도(단위 : m/s)의 크기가 최대인 시간을 구하고, 그 시간에서의 변위(단위 : m)값을 구하라. 단 초기조건은 $x(0) = 38\,(\mathrm{m})$, $v(0) = -15\,(\mathrm{m/s})$임.

```
%가속도가 시간의 함수로 주어지고, 초기속도와 초기변위가 주어졌을 때,
% 속도와 변위를 구하는 프로그램.
% 실행결과는 그래프로 출력함.

clear all clc; close all

syms z        %적분을 위한 symbol 변수 선언
a=6*z-12;     %가속도 식 정의
v=-15+int(a);    %초기조건을 고려하여 속도 식 정의
x=38+int(v);     %초기 조건을 고려하여 변위 식 정의
t=0:.001:6;      %시간 축 지정
a=sym2poly(a); a=polyval(a,t);  %데이터를 배열로 변경
subplot(311);plot(t,a);grid on %그래프 그림
title('시간에 따른 가속도 그래프');
xlabel('t');ylabel('a(m/s^{2})');
axis([-inf inf -inf inf]);
v=sym2poly(v); v=polyval(v,t);  %데이터를 배열로 변경
subplot(312);plot(t,v);grid on %그래프 그림
title('시간에 따른 속도 그래프');
xlabel('t');ylabel('v(m/s)');
axis([-inf inf -inf inf]);
x=sym2poly(x); x=polyval(x,t);  %데이터를 배열로 변경
subplot(313);plot(t,x);grid on %그래프 그림
title('시간에 따른 변위 그래프');
xlabel('t');ylabel('x(m)');
axis([-inf inf -inf inf]);
[vmax,i]=max(v);      %속도 v의 최대 값과 그 때의 원소 번호를 찾는다.
disp(['속도는 t=' num2str((i-1)*.001) '(s)에서 최대이며, 이때 변위는
    ' num2str(x(i)) 'm 이다.']);                      %구한 값을 출력
```

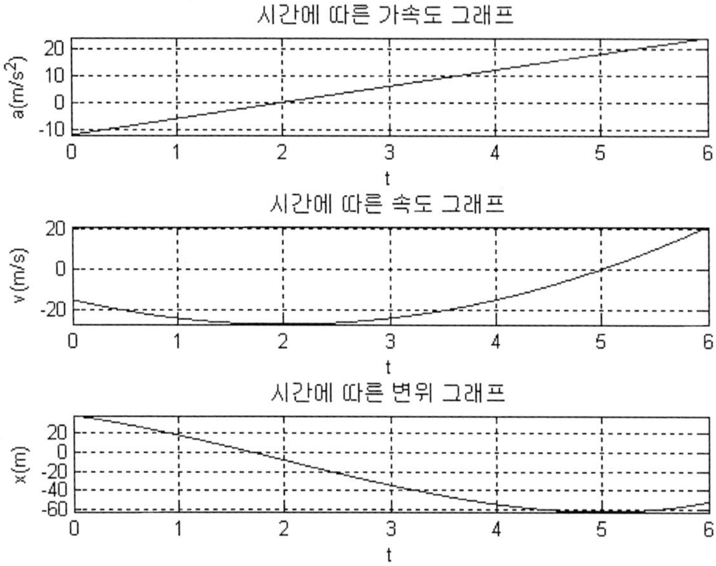

| 그림 8.3 | 예제 8.3의 출력 결과

```
속도는 t=6(s)에서 최대이며, 이때 변위는-52m이다.
```

예제 8.4 가속도가 속력의 함수인 문제

열기구에서 모래주머니가 낙하하고 있다. 작용하는 힘은 중력과 속도의 제곱에 비례하는 저항력이며, 두 힘에 의한 모래 주머니의 가속도는 다음과 같다.

$$y'' = g - cv^2$$

여기서 g는 중력가속도 이며, c는 저항계수이다. 정지상태에서 1) 500m 낙하했을 때, 2) 10,000m 낙하했을 때 모래주머니의 속력을 구하라.

단 $c = 6 \times 10^{-4}\ m^{-1}$ 이며 $g = 9.81\,(\mathrm{m/s^2})$임.

```
function dv=dfun8_2(t,v);
dv=9.81-6.0*10^(-4)*v.^2;
```

```
% 가속도가 속력의 함수인 경우의 해를 구하는 프로그램이다.
% 함수 파일은 dfun8_2이다.
m=200; % 계산 시간 상한 (초)
```

```
dist=500;  % 낙하거리
for t1=0.1:0.1:m;
[t,v]=ode45('dfun8_2',[0:0.1:t1],0); % 미분방정식 해
y1=trapz(t,v);  % 낙하거리
y=dist-y1;
if abs(y)<1 | abs(y1)>dist, break, end
end
disp([num2str(dist) 'm 낙하했을 때 시간은 t=' num2str(t1) 'sec이며, 이때 속도는' ...
    num2str(max(v)) 'm/s 이다.']);
t2=0:.1:t1;      %시간 축 지정
plot(t2,v)
axis([-inf inf -inf inf]);
xlabel('t (sec)');ylabel('v (m/s)');
title(['가속도가 속력의 함수인 문제 - ' num2str(dist) 'm 낙하했을 때 속력'] )
grid on
set(gcf,'color','w')
```

```
500m 낙하했을 때 시간은 t=10.6sec이며, 이때 속도는85.8463m/s이다.
```

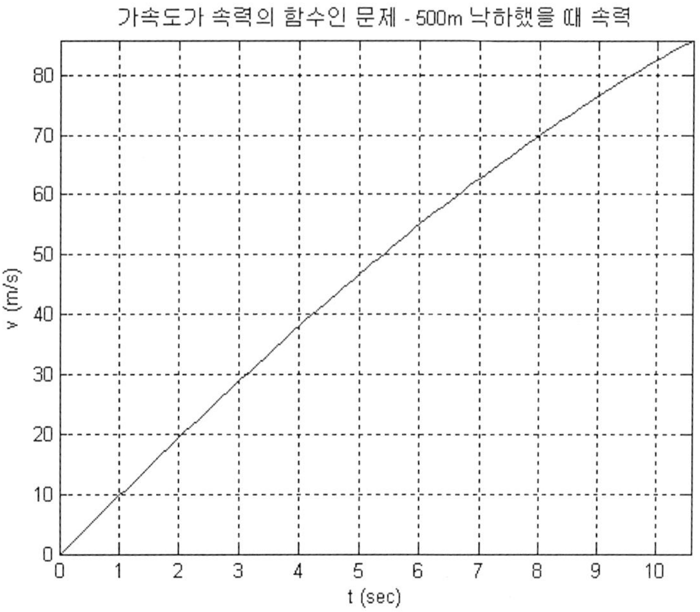

| 그림 8.4a | 예제 8.4의 출력 결과(500m 낙하)

10000m 낙하했을 때 시간은 t=87.3sec이며, 이때 속도는127.8667m/s 이다.

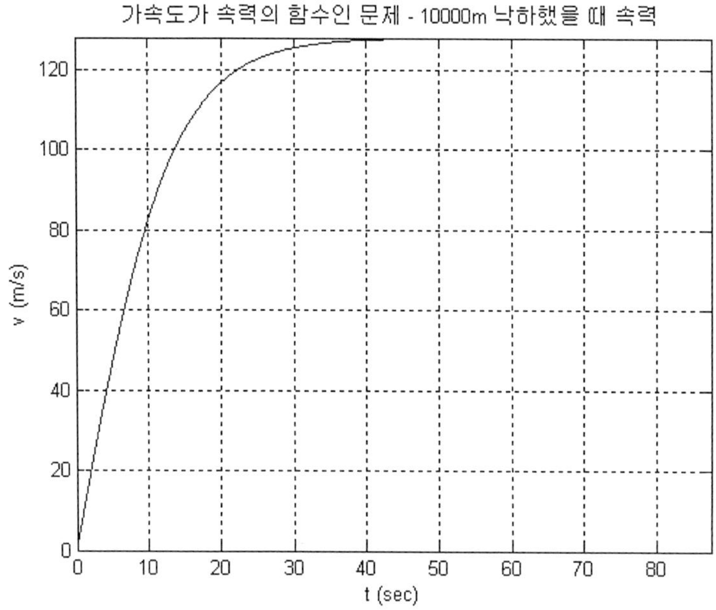

▌그림 8.4b▌ 예제 8.4의 출력 결과(10,000m 낙하)

8.1.2 두 질점의 상대운동

동일한 직선상을 움직이는 두 질점 A와 B를 살펴보자.

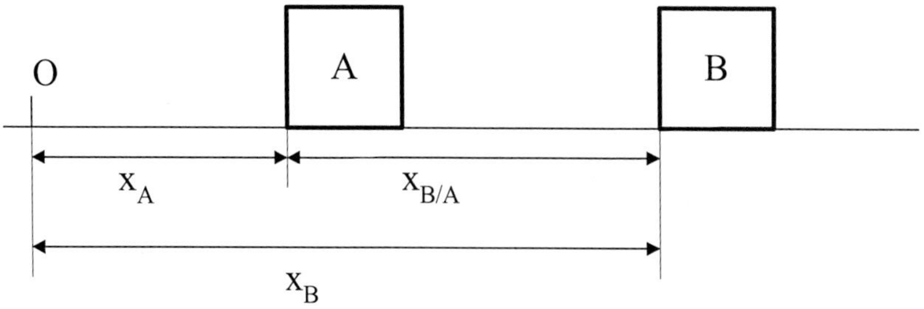

▌그림 8.5▌ 상대 운동하는 두 질점

두 질점 사이에는 다음과 같은 식이 얻어진다.

A에 대한 B의 상대위치 좌표 : $x_{B/A} = x_B - x_A$

A에 대한 B의 상대 속도 : $v_{B/A} = v_B - v_A$

A에 대한 B의 상대 가속도 : $a_{B/A} = a_B - a_A$

예제 8.5 두 질점의 상대속도 문제

지상으로부터 12m되는 엘리베이터 통로 지점에서 공을 초속도 18m/s로 수직 상방향으로 던졌다. 이 순간에 2m/s의 일정한 속도로 위쪽으로 움직이는 무개평판 엘리베이터는 지상 5m 지점을 통과하고 있다. 1) 공이 엘리베이터에 부딪히는 시간과 위치, 2) 공이 엘리베이터에 부딪칠 때 엘리베이터에 대한 공의 상대속도를 구하라.

```
% 두 질점의 상대속도 문제의 해를 구하는 프로그램
% 엘리베이터와 공의 상대운동

clear all close all
a=-9.81; % 중력가속도
vb0=18; % 공의 초기속도(m/s)
yb0=12; % 공의 초기 높이 (m)
ve0=2; % 엘리베이터의 속도(일정함) (m/s)
ye0=5; % 엘리베이터의 초기 높이
syms vb t yb     % symbol 변수 선언
vb=vb0+a*t;      %공의 속도
yb=yb0+vb0*t+a/2*t^2;     %공의 위치
ve=ve0+0*t; % 엘리베이터 속도
ye=ye0+ve0*t; % 엘리베이터 위치
t1=eval(solve(ye-yb)); %공이 엘리베이터에 부딪칠  때의 시간 계산
tt=0:.1:10;      %시간 축 지정
ye=sym2poly(ye); ye1=polyval(ye,tt);   %데이터를 배열로 변경
yb=sym2poly(yb); yb1=polyval(yb,tt);
subplot(211);plot(tt,ye1,'k',tt,yb1);grid on %그래프 그림
legend('엘리베이터 ye','공 yb')
title('위치 그래프');
xlabel('t (sec)');ylabel('ye, yb (m)');
%axis([-inf inf -inf inf]);
ve1=sym2poly(ve); ve1=polyval(ve1,tt);  %데이터를 배열로 변경
vb1=sym2poly(vb); vb1=polyval(vb1,tt);  %데이터를 배열로 변경
```

```
subplot(212);plot(tt,ve1,'k',tt,vb1);grid on %그래프 그림
legend('엘리베이터 ve','공 vb')
title('속도 그래프');
xlabel('t (sec)');ylabel('ve, vb(m/s)');
%axis([-inf inf -inf inf]);
if t1(1)>=0
    t2=t1(1);
else t2=t1(2);
end
disp(['공이 엘리베이터에 부딪칠  때의 시간은 t= '  num2str(t2)  '(sec)이며,'])
ye=polyval(ye,t2); %공이 엘리베이터에 부딪칠 때의 높이 계산
vbe=sym2poly(vb-ve);vbe=polyval(vbe,t2); %공이 엘리베이터에 부딪칠 때의 상대
속도 계산
disp(['부딪칠  때의 높이는 yE= '  num2str(ye)  '(m)이다.'])
disp(['이 때 상대속도는 vB/E = ' num2str(vbe) 'm/s 이다.'])
                                %구한 값을 출력
```

```
공이 엘리베이터에 부딪칠  때의 시간은 t= 3.6527(sec)이며,
부딪칠  때의 높이는 yE= 12.3054(m)이다.
이 때 상대속도는 vB/E = -19.8328m/s이다.
```

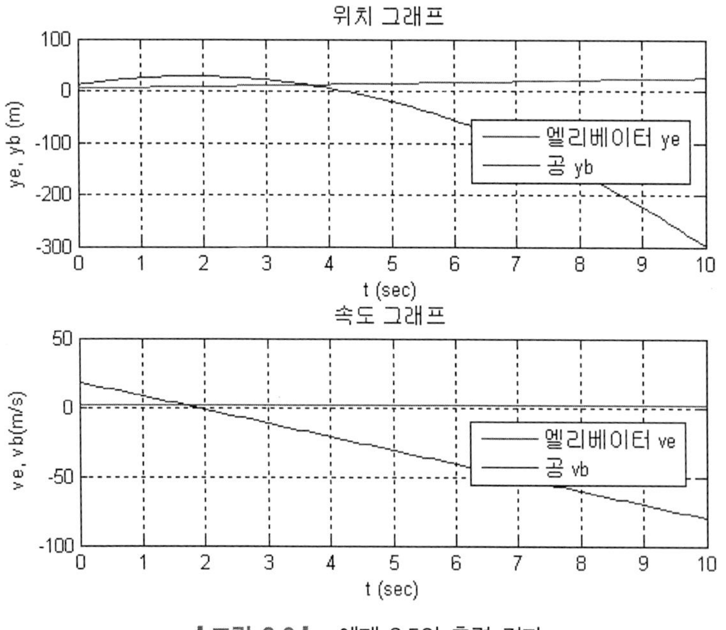

그림 8.6 예제 8.5의 출력 결과

8.2 질점의 곡선 운동

8.2.1 직각 좌표 성분

질점의 위치벡터 $\boldsymbol{r}$이 다음과 같이 직각좌표 x, y, z에 의해 정의될 때,

$$\boldsymbol{r} = x\boldsymbol{i} + y\boldsymbol{j} + z\boldsymbol{k}$$

속도 $\boldsymbol{v}$와 가속도 $\boldsymbol{a}$를 다음과 같이 직각좌표 성분으로 분해하여 표현하는 것이 편리하다.

$$\begin{aligned}\boldsymbol{v} = \frac{d\boldsymbol{r}}{dt} &= v_x\boldsymbol{i} + v_y\boldsymbol{j} + v_z\boldsymbol{k} \\ &= \dot{x}\boldsymbol{i} + \dot{y}\boldsymbol{j} + \dot{z}\boldsymbol{k}\end{aligned}$$

$$\begin{aligned}\boldsymbol{a} = \frac{d\boldsymbol{v}}{dt} &= a_x\boldsymbol{i} + a_y\boldsymbol{j} + a_z\boldsymbol{k} \\ &= \ddot{x}\boldsymbol{i} + \ddot{y}\boldsymbol{j} + \ddot{z}\boldsymbol{k}\end{aligned}$$

예를 들어, 투사체의 운동(공기저항 무시)을 기술할 때 직각좌표를 활용하면 편리한데, 다음과 같은 식들로 표현된다.

$$a_x = \ddot{x} = 0\ ,\ a_y = \ddot{y} = -g\ ,\ a_z = \ddot{z} = 0$$

$$v_x = \dot{x} = (v_x)_o\ , v_y = \dot{y} = (v_y)_o - gt\ ,\ v_z = \dot{z} = (v_z)_o$$

$$x = x_o + (v_x)_o t\ ,\ y = y_o + (v_y)_o t - \frac{1}{2}gt^2\ ,\ z = z_o + (v_z)_o t$$

투사체가 xy평면에서 발사되고 $x_o = y_o = z_o = 0$이면,

$$v_x = \dot{x} = (v_x)_o, v_y = \dot{y} = (v_y)_o - gt\ ,\ v_z = 0$$

$$x = (v_x)_o t,\ y = (v_y)_o t - \frac{1}{2}gt^2\ ,\ z = 0$$

예제 8.6 포물선 운동을 하는 질점

어느 투사체가 지면으로부터 150 m되는 절벽의 끝에서 초기속도 180 m/s로, 수평방향과 30° 각도로 발사된다. 공기저항을 무시할 때, 투사체가 지면으로부터 도달할 수 있는 최대 높이와 지면에 떨어지는 점까지의 수평거리를 구해보자.

```
% 포물선 운동하는 질점의 위치와 속도를 구하는 프로그램이다.
% 중력가속도, 초기속도와 초기변위가 주어짐.

clear all clc close all

syms z        %미분을 위한 symbol 변수 선언
a=-9.81+0*z;     %가속도 식 정의
vx=180*cos(30*pi/180)+0*z;     %수평방향 속도
x=180*cos(30*pi/180)*z;     %수평방향 변위
vy=180*sin(30*pi/180)-(9.81)*z;       %수직방향 속도
y=150+180*sin(30*pi/180)*z-(9.81/2)*z.^2;      %수직방향 변위
t1=0:0.001:100;
y1=sym2poly(y); y1=polyval(y1,t1);   %위치 y값을 계산한다.
[ymin,j]=min(abs(y1)); %위치 y가 지표면에 도달할 때의 시간을 찾는다.
t=0:.001:t1(j);        %시간 축 지정
vx=sym2poly(vx); vx=polyval(vx,t);   %데이터를 배열로 변경
vy=sym2poly(vy);vy=polyval(vy,t);   %데이터를 배열로 변경
subplot(211);plot(t,vy);grid on % 수직방향 속도 그래프 그림
title('수직방향 속도 v_y (t) 그래프');
xlabel('t (sec)');ylabel('v_y (m/s)');
axis([-inf inf -inf inf]);
x=sym2poly(x); x=polyval(x,t);   %데이터를 배열로 변경
y=sym2poly(y); y=polyval(y,t);   %데이터를 배열로 변경
subplot(212);plot(x,y);grid on %그래프 그림
title('높이 변화 그래프');
xlabel('x (m)');ylabel('y(m)');
axis([-inf inf -inf inf]);
[vymin,i]=min(abs(vy));      %속도 v가 0이 될 때의 원소 번호를 찾는다.
disp(['높이는 t= '  num2str((i-1)*.001) '(s)에서 최대이며, 이때 높이는 '...
     num2str(y(i)) 'm 이다.']); %구한 값을 출력
disp(['지표면에 도달할 때의 시간은 t= '...
     num2str((j-1)*.001) '(s)이며, 이 때 수평 거리는 '...
     num2str(x(j)) 'm  이다.']); %구한 값을 출력
```

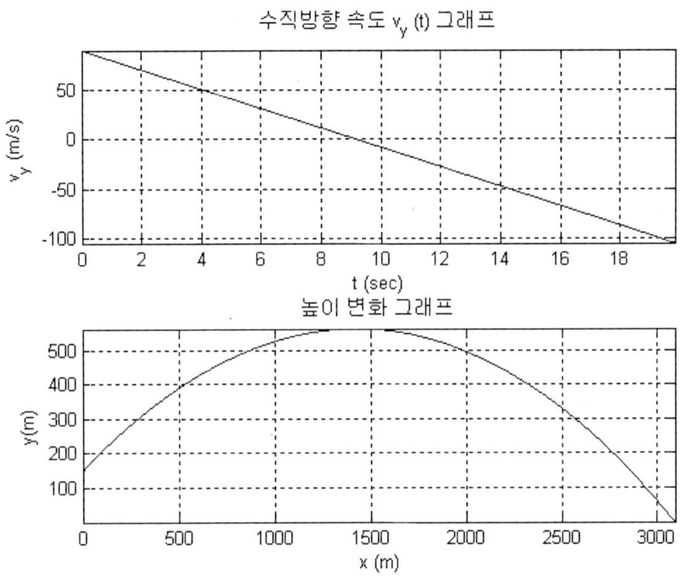

| 그림 8.7 | 예제 8.6의 출력 결과

높이는 t=9.174(s)에서 최대이며, 이때 높이는 562.844m이다.
지표면에 도달할 때의 시간은 t=19.886(s)이며, 이때 수평거리는 3099.9206m이다.

예제 8.7 포물선 운동을 하는 질점

아래 그림과 같이, 포 A로부터 수평거리 3000 m, 수직거리 400 m되는 표지를 맞추기 위하여 초기속도 $v_o = 240\,\mathrm{m/s}$ 로 포탄을 발사한다. 공기의 저항을 무시할 때, 투사체가 목표물을 맞히도록 하는 각 α를 결정하는 방정식은 다음과 같다.

$$400 = 3000\,(\tan\alpha) - \frac{1}{2}(9.81)\left(\frac{3000}{v_o \cos\alpha}\right)^2$$

발사각 α의 값을 구하라.

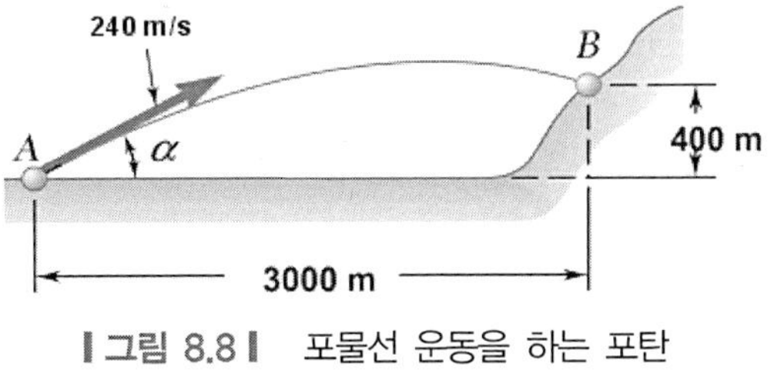

| 그림 8.8 | 포물선 운동을 하는 포탄

```
%   발사체의 발사 각도를 구하는 프로그램이다.
%   비선형 방정식임.
%   ezplot을 사용하여 함수를 그려보고,
%   fzero를 사용하여 비선형방정식의 근을 구한다.
clear; clc; close all
y=sym('3000*tan(x)-(1/2)*(9.81)*(3000/240/cos(x))^2-400');   %방정식 입력
ezplot(y,[0,pi/2]); grid on                          %방정식 그리기
disp('alpha = ');
disp(fzero('3000*tan(x)-(1/2)*(9.81)*(3000/240/cos(x))^2-400',0)*180/pi); %표시
disp(fzero('3000*tan(x)-(1/2)*(9.81)*(3000/240/cos(x))^2-400',1.5)*180/pi); %표시
```

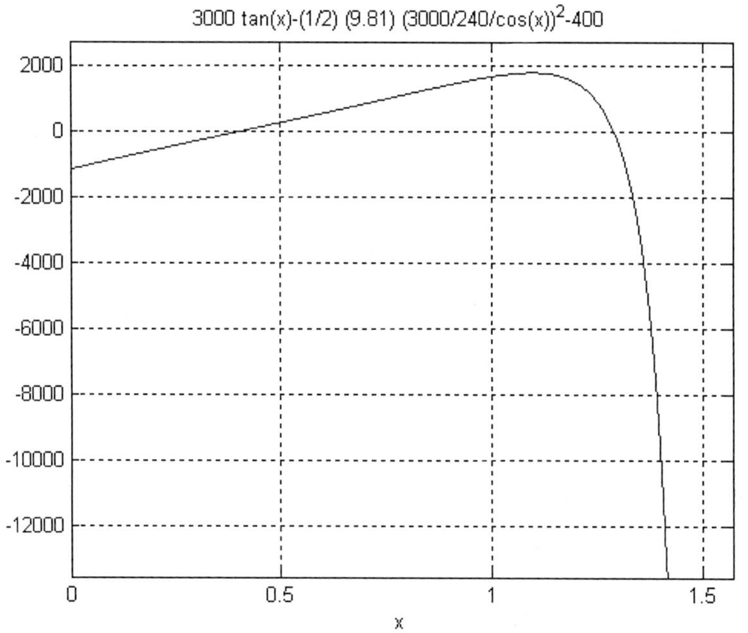

그림 8.9 예제 8.7의 출력 결과

```
alpha =
    23.6418
    73.9529
```

예제 8.8 질점의 곡선 운동

질점의 곡선 운동에서 $x = 50t - 8t^2$ m, $y = 50 - 2t^2$ m로 주어진다. $0 \le t \le 5\ s$ 에 대하여 질점의 운동경로를 x-y 그래프로 표현하라.

```
% 질점의 곡선운동 그리는 프로그램이다.
% x와 y가 시간 t의 함수로 주어져 있음.

clear; clc; clf;                    %변수 초기화


t=0:.1:5;                            %t=0~5까지
x=50*t-8*t.^2;                       %x값 계산
y=50-2*t.^2;                         %y값 계산
plot(x,y);                           %그래프 표시
axis([-Inf Inf -Inf Inf]);           %축 한정
grid on                              %격자 표시
title('질점의 운동 경로');            %그래프 제목 표시
xlabel('x = 50 t - 8 t^2(m)');       %축 이름 표시
ylabel('y = 50 - 2 t^2(m)');
```

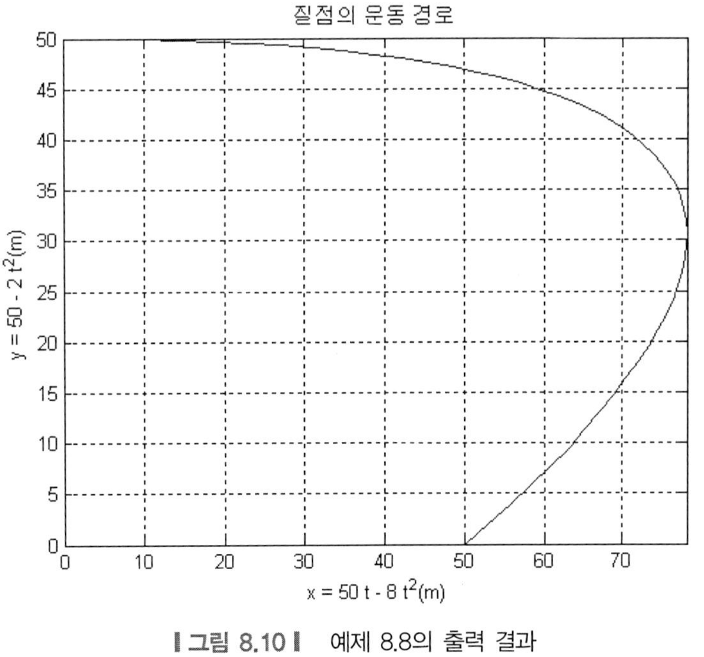

그림 8.10 예제 8.8의 출력 결과

예제 8.9 투사체의 이동거리

수평과 θ의 경사각을 가진 경사면 상에서 한 투사체가 경사면과 수직 윗 방향으로 속도 u로 발사될 때 투사체가 경사면에 떨어지는 지점까지의 거리는 $R=\frac{2u^2}{9.81}\tan\theta\sec\theta$로 표현된다. $0\le\theta<\frac{\pi}{2}$에 대해 R를 동영상으로 표현하라.

```
% 각도에 따른 투사체의 이동 거리를 그래프로 표현하는 프로그램이다.

clear; clc; clf;                        %변수 초기화
u=1; g=9.81;                               %상수 지정
axis([0 1.6 0 15]);
grid on, hold on                        %격자 생성/hold on
title('각도에 따른 투사체의 이동 거리');  %그래프 제목 표시
xlabel('각도(rad)');                    %축 이름 표시
ylabel('R(:이동 거리,m)');

for q=0:.05:pi/2;                       %각도 범위 지정
    R=(2*u^2/g)*tan(q).*sec(q);         %R값 계산
    plot(q,R,'.');                      %점 표시
    pause(.1);                          %잠시 멈춤
end
hold off                                %hold on해제
```

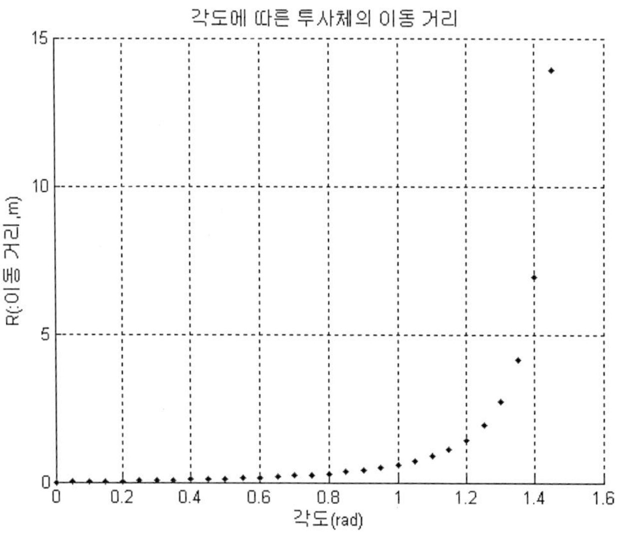

그림 8.11 예제 8.9의 출력 결과

예제 8.10 두 질점의 상대 운동

자동차 A가 10 m/s 의 속력으로 동쪽으로 달리고 있다. 자동차 A가 교차로를 지나는 순간 자동차 B가 교차로의 북쪽 35 m 지점에서 남쪽을 향해 $1.2\,\mathrm{m/s^2}$의 가속도로 달리기 시작한다. A가 교차로를 지난 후 $0 \le t \le 10$ (초)에 대해서 A에 대한 B의 상대위치, 상대속도, 상대가속도의 크기를 그래프로 표현하라.

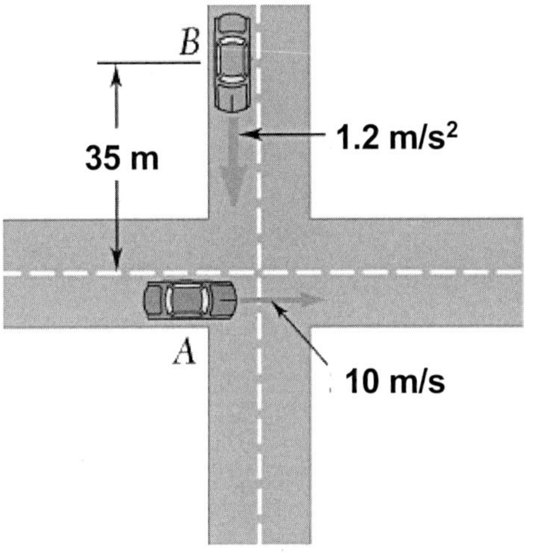

그림 8.12 교차로를 달리는 두 자동차

```
% 두 질점의 상대속도 문제의 해를 구하는 프로그램
% 두 차의 상대운동

clear all close all
aa=0; % A의 가속도
va0=10; % A의 초기속도(m/s)(오른쪽 방향 - 동쪽)
xa0=0; % A의 초기 위치 (m)
ab=-1.2; % B의 가속도(아래 방향-남쪽) (m/s^2)
vb0=0; % B의 초기속도
yb0=35; % B의 초기 위치 (m)

t=0:.01:10;     %시간 축 지정
va=va0+aa*t;
xa=xa0+va0*t+(1/2)*aa*t.^2;
vb=vb0+ab*t;
```

```
yb=yb0+vb0*t+(1/2)*ab*t.^2;
rba=sqrt(xa.^2+yb.^2);
vba=sqrt(va.^2+vb.^2);
aba=sqrt(aa.^2+ab.^2);
subplot(311);plot(t,rba,'b');grid on %그래프 그림
title('상대 위치 크기 그래프');
xlabel('t (sec)');ylabel('r_B_/_A (m)');
subplot(312);plot(t,vba,'b');grid on %그래프 그림
title('상대 속도 크기 그래프');
xlabel('t (sec)');ylabel(' v_B_/_A(m/s)');
subplot(313);plot(t,aba,'.b');grid on %그래프 그림
title('상대 가속도 크기 그래프');
xlabel('t (sec)');ylabel('a_B_/_A(m/s^2)');
set(gcf,'color','w')
```

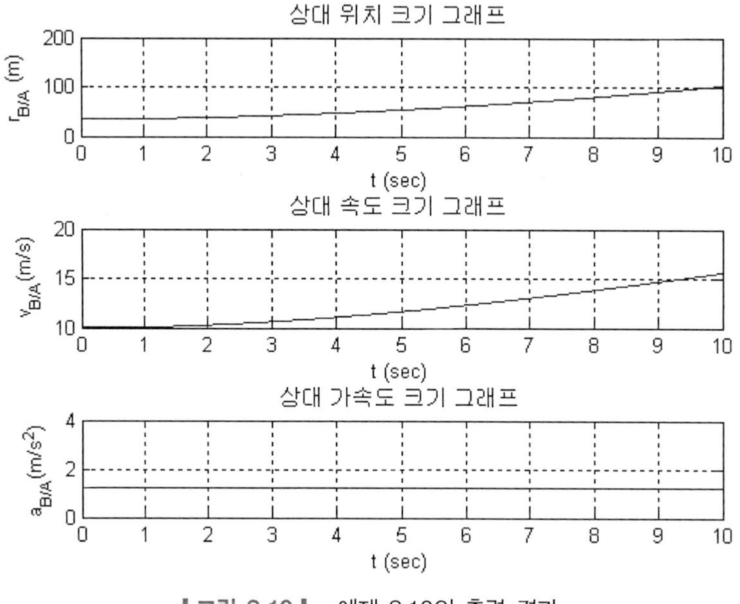

그림 8.13 예제 8.10의 출력 결과

8.2.2 접선방향과 법선방향 성분

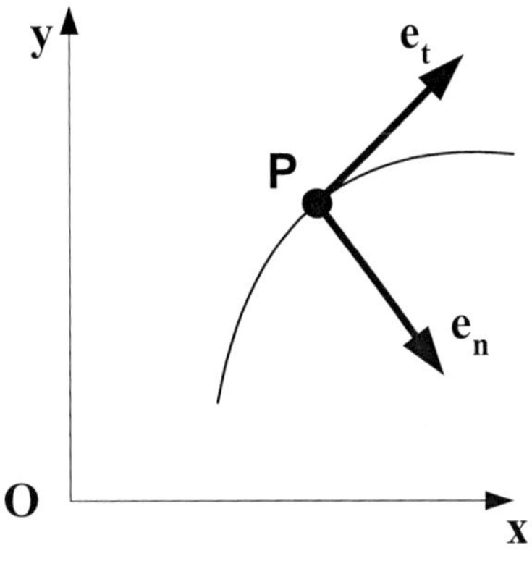

| 그림 8.14 | 법선방향과 접선방향 성분으로 표현된 질점 P

위 그림의 평면 내에 있는 곡선을 따라 움직이는 질점의 위치를 P라고 하자. 그림에서 e_t와 e_n은 접선방향과 법선방향의 단위벡터를 나타낸다. 질점의 속도와 가속도는 다음과 같이 표현된다.

$$v_P(t) = v\,e_t$$

$$a_P(t) = \dot{v}\,e_t + \frac{v^2}{\rho}\,e_n$$

위 식에서, v는 질점의 속도의 크기를 나타내고, ρ는 질점 궤적의 곡률 반경을 나타낸다.

예제 8.11 법선-접선 방향 성분을 이용한 질점의 가속도 구하기

자동차가 30 m/s의 속력으로 반경 800 m의 도로를 달리고 있다. 브레이크를 갑자기 걸었을 때 일정한 비율로 자동차의 속도가 감소하고 있다. 5초 후 속도가 20 m/s로 줄었다. 브레이크를 걸은 순간 차의 가속도를 구하라.

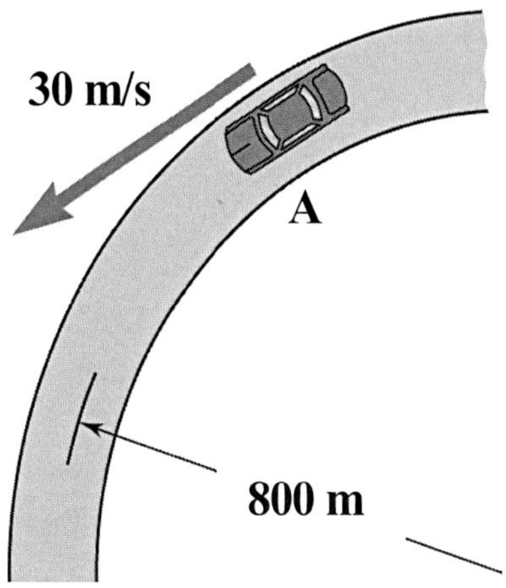

그림 8.15 곡선 도로를 달리는 자동차

```
% n-t좌표계에서 질점의 가속도를 구하는 프로그램이다.
clear all; close all
v1=30; % A점 에서의 속도의 크기 (m/s)
v2=20; % 새로운 위치에서의 속도의 크기 (m/s)
r=800; % A점의 곡률반경 (m)
dt=5; % 경과된 시간 (초)

at=(v2-v1)/dt;
an=v1^2/r;
a=sqrt(at.^2+an.^2);
alpha=atan(at/an)*180/pi;
disp(['가속도의 크기는 a=' num2str(a) '  m/s^2 이며,']) ;
disp(['가속도의 방향(각도)은 법선방향을 기준으로 '...
    num2str(alpha) ' (도) 이다.']);
disp('각도가 (+)이면 법선 방향을 기준으로 시계방향이고, (-)이면 반시계방향을 나타
낸다.');
```

```
가속도의 크기는 a=2.2947 m/s^2 이며,
가속도의 방향(각도)은 법선방향을 기준으로 -60.6422(도)이다.
각도가 (+)이면 법선 방향을 기준으로 시계방향이고, (-)이면 반시계방향을 나타낸다.
```

8.2.3 반경방향과 횡방향 성분

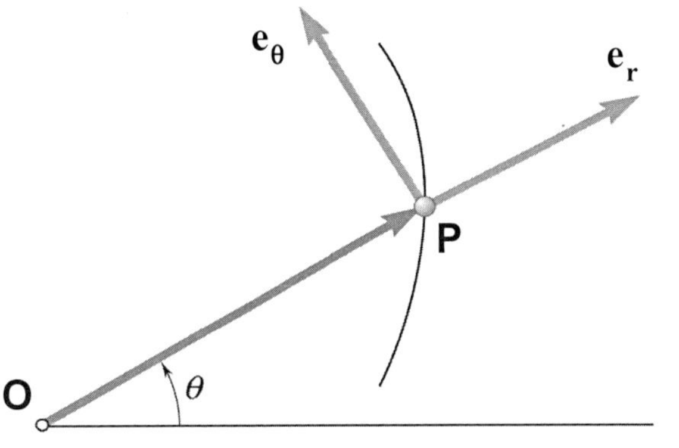

| 그림 8.16 | 반경방향과 횡방향 성분으로 표현된 질점 P

위 그림의 평면 내에 있는 곡선을 따라 움직이는 질점의 위치를 P라고 하자. 그림에서 $\boldsymbol{e}_r$과 $\boldsymbol{e}_\theta$은 반경방향과 횡방향의 단위벡터를 나타낸다. 질점의 속도와 가속도는 다음과 같이 표현된다.

$$\boldsymbol{v}(t) = v_r \boldsymbol{e}_r + v_\theta \boldsymbol{e}_\theta = \dot{r}(t)\boldsymbol{e}_r + r(t)\dot{\theta}\,\boldsymbol{e}_\theta$$

$$\boldsymbol{a}(t) = a_r \boldsymbol{e}_r + a_\theta \boldsymbol{e}_\theta$$

$$a_r = \ddot{r} - r\dot{\theta}^2$$

$$a_\theta = r\ddot{\theta} + 2\dot{r}\,\dot{\theta}$$

예제 8.12 반경방향과 횡방향 성분을 사용한 속도, 가속도 구하기

길이가 1 m인 OA는 O를 중심으로 $\theta = 0.12t^2$ (rad)으로 회전한다. 여기서는 시간 t의 단위는 초이다. 칼라 B는 O점으로부터 $r = 1 - 0.1t^2$ (m)으로 암을 따라서 미끄러진다. 암 OA가 회전하는 동안 1) 칼라 B의 속도의 크기와 2) 가속도의 크기를 그래프로 표현하라.

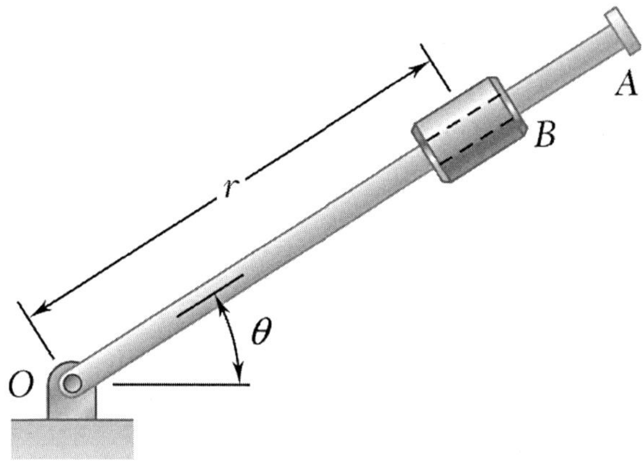

그림 8.17 암(arm)을 따라 운동하는 칼라

```
% 반경방향과 횡방향 성분을 활용하여 속도와 가속도를 구하는 프로그램이다.
% arm에서 collar가 미끄러지는 문제임.
clear all; clc; close all;

tmax=100; % 해석 시간 상한 값 지정

syms t th r       %미분을 위한 symbol 변수 선언
th=0.12*t^2; % 회전 각
r=1-0.1*t^2; % 반경
dr=diff(r); % 반경 r(t) 1차 미분
dr2=diff(r,2); % 반경 r(t) 2차 미분
dth=diff(th); % 회전 각  1차 미분
dth2=diff(th,2); % 회전 각  2차 미분
vr=dr; % 반경방향 속도 성분
vth=r*dth; % 횡방향 속도 성분
ar=dr2-r*dth^2; % 반경방향 가속도 성분
ath=r*dth2+2*dr*dth;   % 횡방향 가속도 성분
a2=(ar^2+ath^2); % 가속도 제곱
v2=(vr^2+vth^2); % 속도 제곱
th=sym2poly(th);r=sym2poly(r);
for t1=0:.01:tmax;
th1=polyval(th,t1);
r1=polyval(r,t1);
if th1>=2*pi | r1<=0, break, end
```

```
end

t=0:.01:t1-0.01;
r=polyval(r,t);
th=polyval(th,t);
a2=sym2poly(a2);a2=polyval(a2,t);
v2=sym2poly(v2);v2=polyval(v2,t);
vr=sym2poly(vr);vr=polyval(vr,t);
vth=sym2poly(vth);vth=polyval(vth,t);
ar=sym2poly(ar);ar=polyval(ar,t);
ath=sym2poly(ath);ath=polyval(ath,t);
a=sqrt(a2); % 가속도 크기
v=sqrt(v2); % 속도 크기
%alv=atan(vth./vr)*180/pi;
%ala=atan(ath./ar)*180/pi;

subplot(221);plot(t,th*180/pi);grid on %그래프 그림
title('칼라 회전각 그래프');
xlabel('t (s)');ylabel('\theta (degree)');
axis([-inf inf -inf inf]);

subplot(222);plot(t,r);grid on %그래프 그림
title('칼라 반경 길이 그래프');
xlabel('t (s)');ylabel('r(m)');
axis([-inf inf -inf inf]);

subplot(223);plot(t,v);grid on %그래프 그림
title('칼라 속도 크기 그래프');
xlabel('t (s)');ylabel('v(m/s)');
axis([-inf inf -inf inf]);

subplot(224);plot(t,a);grid on %그래프 그림
title('칼라 가속도 크기 그래프');
xlabel('t (s)');ylabel('a(m/s^{2})');
axis([-inf inf -inf inf]);

set(gcf,'color','w')
```

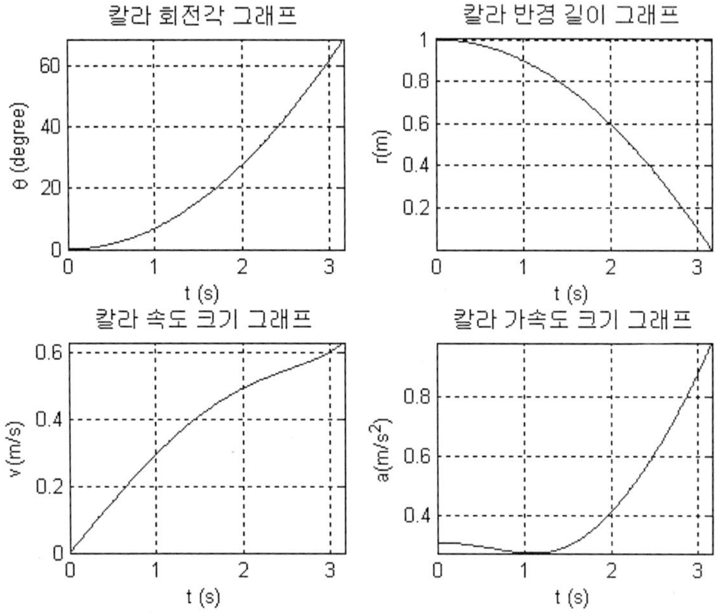

그림 8.18 예제 8.12의 출력 결과

8.3 질점의 운동역학

운동방정식

$$\sum \boldsymbol{F} = m\boldsymbol{a}$$

직각 성분 :

$$\sum F_x = ma_x$$

$$\sum F_y = ma_y$$

$$\sum F_z = ma_z$$

반경방향과 횡방향 성분 :

$$\sum F_r = ma_r = m(\ddot{r} - r\dot{\theta}^2)$$

$$\sum F_\theta = ma_\theta = m(r\ddot{\theta} + 2\dot{r}\dot{\theta})$$

접선과 법선 성분 :

$$\sum F_t = ma_t = m\frac{dv}{dt}$$

$$\sum F_n = ma_n = m\frac{v^2}{\rho}$$

예제 8.13 직각 방향 좌표 성분을 활용하여 힘 구하기

질량 100 kg의 블록이 수평면 위에 놓여 있다. 힘 P가 그림과 같이 작용할 때 질량은 오른쪽 방향으로 가속도 $2\,\mathrm{m/s^2}$를 가지고 움직인다. 블록과 수평면과의 마찰계수는 $\mu_k = 0.2$ 이다. 각 θ에 따른 힘 P를 구하라.

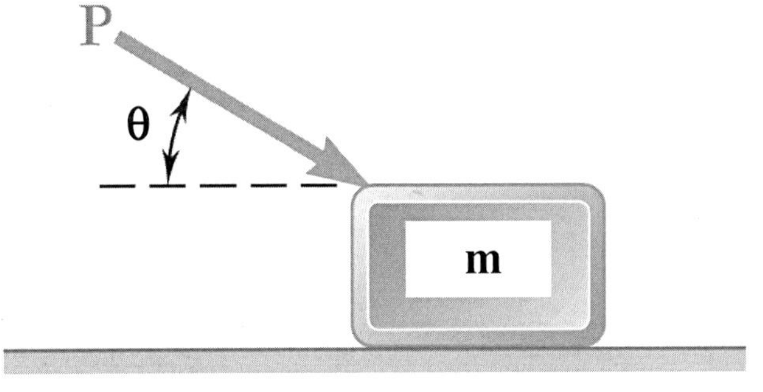

그림 8.19 힘 P가 작용하고 있는 블록

```
% 직각 방향 좌표 성분을 활용하여 힘 또는 가속도를 구하는 프로그램이다.
% 수평면위에서 블록이 움직이는 문제임.
clear all; clc; close all;

a=2;  % 가속도 (m/s^2)
mu=0.2; % 마찰계수
m=100; % 질량 (kg)
g=9.81; % 중력가속도 (m/s^2)

for th1=0:0.01:pi;
    deno=cos(th1)-mu*sin(th1);
    if deno<=0, break, end
end
```

```
th=0:0.01:th1-0.01;
p=(m*a+mu*m*g)./(cos(th)-mu*sin(th));
semilogy(th*180/pi,p,'-rs');grid on

title('P-\theta 그래프');
xlabel('\theta (degree)');ylabel('P (N)');
%axis([-inf inf -inf inf]);

set(gcf,'color','w')
```

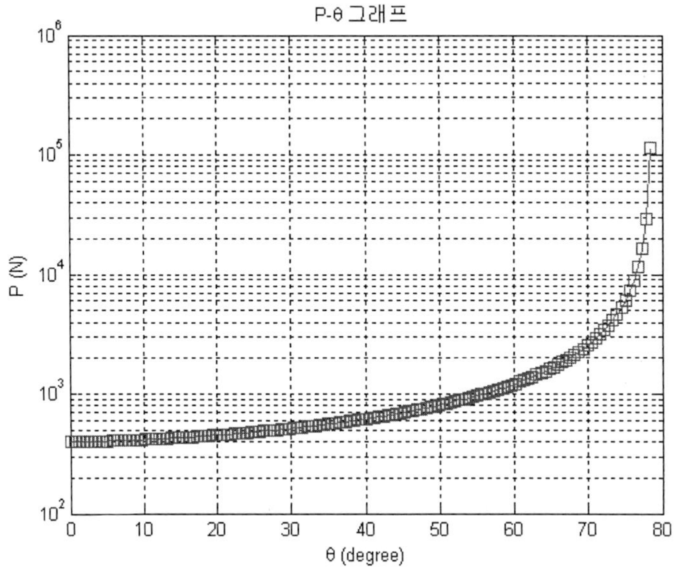

그림 8.20 예제 8.13의 출력 결과

예제 8.14 질점을 잡아당기는 각도를 구하는 예제

다음 그림과 같이 질량 $m=25\,\mathrm{kg}$인 상자가 줄에 의해 당겨지고 있다. 상자가 움직이려고 하는 순간의 힘은 다음과 같다.

$$F=\frac{\mu m g}{\cos\theta+\mu\sin\theta}$$

여기서 마찰계수 $\mu=0.4$이고 $g=9.81\,\mathrm{m/s^2}$이다. 당기는 힘이 $F=100\,N$인 경우의 각 θ를 구하라.

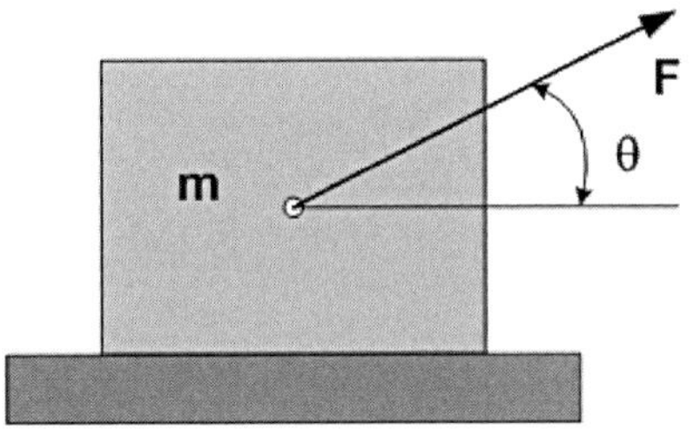

❙그림 8.21❙ 힘 F를 받고 있는 상자

```
% 질점을 잡아 당기는 각도를 구하는 프로그램이다..
% 비선형 방정식임.
clear; clc; close all;
y=sym('cos(x)+(.4)*sin(x)-(.4)*(25)*(9.81/100)');   %방정식 입력
ezplot(y,[0,2*pi]); grid on                        %방정식 그리기
disp('alpha = ');
disp(eval(solve(y))*180/pi); %표시
set(gcf,'color','w')
```

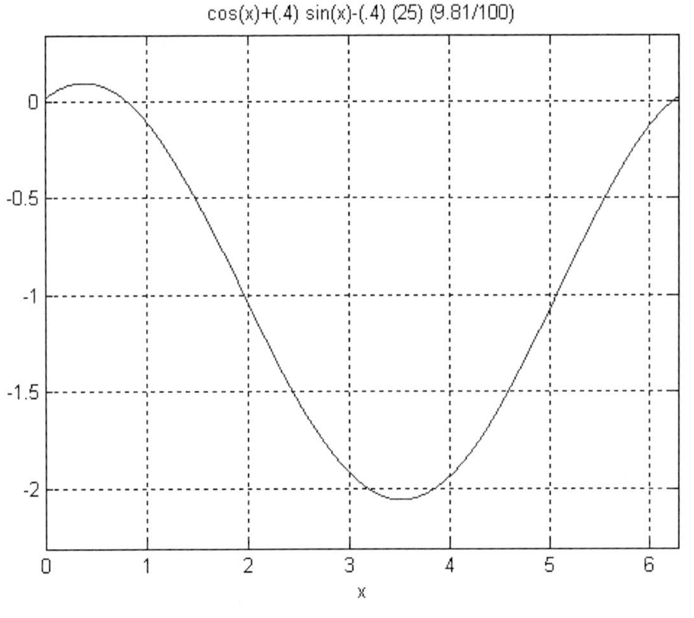

❙그림 8.22❙ 예제 8.14의 출력 결과

```
alpha (degree) =
    46.1803
    -2.5775
```

예제 8.15 풀리에 연결된 질점의 가속도를 구하는 예제

그림의 시스템들은 모두 초기에 정지해 있다. 그림(a)에서 풀리의 오른쪽에 있는 케이블의 끝에는 질량이 m인 질점이 달려있고, 그림(b)에서는 질점 대신 장력 $T = mg\ (N)$이 직접 작용하고 있다. 풀리의 질량과 마찰을 무시할 때, 각 시스템에 대해서 m ($\leq$ 50kg) 값의 변화에 따른 블록 A의 가속도를 구하라.

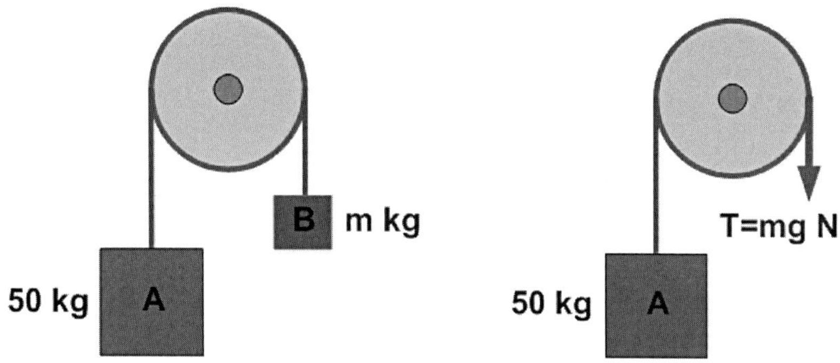

(a) 시스템 a (b) 시스템 b

그림 8.23 질점들이 매달린 풀리

```
% 직각 방향 좌표 성분을 활용하여 힘 또는 가속도를 구하는 프로그램이다.
% 풀리에 질량이 매달려 움직이는 문제임.
clear all clc; close all

M=50; % 블록 A의 질량 (kg)
g=9.81; % 중력가속도 (m/s^2)

m=0:1:50; % 풀리 오른쪽의 질량 변화
a1=(M-m)*g./(M+m); % 시스템 a의 가속도
a2=(M-m)*g./M;  % % 시스템 b의 가속도
plot(m,a1,m,a2,'-ro');grid on
legend('시스템 a','시스템 b')
```

```
title('질량 m의 변화에 따른 질점 A의 가속도 그래프');
xlabel('질량 m (kg)');ylabel('a (m/s^2)');
%axis([-inf inf -inf inf]);

set(gcf,'color','w')
```

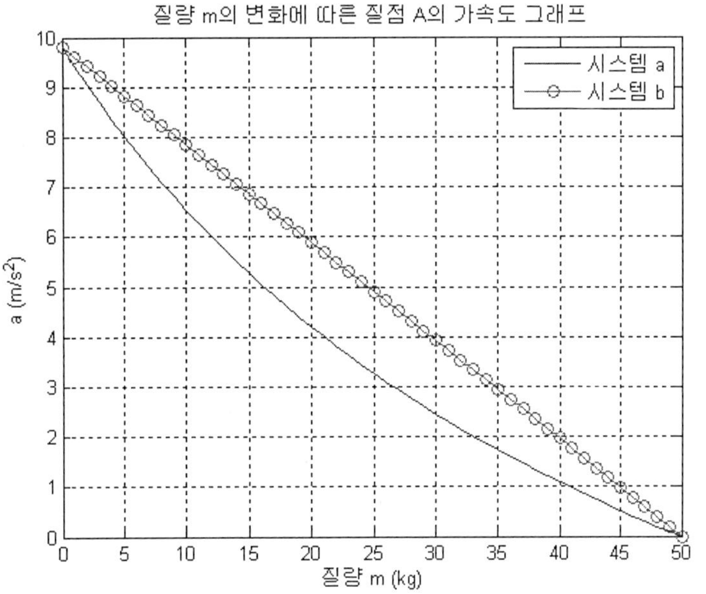

| 그림 8.24 | 예제 8.15의 출력 결과

예제 8.16 원심력 조절기에서 인장력을 구하는 예제

원심력 조절기에 0.5 kg의 공이 반경 0.15 m의 수평원에서 속력 v로 등속 운동하고 있다. 링크 AB, BC, AD, DE의 무게를 무시하고, 링크가 오직 인장력만 버틴다고 할 때, 모든 링크에 힘이 75 N이 넘지 않을 속력의 범위를 구하고, 그 범위에서 링크 AD와 링크 DE에 발생하는 인장력을 그래프로 표현하라.

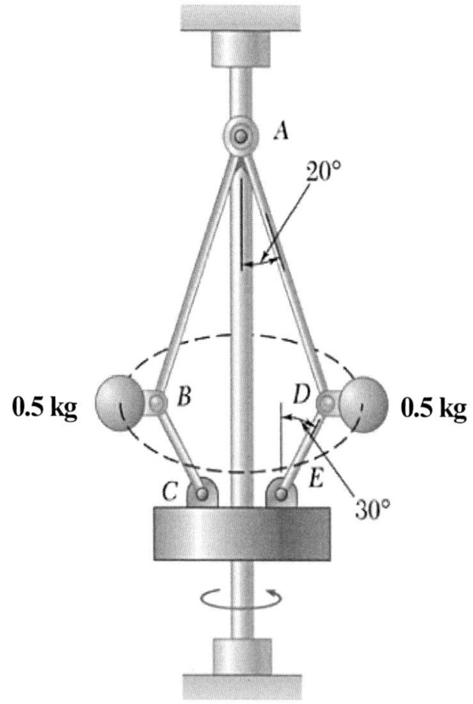

그림 8.25 원심력 조절기

```
% 법선방향과 수직방향 성분을 활용하여 링크의 장력을 구하는 프로그램이다.
% 원심 조절기 문제임
clear all; clc; close all;

vmax=100; % 해석 속력 상한 값 지정 (m/s)
m=0.5; % 공의 질량 (kg)
r=0.15; % 수평원의 반경 (m)
g=9.81; % 중력 가속도
W=m*g; % 공의 무게 (N)
Tmax=75; % 링크에 걸리는 인장력 상한선 (N)
th1=20*pi/180; % 링크 AD의 각도 (rad)
th2=30*pi/180; % 링크 DE의 각도 (rad)

for v1=0:0.01:vmax;
    A=[cos(th1) -cos(th2);sin(th1) sin(th2)];
    b=[W m/r.*v1.^2]';
    T=A\b;
```

```
    T1=T(1);
    T2=T(2);
    if T1>=0 & T2>=0, break, end
end
vs=v1; % 속력의 하한선

for v1=vs:0.01:vmax;
    A=[cos(th1) -cos(th2);sin(th1) sin(th2)];
    b=[W m/r.*v1.^2]';
    T=A\b;
    T1=T(1);
    T2=T(2);
    if T1>=Tmax | T2>=Tmax, break, end
end
i=1;
vt=v1-0.01; % 속력의 상한선

for v=vs:0.01:vt;
    A=[cos(th1) -cos(th2);sin(th1) sin(th2)];
    b=[W m/r.*v.^2]';
    T=A\b;
    T1(i)=T(1);
    T2(i)=T(2);
    i=i+1;
end
disp(['속력의 범위는 ' num2str(vs) '  <=  v  <='  num2str(vt) ' (m/s) 이다.' ])

v=vs:0.01:vt;
subplot(211);plot(v,T1);grid on %그래프 그림
title('링크에 발생하는 인장력 그래프');
xlabel('회전속력 v (m/s)');ylabel('T_A_D (N)');
axis([-inf inf -inf inf]);
subplot(212);plot(v,T2);grid on %그래프 그림
%title('칼라 회전각 그래프');
xlabel('회전속력 v (m/s)');ylabel('T_D_E (N)');
axis([-inf inf -inf inf]);
set(gcf,'color','w')
```

```
속력의 범위는 0.74  <=  v  <=4.34(m/s)이다.
```

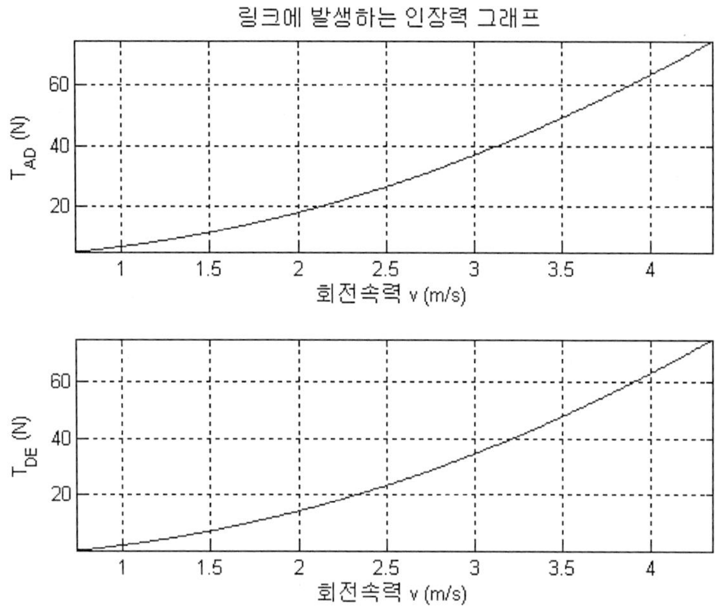

그림 8.26 예제 8.16의 출력 결과

예제 8.17 반경방향과 횡방향 성분을 활용하여 블록에 가해지는 힘을 구하는 예제

질량이 m인 블록 B가 수평면 내에서 일정한 각속도 $\omega_o = \dot{\theta}_o$ 으로 돌고 있는 막대 OA위를 자유로이 미끄러진다. 블록 B와 막대 OA 사이의 마찰은 무시한다. B가 O점으로부터 r_o만큼 떨어진 거리에서부터 운동을 시작한다고 할 때, 1) 블록 B의 막대방향 속도성분 v_r과 2) 막대 OA에 의해 블록 B에 가해지는 수평력 F의 크기를 r에 대해서 그래프로 표현하라.

단, $\omega_o = 100\,\mathrm{rad/s}$, $m = 0.5\,\mathrm{kg}$, $r_o = 0.1\,\mathrm{m}$ 임.

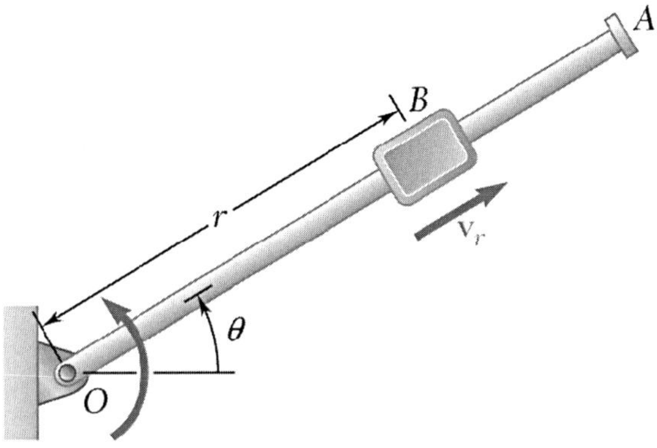

| 그림 8.27 | 막대 위를 운동하는 블록

```
% 반경방향과 횡방향 성분을 활용하여 블록의 속력과 블록에 가해지는
% 힘을 구하는 프로그램이다.
% 막대위에서 블록이 미끄러지는 문제임.
clear all; clc; close all;

rmax=0.5; % 막대 길이 지정 (m)
m=0.5; % 블록의 질량 (kg)
w=20; % 회전 속도 (rad/s)
r0=0.1; % 블록의 초기 위치

r=r0:0.01:rmax;
vr=w.*sqrt(r.^2-r0^2); %블록의 막대방향 속력
F=2*m*w.^2*sqrt(r.^2-r0^2); % 막대가 블록에 미치는 힘

subplot(211);plot(r,vr);grid on %그래프 그림
title('v_r과 수평력 F 그래프');
xlabel('반경 r (m)');ylabel('v_r (m/s)');
%axis([-inf inf -inf inf]);
subplot(212);plot(r,F);grid on %그래프 그림
xlabel('반경 r (m)');ylabel('F (N)');
%axis([-inf inf -inf inf]);
set(gcf,'color','w')
```

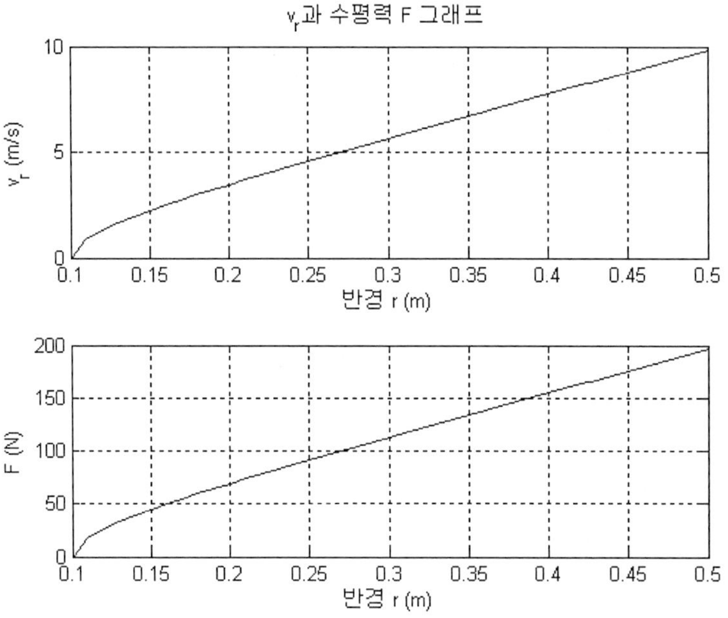

그림 8.28 예제 8.17의 출력 결과

8.4 에너지와 운동량 법칙

다음 그림은 질량이 m인 질점이 외력 $\boldsymbol{F}$을 받으면서 A_1에서 A_2로 움직이는 경우를 나타낸다. 이 때 힘 $\boldsymbol{F}$가 하는 일 $U_{1\to2}$는 질점의 운동 에너지의 변화와 같다. 이것이 일과 에너지 법칙인데, 식으로 쓰면 다음과 같다.

$$U_{1\to2} = T_2 - T_1$$
$$\to T_1 + U_{1\to2} = T_2$$

여기서 운동에너지 T는 질점의 속도를 $\boldsymbol{v}$라고 하면 다음과 같이 표기된다.

$$T = \frac{1}{2} m v^2$$

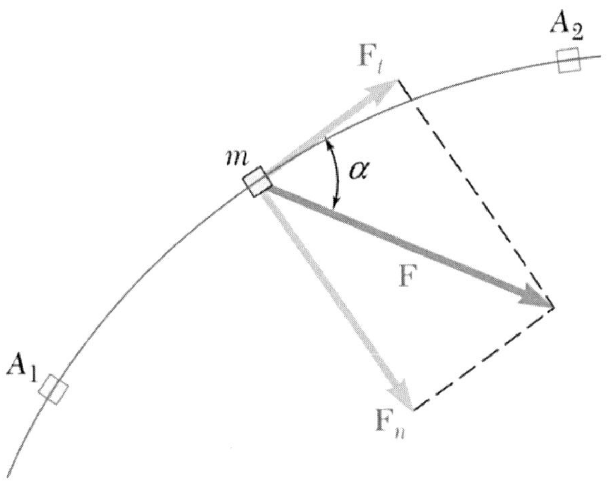

| 그림 8.29 | 외력 F를 받으면서 움직이는 질점

아래 그림과 같이 주어진 시간 동안 힘 $\boldsymbol{F}$가 질점 m에 작용했을 때 질점의 최종운동량 $m\boldsymbol{v}_2$는 최초 운동량 $m\boldsymbol{v}_1$과 주어진 시간동안 작용한 힘 $\boldsymbol{F}$에 의한 충격량의 벡터합이 되면 다음과 같이 쓸 수 있다.

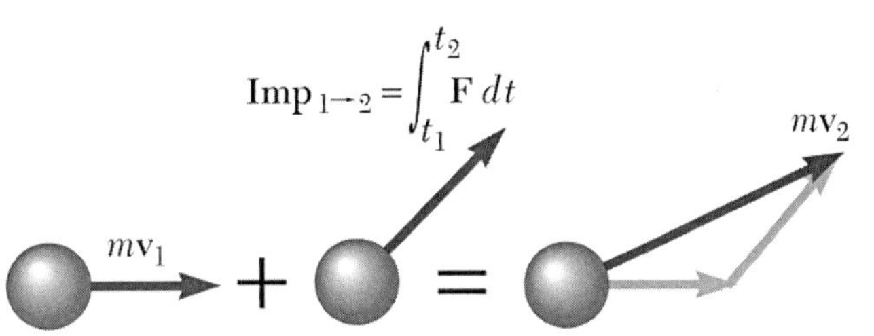

| 그림 8.30 | 외력 F에 의한 질점의 운동량 변화

$$m\boldsymbol{v}_1 + \boldsymbol{Imp}_{1\to 2} = m\boldsymbol{v}_2$$

한 점에 여러 힘들이 작용하면 각각의 힘에 의한 충격량을 고려하여야 한다.

$$m\boldsymbol{v}_1 + \sum \boldsymbol{Imp}_{1\to 2} = m\boldsymbol{v}_2$$

두 개 이상의 질점에 대한 운동량-충격량 식은 다음과 같다.

$$\sum m\boldsymbol{v}_1 + \sum \boldsymbol{Imp}_{1\to 2} = \sum m\boldsymbol{v}_2$$

예제 8.18 일과 에너지 법칙을 활용하여 블록의 속도와 움직인 거리의 관계를 구하는 예제

두 개의 블록($m_B > m_A$)이 늘어나지 않는 케이블로 그림처럼 연결되어 있다. 이 시스템이 정지상태에서 자유로이 놓여진다. 블록 A와 평면간의 마찰계수를 μ_k이고, 풀리는 무게와 마찰이 없고 케이블의 무게도 없는 것으로 가정한다. $m_A = 100\,\text{kg}$, $m_B = 200\,\text{kg}$, $\mu_k = 0.2$일 때, A가 움직인 거리 x에 따른 속도 v_A를 구하라.

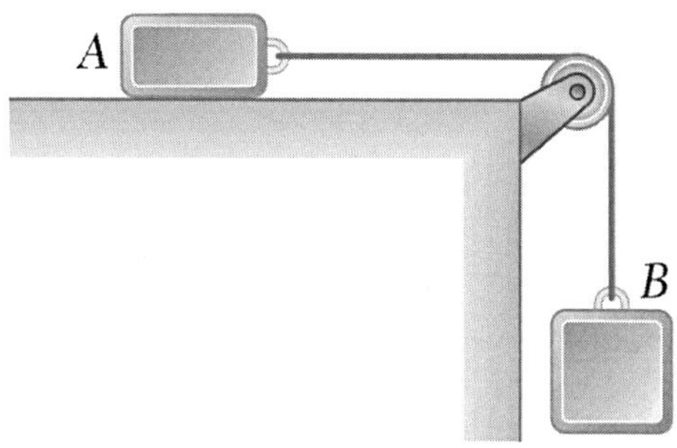

그림 8.31 케이블로 연결된 두 개의 블록

```
% 일과 에너지 법칙을 활용하여 블록의 속도와 움직인 거리의 관계를 구하는
% 프로그램이다.
% 케이블로 연결되어 있는 두 개의 블록이 미끄러지는 문제임.
clear all; clc; close all;

xmax=1; % 움직이는 거리 지정 (m)
ma=100; % 블록A의 질량 (kg)
mb=200; % 블록B의 질량 (kg)
mu=0.2; % 운동 마찰계수
g=9.81; % 중력 가속도 (m/s^2)

x=0:0.01:xmax;
va=sqrt((mb-mu*ma)*g/0.5/(ma+mb).*x); % 블록 A의 속도의 크기

plot(x,va);grid on %그래프 그림
title('v_A - x 그래프');
xlabel('움직인 거리 x (m)');ylabel('v_A (m/s)');
%axis([-inf inf -inf inf]);
set(gcf,'color','w')
```

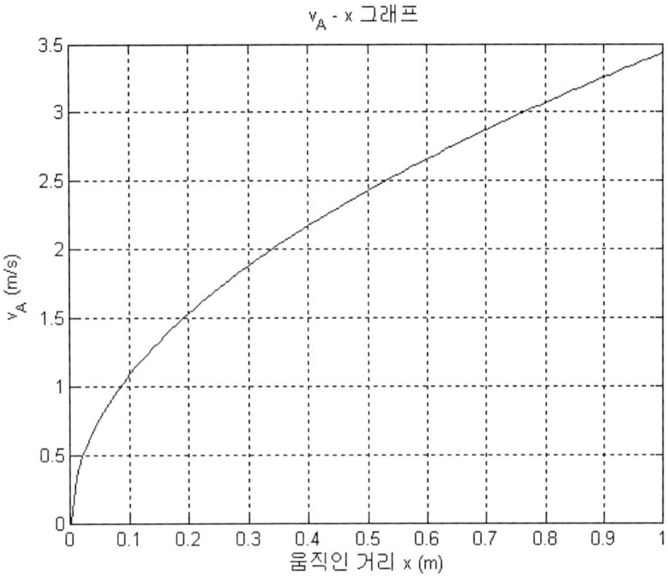

| 그림 8.32 | 예제 8.18의 출력 결과

예제 8.19 마찰력을 받으며 평면 위를 움직이는 질점의 운동

평면위를 움직이는 60 kg의 짐을 정지시키기 위해서 스프링을 사용한다. 스프링 상수는 30 kN/m이고, 처음에 아무런 변형도 없는 상태에 있다. 현재 짐의 속도는 v(m/s)이고, 스프링은 최대 0.2 m까지 압축 될 수 있다. 짐과 표면의 운동마찰 계수는 0.2이다. 짐이 스프링까지 간 후에 다시 현재의 위치를 되돌아 올 때의 속도를 구하고자 한다. 먼저 1) 출발점에서 짐이 가질 수 있는 최소 속력과 최대 속력을 구하고, 2) 그 범위에서 짐이 되돌아 올 때의 속력을 그래프로 표현하라.

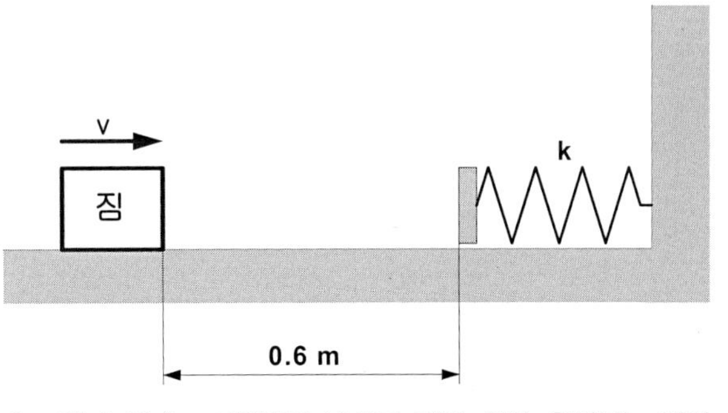

| 그림 8.33 | 마찰력을 받으며 평면 위를 움직이는 질점

```
% 마찰력에 의한 에너지 소모를 극복하고 되돌아 올 때의 속력을 구하는 프로그램이다.
% 평면위에서의 물체의 움직임 문제임 - 마찰과 스프링이 있음
clear all; clc; close all;

m=60; % 짐의 질량 (kg)
mu=0.2; % 짐과 표면과의 운동마찰계수
g=9.81; % 중력 가속도 (m/s^2)
k=30000; % 스프링 상수 (N/m)
xmax=0.2; % 허용 스프링 압축량 (m)
d=0.6 ; %짐과 스프링 사이의 초기 거리 (m)

W=m*g; % 짐의 무게
F=mu*W; %마찰력

% 최소 스프링 압축량 계산.
% 스프링에 축적된 에너지가 마찰력을 이기고 원래의 위치로 돌아가기 위해
% 필용한 압축량 계산
% 스프링에 저장된 탄성에너지 : Uk=1/2*k*x^2
% 마찰력에 의해 소모된 에너지 : Uf2=F*(0.6+x)
% 최소한의 스프링 압축량 : Uk-Uf2=0을 만족하는 x

pmin=[1/2*k -F -d*F];
xp=roots(pmin); % 스프링의 최소 압축량
if xp(1)>0, xmin=xp(1);
else xmin=xp(2);
end
vmin=sqrt((F*(d+xmin)+1/2*k*xmin^2)/(0.5*m)); % 출발할 때의 최소 속력
vmax=sqrt((F*(d+xmax)+1/2*k*xmax^2)/(0.5*m)); % 출발할 때의 최대 속력

i=1;
for vs=vmin:0.01:vmax;
    p=[1/2*k F -1/2*m.*vs.^2+d*F];
    xv=roots(p); % 스프링 압축량
    if xv(1)>0, x=xv(1);
else x=xv(2);
    end
    v=sqrt((1/2*k.*x.^2-F.*(d+x))/(0.5*m)); % 되돌아 올 때의 속력
    s(i)=v;
    i=i+1;
end
```

```
disp(['출발점에서 짐이 가질 수 있는 속력의 범위는 ' ...
    num2str(vmin) '  <=  v  <='  num2str(vmax) ' (m/s)이다.' ])

vs=vmin:0.01:vmax;
plot(vs,s);grid on %그래프 그림
title('v_s - v_f 그래프');
xlabel('출발할 때의 속력 v_s (m/s)');ylabel('되돌아 올 때의 속력 v_f (m/s)');
axis([-inf inf -inf inf]);
set(gcf,'color','w')
```

```
출발점에서 짐이 가질 수 있는 속력의 범위는 2.2976  <=  v  <=4.8103(m/s)이다.
```

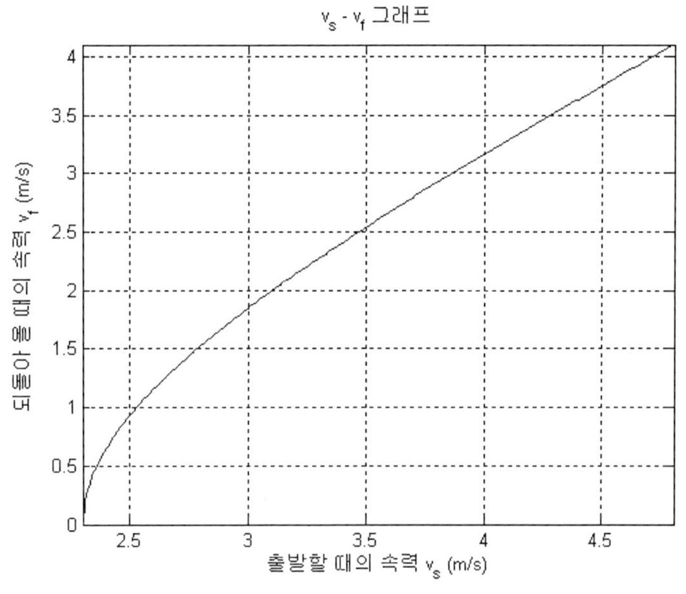

▎그림 8.34▎ 예제 8.19의 출력 결과

예제 8.20 평균 충격력을 구하는 예제

0.12 kg의 야구공이 24 m/s 의 속력으로 야구배트를 향해 던져졌다. 공은 배트와 충돌한 후 수평에 대해 각도 θ의 방향으로 36 m/s 의 속력으로 날아간다. 배트와 공의 접촉 시간이 0.015 s 라면, 충돌시 공과 배트 사이의 평균 충격력을 각도 θ에 대해서 구하라.

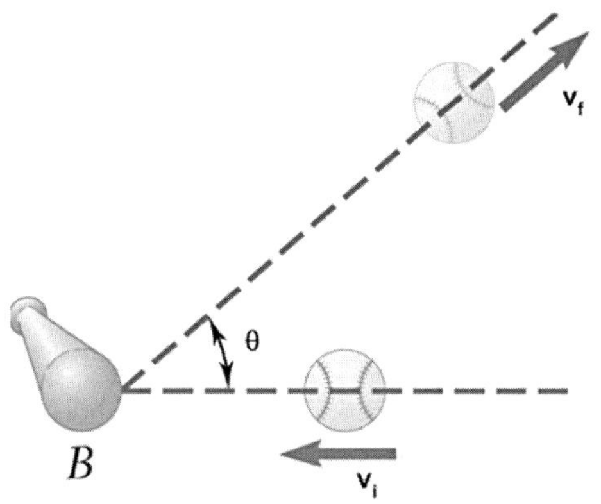

그림 8.35 배트와 충돌하는 야구공

```
% 야구 공과 배트사이의 평균충격력을 구하는 프로그램이다.
% 충돌 후 공의 각도에 따른 평균충격력 구하기.

clear all; clc; close all;

v1=24; % 충돌전 공의 속력 (m/s)
v2=36; % 충돌 후의 공의 속력 (m/s)
th1=-pi; % 충돌전 공이 날아가는 각도(rad)
m=0.12; % 공의 질량(kg)
dt=0.015; % 공과 배트의 접촉시간 (s)

th2=0:0.01:pi/2; % 충돌 후의 공의 각도
fx=(m*v2*cos(th2)-m*v1*cos(th1))/dt;  % 평균 충격력의 x 방향 성분
fy=(m*v2*sin(th2)-m*v1*sin(th1))/dt; % 평균 충격력의 y방향 성분
f=sqrt(fx.^2+fy.^2); % 충격력의 크기

subplot(311),plot(th2*180/pi,f);grid on %그래프 그림
title('충돌 후 각도 - 충격력 그래프');
xlabel('충돌 후 각도 \theta (degree)');ylabel('충격력 크기 (N)');
axis([-inf inf -inf inf]);
subplot(312),plot(th2*180/pi,fx);grid on %그래프 그림
%title('v_A - x 그래프');
xlabel('충돌 후 각도 \theta (degree)');ylabel('F_x (N)');
axis([-inf inf -inf inf]);
subplot(313),plot(th2*180/pi,fy);grid on %그래프 그림
%title('v_A - x 그래프');
```

```
xlabel('충돌 후 각도 \theta (degree)');ylabel('F_y (N)');
axis([-inf inf -inf inf]);
set(gcf,'color','w')
```

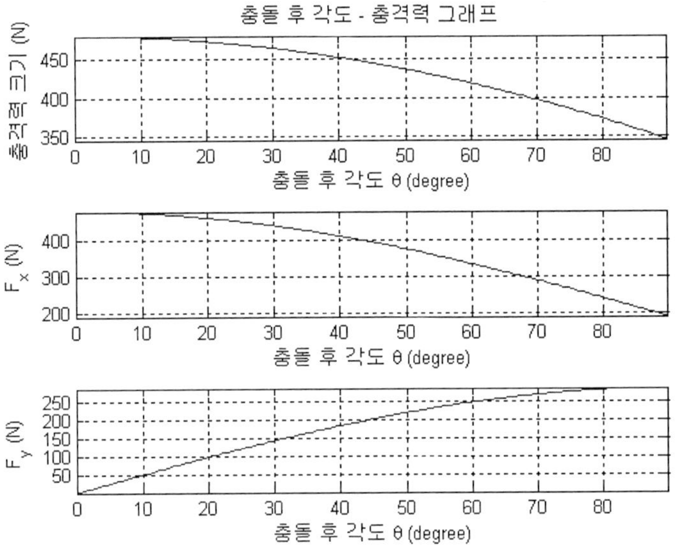

| 그림 8.36 | 예제 8.20의 출력 결과

예제 8.21 운반차에 의해 짐에 가해지는 충격량과 에너지 손실비를 구하는 예제

10 kg의 짐이 3 m/s 의 속도로 25 kg의 운반차로 떨어진다. 운반차는 정지상태에 있고, 충돌 후에는 수평방향으로 자유로운 운동을 한다. 운반차에 의해 짐에 가해지는 충격량과 에너지 손실비를, 짐의 충돌 전 각도 θ에 대해서 구하라.

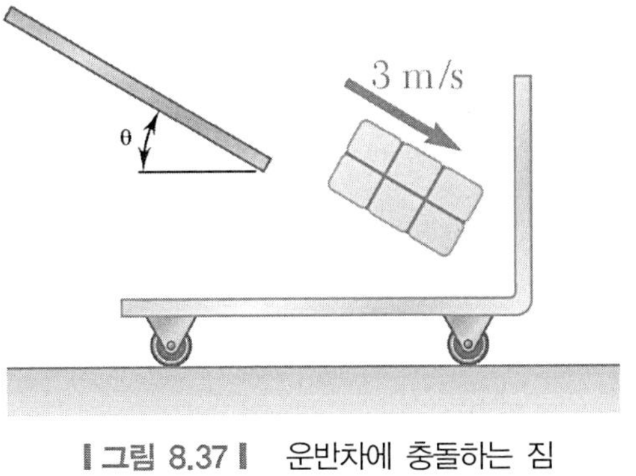

| 그림 8.37 | 운반차에 충돌하는 짐

```
% 짐과 운반차사이의 충격량과 에너지 손실비를 구하는 프로그램이다.
% 충돌 전 짐의 각도에 따른 충격량과 에너지 손실비 구하기.

clear all; clc; close all;

v1=3; % 충돌 전 짐의 속력 (m/s)
m1=10; % 짐의 질량(kg)
m2=25; % 운반차의 질량 (kg)

th1=0:0.01:pi/2; % 충돌 전의 짐의 각도(rad)
v2=m1*v1.*cos(th1)./(m1+m2); % 충돌 후의 짐과 운반차의 속력(m/s)
fxdt=m1.*v2-m1*v1*cos(th1);  % 충격량의 x 방향 성분 (N s)
fydt=m1*v1*sin(th1); % 충격량의 y방향 성분 (N s)
f=sqrt(fxdt.^2+fydt.^2); % 충격량의 크기 (N s)
ke1=1/2*m1.*v1.^2; % 충돌 전의 시스템 운동에너지(J)
ke2=1/2*(m1+m2).*v2.^2; % 충돌 후의 시스템 운동에너지
de=(ke1-ke2)/ke1*100; % 에너지 손실비 DE(%)

subplot(311),plot(th1*180/pi,f);grid on %그래프 그림
title('충돌 전 각도 \theta - 충격량 그래프');
xlabel('\theta (degree)');ylabel(' F  \Delta t (N s)');
%axis([-inf inf -inf inf]);
subplot(323),plot(th1*180/pi,fxdt);grid on %그래프 그림
%title('v_A - x 그래프');
xlabel('\theta (degree)');ylabel('F_x  \Delta t (N s)');
axis([0 90 -inf inf]);
subplot(324),plot(th1*180/pi,fydt);grid on %그래프 그림
%title('v_A - x 그래프');
xlabel('\theta (degree)');ylabel('F_y  \Delta t (N s)');
axis([0 90 -inf inf]);
subplot(313),plot(th1*180/pi,de);grid on %그래프 그림
%title('v_A - x 그래프');
xlabel('\theta (degree)');ylabel('\Delta E (%)');
%axis([-inf inf -inf inf]);
set(gcf,'color','w')
```

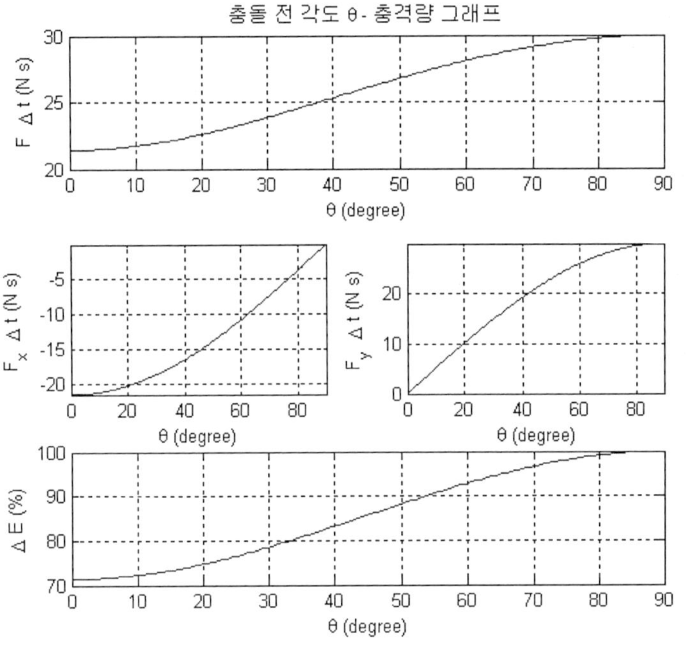

| 그림 8.38 | 예제 8.21의 출력 결과

예제 8.22 **카트에 연결된 구의 운동**

질량이 m_B인 구 B가 길이가 L인 줄에 의하여, 수평방향의 궤도상을 마찰없이 움직일 수 있는 질량 m_A인 카트 A에 매달려 있다. 구는 초기속력 $v_o = 10\,\mathrm{m/s}$로 수평방향으로 움직이고 있고, 카트는 정지해 있다. 구가 최대 높이에 도달했을 때, m_B/m_A에 따른 구의 속력과 높이 변화를 그래프로 표현하라.

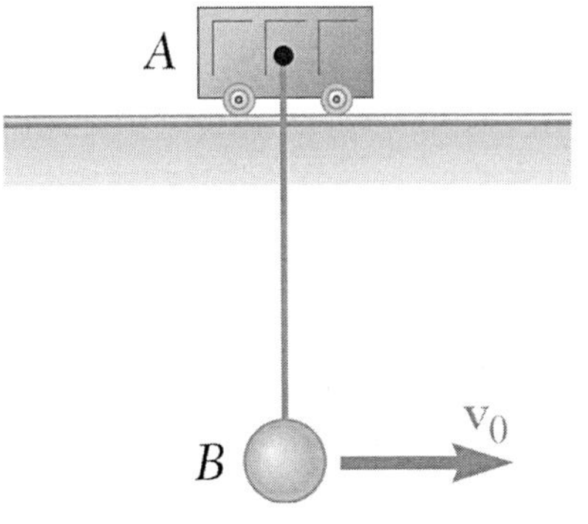

| 그림 8.39 | 카트에 연결된 구

```
% 수평방향으로 마찰없이 움직일 수 있는 카트에 구가 연결된 문제.
% 구가 최대 높이에 도달 했을 때의 구의 속력과 높이 변화(h)
clear all clc; close all

v0=10; % 구의 초기 속력 (m/s)
g=9.81; % 중력 가속도

mba=0.01:0.01:40; % mB/mA 비
v=mba./(1+mba).*v0; % 구가 최대 높이에 도달했을 때의 속력 (m/s)
h=1./(1.+mba).*v0.^2./2./g;  % 구가 최대 높이에 도달했을 때의 높이 변화(m)
subplot(211),plot(mba,v);grid on %그래프 그림
title('m_B/m_A에 따른 구의 최대 높이에서의 속력(v_f)과 높이 변화((h) 그래프');
xlabel('m_B/m_A');ylabel(' v_f (m/s)');
subplot(212),plot(mba,h);grid on %그래프 그림
xlabel('m_B/m_A');ylabel('h  (m)');
set(gcf,'color','w')
```

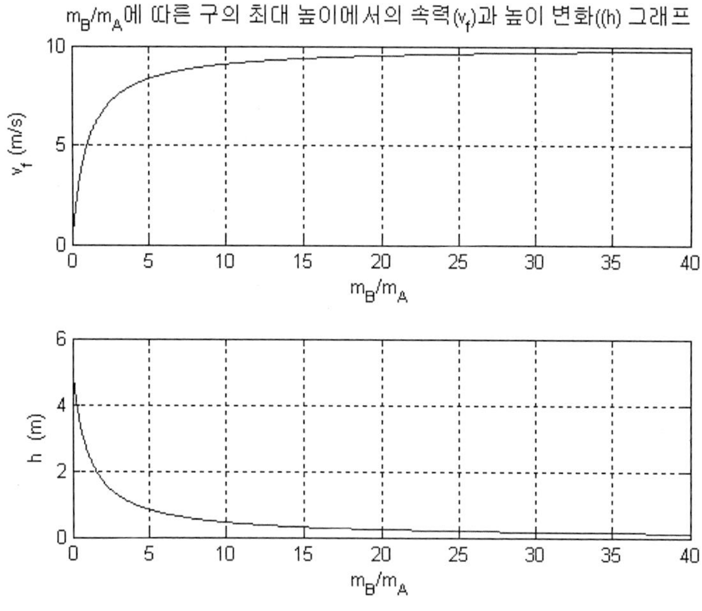

| 그림 8.40 | 예제 8.22의 출력 결과

8.5 평면운동 – 운동학

상대 속도 식 :

$$v_B = v_A + v_{B/A} = v_A + w\mathbf{k} \times \mathbf{r}_{B/A}$$

상대가속도 식 :

$$a_B = a_A + a_{B/A} = a_A + \alpha \mathbf{k} \times \mathbf{r}_{B/A} - \omega^2 \mathbf{r}_{B/A}$$

예제 8.23 인라인 슬라이더–크랭크 기구

아래 그림에 나타나 있는 엔진계에서, 크랭크가 500 rpm의 일정한 각속도로 회전하고 있다. subplot을 사용하여 다음 그래프(2차원그래프: $0 \le \theta \le 2\pi$)를 그려라.

피스톤의 위치 : $x = r\cos\theta + \sqrt{L^2 - r^2\sin^2\theta}$

피스톤의 속도 : $v = -rw\sin\theta - \dfrac{r^2 w \sin 2\theta}{2\sqrt{L^2 - r^2\sin^2\theta}}$

피스톤의 가속도 : $a = -rw^2\cos\theta - \dfrac{4r^2w^2\cos 2\theta (L^2 - r^2\sin^2\theta) + (r^2 w \sin 2\theta)^2}{4(L^2 - r^2\sin^2\theta)^{3/2}}$

단, $w = 500 \times (2\pi/60)\,\mathrm{rad/s}$ 임.

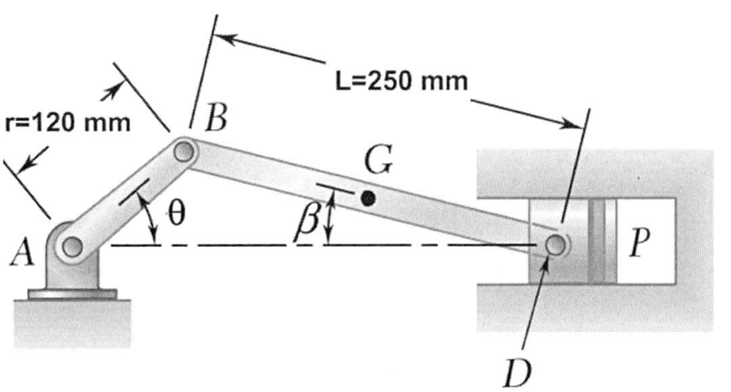

| 그림 8.41 | 인라인 슬라이더–크랭크 기구

```
%슬라이더 크랭크 기구에서 피스톤의 위치/속도/가속도 그리는 프로그램임.
% subplot을 활용하여 그래프를 그림.

clear; clc; clf;                    %변수 초기화
r=120; L=250; rpm=500;              %상수 값 지정
w=rpm*pi/30;
theta=0:.01:2*pi;                   %각도 범위 지정

x = r*cos(theta)...
    +sqrt(L^2-(r*sin(theta)).^2);             %위치 값 계산
v = -r*w*sin(theta)...
    -r^2*w*sin(2*theta)...
    ./(2*sqrt(L^2-(r*sin(theta)).^2));        %속도 값 계산
a = -r*w^2*cos(theta)...
    -(4*r^2*w^2*cos(2*theta).*(L^2-(r*sin(theta)).^2)+(r^2*w*sin(2*theta)).^2)...
    ./(4*(sqrt((L^2-(r*sin(theta)).^2))).^3); %가속도 값 계산

subplot(311);
plot(theta,x);grid on               %위치 그래프 표시/격자 표시
axis([-Inf Inf -Inf Inf]);          %축 한정
title('피스톤의 위치 그래프');       %그래프 이름 표시
xlabel('각도(rad)');                 %축 이름 표시
ylabel('변위(mm)');

subplot(312);
plot(theta,v);grid on               %속도 그래프 표시/격자 표시
axis([-Inf Inf -Inf Inf]);          %축 한정
title('피스톤의 속도 그래프');       %그래프 이름 표시
xlabel('각도(rad)');                 %축 이름 표시
ylabel('속도(mm/s)');

subplot(313);
plot(theta,a);grid on               %가속도 그래프 표시/격자 표시
axis([-Inf Inf -Inf Inf]);          %축 한정
title('피스톤의 가속도 그래프');     %그래프 이름 표시
xlabel('각도(rad)');                 %축 이름 표시
ylabel('가속도(mm/s^{2})');
```

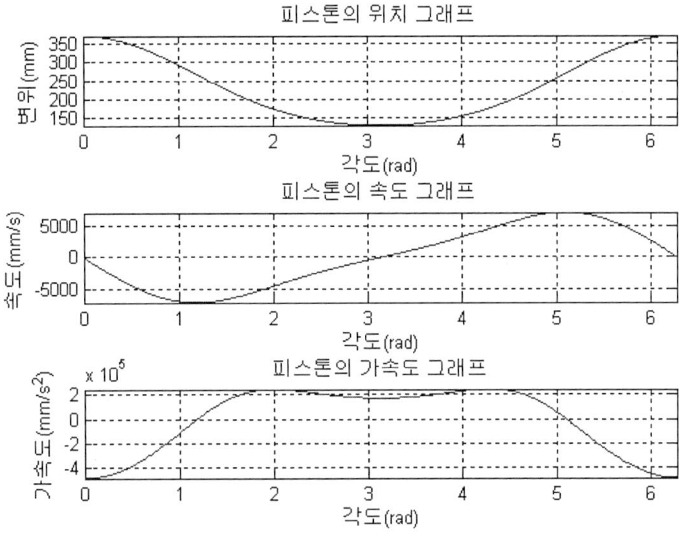

| 그림 8.42 | 예제 8.23의 출력 결과

예제 8.24 인라인 슬라이더-크랭크 기구

아래 그림과 같이 $L_2 = 30\,\text{cm}$이고 $L_3 = 90\,\text{cm}$인 인라인 슬라이더 크랭크 기구가 있다. 링크 2가 한 바퀴 회전할 때, θ_3와 L_4가 어떻게 변하는지 그래프를 통해서 관찰해 보자. 그림 8.10은 프로그램을 실행한 결과이다.

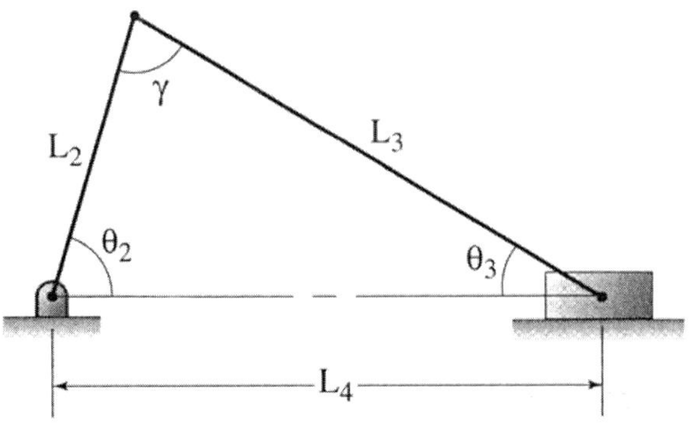

| 그림 8.43 | 인라인 슬라이더-크랭크 기구

```
% 인라인 슬라이더 크랭크의 각도와 위치를 구하는 프로그램이다.
% 각 링크의 길이 입력
clear all clc close all

L2=30;
L3=90;
th2=0:0.001:2*pi;  % 크랭크의 각도 변화
th3=asin(L2/L3.*sin(th2));
gamma=pi-(th2+th3);
L4 =sqrt(L2^2+L3^2-2*L2*L3.*cos(gamma));
th2=th2*180/pi;
th3=th3*180/pi;
subplot(211);plot(th2,th3);grid on % th2-th3 그래프 그림
title('\theta_2 -\theta_3 그래프');
xlabel('\theta_2 (degree)');ylabel('\theta_3 (degree)');
axis([-inf inf -inf inf]);
subplot(212);plot(th2,L4);grid on % th2-L4 그래프 그림
axis([-inf inf -inf inf]);
title('\theta_2 - L_4 그래프');
xlabel('\theta_2 (degree)');ylabel('L_4 (cm)');
set(gcf,'color','w')
```

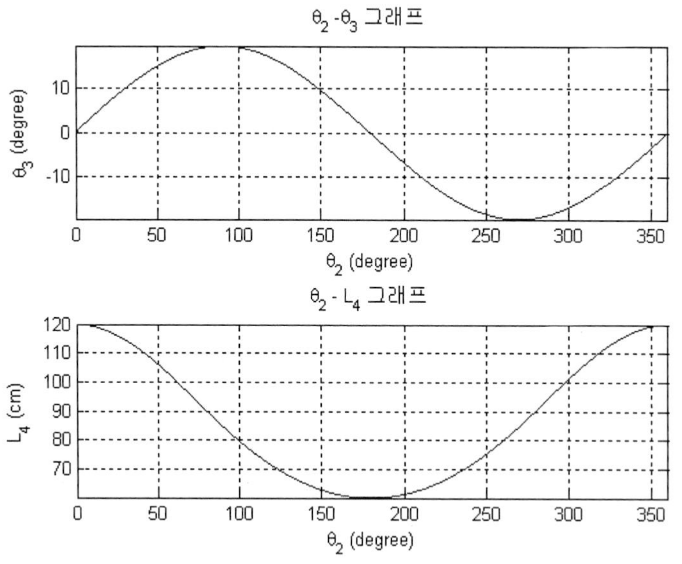

그림 8.44 예제 8.24의 출력 결과

예제 8.25 편심 슬라이더-크랭크 기구

아래 그림과 같이 $L_1 = 20\,\mathrm{cm}$, $L_2 = 30\,\mathrm{cm}$ 이고 $L_3 = 90\,\mathrm{cm}$ 인 편심 슬라이더 크랭크 기구가 있다. 링크 2가 한 바퀴 회전할 때, θ_3와 L_4가 어떻게 변하는지 그래프를 통해서 관찰해 보자. 그림 8.25는 프로그램을 실행한 결과이다.

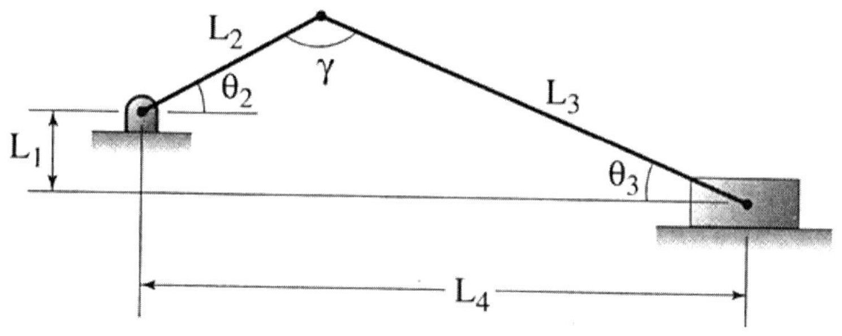

그림 8.45 편심 슬라이더-크랭크 기구

```
% 편심(offset) 슬라이더 크랭크의 각도와 위치를 구하는 프로그램이다.
% 각 링크의 길이 입력
clear all;  clc; close all;

L1=20;
L2=30;
L3=90;
th2=0:0.001:2*pi;   % 크랭크의 각도 변화
th3=asin((L1+L2.*sin(th2))./L3);
gamma=pi-(th2+th3);
L4 =L2.*cos(th2)+L3.*cos(th3);
th2=th2*180/pi;
th3=th3*180/pi;
subplot(211);plot(th2,th3);grid on % th2-th3 그래프 그림
title('\theta_2 -\theta_3 그래프');
xlabel('\theta_2 (degree)');ylabel('\theta_3 (degree)');
axis([-inf inf -inf inf]);
subplot(212);plot(th2,L4);grid on % th2-L4 그래프 그림
axis([-inf inf -inf inf]);
title('\theta_2 - L_4 그래프');
xlabel('\theta_2 (degree)');ylabel('L_4 (cm)');
set(gcf,'color','w')
```

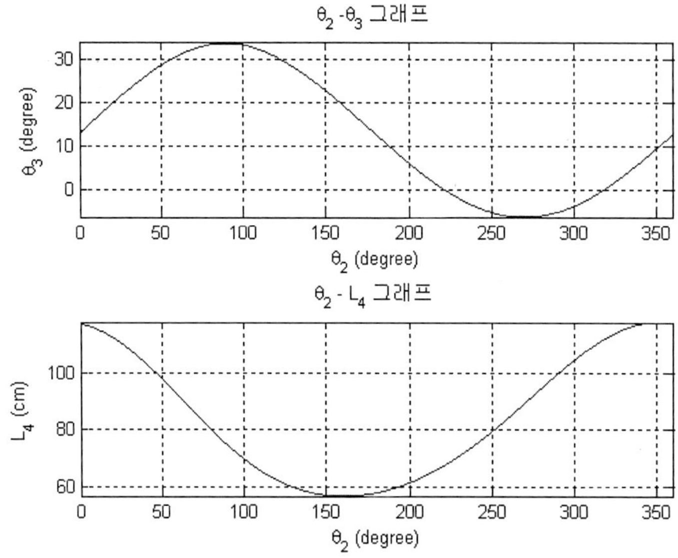

그림 8.46 예제 8.25의 출력 결과

예제 8.26 4절 기구

아래 그림과 같이 $L_1 = 10\,\text{cm}$, $L_2 = 4\,\text{cm}$, $L_3 = 8\,\text{cm}$이고 $L_4 = 8\,\text{cm}$인 4절 기구가 있다. 링크 2가 두 바퀴 회전할 때, θ_3와 θ_4가 어떻게 변하는지 그래프를 통해서 관찰해 보자. 그림 8.26은 프로그램을 실행한 결과이다.

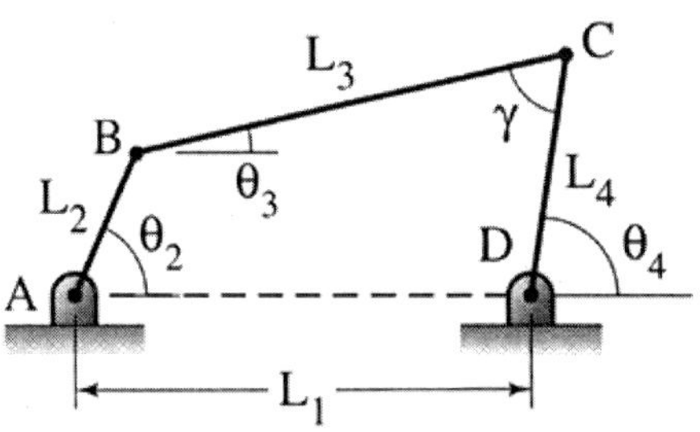

그림 8.47 4절 기구

```
% 4절 링크의 위치를 구하는 프로그램이다.
% 각 링크의 길이 입력
clear all clc close all
```

```
L1=10;
L2=4;
L3=8;
L4=8;
th2=0:0.01:4*pi;
BD=sqrt(L1^2+L2^2-2*L1*L2.*cos(th2));
r=acos((L3^2+L4^2-BD.^2)/2/L3/L4);
th4 =pi-acos((L1^2-L2^2+BD.^2)./2./L1./BD)-acos((L4^2-L3^2+BD.^2)./2./L4./BD);
th3 =th4-r;
th2=th2*180/pi;
th3=th3*180/pi;
th4=th4*180/pi;
subplot(211);plot(th2,th3);grid on % th2-th3 그래프 그림
title('\theta_2 - \theta_3 그래프');
xlabel('\theta_2 (degree)');ylabel('\theta_3 (degree)');
axis([-inf inf -inf inf]);
subplot(212);plot(th2,th4);grid on % th2-th4 그래프 그림
axis([-inf inf -inf inf]);
title('\theta_2 - \theta_4 그래프');
xlabel('\theta_2 (degree)');ylabel('\theta_4(degree)');
set(gcf,'color','w')
```

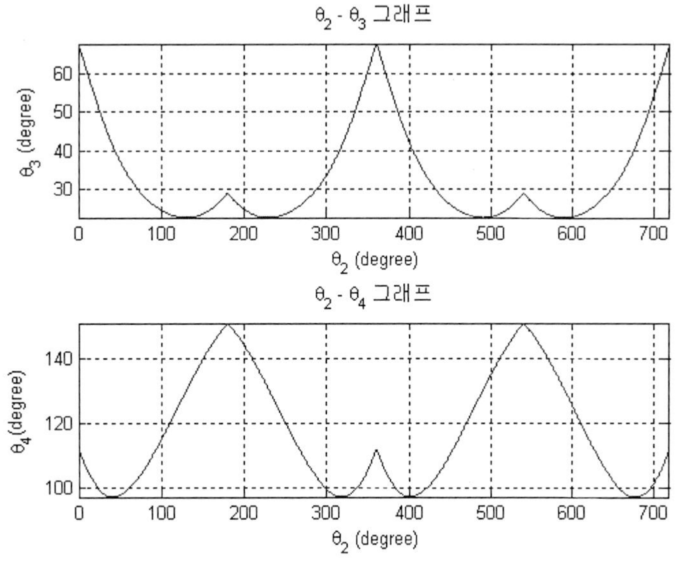

| 그림 8.48 | 예제 8.26의 출력 결과

예제 8.27 편심 슬라이더-크랭크 기구

아래 그림과 같이 $L_1 = 20\,\text{cm}$, $L_2 = 30\,\text{cm}$이고 $L_3 = 90\,\text{cm}$인 편심 슬라이더 크랭크 기구가 있다. 링크 2가 일정한 각속도 $w_2 = 200\,\text{rad/s}$로 회전하고 있다. 링크 2가 두 바퀴 회전할 때, ω_3와 v_4가 어떻게 변하는지 그래프를 통해서 관찰해 보자. 그림 8.27은 프로그램을 실행한 결과이다.

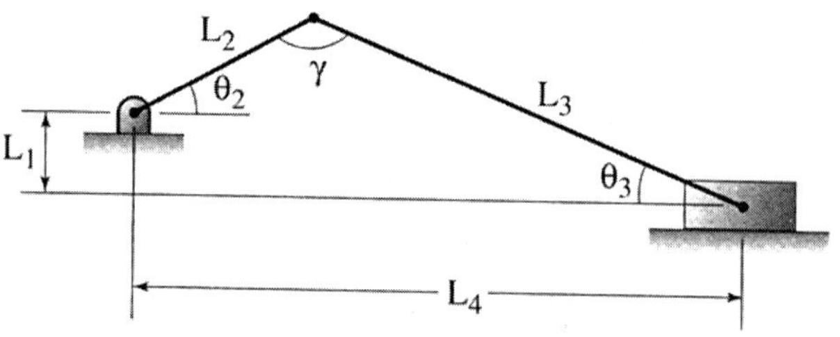

그림 8.49 편심 슬라이더-크랭크 기구

```
% 슬라이더 크랭크의 속도를 구하는 프로그램이다.
% 각 링크의 길이와 크랭크의 각속도 입력
clear all  clc; close all

L1=20;
L2=30;
L3=90;
w2=200; % 크랭크의 각속도 (rad/s)
th2=0:0.001:4*pi;  % 크랭크의 각도 변화
th3=asin((L1+L2.*sin(th2))./L3);
w3=-w2*(L2.*cos(th2)./L3./cos(th3));
v4 =-w2.*L2.*sin(th2)+w3.*L3.*sin(th3);
th2=th2*180/pi;
subplot(211);plot(th2,w3);grid on % th2-th3 그래프 그림
title('\theta_2 -\omega_3 그래프');
xlabel('\theta_2 (degree)');ylabel('\omega_3 (rad/s)');
axis([-inf inf -inf inf]);
subplot(212);plot(th2,v4);grid on % th2-L4 그래프 그림
axis([-inf inf -inf inf]);
title('\theta_2 - v_4 그래프');
xlabel('\theta_2 (degree)');ylabel('v_4 (cm/s)');
set(gcf,'color','w')
```

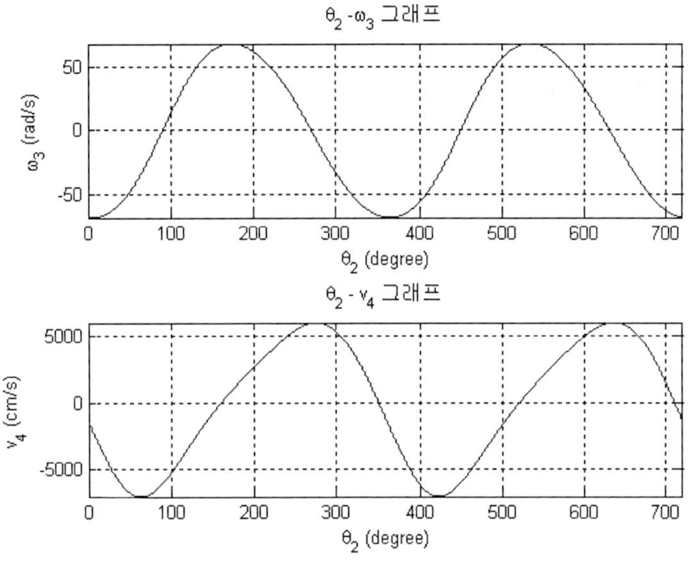

| 그림 8.50 | 예제 8.27의 출력 결과

예제 8.28 4절 기구

아래 그림과 같이 $L_1 = 11\,\mathrm{cm}$, $L_2 = 4\,\mathrm{cm}$, $L_3 = 12\,\mathrm{cm}$이고 $L_4 = 9\,\mathrm{cm}$인 4절 기구가 있다. 링크2가 일정한 각속도 $w_2 = 200\,\mathrm{rad/s}$로 회전하고 있다. 링크2가 두 바퀴 회전 할 때, ω_3와 ω_4가 어떻게 변하는지 그래프를 통해서 관찰해 보자. 그림 8.28은 프로그램을 실행한 결과이다.

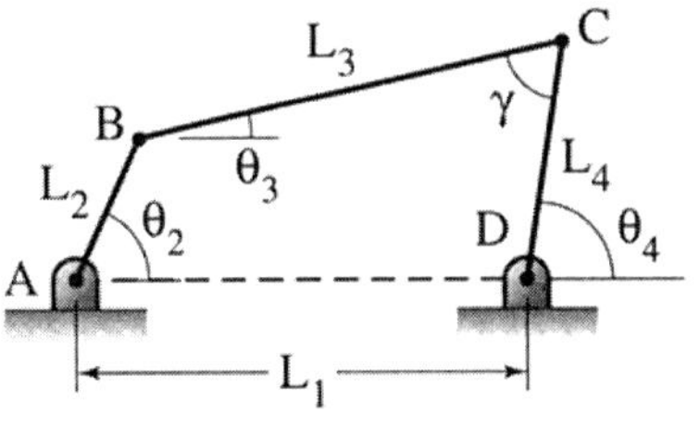

| 그림 8.51 | 4절 기구

```
% 4절 링크의 속도를 구하는 프로그램이다.
% 각 링크의 길이와 크랭크의 각속도입력
clear all clc close all
```

```
L1=11; % 링크1의 길이(cm)
L2=4; % 링크2의 길이(cm)
L3=12; % 링크3의 길이(cm)
L4=9; % 링크4의 길이(cm)
w2=200; %링크 2(크랭크)의 각속도(rad/s)
th2=0:0.001:4*pi;
BD=sqrt(L1^2+L2^2-2*L1*L2.*cos(th2));
r=acos((L3^2+L4^2-BD.^2)/2/L3/L4);
th4 =pi-acos((L1^2-L2^2+BD.^2)./2./L1./BD)-acos((L4^2-L3^2+BD.^2)./2./L4./BD);
th3 =th4-r;
w3=-w2*(L2.*sin(th4-th2)./L3./sin(r));
w4=-w2*(L2.*sin(th3-th2)./L4./sin(r));
th2=th2*180/pi;
subplot(211);plot(th2,w3);grid on % th2-th3 그래프 그림
title('\theta_2 - \omega_3 그래프');
xlabel('\theta_2 (degree)');ylabel('\omega_3 (degree)');
axis([-inf inf -inf inf]);
subplot(212);plot(th2,w4);grid on % th2-th4 그래프 그림
axis([-inf inf -inf inf]);
title('\theta_2 - \omega_4 그래프');
xlabel('\theta_2 (degree)');ylabel('\omega_4(degree)');
set(gcf,'color','w')
```

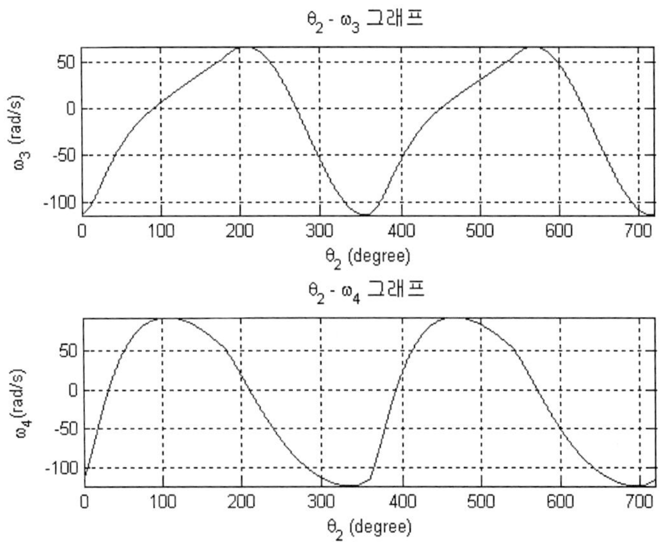

그림 8.52 예제 8.28의 출력 결과

예제 8.29 4절 기구

아래 그림과 같이 $L_1 = 10\,\text{cm}$, $L_2 = 4\,\text{cm}$, $L_3 = 12\,\text{cm}$ 이고 $L_4 = 9\,\text{cm}$ 인 4절 기구가 있다. 링크2가 일정한 각속도 $w_2 = 200\,\text{rad/s}$ 로 회전하고 있다. 링크2가 두 바퀴 회전할 때, ω_3와 α_3가 어떻게 변하는지 그래프를 통해서 관찰해 보자. 그림 8.30은 프로그램을 실행한 결과이다.

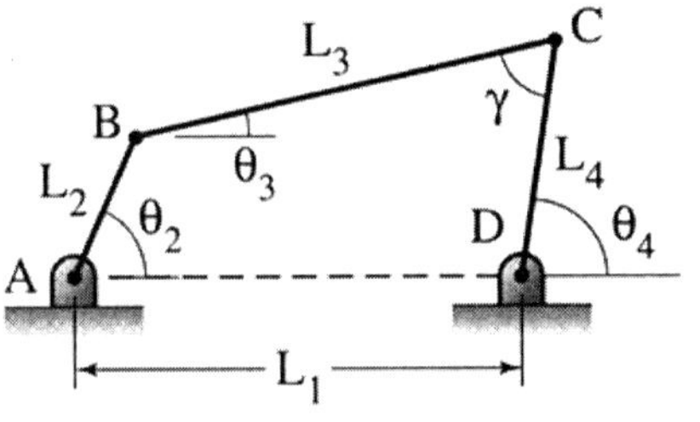

| 그림 8.53 | 4절 기구

```
% 4절 링크의 속도/가속도를 구하는 프로그램이다.
% 각 링크의 길이와 크랭크의 각속도/각가속도 입력
clear all clc close all

L1=10; % 링크1의 길이(cm)
L2=4; % 링크2의 길이(cm)
L3=12; % 링크3의 길이(cm)
L4=9; % 링크4의 길이(cm)
w2=200; % 링크 2(크랭크)의 각속도(rad/s)
al2=0; % 링크 2(크랭크)의 각가속도(rad/s^2)
th2=0:0.001:4*pi;
BD=sqrt(L1^2+L2^2-2*L1*L2.*cos(th2));
r=acos((L3^2+L4^2-BD.^2)/2/L3/L4);
th4 =pi-acos((L1^2-L2^2+BD.^2)./2./L1./BD)-acos((L4^2-L3^2+BD.^2)./2./L4./BD);
th3 =th4-r;
w3=-w2*(L2.*sin(th4-th2)./L3./sin(r));
w4=-w2*(L2.*sin(th3-th2)./L4./sin(r));
al3n=al2*L2.*sin(th2-th4)+w2.^2.*L2.*cos(th2-th4)-w4.^2*L4+w3.^2*L3.*c
os(th4-th3);
al3=al3n./L3./sin(th4-th3);
th2=th2*180/pi;
```

```
subplot(211);plot(th2,w3);grid on % th2-w3 그래프 그림
title('\theta_2 - w_3 그래프');
xlabel('\theta_2 (degree)');ylabel('w_3 (rad/s)');
axis([-inf inf -inf inf]);
subplot(212);plot(th2,al3);grid on % th2-alpha4 그래프 그림
axis([-inf inf -inf inf]);
title('\theta_2 - \alpha_3 그래프');
xlabel('\theta_2 (degree)');ylabel('\alpha_3(rad/s^2)');
set(gcf,'color','w')
```

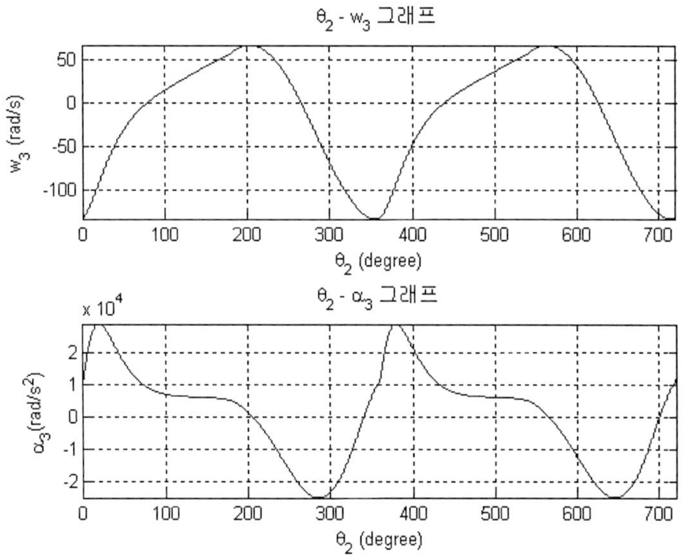

그림 8.54 예제 8.29의 출력 결과

예제 8.30 인라인 슬라이더-크랭크 기구

아래 그림과 같이, $L_2 = 30\,\text{cm}$이고 $L_3 = 90\,\text{cm}$인 인라인 슬라이더 크랭크 기구가 있다. 링크 2가 일정한 각속도 $w_2 = 200\,\text{rad/s}$로 회전하고 있다. 링크 2가 두 바퀴 회전할 때, ω_3와 α_3가 어떻게 변하는지 그래프를 통해서 관찰해 보자. 그림 8.30은 프로그램을 실행한 결과이다.

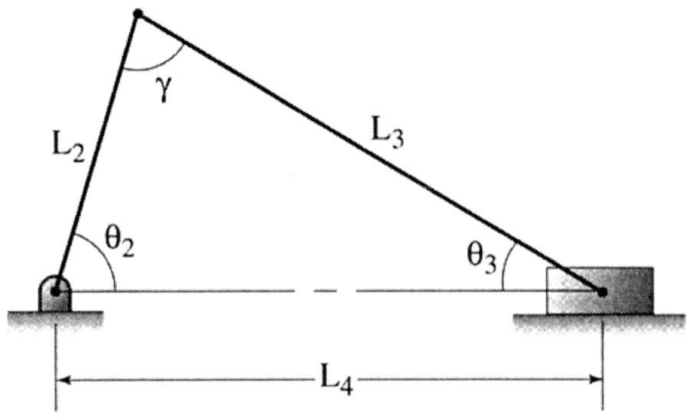

| 그림 8.55 | 인라인 슬라이더-크랭크 기구

```
% 슬라이더 크랭크의 속도/가속도를 구하는 프로그램이다.
% 각 링크의 길이와 크랭크의 각속도/각가속도 입력
clear all  clc close all

L1=20*0; %
L2=30; % 링크2 (cm)
L3=90; % 링크3 (cm)
w2=200; % 크랭크의 각속도 (rad/s)
al2=0;
th2=0:0.001:4*pi;  % 크랭크의 각도 변화
th3=asin((L1+L2.*sin(th2))./L3);
w3=-w2*(L2.*cos(th2)./L3./cos(th3));
v4 =-w2.*L2.*sin(th2)+w3.*L3.*sin(th3);
al3n=w2.^2*L2.*sin(th2)-w3.^2*L3.*sin(th3)-al2*L2.*cos(th2);
al3=al3n./L3./cos(th3);
th2=th2*180/pi;
subplot(211);plot(th2,w3);grid on % th2-w3 그래프 그림
title('\theta_2 -\omega_3 그래프');
xlabel('\theta_2 (degree)');ylabel('\omega_3 (rad/s)');
axis([-inf inf -inf inf]);
subplot(212);plot(th2,al3);grid on % th2-alpha3 그래프 그림
axis([-inf inf -inf inf]);
title('\theta_2 - \alpha_3 그래프');
xlabel('\theta_2 (degree)');ylabel('\alpha_3 (rad/s^2)');
set(gcf,'color','w')
```

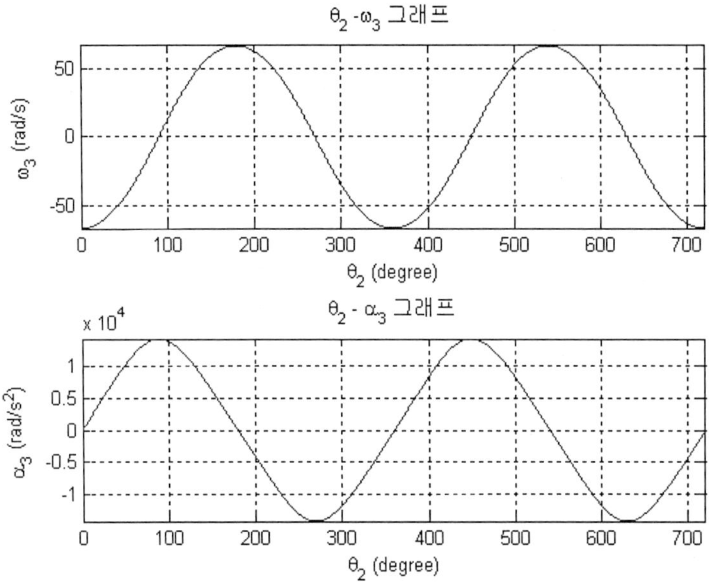

그림 8.56 예제 8.30의 출력 결과

8.6 평면운동 – 운동역학

강체에 대한 운동방정식 :

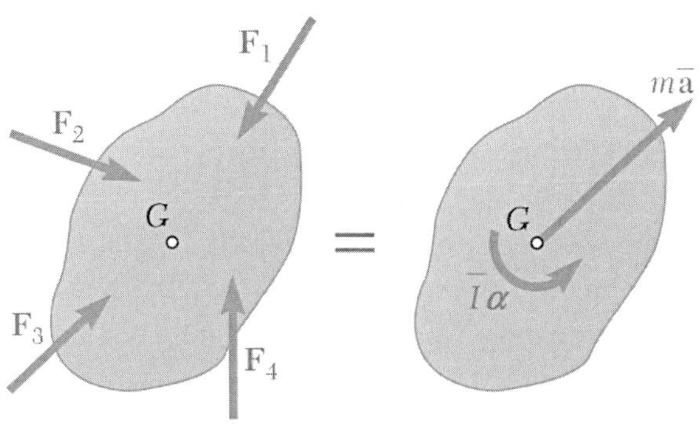

그림 8.57 외력들이 작용하는 강체

$$\sum \boldsymbol{F} = m\bar{\boldsymbol{a}}$$

$$\sum \boldsymbol{M_G} = \bar{I}\alpha$$

여기서 $\sum \boldsymbol{F}$는 외력의 총합을 나타내고, $\sum \boldsymbol{M_G}$는 강체의 질량 중심 G에 대한 모멘트 총합을 가리킨다. m은 강체의 질량을 나타내고, $\bar{\boldsymbol{a}}$는 질량 중심의 가속도를 나타낸다. $\bar{I}$는 질량 중심에 대한 관성모멘트이고, $\boldsymbol{\alpha}$는 강체의 각가속도이다.

강체에 대한 일과 에너지 법칙 :

$$T_1 + U_{1\to2} = T_2$$

여기서 $U_{1\to2}$는 외력에 의해 강체에 하여진 일을 나타내고, T_1과 T_2는 강체의 운동에너지의 초기 값과 최종 값을 나타낸다. 여기서 $U_{1\to2}$는 작용하는 힘에 의한 일 뿐만 아니라 우력모멘트에 의한 일도 포함한다. 또한 강체의 운동에너지는 다음과 같이 쓸 수 있다.

$$T = \frac{1}{2}m\overline{v^2} + \frac{1}{2}\bar{I}\omega^2$$

위 식에서 $\bar{v}$는 강체의 질량 중심의 속도이고, ω는 각속도, $\bar{I}$는 질량 중심을 지나는 축에 대한 관성모멘트이다.

강체에 대한 충격량과 운동량 법칙:

계의 운동량(1) + 계의 외부 충격량(1-2) = 계의 운동량(2)

예제 8.31 두 개의 블록이 연결된 풀리의 각가속도 구하기

관성모멘트가 I인 풀리가 아래 그림과 같이 두 개의 블록에 연결되어 있다. 축마찰력을 무시할 때, I값의 변화에 따른 풀리의 각가속도와 블록의 가속도를 구하라.

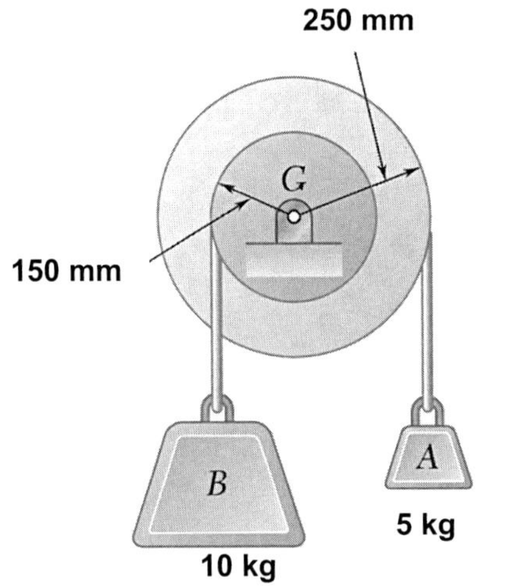

그림 8.58 두 개의 블록이 연결된 풀리

```
% 풀리에 2개의 블록이 케이블에 의해 연결되어 있을 때
% 풀리의 관성모멘트 변화에 따른 풀리의 각가속도와
% 블록들의 가속도를 구하는 프로그램이다.

clear all; clc; close all

ma=5; % 블록 A의 질량 (kg)
mb=10; % 블록 B의 질량 (kg)
g=9.81; % 중력 가속도 (m/s^2)
ra=0.25; % 블록A에 대한 반경 (m)
rb=0.15; % 블록B에 대한 반경 (m)

I=0:0.01:5; % 풀리의 관성모멘트 (kg m^2)
al=(mb*g*rb-ma*g*ra)./(I+mb*rb^2+ma*ra^2); % 풀리의 각가속도
aa=ra*al; % 블록 A의 가속도
ab=rb*al; % 블록 B의 가속도
%Tb=mb*(g-ab); % 블록 B와 연결된 케이블에 발생하는 장력 (N)
```

```
%Ta=ma.*(g+aa); % 블록 A와 연결된 케이블에 발생하는 장력 (N)

subplot(311),plot(I,al);grid on %그래프 그림
title('풀리의 관성 모멘트 I에 따른 풀리의 각가속도와 블록의 가속도');
xlabel('I (kg m^2)');ylabel(' \alpha (rad/s^2)');
%axis([-inf inf -inf inf]);
subplot(312),plot(I,aa);grid on %그래프 그림
xlabel('I (kg m^2)');ylabel('a_a  (m/s^2)');
axis([-inf inf -inf inf]);
subplot(313),plot(I,ab);grid on %그래프 그림
xlabel('I (kg m^2)');ylabel('a_b  (m/s^2)');
axis([-inf inf -inf inf]);
set(gcf,'color','w')
```

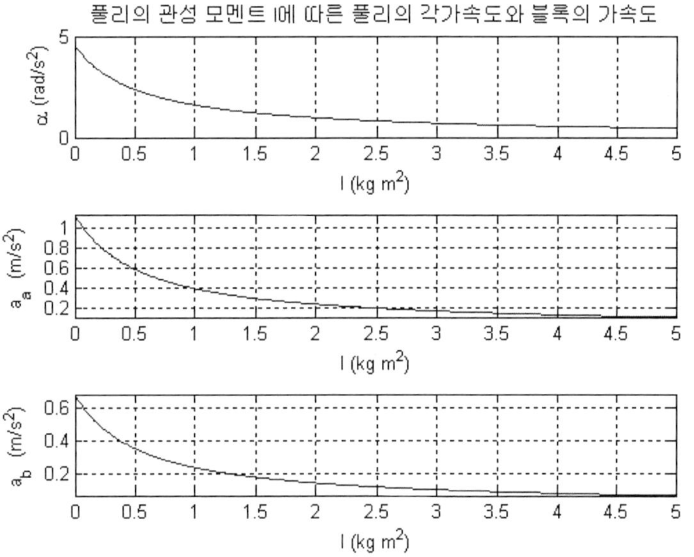

| 그림 8.59 | 예제 8.31의 출력 결과

예제 8.32 **두 개의 블록이 연결된 풀리의 각가속도와 케이블의 수직 응력 구하기**

관성모멘트가 $I = 5\,\text{kg} \cdot \text{m}^2$인 풀리가 아래 그림과 같이 두 개의 블록에 연결되어 있다. 축마찰력을 무시할 때, 블록 A의 질량 $\text{m}(\leq 50\,\text{kg})$값의 변화에 따른 풀리의 각가속도와 각 케이블에 걸리는 수직응력을 구하라. 케이블의 단면적은 $A = 0.01\,\text{m}^2$이다.

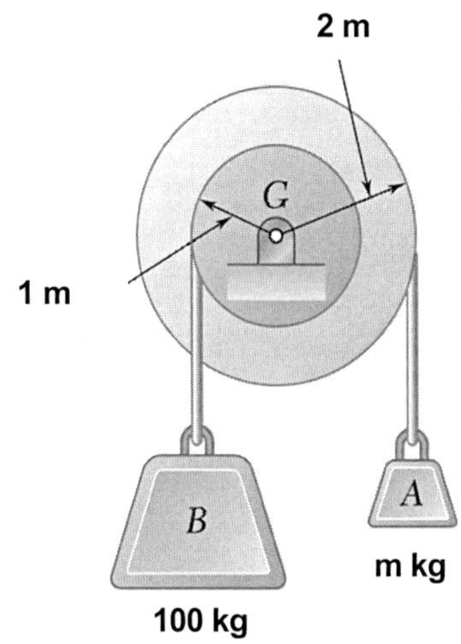

그림 8.60 두 개의 블록이 연결된 풀리

```
% 풀리에 2개의 블록이 케이블에 의해 연결되어 있을 때
% 블록 A의 질량 변화에 따른 풀리의 각가속도와
% 케이블에 발생하는 수직응력을 구하는 프로그램이다.

clear all clc; close all

mb=100; % 블록 B의 질량 (kg)
I=5; % 풀리의 관성모멘트 (kg m^2)
g=9.81; % 중력 가속도 (m/s^2)
ra=2; % 블록A에 대한 반경 (m)
rb=1; % 블록B에 대한 반경 (m)
A=2*10^(-4); % 케이블의 단면적 (m^2)

ma=0:0.1:50; % 블록 A의 질량 (kg)
```

```
al=(mb*g*rb-ma.*g*ra)./(I+mb*rb^2+ma.*ra^2); % 풀리의 각가속도
aa=ra.*al; % 블록 A의 가속도
ab=rb.*al; % 블록 B의 가속도
Tb=mb.*(g-ab); % 블록 B와 연결된 케이블에 발생하는 장력 (N)
Ta=ma.*(g+aa); % 블록 A와 연결된 케이블에 발생하는 장력 (N)
sb=Tb./A./(10^6); % 블록 B와 연결된 케이블에 발생하는 장력 (MPa)
sa=Ta./A./(10^6); % 블록 A와 연결된 케이블에 발생하는 장력 (MPa)

subplot(311),plot(ma,al);grid on %그래프 그림
title('블록 A의 질량에 따른 풀리의 각가속도와 케이블의응력');
xlabel('m_a (kg)');ylabel(' \alpha (rad/s^2)');
%axis([-inf inf -inf inf]);
subplot(312),plot(ma,sa);grid on %그래프 그림
xlabel('m_a (kg)');ylabel('\sigma_a  (MPa)');
axis([-inf inf -inf inf]);
subplot(313),plot(ma,sb);grid on %그래프 그림
xlabel('m_a (kg)');ylabel('\sigma_b  (MPa)');
axis([-inf inf -inf inf]);
set(gcf,'color','w')
```

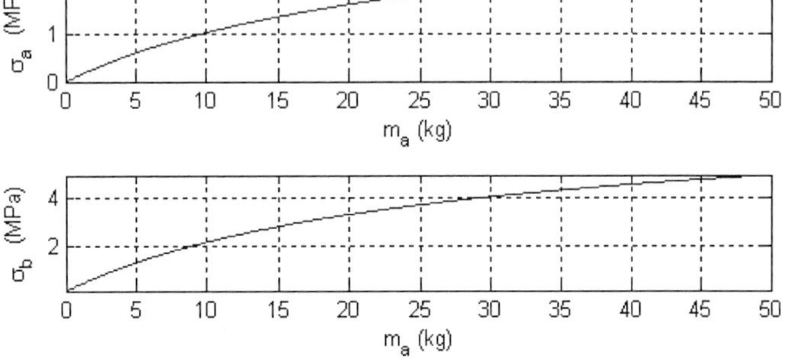

| 그림 8.61 | 예제 8.32의 출력 결과

예제 8.33 경사면 위에서의 구 운동

반경 $r = 0.2\,\mathrm{m}$ 이고 질량 $m = 10\,\mathrm{kg}$ 인 구가 경사면에서 정지상태로부터 움직여서 미끄러짐 없이 굴러간다. 1) 구름운동에 적합한 마찰계수의 최소 값, 2) 그 때의 마찰력, 3) 구의 가속도를 각 θ의 함수로 그래프로 표현하라.

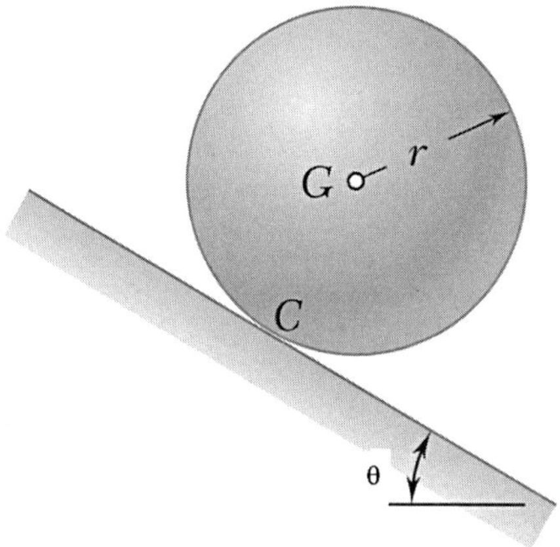

그림 8.62 경사면 위의 구

```
% 경사면에서 구가 미끄러짐 없이 구르는 문제.
% 경사각에 따른 마찰계수와 마찰력, 그리고 가속도를 구하는 프로그램이다.

clear all clc; close all
m=10; % 구의 질량 (kg)
r=0.2; % 구의 반경 (m)
I=2/5*m*r^2; % 구의 관성모멘트 (kg m^2)
g=9.81; % 중력 가속도 (m/s^2)

for th1=0:0.01:pi/2;
mu=2./7*tan(th1);  % 구와 경사면 사이의 마찰계수
if mu>=1.0, break, end
end
th=0:0.01:th1-0.01;
mu=2./7*tan(th);
a=5*g/7*sin(th);  % 구의 가속도(m/s^2)
al=a./r; % 구의 각가속도
```

```
F=2/7*m*g*sin(th);   % 마찰력

th=th*180/pi;
subplot(311),plot(th,mu);grid on %그래프 그림
title('경사각에 따라 필요한 마찰계수, 마찰력, 그리고 구의 가속도');
xlabel('\theta (degree)');ylabel(' 마찰 계수 \mu ');
axis([-inf inf -inf inf]);
subplot(312),plot(th,F);grid on %그래프 그림ㅜ의
xlabel('\theta (degree)');ylabel('마찰력  (N)');
axis([-inf inf -inf inf]);
subplot(313),plot(th,a);grid on %그래프 그림
xlabel('\theta (degree)');ylabel('가속도  (m/s^2)');
axis([-inf inf -inf inf]);
set(gcf,'color','w')
```

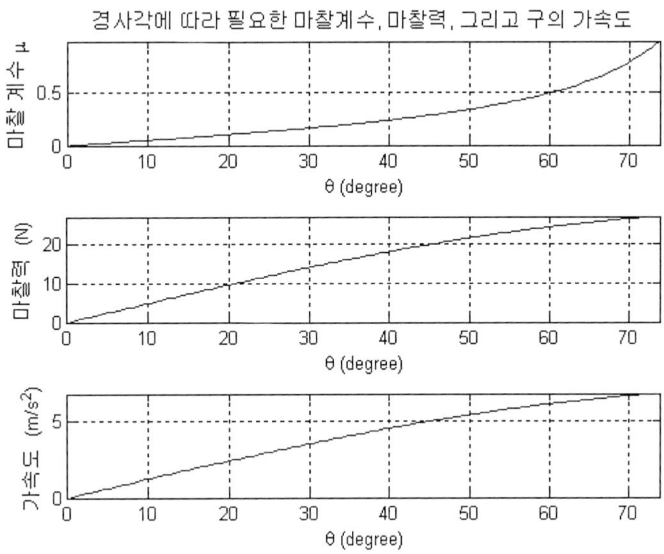

| 그림 8.63 | 예제 8.33의 출력 결과

예제 8.34 경사면 위에서의 구, 실린더, 그리고 후프의 운동

같은 질량 $m = 10\,\mathrm{kg}$과 $r = 0.2\,\mathrm{m}$를 갖는 구와 실린더, 그리고 후프가 정지상태에서 경사를 따라 높이 $h(m)$만큼 굴렀을 때 각 물체의 속도를 구하라.

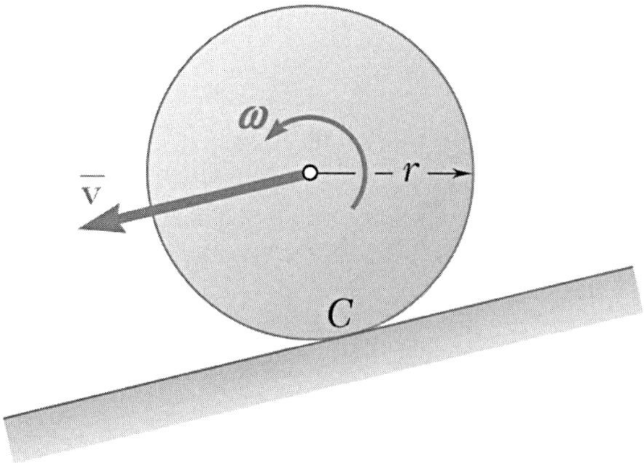

| 그림 8.64 | 경사면 위의 구, 실린더, 그리고 후프

```
% 경사면에서 구와 실린더, 그리고 후프가 미끄러짐 없이 구르는 문제.
% 관성모멘트에 따라 속도가 달라지는 것을 살펴보는 프로그램이다.

clear all; clc; close all
m=10; % 구의 질량 (kg)
r=0.2; % 구의 반경 (m)
I1=2/5*m*r^2; % 구의 관성모멘트 (kg m^2)
I2=1/2*m*r^2; % 실린더의 관성모멘트 (kg m^2)
I3=m*r^2; % 후프의 관성모멘트 (kg m^2)
g=9.81; % 중력 가속도 (m/s^2)

h=0:0.02:1;
v1=sqrt(2*g*h./(1+I1/m/r^2));    % 구의 속도 (m/s)
v2=sqrt(2*g*h./(1+I2/m/r^2));    % 실린더의 속도 (m/s)
v3=sqrt(2*g*h./(1+I3/m/r^2));    % 실린더의 속도 (m/s)

plot(h,v1,'-ro',h,v2,'-bs',h,v3,'k');grid on %그래프 그림
legend('구','실린더','후프')
title('경사면에서의 구, 실린더, 후프의 속도');
```

```
xlabel('h (m)');ylabel(' 속도 (m/s) ');
axis([-inf inf -inf inf]);
set(gcf,'color','w')
```

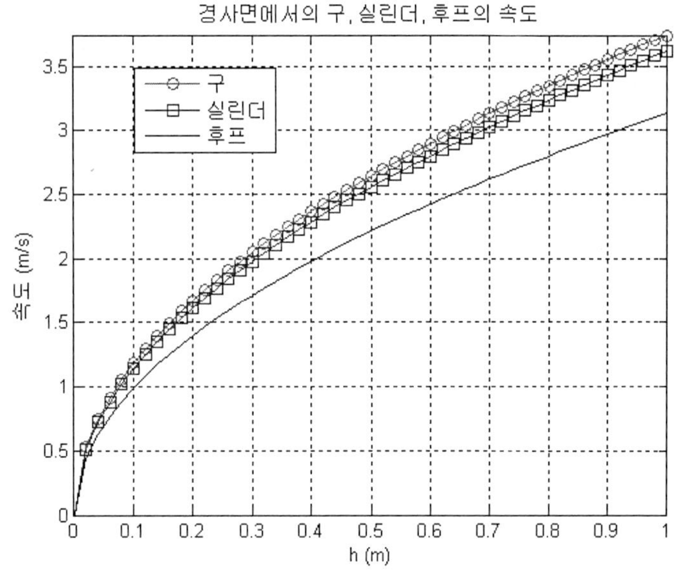

| 그림 8.65 | 예제 8.34의 출력 결과

연 · 습 · 문 · 제

1. 아래 그림에 나타나 있는 엔진계에서, 크랭크가 600 rpm의 일정한 각속도로 회전하고 있다. subplot을 사용하여 다음 그래프(2차원그래프: $0 \le \theta \le 2\pi$)를 동영상으로 표현하라.

피스톤의 위치 : $x = r\cos\theta + \sqrt{L^2 - r^2\sin^2\theta}$

피스톤의 속도 : $v = -rw\sin\theta - \dfrac{r^2 w\sin 2\theta}{2\sqrt{L^2 - r^2\sin^2\theta}}$

피스톤의 가속도 :

$$a = -rw^2\cos\theta - \frac{4r^2w^2\cos 2\theta(L^2 - r^2\sin^2\theta) + (r^2 w\sin 2\theta)^2}{4(L^2 - r^2\sin^2\theta)^{3/2}}$$

단, $w = 600 \times (2\pi/60)\,\text{rad/s}$ 임.

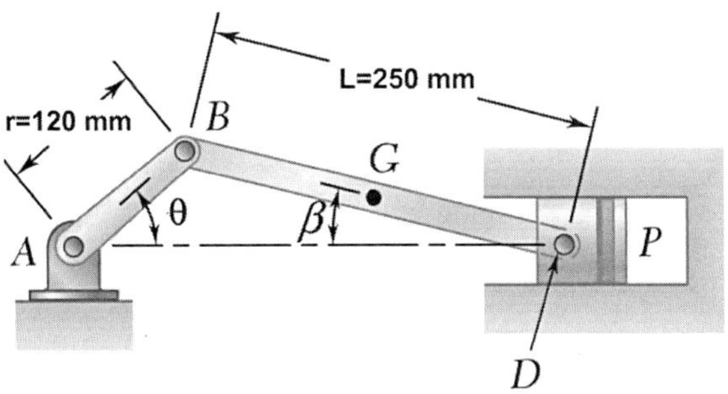

2. 직선 위를 움직이는 질점의 가속도가 $a = 6t - 12\ (\text{m/s}^2)$으로 주어진다. $0 \le t \le 6\,(s)$의 범위에 대해서 속도와 변위에 대한 그래프를 그려라. 속도(단위: m/s)의 크기가 최대인 시간을 구하고, 그 시간에서의 변위(단위:m) 값을 구하라. 단 초기조건은 $x(0) = 40\ (\text{m})$, $v(0) = -15\ (\text{m/s})$임.

3. 다음 그림과 같이, 포 A로부터 수평거리 $3000\,\text{m}$, 수직거리 $450\,\text{m}$ 되는 표지를 맞추기 위하여 초기속도 $v_o = 220\,\text{m/s}$로 포탄을 발사한다. 공기의 저항을 무시할 때, 투사체가 목표물을 맞히도록 하는 각 α를 결정하는 방정식은 다음과 같다.

$$450 = 3000(\tan\alpha) - \frac{1}{2}(9.81)\left(\frac{3000}{v_o \cos\alpha}\right)^2$$

발사각 α의 값을 구하라.

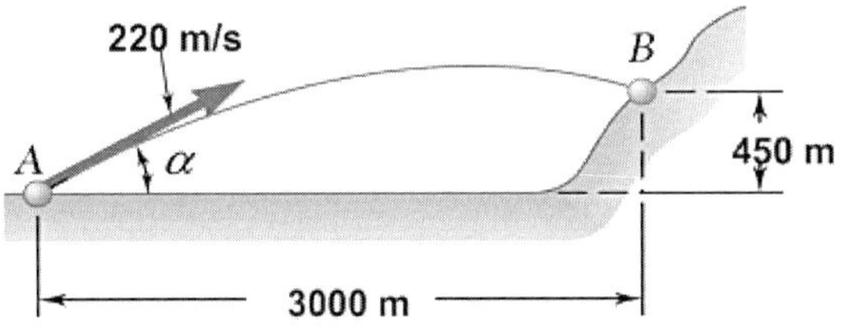

4. 아래 그림과 같이 질량 $m = 30\,\mathrm{kg}$인 상자가 줄에 의해 당겨지고 있다. 상자를 움직이기 위해 필요한 힘은 다음과 같다.

$$F = \frac{\mu m g}{\cos\theta + \mu \sin\theta}$$

여기서 마찰계수 $\mu = 0.4$ 이고 $g = 9.81\,\mathrm{m/s^2}$이다. 당기는 힘이 $F = 250\,N$인 경우의 각 θ를 구하라.

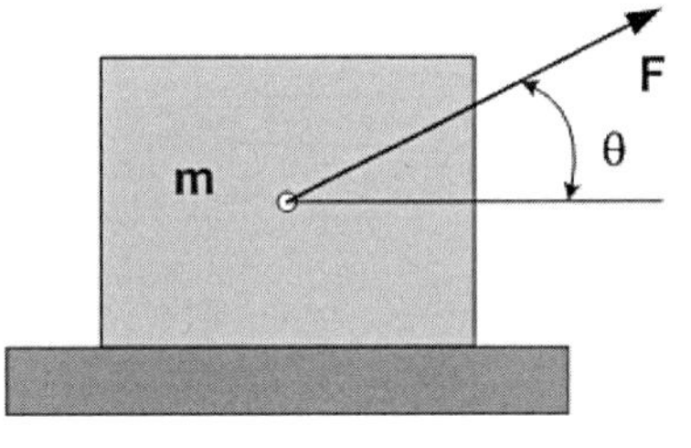

5. 질점의 곡선 운동에서 $x = 50t - 8t^2\ m$, $y = 25 - t^2\ m$ 로 주어진다. $0 \le t \le 5\ s$에 대하여 질점의 운동경로를 동영상(x-y 그래프)으로 표현하라.

6. 직선 위를 움직이는 질점의 변위가 $x(t) = 2t^3 - 6t^2 + 20t + 10\ (m)$으로 주어진다. $0 \le t \le 10(s)$의 범위에 대해서 변위, 속도, 그리고 가속도에 대한 그래프를 그려라. 속도와 가속도의 크기가 각각 최대인 시간을 구하고, 그 시간에서의 변위(단위 : m)값을 구하라.

7. 일정한 가속도 $a = -9.81\,\mathrm{m/s^2}$ 상태에서, 질점이 초기 조건 $y(0) = 10\,(\mathrm{m})$ $v(0) = 50\,(\mathrm{m/s})$로 수직 방향으로 투사되고 있다. 주어진 질점이 도달한 최대 높이와 지표면에 도달 했을 때의 시간을 구하라. 운동이 진행되는 동안 변위, 속도, 가속도에 대한 그래프를 그려라.

8. 어느 투사체가 지면으로부터 200 m 되는 절벽의 끝에서 초기속도 250 m/s로, 수평 방향과 40° 각도로 발사된다. 공기저항을 무시할 때, 투사체가 지면으로부터 도달할 수 있는 최대 높이와 지면에 떨어지는 점까지의 수평거리를 구하라.

9. 자동차 A가 15 m/s의 속력으로 동쪽으로 달리고 있다. 자동차 A가 교차로를 지나는 순간 자동차 B가 교차로의 북쪽 25 m 지점에서 남쪽을 향해 1.5m/s^{2}의 가속도로 달리기 시작한다. A가 교차로를 지난 후 $0 \le t \le 10$(초)에 대해서 A에 대한 B의 상대위치, 상대속도, 상대가속도의 크기를 그래프로 표현하라.

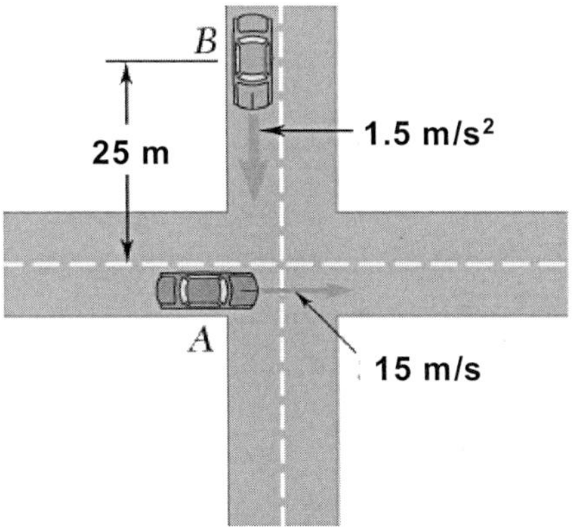

10. 자동차가 40 m/s의 속력으로 반경 900 m의 도로를 달리고 있다. 브레이크를 갑자기 걸었을 때 일정한 비율로 자동차의 속도가 감소하고 있다. 8초 후 속도가 30 m/s로 줄었다. 브레이크를 걸은 순간 차의 가속도를 구하라.

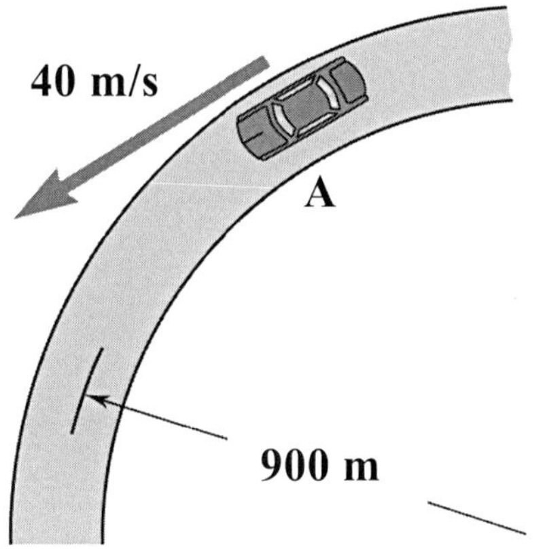

11. 질량이 m인 블록 B가 수평면 내에서 일정한 각속도 $\omega_o = \dot{\theta}_o$ 으로 돌고 있는 막대 OA위를 자유로이 미끄러진다. 블록 B와 막대 OA 사이의 마찰은 무시한다. B가 O점으로부터 r_o만큼 떨어진 거리에서부터 운동을 시작한다고 할 때, 1) 블록 B의 막대 방향 속도성분 v_r과 2) 막대 OA에 의해 블록 B에 가해지는 수평력 F의 크기를 r에 대해서 그래프로 표현하라.

단, $\omega_o = 150\,\mathrm{rad/s}$, $m = 0.2\,\mathrm{kg}$, $r_o = 0.05\,\mathrm{m}$임.

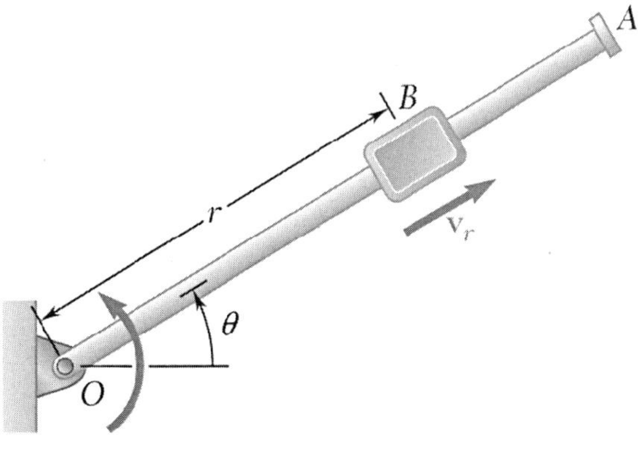

12. 평면위를 움직이는 60 kg의 짐을 정지시키기 위해서 스프링을 사용한다. 스프링 상수는 30 kN/m이고, 처음에 0.05 m 압축된 상태에 있다. 현재 짐의 속도는 $v\,(\mathrm{m/s})$이고, 스프링은 최대 0.25 m까지 압축 될 수 있다. 짐과 표면의 운동마찰 계수는 0.2이다. 짐이 스프링까지 간 후에 다시 현재의 위치를 되돌아 올 때의 속도를 구하고자 한다. 먼저 1) 출발점에서 짐이 가질 수 있는 최소 속력과 최대 속력을 구하고, 2) 그 범위에서 짐이 되돌아 올 때의 속력을 그래프로 표현하라.

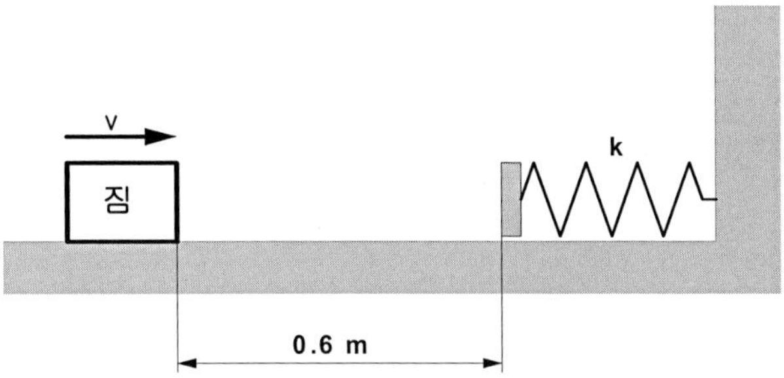

13. 0.12 kg의 야구공이 30 m/s의 속력으로 야구배트를 향해 던져졌다. 공은 배트와 충돌한 후 수평에 대해 각도 θ의 방향으로 40 m/s의 속력으로 날아간다. 배트와 공의 접촉 시간이 $0.008\,s$라면, 충돌시 공과 배트 사이의 평균 충격력을 각도 θ에 대해서 구하라.

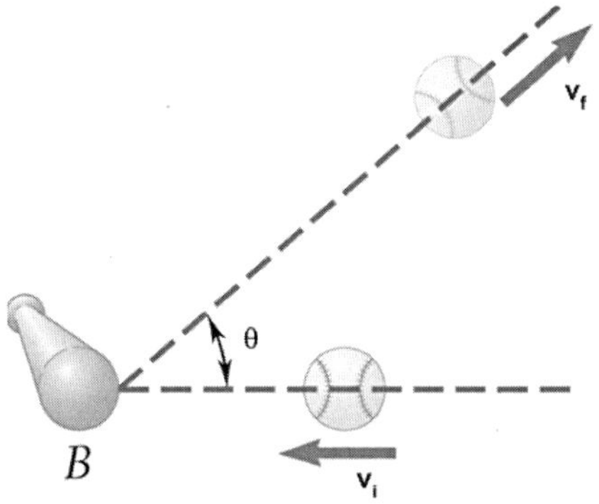

14. 20 kg의 짐이 3 m/s의 속도로 30 kg의 운반차로 떨어진다. 충돌 전에 운반차는 수평방향으로 속도 0.5 m/s로 움직이고 있고, 충돌 후에는 수평방향으로 자유로운 운동을 한다. 운반차에 의해 짐에 가해지는 충격량과 에너지 손실비를, 짐의 충돌 전 각도 θ에 대해서 구하라.

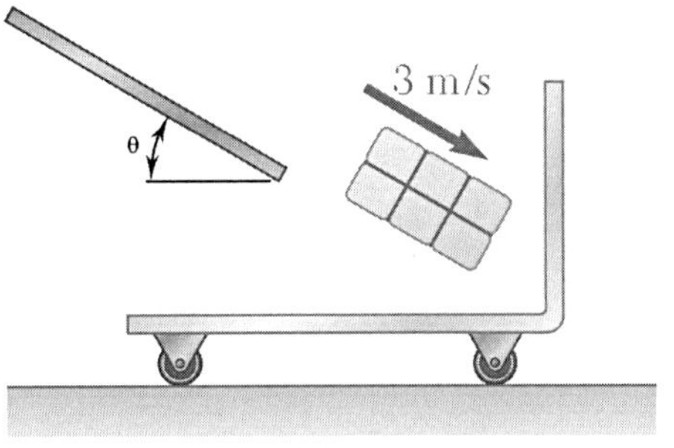

15. O점에 매달려 있고 처음에 시계방향으로 각속도 w_1 크기로 회전하고 있는 단단한 막대(길이 $L = 1.2\,\mathrm{m}$, 질량 $m\ \mathrm{kg}$)에, 초기속도가 $v_P = 10\ (\mathrm{m/s})$이고 오른쪽으로 수평하게 움직이는 $m_P\,\mathrm{kg}$의 구가 막대 A점(a=1m)에 충돌한 후 그대로 붙었다.

(a) 충돌 직후 막대와 구의 각속도 w_2를 O점에 대한 운동량-충격량 법칙을 적용하여 구하여라.

(b) 충돌 후 막대와 구의 최대 회전 각 $\theta_{\max}$을 에너지 보존 법칙을 적용하여 구하여라.

(c) 최대 회전 각에 도달했을 때 막대와 구의 각속도는 0이 된다는 조건으로 부터 각가속도 α를 구하여라.

w_2, $\theta_{\max}$, α를 m_P/m의 함수로 표현하는 MATLAB 스크립트 파일을 작성하고, 그래프를 그려라.

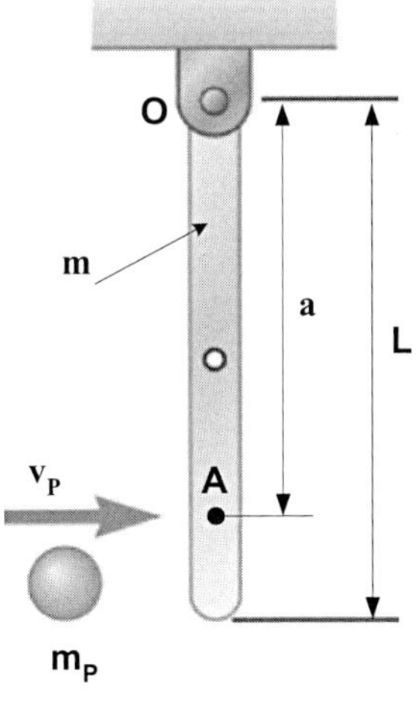

16. 아래 그림과 같이 $L_2 = 50\,\mathrm{cm}$이고 $L_3 = 100\,\mathrm{cm}$인 인라인 슬라이더 크랭크 기구가 있다. θ_2가 한 바퀴 회전할 때, θ_3와 L_4의 거동을 동적인 그래프로 표현하라.

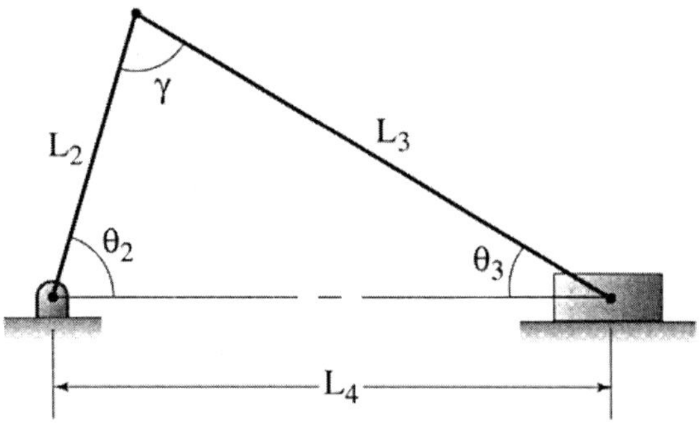

17. 아래 그림과 같이 $L_1 = 50\,\mathrm{cm}$, $L_2 = 50\,\mathrm{cm}$이고 $L_3 = 120\,\mathrm{cm}$인 인라인 슬라이더 크랭크 기구가 있다. θ_2가 한 바퀴 회전할 때, θ_3와 L_4가 어떻게 변하는지 동적인 그래프를 통해서 표현하라.

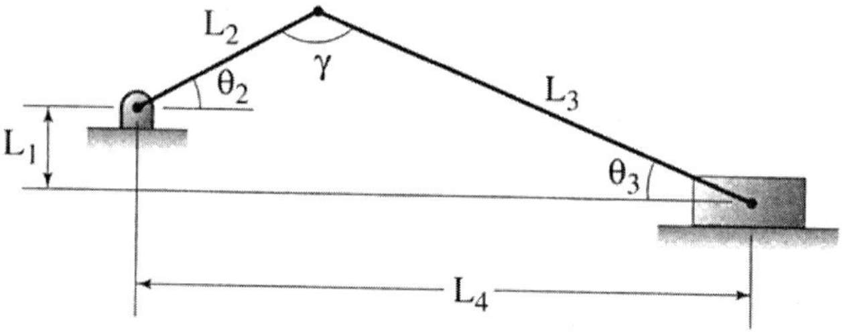

18. 아래 그림과 같이 $L_1 = 120\,\mathrm{cm}$, $L_2 = 30\,\mathrm{cm}$, $L_3 = 70\,\mathrm{cm}$이고 $L_4 = 90\,\mathrm{cm}$인 크랭크 로커기구가 있다. θ_2가 한 바퀴 회전할 때, θ_3와 θ_4가 어떻게 변하는지 동적인 그래프를 통해서 표현하라.

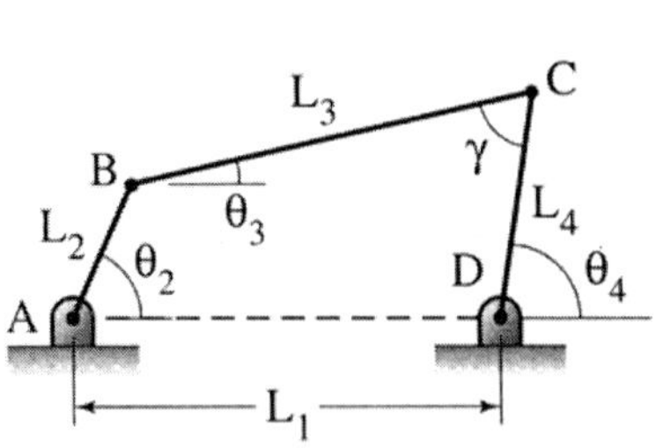

19. 관성모멘트가 $I=5\,\mathrm{kg}\cdot\mathrm{m}^2$인 풀리가 아래 그림과 같이 두 개의 블록에 연결되어 있다. 베어링 G에서는 윤활이 충분하지 못하여 베어링 마찰은 M에 등가이며, 그 크기는 $40\,\mathrm{N}\cdot\mathrm{m}$이다. 블록 A의 질량 $m(\le 50\,\mathrm{kg})$값의 변화에 따른 풀리의 각가속도와 각 케이블에 걸리는 수직응력을 구하라. 케이블의 단면적은 $A=0.01\,\mathrm{m}^2$이다.

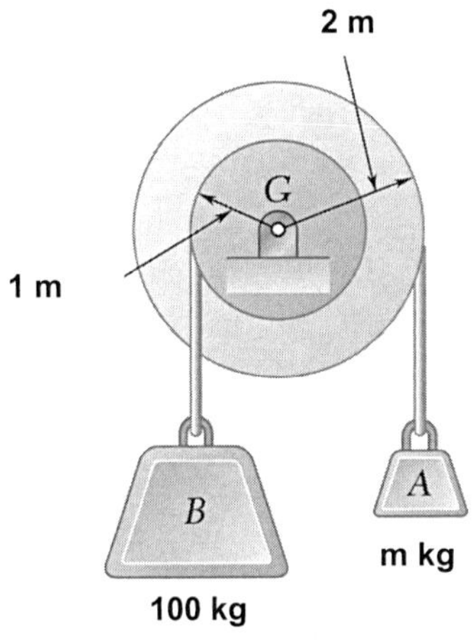

20. 반경 $r=0.2\,\mathrm{m}$이고 질량 $m=10\,\mathrm{kg}$인 구가 마찰 없는 경사면에서 정지 상태로부터 미끄러지고 있다. 구의 가속도를 각 θ의 함수로 그래프로 표현하라.

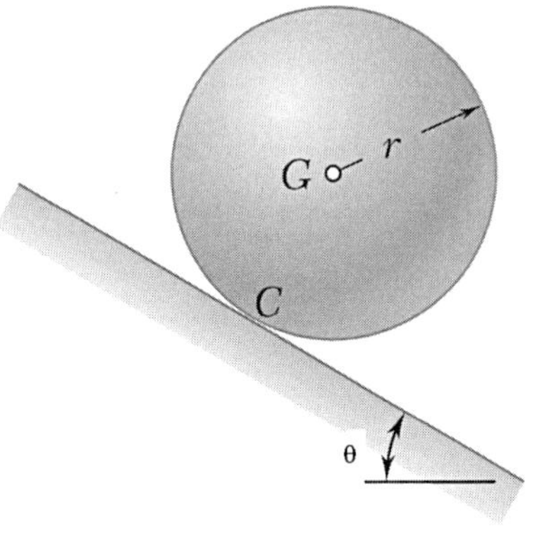

CHAPTER 09

진동문제 해석

이번 장에서는 라플라스 변환과 진동 문제해석에 MATLAB을 활용하는 과정을 예제를 통해 다루게 된다.

9.1 라플라스 변환(Laplace Transform)

라플라스 변환은 t의 영역에서 정의되는 함수 $f(t)$를 s의 영역에서 정의되는 $F(s)$로 변환시킨다. 라플라스 변환을 미분방정식에 사용하면, 미분방정식을 s로 표현되는 대수 방정식으로 바꿔서 시스템을 해석하게 된다. s로 표현되는 미분방정식의 해는 역라플라스 변환(inverse Laplace transform)을 취하여 t의 함수로 바꿔준다. 라플라스 변환에 대한 자세한 수학적인 내용은 부록 A에 기술되어 있다. 여기에서는 MATLAB에서 라플라스 변환을 다루는 방법을 설명하고자 한다.

MATLAB에서 라플라스 변환에 대한 입력 형태는 다음과 같다.

F = laplace(f)

f는 라플라스 변환을 하려는 t의 함수로 기호식으로 표현된다.

역라플라스 변환에 대한 입력형태는 다음과 같다.

f = ilaplace(F)

예제 9.1 라플라스 변환 예제

함수 $f(t) = t^{10} - e^{t-5} + \sin(2t) + e^{-0.1t}\sin(2t)$ 를 라플라스 변환하고, 다시 역라플라스 변환을 실행해 본다.

```
>> syms a b t
>> f=t^10 - exp(t-5) + sin(2*t) + exp(-0.1*t)*sin(2*t);
>> F=laplace(f)
F =
3628800/s^11-exp(-5)/(s-1)+2/(s^2+4)+200/(100*s^2+20*s+401)

>> pretty(F)

                  3628800    exp(-5)      2               200
                  ------- - ------- + ------ + ------------------
                     11       s - 1     2                2
                    s                  s  + 4    100 s  + 20 s + 401
>> ilaplace(F)
ans =
t^10-exp(t-5)+sin(2*t)*(1+exp(-1/10*t))
```

예제 9.2 라플라스 변환을 적용한 미분방정식의 해 구하기

다음 미분 방정식의 해를 라플라스 변환을 사용하여 구해보자.

$$y'' + 2y' + y = e^{-t},\ y(0) = -1,\ y'(0) = 1$$

그림 9.1은 실행 결과이다.

```
>> syms s t
>> f=exp(-t)
f =
exp(-t)

>> F=laplace(f)
F =
1/(1+s)

>> F1=F+(-s+1)-2
F1 =
```

```
1/(1+s)-s-1

>> Y=F1/(s^2+2*s+1)

Y =
(1/(1+s)-s-1)/(s^2+2*s+1)

>> y=ilaplace(Y)
y =
1/2*exp(-t)*(-2+t^2)

>> ezplot(y,[0,10])
>> grid on
```

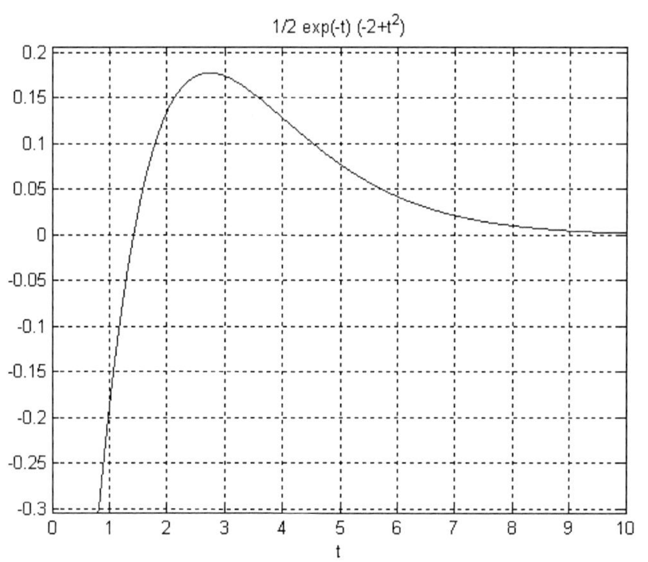

▌그림 9.1▐ 예제 9.2의 출력결과

예제 9.3 라플라스 변환을 적용한 미분방정식의 해 구하기

다음 미분 방정식의 해를 라플라스 변환을 사용하여 구해보자.

$$y'' + 9y = 8\sin(t)[u(t) - u(t-\pi)],\ y(0) = 0, y'(0) = 0$$

그림 9.2는 실행 결과이다.

```
>> syms s t
>>   f=8*sin(t)*(heaviside(t)-heaviside(t-pi))
f =
8*sin(t)*(heaviside(t)-heaviside(t-pi))

>> F=laplace(f)
F =
8*(1+exp(-s*pi))/(s^2+1)

>> Y=F/(s^2+9)
Y =
8*(1+exp(-s*pi))/(s^2+1)/(s^2+9)

>> y=ilaplace(Y)
y =
4/3*(1-heaviside(t-pi))*sin(t)^3

>> pretty(y)
                              4/3 (1 - heaviside(t - pi)) sin(t)
>> ezplot(y, [0 4])
```

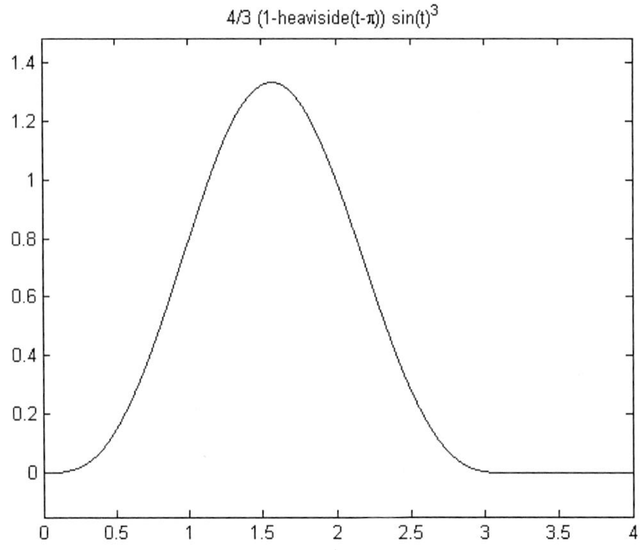

그림 9.2 예제 9.3의 출력결과

예제 9.4 라플라스 변환을 적용한 미분방정식의 해 구하기

다음 미분 방정식의 해를 라플라스 변환을 사용하여 구해보자.

$$y'' + 2y' + 2y = 2u(t) - 2u(t-\pi) + u(t-2\pi)\sin(t) \ ,$$
$$y(0) = 0, y'(0) = 0$$

그림 9.3은 실행 결과이다.

```
>>  syms s t
>> f=2*heaviside(t)-2*heaviside(t-pi)+heaviside(t-2*pi)*sin(t)
f =
2*heaviside(t)-2*heaviside(t-pi)+heaviside(t-2*pi)*sin(t)


>> F=laplace(f)
F =
exp(-2*s*pi)/(s^2+1)+2*(1-exp(-s*pi))/s

>> Y=F/(s^2+2*s+2)
Y =
(exp(-2*s*pi)/(s^2+1)+2*(1-exp(-s*pi))/s)/(s^2+2*s+2)

>> y=ilaplace(Y)
y =
1-(1+exp(-t+pi)*(cos(t)+sin(t)))*heaviside(t-pi)-exp(-t)*(cos(t)+sin(t))
+2/5*(sin(t)*cosh(1/2*t-pi)-2*cos(t)*sinh(1/2*t-pi))*heaviside(t-2*pi)*exp(-1/2*t+pi)

>> pretty(y)
  1 - (1 + exp(-t + pi) (cos(t) + sin(t))) heaviside(t - pi)
          - exp(-t) (cos(t) + sin(t)) + 2/5
         (sin(t) cosh(1/2 t - pi) - 2 cos(t) sinh(1/2 t - pi))
         heaviside(t - 2 pi) exp(- 1/2 t + pi)

>> ezplot(y,[0 30])
```

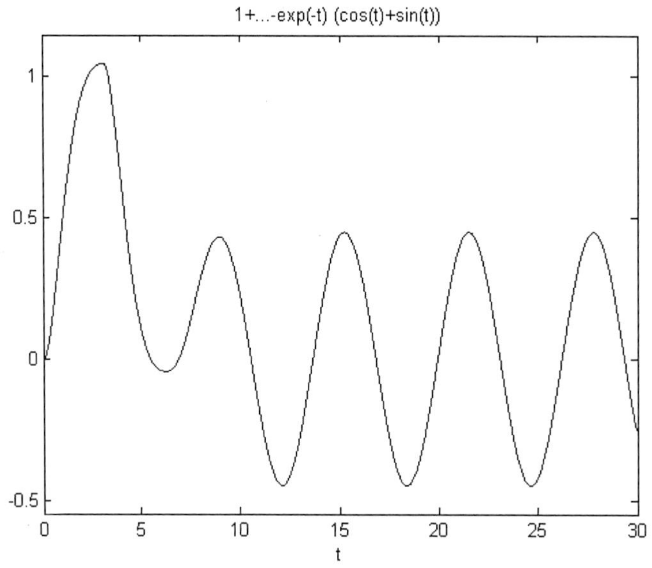

| 그림 9.3 | 예제 9.4의 출력결과

예제 9.5 라플라스 변환을 적용한 미분방정식의 해 구하기

다음 미분 방정식의 해를 라플라스 변환을 사용하여 구해보자.

$$y'' + y' - 2y = (3\sin t - \cos t)u(t) + u(t-2\pi)(\cos t - \cos 2t),$$
$$y(0) = 1, y'(0) = 0$$

그림 9.4는 실행 결과이다.

```
>> syms s t
>> f=(3*sin(t)-cos(t))*heaviside(t)+heaviside(t-2*pi)*(cos(t)-cos(2*t))
f =
(3*sin(t)-cos(t))*heaviside(t)+heaviside(t-2*pi)*(cos(t)-cos(2*t))

>> F=laplace(f)
F =
1/(s^2+1)*(3+s*(-s^2-4+3*exp(-2*s*pi))/(s^2+4))

>> F1=F+s+1
```

```
F1 =
1/(s^2+1)*(3+s*(-s^2-4+3*exp(-2*s*pi))/(s^2+4))+s+1

>> Y=F1/(s^2+s-2)
Y =
(1/(s^2+1)*(3+s*(-s^2-4+3*exp(-2*s*pi))/(s^2+4))+s+1)/(s^2+s-2)

>> y=ilaplace(Y)
y =
exp(t)-sin(t)+1/20*(2*exp(t-2*pi)+exp(-2*t+4*pi)-sin(2*t)+3*cos(2*t)
    +2*sin(t)-6*cos(t))*heaviside(t-2*pi)

>> ezplot(y, [0 7])
```

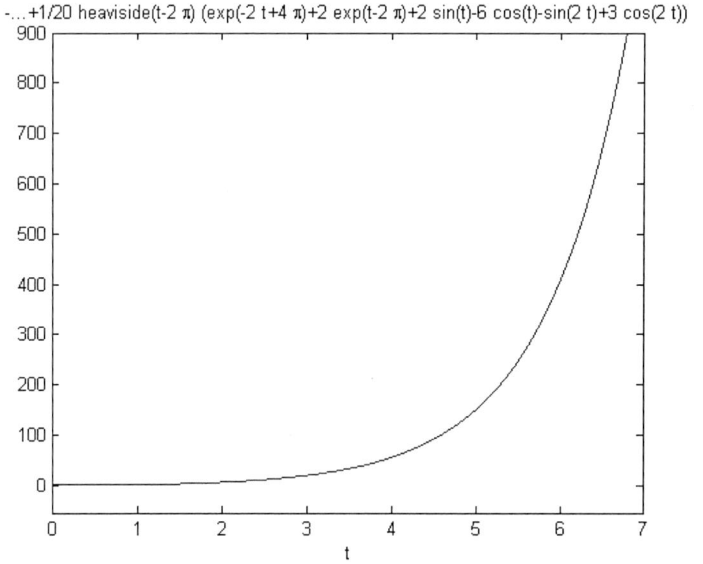

그림 9.4 예제 9.5의 출력결과

예제 9.6 라플라스 변환을 적용한 미분방정식의 해 구하기

다음 미분 방정식의 해를 라플라스 변환을 사용하여 구해보자.

$$y'' + y = \delta(t-\pi) - \delta(t-2\pi),\ y(0)=0, y'(0)=0$$

그림 9.5는 실행 결과이다.

```
>> syms s t
>> f=dirac(t-pi)-dirac(t-2*pi)
f =
dirac(t-pi)-dirac(t-2*pi)

>> F=laplace(f)
F =
exp(-s*pi)-exp(-2*s*pi)

>> Y=F/(s^2+1)
Y =
(exp(-s*pi)-exp(-2*s*pi))/(s^2+1)

>> y=ilaplace(Y)
y =
-sin(t)*(heaviside(t-pi)+heaviside(t-2*pi))

>> ezplot(y, [0 20])
```

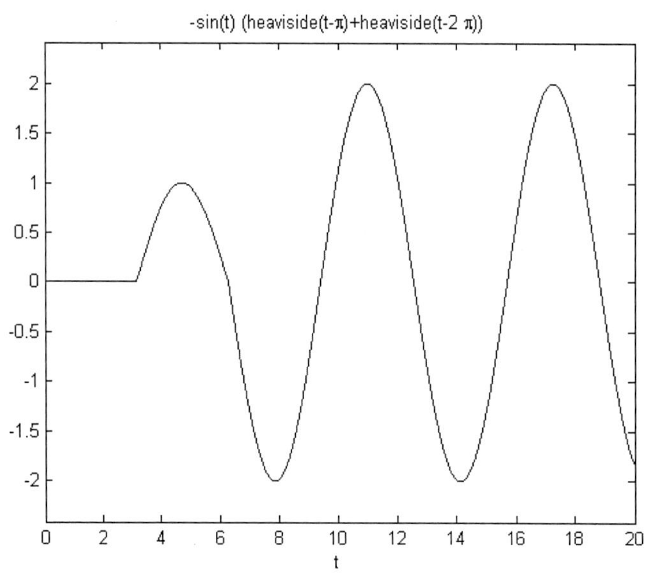

그림 9.5 예제 9.6의 출력결과

예제 9.7 라플라스 변환을 적용한 미분방정식의 해 구하기

다음 미분 방정식의 해를 라플라스 변환을 사용하여 구해보자.

$$y'' + 2y' - 3y = -8e^{-t} - \delta(t - \frac{1}{2}),\ y(0) = 3, y'(0) = -5$$

그림 9.6은 실행 결과이다.

```
>> syms s t
>> f=-8*exp(-t)-dirac(t-1/2)
f =
-8*exp(-t)-dirac(t-1/2)

>>  F=laplace(f)
F =
-8/(1+s)-exp(-1/2*s)

>> F1=F+(3*s+1)
F1 =
-8/(1+s)-exp(-1/2*s)+3*s+1

>> Y=F1/(s^2+2*s-3)
Y =
(-8/(1+s)-exp(-1/2*s)+3*s+1)/(s^2+2*s-3)


>> y=ilaplace(Y)
y =
exp(-3*t)+2*exp(-t)-1/2*heaviside(t-1/2)*exp(1/2-t)*sinh(2*t-1)

>> pretty(y)
    exp(-3 t) + 2 exp(-t) - 1/2 heaviside(t - 1/2) exp(1/2 - t) sinh(2 t - 1)

>> ezplot(y,[0,10])
```

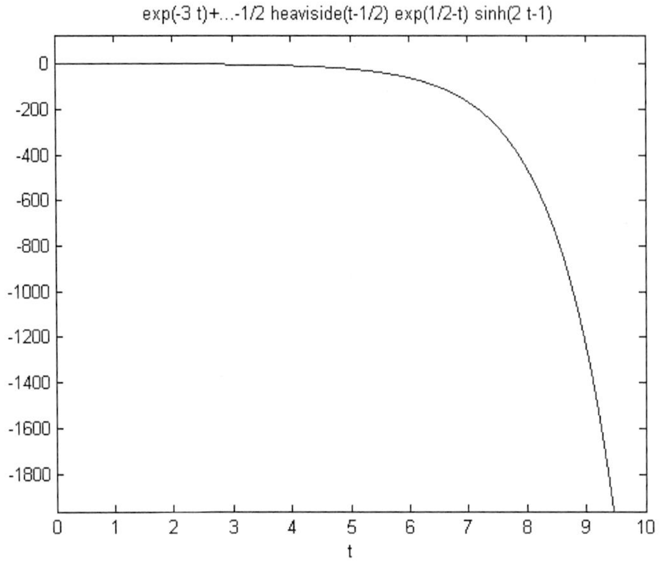

그림 9.6 예제 9.7의 출력결과

9.2 진동문제 해석

예제 9.8 단진자 예제

길이 $l = 1\,\mathrm{m}$ 인 단진자 추가 $\theta = 5°$에서 놓여진다. 추의 각변위, 각속도, 그리고 각가속도를 시간 $0 \le t \le 10$(초)에 대해서 그려라.

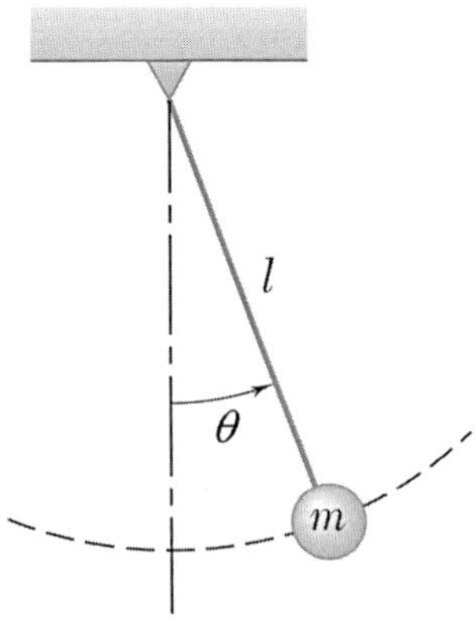

그림 9.7 단진자

```
% 단진동 해석 프로그램이다.
% 라플라스 변환을 활용한다.
syms s t
F=(5*pi/180)*s;
Y=F/(s^2+9.81);
y=ilaplace(Y);
dy=diff(y);
d2y=diff(dy);
subplot(311), ezplot(y,[0 10])
xlabel('시간 (초)');ylabel('\theta (rad)')
title('\theta-t 그래프')
grid on
subplot(312), ezplot(dy,[0 10])
xlabel('시간 (초)');ylabel('\omega(rad/s)')
title('\omega-t 그래프')
grid on
subplot(313), ezplot(d2y,[0 10])
xlabel('시간 (초)');ylabel('\alpha(rad/s^2)')
title('\alpha-t 그래프')
grid on
set(gcf,'color','w')
```

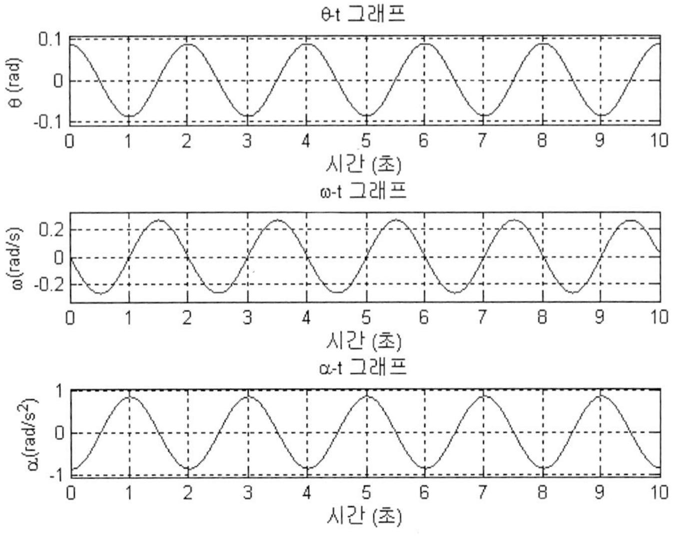

그림 9.8 예제 9.8의 출력결과

예제 9.9 두 개의 스프링과 힌지로 지지된 막대 예제

막대 AB가 스프링 상수 $k = 450\,\mathrm{N/m}$인 두 개의 스프링과 A점에서 힌지로 연결되어 있다. 블록 C의 질량은 $m = 100\,\mathrm{kg}$이다. 막대에 초기 각변위 $\theta = 4°$가 주어진 상태에서 놓여진다. 막대의 각변위, 각속도, 그리고 각가속도를 시간 $0 \le t \le 10$(초)에 대해서 그려라.

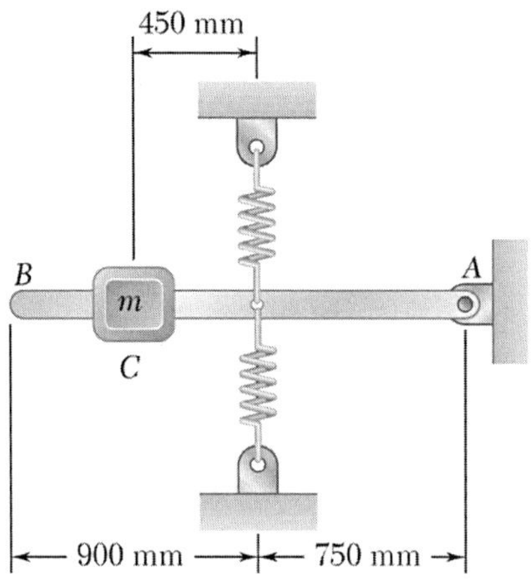

| 그림 9.9 | 두 개의 스프링과 힌지로 지지된 막대

```
% 힌지로 고정된 막대에 질량과 스프링이 있는 문제 해석 프로그램이다.
% 라플라스 변환을 활용한다.
syms s t
L=1.2; % 질량 까지의 거리 (m)
L1=0.75; % 스프링까지의 거리(m)
m=100; % 질점의 질량(kg)
k=450; % 스프링 상수 (N/m)
F=(4*pi/180)*s;
Y=F/(s^2+L1^2*k/(L^2*m));
y=ilaplace(Y);
dy=diff(y);
d2y=diff(dy);
subplot(311), ezplot(y,[0 10])
xlabel('시간 (초)');ylabel('\theta (rad)')
title('\theta-t 그래프')
```

```
grid on
subplot(312), ezplot(dy,[0 10])
xlabel('시간 (초)');ylabel('\omega(rad/s)')
title('\omega-t 그래프')
grid on
subplot(313), ezplot(d2y,[0 10])
xlabel('시간 (초)');ylabel('\alpha(rad/s^2)')
title('\alpha-t 그래프')
grid on
set(gcf,'color','w')
```

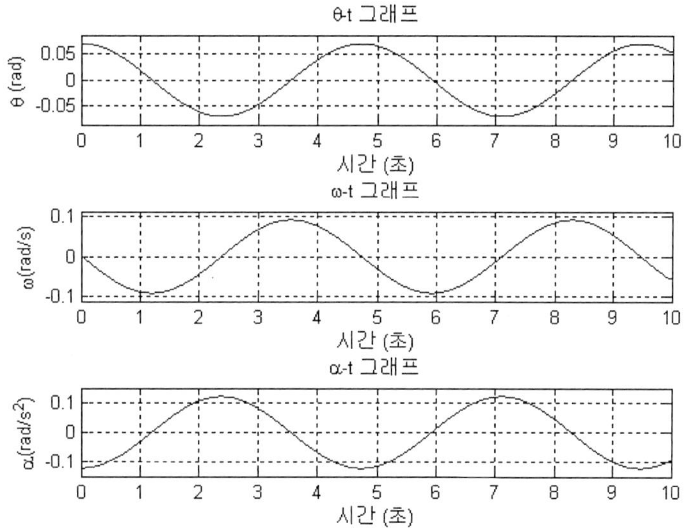

▌그림 9.10▐ 예제 9.9의 출력결과

예제 9.10 비감쇠 진동 예제

질량 $m = 20\,\mathrm{kg}$인 블록이 스프링 상수 $k = 8{,}000\,\mathrm{N/m}$인 스프링에 매달려서 그림과 같이 수직한 슬롯에 마찰 없이 움직인다. 이 블록은 크기가 $P = P_m \sin\omega_f t$ (여기서 $P_m = 100\,N$ 임)인 주기적인 힘을 받는다. 평형 위치로부터 측정된 물체의 변위를 x라 하면, 운동방정식은 다음과 같다.

$$m\ddot{x} + kx = P_m \sin w_f t$$

$x(0) = \dot{x}(0) = 0$이라 가정하고,

(a) $w_f = 40\,\text{rad/s}$,

(b) $w_f = 60\,\text{rad/s}$ 인 경우에 대해서, 변위 $x(t)$에 대한 그래프를 그려라.

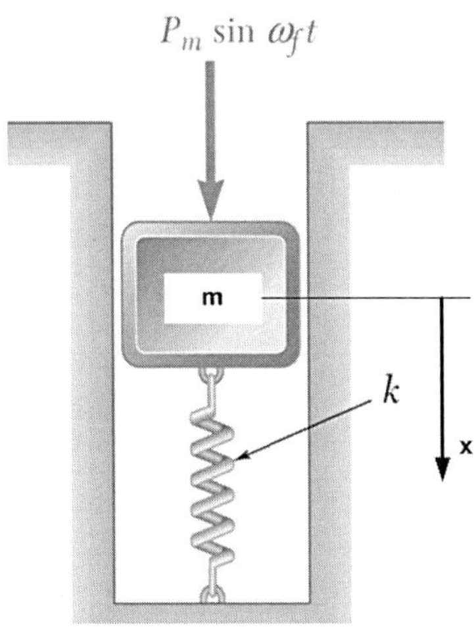

그림 9.11 외력을 받고 있는 비감쇠 진동시스템

```
% 비감쇠 진동문제의 해를 구하는 프로그램이다.
clear all clc; close all
syms s t %주파수 영역 변수 지정
w=[40 60];
for i=1:length(w)
     x=5*sin(w(i)*t);
     X=laplace(x);
     Y=X/(s^2+400);          %출력의 라플라스 변환을 구함
     y=ilaplace(Y);               %역라플라스 변환을 구함
     subplot(210+i);
     ezplot(y,[0,2]);          %그래프 도시
     grid on
     string=['responce of system (\omega=' num2str(w(i)) ')'];
     title(string);
     xlabel('t(sec)'); ylabel('x(m)');
end
set(gcf,'color','w')
```

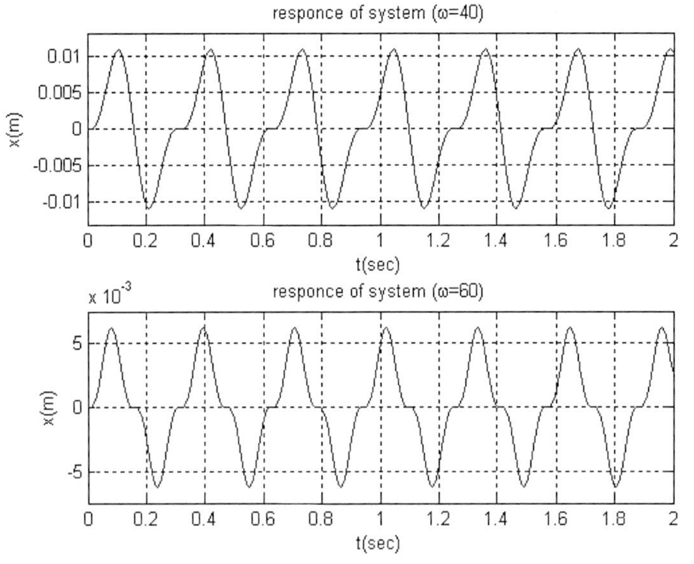

| 그림 9.12 | 예제 9.10의 출력결과

예제 9.11 비감쇠 진동 예제-공진

질량 $m = 20\,\mathrm{kg}$인 블록이 스프링 상수 $k = 8{,}000\,\mathrm{N/m}$인 스프링에 매달려서 그림과 같이 수직한 슬롯에 마찰 없이 움직인다. 이 블록은 크기가 $P = P_m \sin\omega_f t$ (여기서 $P_m = 100\,N$ 임)인 주기적인 힘을 받는다. 평형 위치로부터 측정된 물체의 변위를 x라 하면, 운동방정식은 다음과 같다.

$$m\ddot{x} + kx = P_m \sin w_f t$$

$x(0) = \dot{x}(0) = 0$이라 가정하고, $w_f = 20\,\mathrm{rad/s}$인 경우에 대해서, 변위 $x(t)$에 대한 그래프를 그려라.

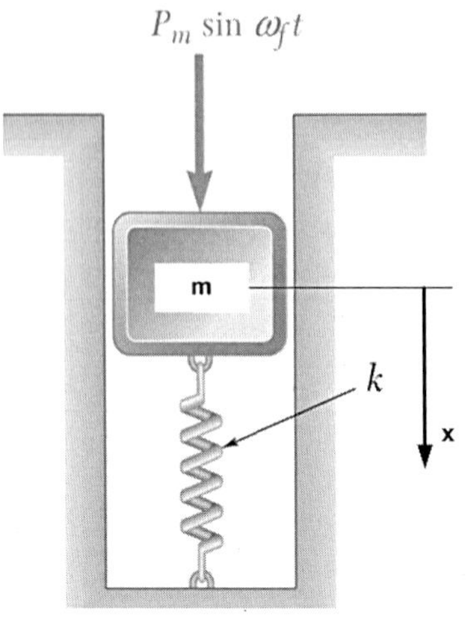

그림 9.13 외력을 받고 있는 비감쇠 진동시스템

```
% 비감쇠 진동문제의 구하는 프로그램이다.
clear all clc; close all
syms s t %주파수 영역 변수 지정
w=20;
    x=5*sin(w*t);
    X=laplace(x);
    Y=X/(s^2+400);          %출력의 라플라스 변환을 구함
    y=ilaplace(Y);              %역라플라스 변환을 구함
    ezplot(y,[0,4]);         %그래프 도시
    grid on
    string=['responce of system (\omega=' num2str(w) ')'];
    title(string);
    xlabel('t(sec)'); ylabel('x(m)');
    set(gcf,'color','w')
```

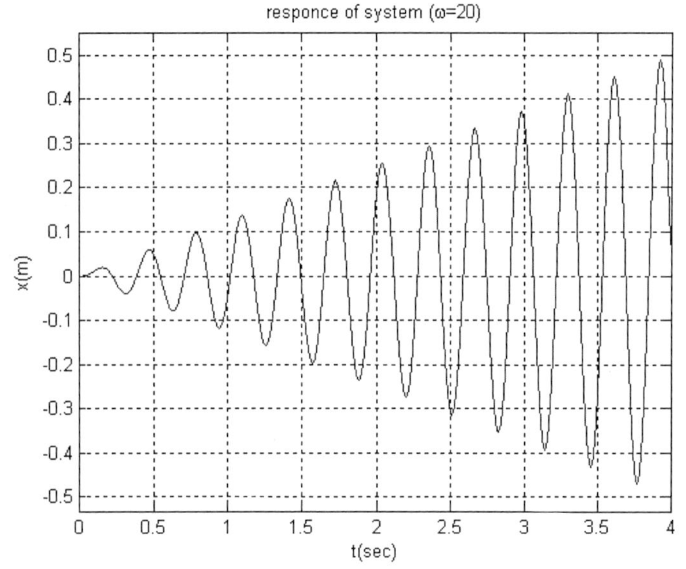

| 그림 9.14 | 예제 9.11의 출력결과

예제 9.12 비틀림 진동 예제

질량이 10 kg이고 관성모멘트가 $\bar{I} = 0.5\ \text{kg} \cdot \text{m}^2$인 톱니바퀴가 그림과 같이 철사줄에 매달려 있다. 철사의 비틀림 스프링 상수는 $K = 6\,\text{N} \cdot \text{m/rad}$이다. 톱니바퀴에 초기 각변위 $\theta = 7°$가 주어진 상태에서 놓여진다. 톱니바퀴의 각변위, 각속도, 그리고 각가속도를 시간 $0 \le t \le 5$(초)에 대해서 그려라.

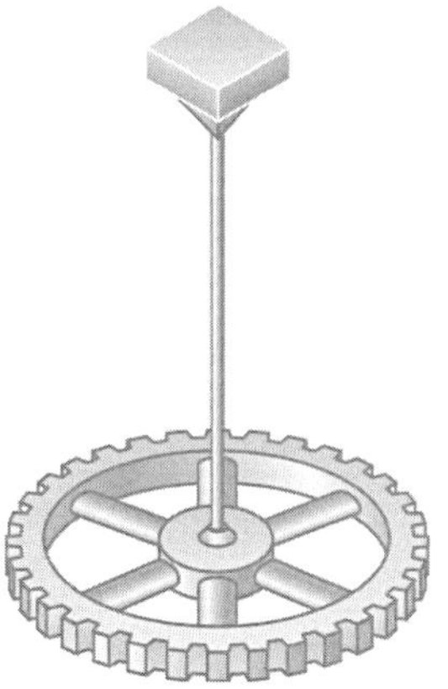

| 그림 9.15 | 철사줄에 매달려 있는 톱니바퀴

```
% 비틀림 진동을 해석하는 프로그램이다.
% 라플라스 변환을 활용한다.
syms s t
K=6; % 철사의 비틀림 스프링 상수(N m/rad)
I=0.5; % 톱니바퀴의 관성모멘트 (kg m^2)
th0=7; % 초기 각변위 (degree)
F=(th0*pi/180)*s;
Y=F/(s^2+K/I);
y=ilaplace(Y);
dy=diff(y);
d2y=diff(dy);
subplot(311), ezplot(y,[0 5])
xlabel('시간 (초)');ylabel('\theta (rad)')
title('\theta-t 그래프')
grid on
subplot(312), ezplot(dy,[0 5])
xlabel('시간 (초)');ylabel('\omega(rad/s)')
title('\omega-t 그래프')
grid on
subplot(313), ezplot(d2y,[0 5])
xlabel('시간 (초)');ylabel('\alpha(rad/s^2)')
title('\alpha-t 그래프')
grid on
set(gcf,'color','w')
```

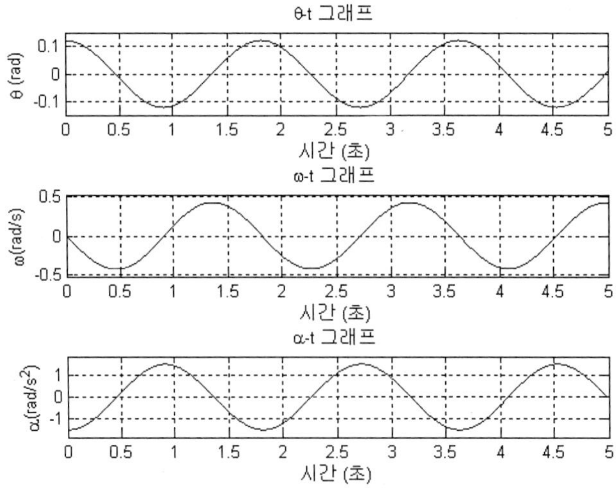

그림 9.16 예제 9.12의 출력결과

예제 9.13 감쇠 진동 예제

아래그림의 기계시스템은 처음에 정지 상태에 있으며 변위 x는 평형위치로부터 측정된다. $m=10\,\mathrm{kg}$, $c=30\,N\cdot s/m$, $k=500\,\mathrm{N/m}$, 그리고 $P=12\,N$이라고 가정하면, 시스템의 운동 방정식은 다음과 같이 구해진다.

$$10\ddot{x}+30\dot{x}+1000x=12\sin 2t$$

$x(0)=\dot{x}(0)=0$이라 가정하고, $w=5,10,15,20\,(\mathrm{rad/s})$에 대한 시스템의 응답 $x(t)$를 구하고, 응답곡선을 그려라.

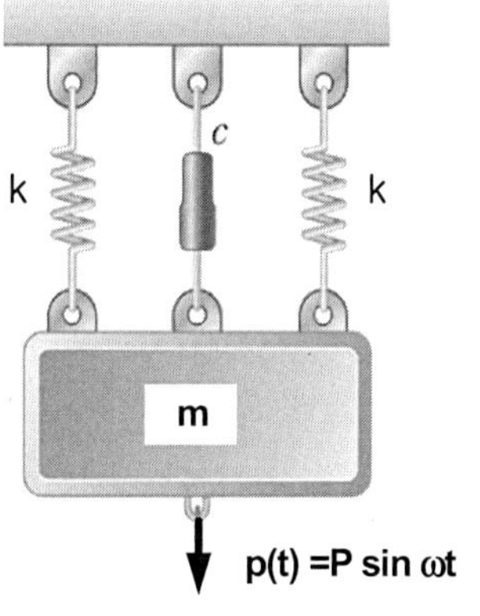

그림 9.17 외력을 받고 있는 감쇠 진동시스템

```
% 진동문제의 해를 구하는 프로그램이다.
clear all clc; close all
syms s t %주파수 영역 변수 지정
w=[5 10 15 20];
for i=1:length(w)
    x=12*sin(w(i)*t);
    X=laplace(x);
    Y=X/(10*s^2+30*s+1000);        %출력의 라플라스 변환을 구함
    y=ilaplace(Y);                 %역라플라스 변환을 구함
    subplot(220+i);
    ezplot(y,[0,10]);              %그래프 도시
    grid on
```

```
        string=['responce of system (\omega=' num2str(w(i)) ')'];
        title(string);
        xlabel('t(sec)'); ylabel('x(m)');
    end
    set(gcf,'color','w')
```

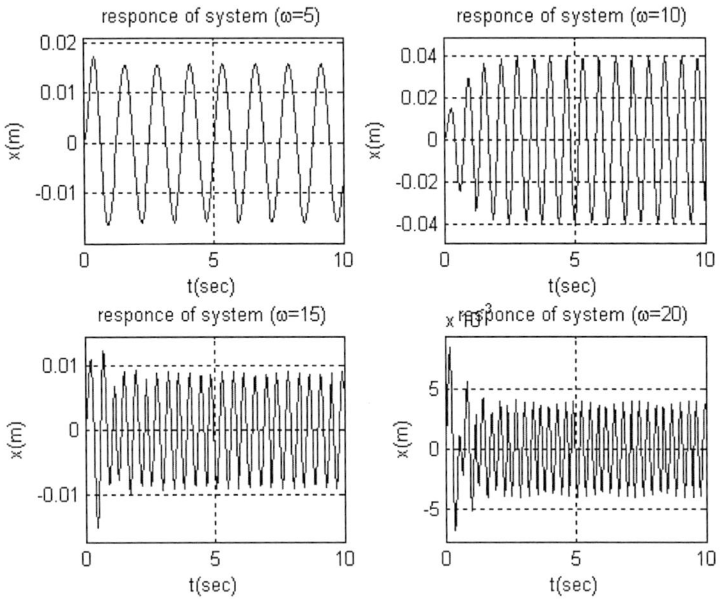

그림 9.18 예제 9.13의 출력결과

예제 9.14 비행기 랜딩기어의 진동 예제

비행기의 랜딩기어는 아래 그림과 같이 스프링-질량-감쇠기로 이상화 할 수 있다. 활주로 노면이 $\delta(t)=\delta_m \sin\omega t$ 로 나타날 때, 질량 m의 수직변위를 구하라.

단, $m=2000\,\text{kg}$, $c=600\,\text{N}\cdot\text{s/m}$, $k=10^5\,\text{N/m}$, $\delta_m=0.2\,\text{m}$, $\omega=20\,\text{rad/s}$ 임.

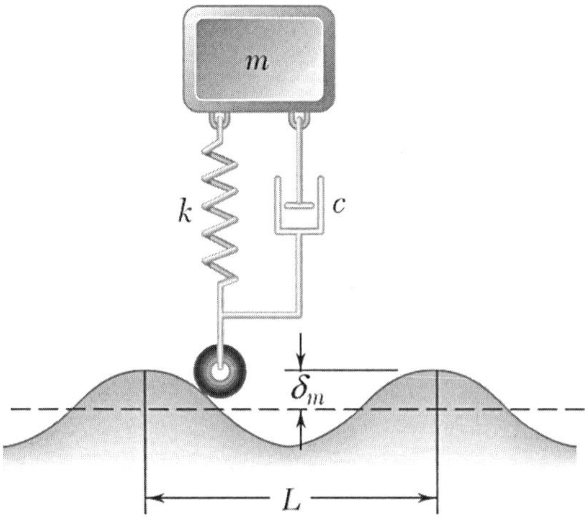

그림 9.19 비행기 랜딩기어

```
% 랜딩기어 진동을 해석하는 프로그램이다.
% 라플라스 변환을 활용한다.
syms s t
m=2000; % 질량 (kg)
c=600; % 감쇠 상수 (N s/m)
k=100000; % 스프링 상수(N/m)
w=20; % 진동수 (rad/s)
y0=0.2; % 노면의 진폭 (m)
f=(k*sin(w*t)+c*w*cos(w*t))*y0;
F=laplace(f);
Y=F/(m*s^2+c*s+k);
y=ilaplace(Y);
dy=diff(y);
d2y=diff(dy);
subplot(311), ezplot(y,[0 5])
xlabel('t (초)');ylabel('y (m)')
title('변위 그래프')
grid on
subplot(312), ezplot(dy,[0 5])
xlabel('t (초)');ylabel('v(m/s)')
title('속도 그래프')
grid on
subplot(313), ezplot(d2y,[0 5])
```

```
xlabel('t (초)');ylabel('a(m/s^2)')
title('가속도 그래프')
grid on
set(gcf,'color','w')
```

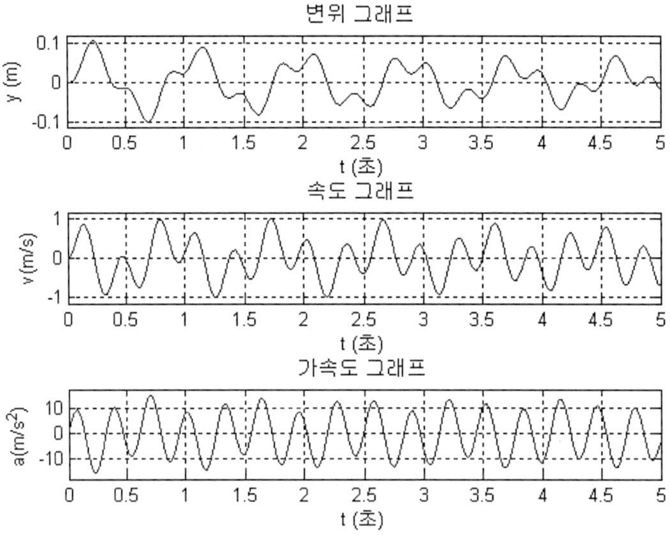

▎그림 9.20 ▎ 예제 9.14의 출력결과

예제 9.15 3 자유도계의 고유 진동수 구하기

다음 3 자유도계의 고유진동수와 정규화된 고유벡터를 구하여라.

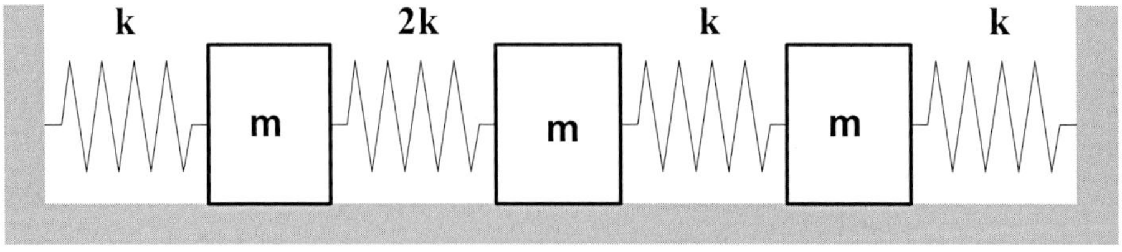

▎그림 9.21 ▎ 3 자유도계의 진동시스템

```
% 고유진동수와 모드 형상을 계산하는 프로그램이다.
%
n=3;% 3자유도
s1=mod(n,1);
m1=1;m2=1;m3=1;
k1=1;k2=2;k3=1;k4=1;
% The mass and stiffness matrices are assumed to be symmetric.
M=[m1 0 0;0 m2 0;0 0 m3];
disp('질량행렬은: ')
disp(M)
    K=[k1+k2 -k2 0;-k2 k2+k3 -k3;0 -k3 k3+k4];
    disp('강성행렬은: '),disp(K)

% 고유진동수
[D,V]=eig(M^-1*K);
for i=1:n
    omega(i)=sqrt(V(i,i));
end
disp('고유 진동수(rad/s)는:      ');disp(omega)
% 고유 벡터의 정규화
Q=D.'*M*D;
for j=1:n
    c=1/sqrt(Q(j,j));
    for i=1:n
        P(i,j)=D(i,j)*c;
    end
end
disp('정규화된 고유 벡터 행렬은:    ')
disp(P)
S=P.'*M*P;
```

```
질량행렬은:
     1      0      0
     0      1      0
     0      0      1

강성행렬은:
     3     -2      0
    -2      3     -1
     0     -1      2

고유 진동수(rad/s)는:
    0.7801      1.4924      2.2725

정규화된 고유 벡터 행렬은:
   -0.5618   -0.4973   -0.6611
   -0.6718   -0.1922    0.7154
   -0.4828    0.8460   -0.2261
```

예제 9.16 3 자유도계 자유 진동 예제

운동방정식이 다음과 같을 때, $0 \le t \le 5$(초)에 대하여 3 자유도계 자유 진동응답을 구하라.

$$[M]\{\ddot{x}\} + [K]\{x\} = \{0\}$$

여기서

$$[M] = \begin{bmatrix} 10 & 0 & 0 \\ 0 & 10 & 0 \\ 0 & 0 & 10 \end{bmatrix}, \quad [K] = \begin{bmatrix} 8000 & -4000 & 0 \\ -4000 & 8000 & -4000 \\ 0 & -4000 & 4000 \end{bmatrix}$$

초기 조건은, $x_1(0) = 1$, $x_2(0) = -1$, $x_3(0) = 0$이다.

```
function f=dfun9_16(t,x);
f=zeros(6,1);
m1=10;
m2=10;
m3=10;
f(1)=x(2);
```

```
f(2)=-8000*x(1)/m1+4000*x(3)/m1;
f(3)=x(4);
f(4)=4000*x(1)/m2 -8000*x(3)/m2+4000*x(5)/m2;
f(5)=x(6);
f(6)=4000*x(3)/m3-4000*x(5)/m3;
```

```
% 3자유도계 자유 진동응답 해를 구하는 프로그램이다.
% 함수 파일은 dfun9_16이다.
x0=[1 0 -1 0 0 0]; % 초기 조건
[t,x]=ode45('dfun9_16',[0:0.01:5],x0);
subplot(311),plot(t,x(:,1))
xlabel('t');ylabel('x_1(t)','rotation',0);
title('3 자유도계 자유진동 응답')
grid on
subplot(312),plot(t,x(:,3))
xlabel('t');ylabel('x_2(t)','rotation',0);
grid on
subplot(313),plot(t,x(:,5))
xlabel('t');ylabel('x_3(t)','rotation',0);
grid on
set(gcf,'color','w')
```

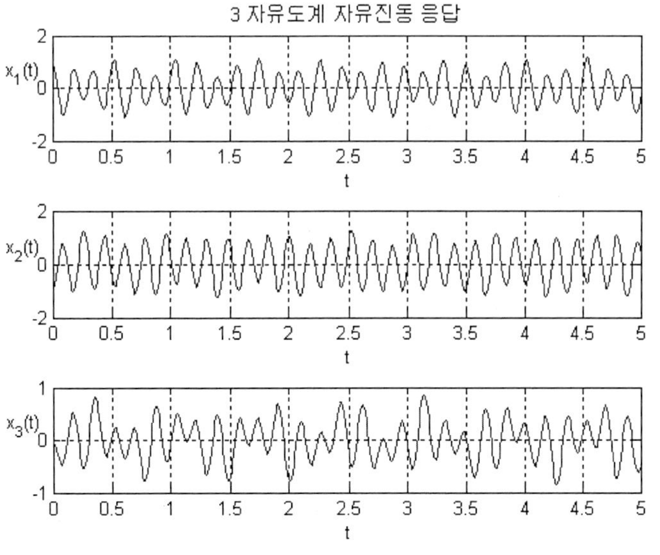

| 그림 9.22 | 예제 9.16의 출력결과

예제 9.17 3 자유도계 감쇠 진동 예제

운동방정식이 다음과 같을 때, $0 \le t \le 5$(초)에 대하여 3 자유도계 진동응답을 구하라.

$$[M]\{\ddot{\boldsymbol{x}}\} + [C]\{\dot{\boldsymbol{x}}\} + [K]\{\boldsymbol{x}\} = \{\mathbf{0}\}$$

여기서

$$[M] = \begin{bmatrix} 100 & 0 & 0 \\ 0 & 10 & 0 \\ 0 & 0 & 10 \end{bmatrix}, \quad [C] = \begin{bmatrix} 400 & -200 & 0 \\ -200 & 400 & -200 \\ 0 & -200 & 200 \end{bmatrix},$$

$$[K] = \begin{bmatrix} 8000 & -4000 & 0 \\ -4000 & 8000 & -4000 \\ 0 & -4000 & 4000 \end{bmatrix}$$

초기 조건은, $x_1(0) = 1$, $x_2(0) = -1$, $x_3(0) = 0$이다.

```
function f=dfun9_17(t,x);
f=zeros(6,1);
m1=100;
m2=10;
m3=10;
f(1)=x(2);
f(2)=-400*x(2)/m1+200*x(4)/m1-8000*x(1)/m1+4000*x(3)/m1;
f(3)=x(4);
f(4)=200*x(2)/m2-400*x(4)/m2+200*x(6)/m2+4000*x(1)/m2 ...
      -8000*x(3)/m2+4000*x(5)/m2;
f(5)=x(6);
f(6)=200*x(4)/m3-200*x(6)/m3+4000*x(3)/m3-4000*x(5)/m3;
```

```
% 3자유도계 진동응답 해를 구하는 프로그램이다.
% 함수 파일은 dfun9_17이다.
x0=[1 0 -1 0 0 0]; % 초기 조건
[t,x]=ode45('dfun9_17',[0:0.01:5],x0);
subplot(311),plot(t,x(:,1))
xlabel('t');ylabel('x_1(t)','rotation',0);
title('3 자유도계 강제진동 응답')
grid on
subplot(312),plot(t,x(:,3))
xlabel('t');ylabel('x_2(t)','rotation',0);
grid on
subplot(313),plot(t,x(:,5))
xlabel('t');ylabel('x_3(t)','rotation',0);
grid on
set(gcf,'color','w')
```

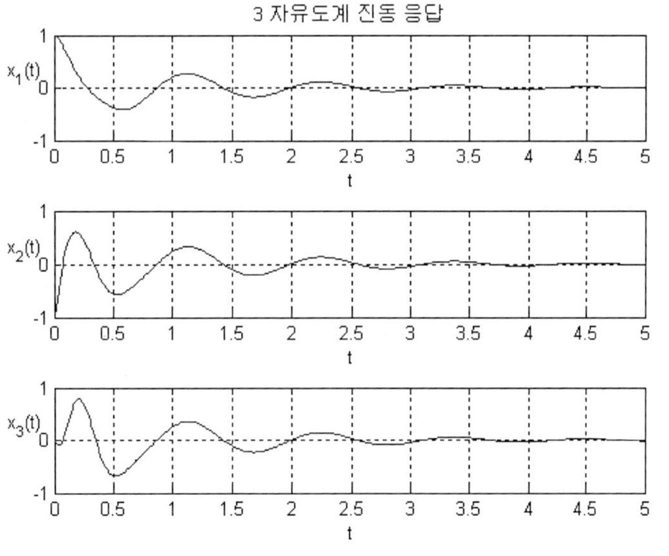

❙ 그림 9.23 ❙ 예제 9.17의 출력결과

예제 9.18 외력을 받는 3자유도계 감쇠 진동 예제

운동방정식이 다음과 같을 때, $0 \le t \le 10$(초)에 대하여 3 자유도계 진동응답을 구하라.

$$[M]\{\ddot{\boldsymbol{x}}\} + [C]\{\dot{\boldsymbol{x}}\} + [K]\{\boldsymbol{x}\} = \{\boldsymbol{F}\}$$

여기서

$$[M] = \begin{bmatrix} 100 & 0 & 0 \\ 0 & 10 & 0 \\ 0 & 0 & 10 \end{bmatrix}, \quad [C] = \begin{bmatrix} 400 & -200 & 0 \\ -200 & 400 & -200 \\ 0 & -200 & 200 \end{bmatrix},$$

$$[K] = \begin{bmatrix} 8000 & -4000 & 0 \\ -4000 & 8000 & -4000 \\ 0 & -4000 & 4000 \end{bmatrix}, \quad \{\boldsymbol{F}\} = \begin{Bmatrix} 100\cos 50t \\ 0 \\ 0 \end{Bmatrix}$$

초기 조건은, $x_1(0) = 0$, $x_2(0) = 0$, $x_3(0) = 0$이다.

```
function f=dfun9_18(t,x);
f=zeros(6,1);
m1=100;
m2=10;
m3=10;
f(1)=x(2);
f(2)=100*cos(50*t)/m1-400*x(2)/m1+200*x(4)/m1-8000*x(1)/m1+4000*x(3)/
m1;
f(3)=x(4);
f(4)=200*x(2)/m2-400*x(4)/m2+200*x(6)/m2+4000*x(1)/m2 ...
     -8000*x(3)/m2+4000*x(5)/m2;
f(5)=x(6);
f(6)=200*x(4)/m3-200*x(6)/m3+4000*x(3)/m3-4000*x(5)/m3;
```

```
% 3자유도계 강제진동응답 해를 구하는 프로그램이다.
% 함수 파일은 dfun9_18이다.
x0=[0 0 0 0 0 0]; % 초기 조건
[t,x]=ode45('dfun9_18',[0:0.01:10],x0);
subplot(311),plot(t,x(:,1))
xlabel('t');ylabel('x_1(t)','rotation',0);
title('3 자유도계 강제진동 응답')
grid on
subplot(312),plot(t,x(:,3))
xlabel('t');ylabel('x_2(t)','rotation',0);
grid on
subplot(313),plot(t,x(:,5))
xlabel('t');ylabel('x_3(t)','rotation',0);
grid on
set(gcf,'color','w')
```

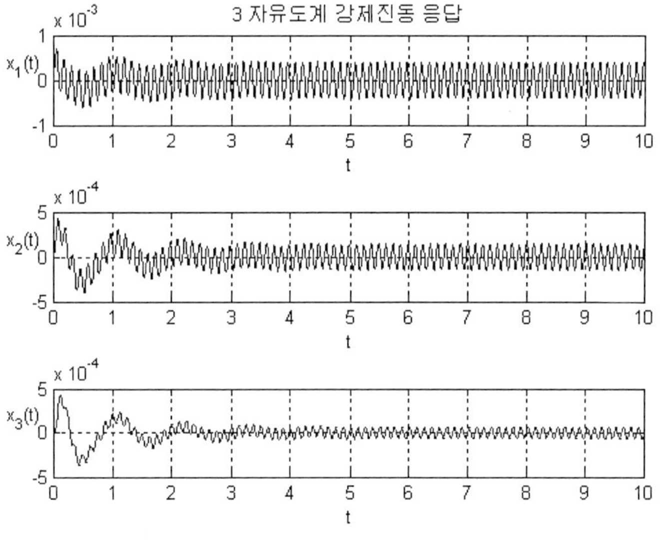

그림 9.24 예제 9.18의 출력결과

연 · 습 · 문 · 제

1. 함수 $f(t) = t^2\sin(3t) - e^{5t} + \sin(2t)\cos(2t) + e^{-0.1t}\cos(2t)$ 를 라플라스 변환하고, 다시 역라플라스 변환을 실행하라.

2. 다음 미분 방정식의 해를 라플라스 변환을 사용하여 구하라.

$$y'' + 4y' + 4y = e^{-2t},\ y(0) = 1,\ y'(0) = 2$$

3. 다음 미분 방정식의 해를 라플라스 변환을 사용하여 구하라.

$$y'' + 9y = 8\cos(3t)[u(t) - u(t-\pi)]\ ,\quad y(0) = 0, y'(0) = 0$$

4. 다음 미분 방정식의 해를 라플라스 변환을 사용하여 구하라.

$$y'' + 4y' + 4y = 2u(t) - 2u(t-\pi) + u(t-2\pi)\sin(t)\ ,$$
$$y(0) = 2, y'(0) = 2$$

5. 다음 미분 방정식의 해를 라플라스 변환을 사용하여 구하라.

$$y'' + 2y' - 3y = -8\sin(t)e^{-t} - \delta(t-1),\ y(0) = 2, y'(0) = 5$$

6. 다음 그림의 기계 시스템은 처음에 정지 상태에 있으며 변위 x는 평형위치로부터 측정된다. $m = 10\,\mathrm{kg}$, $c = 30\,\mathrm{N \cdot s/m}$, $k = 600\,\mathrm{N/m}$, 그리고 $P = 50\,N$이라고 가정하면, 시스템의 운동 방정식은 다음과 같이 구해진다.

$$10\ddot{x} + 30\dot{x} + 1200x = 50\sin wt$$

$x(0) = 1$, $\dot{x}(0) = 0$이라 가정하고, $w = 5, 10, 15, 20\ (\mathrm{rad/s})$에 대한 시스템의 응답 $x(t)$를 구하고, 응답곡선을 그려라.

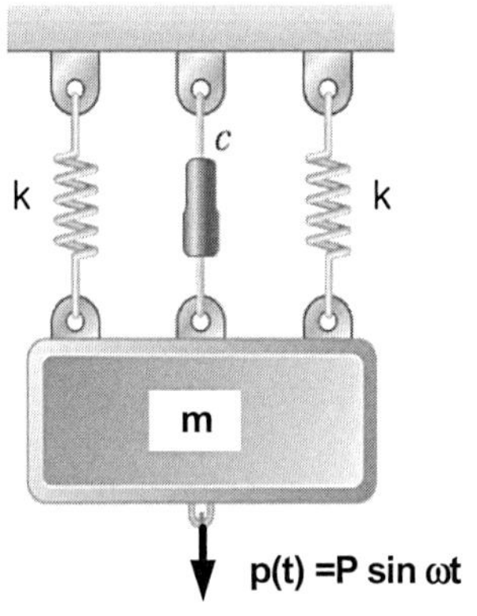

7. 질량 $m=10\,\mathrm{kg}$인 블록이 스프링 상수 $k=16{,}000\,\mathrm{N/m}$인 스프링에 매달려서 아래 그림과 같이 수직한 슬롯에 마찰 없이 움직인다. 이 블록은 크기가 $P=P_m \sin\omega_f t$ (여기서 $P_m=120\,N$임)인 주기적인 힘을 받는다. 평형 위치로부터 측정된 물체의 변위를 x라 하면, 운동방정식은 다음과 같다.

$$m\ddot{x}+kx=P_m \sin w_f t$$

$x(0)=\dot{x}(0)=0$이라 가정하고,

(a) $w_f=20\,\mathrm{rad/s}$,

(b) $w_f=40\,\mathrm{rad/s}$,

(c) $w_f=60\,\mathrm{rad/s}$인 경우에 대해서, 변위 $x(t)$에 대한 그래프를 그려라.

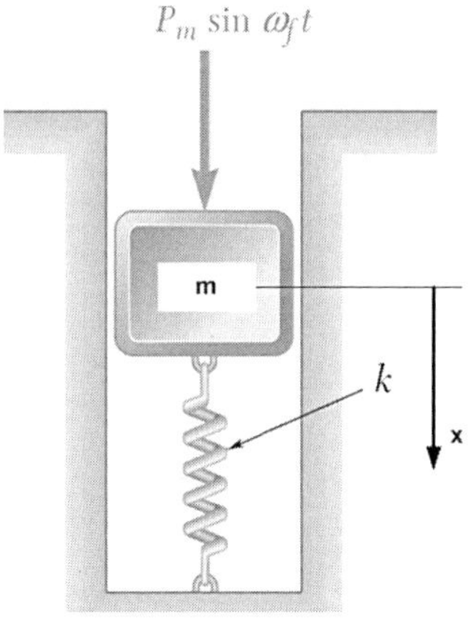

8. 추로 구성된 단순 단진자가 길이 $l = 700\,\mathrm{mm}$인현에 매달려 수직 평면위에서 진동하고 있다. 미소 진동인 경우에 다음 방정식이 얻어진다.

$$\ddot{\theta} + \frac{g}{l}\theta = 0$$

$\theta(0) = 6^o$, $\dot{\theta}(0) = 0$일 때, 시스템의 응답 $\theta(t)$를 구하고, 응답곡선을 그려라. 단, $g = 9.81\,\mathrm{m/s^2}$임.

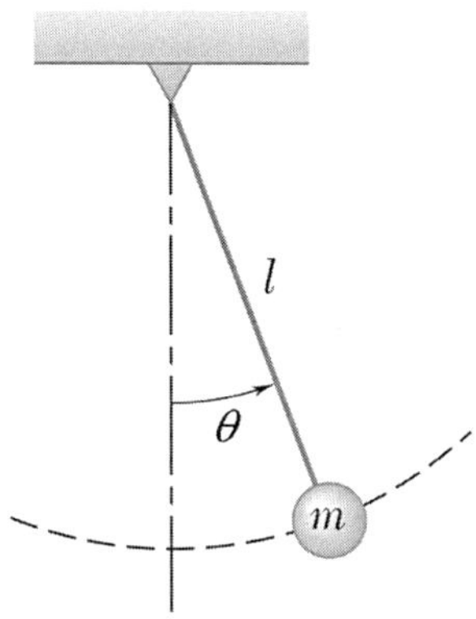

9. 아래 그림의 기계 시스템은 처음에 정지 상태에 있으며 변위 x는 평형위치로부터 측정된다. $m = 1\,\mathrm{kg}$, $c = 12\,\mathrm{N \cdot s/m}$, $k = 100\,\mathrm{N/m}$, 그리고 $P = 10\,N$이라고 가정하면, 시스템의 운동 방정식은 다음과 같이 구해진다.

$\ddot{x} + 12\dot{x} + 100x = 10u(t)$

시스템의 응답 $x(t)$를 구하고, 응답곡선을 그려라.

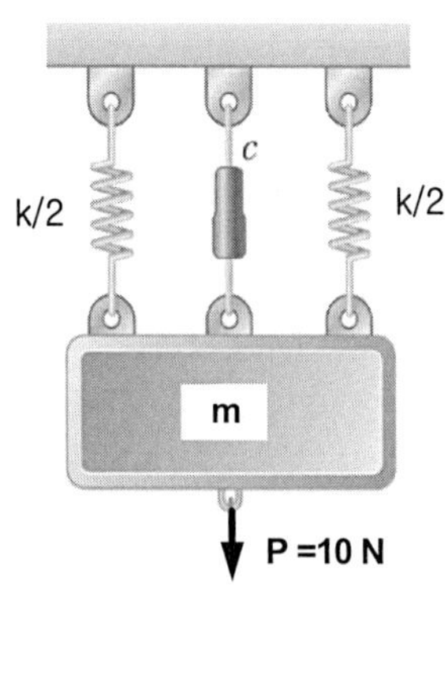

10. 다음 3 자유도계의 고유진동수와 정규화된 고유벡터를 구하여라.

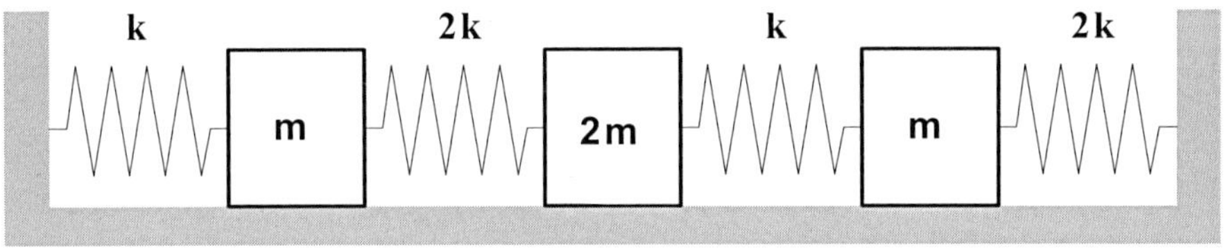

11. 다음 3 자유도계의 고유진동수와 정규화된 고유벡터를 구하여라.

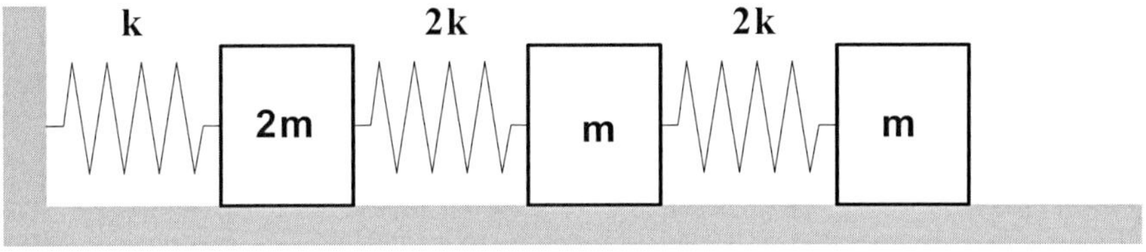

12. 다음 2 자유도계의 고유진동수와 정규화된 고유벡터를 구하여라.

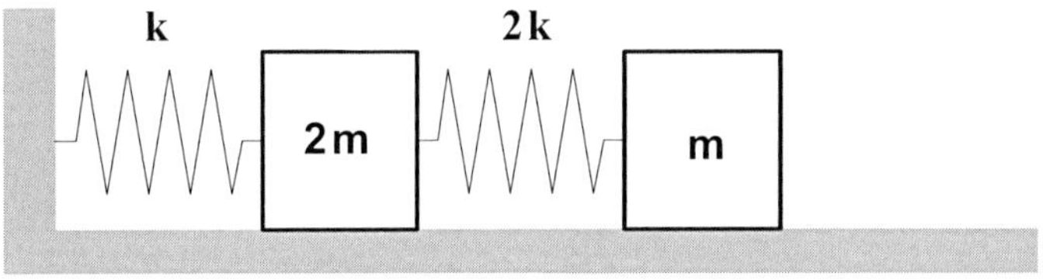

13. 운동방정식이 다음과 같을 때, $0 \le t \le 5$(초)에 대하여 3 자유도계 자유 진동응답을 구하라.

$$[M]\{\ddot{x}\} + [K]\{x\} = \{0\}$$

여기서

$$[M] = \begin{bmatrix} 10 & 0 & 0 \\ 0 & 20 & 0 \\ 0 & 0 & 30 \end{bmatrix},\quad [K] = \begin{bmatrix} 8000 & -4000 & 0 \\ -4000 & 8000 & -4000 \\ 0 & -4000 & 4000 \end{bmatrix}$$

초기 조건은, $x_1(0) = 0$, $x_2(0) = 1$, $x_3(0) = -1$이다.

14. 운동방정식이 다음과 같을 때, $0 \le t \le 10$(초)에 대하여 3 자유도계 진동응답을 구하라.

$$[M]\{\ddot{\boldsymbol{x}}\} + [C]\{\dot{\boldsymbol{x}}\} + [K]\{\boldsymbol{x}\} = \{\boldsymbol{F}\}$$

여기서

$$[M] = \begin{bmatrix} 10 & 0 & 0 \\ 0 & 50 & 0 \\ 0 & 0 & 100 \end{bmatrix}, \quad [C] = \begin{bmatrix} 400 & -200 & 0 \\ -200 & 400 & -200 \\ 0 & -200 & 200 \end{bmatrix},$$

$$[K] = \begin{bmatrix} 8000 & -4000 & 0 \\ -4000 & 8000 & -4000 \\ 0 & -4000 & 4000 \end{bmatrix}, \quad \{\boldsymbol{F}\} = \begin{Bmatrix} 100\sin 50t \\ 100\sin 50t \\ 0 \end{Bmatrix}$$

초기 조건은, $x_1(0) = 0$, $x_2(0) = 0$, $x_3(0) = 0$이다.

APPENDIX A

상미분방정식

A.1 First Order Linear Differential Equations

$$y' + p(x)y = r(x)$$

1) $y' + p(x)y = 0$

$$\frac{dy}{y} = -p(x)dx$$

$$\ln|y| = -\int p(x)dx + \tilde{c}$$

$$y = ce^{-\int p(x)dx}$$

2) $(py - r)dx + 1 \cdot dy = 0$ (not exact)

$$P = py - r\ , \qquad Q = 1$$

$$\frac{1}{F}\frac{dF}{dx} = \frac{1}{Q}\left(\frac{\partial P}{\partial y} - \frac{\partial Q}{\partial x}\right) = p(x)$$

$$\frac{dF}{F} = p(x)dx, \qquad \ln F = \int p(x)dx$$

$$F = e^{\int p(x)dx} \qquad \text{(integrating factor)}$$

$$e^{\int p(x)dx}(y' + py) = (e^{\int p(x)dx}y)' = e^{\int p(x)dx}r(x)$$

$$e^{\int p(x)dx}y = \int e^{\int p(x)dx}r(x)dx + c$$

$$y = e^{-\int p(x)dx}\left[\int e^{\int p(x)dx}r(x)dx + c\right]$$

$$= e^{-h(x)}\left[\int e^{h(x)}r(x)dx + c\right]$$

$$\left(h(x) = \int p(x)dx \right)$$

ex A.1

$$y' - 3y = 6$$

$$p(x) = -3, \qquad r(x) = 6$$

$$h = \int p(x)dx = -3x$$

$$e^{h} = e^{-3x}, \qquad e^{-h} = e^{3x}$$

$$\int e^{\int p(x)dx}6dx = \int e^{-3x}6dx = -2e^{-3x}$$

$$y = e^{3x}[-2e^{-3x} + c] = c\ e^{3x} - 2$$

ex A.2

$$y' + (\tan x)y = \sin 2x \qquad y(0) = 1$$

$$p(x) = \tan x, \qquad r(x) = \sin 2x = 2\sin x \cos x$$

$$(\sin 2x = \sin(x+x) = \sin x\cos x + \cos x\sin x = 2\sin x\cos x\ )$$

$$h = \int p(x)dx = \int \tan x\ dx = \int \frac{\sin x}{\cos x}dx$$

$$= \int \frac{-d(\cos x)}{\cos x} = -\ln|\cos x| = \ln|\sec x|$$

$$e^{\int p(x)dx} = e^{\ln|\sec x|} = \sec x$$

$$e^{-\int p(x)dx} = e^{\ln|\cos x|} = \cos x$$

$$e^{\int p(x)dx}r(x) = e^{\ln|\sec x|}(2\sin x\cos x) \quad = \sec x(2\sin x\cos x) = 2\sin x$$

$$y(x) = \cos x\left[2\int \sin x\,dx + c\right] = -2\cos^2 x + c\ \cos x$$

$$y(0) = -2 + c = 1\ , \qquad c = 3$$

$$y(x) = -2\cos^2 x + 3\cos x$$

ex A.3

$$y' - 2xy = x$$

$$p(x) = -2x\ , \qquad r(x) = x$$

$$h = \int p(x)dx = \int (-2x)dx = -x^2$$

$$e^h = e^{-x^2}, \qquad e^{-h} = e^{x^2}$$

$$\int e^h r(x)dx = \int e^{-x^2} x\ dx$$

$$= \int e^{-x^2}\frac{1}{2}d(x^2) = -\frac{1}{2}e^{-x^2}$$

$$y(x) = e^{x^2}\left[-\frac{1}{2}e^{-x^2} + c\right] = ce^{x^2} - \frac{1}{2}$$

Reduction to Linear Form : Bernoulli Equation

(nonlinear differential equation)

$$y' + p(x)y = g(x)y^a, \quad (a \ : \text{ any real number })$$

$$(\ a = 0 \ , \text{ or } a = 1 \ \rightarrow \quad \text{linear})$$

$$u(x) = y^{1-a}$$

$$u' = (1-a)y^{-a}y' = (1-a)y^{-a}(gy^a - py)$$

$$= (1-a)(g - py^{1-a}) = (1-a)(g - pu)$$

$$u' + (1-a)pu = (1-a)g(x)$$

(linear differential equation)

ex A.4

$$y' + xy = xy^2, \quad (a = 2)$$

$$u(x) = y^{1-a} = y^{-1} = \frac{1}{y}$$

$$u' = (1-2)(x - xu) = xu - x$$

$$u' - xu = -x$$

$$p(x) = -x \ , \quad r = -x$$

$$h = \int (-x)dx = -\frac{x^2}{2}$$

$$e^h = e^{-\frac{x^2}{2}}, \quad e^{-h} = e^{\frac{x^2}{2}}$$

$$\int e^{-\frac{x^2}{2}}(-x)dx = \int e^{-\frac{x^2}{2}} d(-\frac{x^2}{2}) = e^{-\frac{x^2}{2}}$$

$$u = e^{\frac{x^2}{2}}\left[e^{-\frac{x^2}{2}} + c\right] = 1 + c \ e^{\frac{x^2}{2}}$$

$$(u = y^{1-a} = y^{-1})$$

$$y = \frac{1}{1 + ce^{\frac{x^2}{2}}}$$

A.2 Second Order Linear Differential Equation – Homogeneous Equations with Constant Coefficients

$$y'' + p(x)y' + q(x)y = 0$$

$(p(x),\ q(x)$: given function of $x)$

$$y'' + ay' + by = 0$$

$(a,\ b$: constants)

참고

1st order diff. eqn

$$y' + p(x)y = 0$$

$$\Rightarrow \quad y = ce^{-\int p(x)dx}$$

$$y' + ky = 0$$

$$\Rightarrow \quad y = ce^{-\int kdx} = ce^{-kx}$$

2nd order diff. eqn

$$y'' + ay' + by = 0$$

$$y = ce^{\lambda x}$$

$$y' = \lambda e^{\lambda x}, \quad y'' = \lambda^2 e^{\lambda x}$$

$$c\ \left[\lambda^2 e^{\lambda x} + a\lambda e^{\lambda x} + be^{\lambda x}\right] = 0$$

$$e^{\lambda x}(\lambda^2 + a\lambda + b) = 0$$

$$e^{\lambda x} \neq 0$$

$$\lambda^2 + a\lambda + b = 0$$

$\Leftarrow$ Characteristic Eqn

$$\lambda_{1,\ 2} = \frac{-a \pm \sqrt{a^2 - 4b}}{2}$$

$$\lambda_1 = \frac{-a + \sqrt{a^2 - 4b}}{2}, \quad \lambda_2 = \frac{-a - \sqrt{a^2 - 4b}}{2}$$

$$y_1 = e^{\lambda_1 x}, \ y_2 = e^{\lambda_2 x}$$

1) $a^2 - 4b > 0$

$\Rightarrow$ two real roots

2) $a^2 - 4b = 0$

$\Rightarrow$ a real double roots

3) $a^2 - 4b < 0$

$\Rightarrow$ complex conjugate roots

1) $a^2 - 4b > 0 \qquad (\lambda_1 \neq \lambda_2)$

$$y_1 = e^{\lambda_1 x}, \quad y_2 = e^{\lambda_2 x}$$

$$y = c_1 e^{\lambda_1 x} + c_2 e^{\lambda_2 x}$$

$$W(e^{\lambda_1 x},\ e^{\lambda_2 x}) = \begin{vmatrix} e^{\lambda_1 x} & e^{\lambda_2 x} \\ \lambda_1 e^{\lambda_1 x} & \lambda_2 e^{\lambda_2 x} \end{vmatrix}$$

$$= \lambda_2 e^{(\lambda_1 + \lambda_2)x} - \lambda_1 e^{(\lambda_1 + \lambda_2)x}$$

$$= e^{(\lambda_1 + \lambda_2)x}(\lambda_2 - \lambda_1) \neq 0$$

ex A.5

$$y'' - y = 0$$

$$y = e^{\lambda x}, \quad y'' = \lambda^2 e^{\lambda x}$$

$$e^{\lambda x}(\lambda^2 - 1) = 0$$

$$\lambda^2 - 1 = 0, \qquad \lambda = \pm 1$$

$$y_1 = e^{x}, \quad y_2 = e^{-x}$$

$$y = c_1 e^{x} + c_2 e^{-x}$$

ex A.6

$$y'' + y' - 2y = 0 \qquad y(0) = 4, \ y'(0) = -5$$

$$\lambda^2 + \lambda - 2 = 0$$

$$\lambda = \frac{-1 \pm \sqrt{1+8}}{2} = \frac{-1 \pm 3}{2}$$

$$\lambda_1 = 1, \qquad \lambda_2 = -2$$

$$y = c_1 e^{x} + c_2 e^{-2x}$$

$$y' = c_1 e^{x} - 2c_2 e^{-2x}$$

$$y(0) = c_1 + c_2 = 4$$

$$y'(0) = c_1 - 2c_2 = -5$$

$$c_1 = 1, \qquad c_2 = 3$$

$$y = e^{x} + 3e^{-2x}$$

2) $a^2 - 4b = 0$

$$\lambda_{1,\,2} = \frac{-a \pm \sqrt{a^2 - 4b}}{2} = -\frac{a}{2}$$

$$y_1 = e^{-\frac{a}{2}x} \qquad y_2 = ?$$

$$y_2 = uy_1$$

$$y'_2 = u'y_1 + uy'_1$$

$$y''_2 = u''y_1 + u'y'_1 + u'y'_1 + uy''_1$$

$$= u''y_1 + 2u'y'_1 + uy''_1$$

$$[u''y_1 + 2u'y'_1 + uy''_1]$$

$$+ a(u'y_1 + uy'_1) \ + buy_1 = 0$$

$$u''y_1 + u'(2y'_1 + ay_1)$$

$$+ u(y''_1 + ay'_1 + by_1) = 0$$

$$y''_1 + ay'_1 + by_1 = 0 \qquad (y_1 \ : \text{solution})$$

$$2y'_1 = -2\left(\frac{a}{2}\right)e^{-\frac{a}{2}x} = -ae^{-\frac{a}{2}x} = -ay_1$$

$$2y'_1 + ay_1 = 0$$

$$u''y_1 = 0 \qquad \Rightarrow \qquad u'' = 0$$

$$u' = \widetilde{c_1}$$

$$u = \widetilde{c_1}x + \widetilde{c_2}$$

$$u = x$$

$$y_2 = uy_1 = xy_1$$

$$y = c_1y_1 + c_2y_2$$

$$= (c_1 + c_2x)y_1$$

$$= (c_1 + c_2 x)e^{-\frac{ax}{2}}$$

$$W\left(e^{-\frac{ax}{2}}, xe^{-\frac{ax}{2}}\right) = \begin{vmatrix} e^{-\frac{ax}{2}} & xe^{-\frac{ax}{2}} \\ -\frac{a}{2}e^{-\frac{ax}{2}} & e^{-\frac{ax}{2}} - \frac{ax}{2}e^{-\frac{ax}{2}} \end{vmatrix}$$

$$= e^{-\frac{ax}{2}}\left[e^{-\frac{ax}{2}} - \frac{ax}{2}e^{-\frac{ax}{2}}\right] + \frac{ax}{2}e^{-\frac{ax}{2}}e^{-\frac{ax}{2}}$$

$$= e^{-ax}\left[1 - \frac{ax}{2} + \frac{ax}{2}\right] = e^{-ax} \neq 0$$

ex A.7

$y'' - 4y' + 4y = 0 \qquad y(0) = 3,\ y'(0) = 1$

$\lambda^2 - 4\lambda + 4\lambda = 0$

$\Rightarrow \quad (\lambda - 2)^2 = 0 \qquad\qquad \lambda = 2$

$y = (c_1 + c_2 x)e^{2x}$

$y(0) = c_1 = 3$

$y' = c_2 e^{2x} + (c_1 + c_2 x)2e^{2x}$

$y'(0) = c_2 + 2c_1 = 1$

$c_2 = -5$

$y = (3 - 5x)e^{2x}$

3) Case of Complex Roots

$y'' + ay' + by = 0$

$\lambda^2 + a\lambda + b = 0$

$$\lambda_{1,\ 2} = \frac{-a \pm \sqrt{a^2 - 4b}}{2}$$

if $a^2-4b < 0$,

$$\sqrt{a^2-4b}=\sqrt{-(4b-a^2)}=i\sqrt{(4b-a^2)}$$

$$=i\sqrt{4(b-\frac{a^2}{4})}=2i\sqrt{b-\frac{a^2}{4}}$$

$$(i=\sqrt{-1})$$

$$\lambda_1=-\frac{a}{2}+i\omega \qquad (\omega=\sqrt{b-\frac{a^2}{4}})$$

$$\lambda_2=-\frac{a}{2}-i\omega$$

$$y_1=e^{\left[-\frac{a}{2}+i\omega\right]x}=e^{-\frac{a}{2}x}e^{i\omega x}$$

$$y_2=e^{\left[-\frac{a}{2}-i\omega\right]x}=e^{-\frac{a}{2}x}e^{-i\omega x}$$

Euler Formula

$$e^{i\omega x}=\cos\omega x+i\sin\omega x$$

$$e^{-i\omega x}=\cos(-\omega x)+i\sin(-\omega x)$$

$$=\cos\omega x-i\sin\omega x$$

$$y_1=e^{-\frac{a}{2}x}e^{i\omega x}=e^{-\frac{a}{2}x}(\cos\omega x+i\sin\omega x)$$

$$y_2=e^{-\frac{a}{2}x}e^{-i\omega x}=e^{-\frac{a}{2}x}(\cos\omega x-i\sin\omega x)$$

$$y=A_1y_1+A_2y_2$$

$$=A_1e^{-\frac{a}{2}x}(\cos\omega x+i\sin\omega x)$$

$$+A_2e^{-\frac{a}{2}x}(\cos\omega x-i\sin\omega x)$$

$$= (A_1 + A_2)e^{-\frac{a}{2}x}\cos\omega x \ + i(A_1 - A_2)e^{-\frac{a}{2}x}\sin\omega x$$

$$= c_1 e^{-\frac{a}{2}x}\cos\omega x \ + c_2 e^{-\frac{a}{2}x}\sin\omega x$$

$$W(e^{-\frac{a}{2}x}\cos\omega x,\ e^{-\frac{a}{2}x}\sin\omega x)$$

$$= \begin{vmatrix} e^{-\frac{a}{2}x}\cos\omega x & e^{-\frac{a}{2}x}\sin\omega x \\ (-\frac{a}{2}e^{-\frac{a}{2}x}\cos\omega x - e^{-\frac{a}{2}x}\omega\sin\omega x) & (-\frac{a}{2}e^{-\frac{a}{2}x}\sin\omega x + e^{-\frac{a}{2}x}\omega\cos\omega x) \end{vmatrix}$$

$$= e^{-ax}\left[-\frac{a}{2}\cos\omega x\sin\omega x + \omega\cos^2\omega x + \frac{a}{2}\cos\omega x\sin\omega x + \omega\sin^2\omega x\right]$$

$$= e^{-ax}\omega \neq 0$$

ex A.8

$$y'' + 2y' + 5y = 0 \qquad y(0) = 1,\quad y'(0) = 5$$

$$\lambda^2 + 2\lambda + 5 = 0$$

$$\lambda = \frac{-2 \pm \sqrt{4-20}}{2} = \frac{-2 \pm \sqrt{-16}}{2}$$

$$= \frac{-2 \pm 4i}{2} = -1 \pm 2i$$

$$y(x) = e^{-x}(c_1\cos 2x + c_2\sin 2x)$$

$$y'(x) = -e^{-x}(c_1\cos 2x + c_2\sin 2x)$$

$$+ e^{-x}(-2c_1\sin 2x + 2c_2\cos 2x)$$

$$y(0) = c_1 = 1$$

$$y'(0) = -c_1 + 2c_2 = 5 \qquad c_2 = 3$$

$$y = e^{-x}(\cos 2x + 3\sin 2x)$$

ex A.9

$$y'' + \omega^2 y = 0$$

$$\lambda^2 + \omega^2 = 0$$

$$\lambda = \pm i\omega$$

$$y = c_1 \cos \omega x + c_2 \sin \omega x$$

A.3 Nonhomogeneous Equations

$$y'' + p(x)y' + q(x)y = r(x)$$

$$y'' + p(x)y' + q(x)y = 0$$

$$y_h(x) = c_1 y_1(x) + c_2 y_2(x)$$

$$y(x) = y_h(x) + y_p(x)$$

Initial value problems

$$y(x_0) = k_0 \qquad y'(x_0) = k_1$$

Solution step :

1) $y_h(x) = ?$

2) $y_p(x) = ?$

3) Applying initial conditions to

$$y(x) = y_h(x) + y_p(x)$$

ex A.10

$$y'' - 4y' + 3y = 10e^{-2x}$$

$$y(0) = 1 \ , \ y'(0) = -3$$

1) $y'' - 4y' + 3y = 0$

$$\lambda^2 - 4\lambda + 3 = 0$$

$$(\lambda - 3)(\lambda - 1) = 0$$

$$\lambda = 1\ ,\ 3$$

$$y_h(x) = c_1 e^{x} + c_2 e^{3x}$$

$$y_p = Ce^{-2x}$$

$$y'_p = -2Ce^{-2x}$$

$$y''_p = 4Ce^{-2x}$$

$$4Ce^{-2x} - 4C(-2)e^{-2x} + 3Ce^{-2x} = 10e^{-2x}$$

$$4C + 8C + 3C = 10$$

$$C = \frac{10}{15} = \frac{2}{3}$$

$$y_p = \frac{2}{3}e^{-2x}$$

$$y = y_h + y_p = C_1 e^{x} + C_2 e^{3x} + \frac{2}{3}e^{-2x}$$

$$y(0) = c_1 + c_2 + \frac{2}{3} = 1$$

$$y' = c_1 e^{x} + 3c_2 e^{3x} - \frac{4}{3}e^{-2x}$$

$$y'(0) = c_1 + 3c_2 - \frac{4}{3} = -3$$

$$c_1 = \frac{4}{3},\ c_2 = -1$$

$$y = \frac{4}{3}e^{x} - e^{3x} + \frac{2}{3}e^{-2x}$$

A.3.1 Solutions by Undeterminated Coefficients

$y'' + ay' + by = r(x)$

$y(x) = y_h(x) + y_p(x)$

⟨Rules⟩

1) $r(x) = Ke^{\gamma x}$

$\Rightarrow y_p = Ce^{\gamma x}$

ex A.11

$r(x) = 10e^{-2x}$

$\Rightarrow y_p = Ce^{-2x}$

2) $r(x) = Kx^n \quad (\ n = 0, 1, 2, 3 \ldots\ )$

$\Rightarrow \quad y_p = k_n x^n + k_{n-1} x^{n-1} + \ldots + k_1 x + k_0$

ex A.12

$r(x) = 4x^2$

$y_p = k_2 x^2 + k_1 x + k_0$

3) $r(x) = A\cos\omega x$ or $B\sin\omega x$

$y_p = K\cos\omega x + M\sin\omega x$

ex A.13

$r(x) = \sin 2x$

$y_p = K\cos 2x + M\sin 2x$

4) $r(x) = Ae^{\alpha x}\cos\omega x$ or $Be^{\alpha x}\sin\omega x$

$$\Rightarrow \quad y_p = e^{\alpha x}(K\cos\omega x + M\sin\omega x)$$

ex A.14

$r(x) = e^{3x}\cos x$

$$y_p = e^{3x}[K\cos x + M\sin x]$$

5) $r(x) = Ae^{\alpha x}x^n$ $\quad (n = 0,1,2,3..)$

$$\Rightarrow y_p = e^{\alpha x}\left[A_n x^n + A_{n-1}x^{n-1} + .. + A_1 x + A_0\right]$$

ex A.15

$r(x) = 2e^{-x}x$

$$y_p = e^{-x}\left[A_1 x + A_0\right]$$

6) $r(x) = e^{\alpha x}x^n \sin\beta x$ or $e^{\alpha x}x^n\cos\beta x$

$$y_p = e^{\alpha x}(A_n x^n + A_{n-1}x^{n-1} + \ldots + A_1 x + A_0)\sin\beta x$$
$$+ e^{\alpha x}(B_n x^n + B_{n-1}x^{n-1} + \ldots + B_1 x + B_0)\cos\beta x$$

ex A.16

$r(x) = (x-1)\sin x$

$$y_p = (A_1 x + A_0)\sin x + (B_1 x + B_0)\cos x$$

ex A.17

$r(x) = e^{3x}(x+1)\cos x$

$$y_p = e^{3x}(A_1 x + A_0)\sin x \; + e^{3x}(B_1 x + B_0)\cos x$$

ex A.18

$$y'' - y' - 2y = e^{3x}$$

$$y_h = ?$$

$$\lambda^2 - \lambda - 2 = 0$$

$$(\lambda - 2)(\lambda + 1) = 0$$

$$\lambda = 2,\ -1$$

$$y_h = c_1 e^{-x} + c_2 e^{2x}$$

$$y_p = Ce^{3x}$$

$$y'_p = 3Ce^{3x}$$

$$y''_p = 9Ce^{3x}$$

$$9Ce^{3x} - 3Ce^{3x} - 2Ce^{3x} = e^{3x}$$

$$9C - 3C - 2C = 1$$

$$C = \frac{1}{4}$$

$$y_p = \frac{1}{4}e^{3x}$$

$$y = c_1 e^{-x} + c_2 e^{2x} + \frac{1}{4}e^{3x}$$

ex A.19

$$y'' - y' - 2y = 4x^2$$

$$y_h = c_1 e^{-x} + c_2 e^{2x}$$

$$y_p = k_2 x^2 + k_1 x + k_0$$

$y'_p = 2k_2x + k_1$

$y''_p = 2k_2$

$2k_2 - (2k_2x + k_1) - 2(k_2x^2 + k_1x + k_0) = 4x^2$

$-2k_2x^2 + (-2k_2 - 2k_1)x + (2k_2 - k_1 - 2k_0) = 4x^2$

$-2k_2 = 4 \qquad k_2 = -2$

$-2k_2 - 2k_1 = 0 \qquad k_1 = 2$

$2k_2 - k_1 - 2k_0 = 0 \qquad k_0 = -3$

$y_p = -2x^2 + 2x - 3$

$y = c_1e^{-x} + c_2e^{2x} - 2x^2 + 2x - 3$

ex A.20

$y'' - y' - 2y = \sin 2x$

$y_h = c_1e^{-x} + c_2e^{2x}$

$y_p = K\cos 2x + M\sin 2x$

$y'_p = -2K\sin 2x + 2M\cos 2x$

$y''_p = -4K\cos 2x - 4M\sin 2x$

$$(-4K\cos 2x - 4M\sin 2x) - (-2K\cos 2x + 2M\sin 2x) - 2(K\cos 2x + M\sin 2x) = \sin 2x$$

$(-6M + 2K)\sin 2x + (-6K - 2M)\cos 2x = \sin 2x$

$-6M + 2K = 1$

$-6M - 2M = 0$

$$M = -\frac{3}{20}, \quad K = \frac{1}{20}$$

$$y_p = \frac{1}{20}\cos 2x - \frac{3}{20}\sin 2x$$

$$y = c_1 e^{-x} + c_2 e^{2x} + \frac{1}{20}\cos 2x - \frac{3}{20}\sin 2x$$

⟨Modification rule⟩

ex A.21

$$y'' - 3y' + 2y = e^x$$

$$\lambda^2 - 3\lambda + 2 = 0$$

$$\lambda = 2, \ 1$$

$$y_h = c_1 e^x + c_2 e^{2x}$$

$$y_p = Ce^x$$

$$y'_p = Ce^x$$

$$y''_p = Ce^x$$

$$Ce^x - 3Ce^x + 2Ce^x = e^x$$

$$y_p = Cxe^x$$

$$y'_p = C(e^x + xe^x)$$

$$y''_p = C(2e^x + xe^x)$$

$$C(2e^x + xe^x) - 3C(e^x + xe^x) + 2Cxe^x = e^x$$

$$-Ce^x = e^x$$

$$C = -1$$

$$y = c_1 e^x + c_2 e^{2x} - xe^x$$

ex A.22

$y'' - 2y' + y = e^x$

$\lambda^2 - 2\lambda + 1 = 0$

$(\lambda - 1)^2 = 0 \quad \lambda = 1$

$y_h = (c_1 + c_2 x)e^x$

$y_p = Ce^x$

$y_p = Cxe^x$

$y_p = Cx^2 e^x$

$y'_p = C(2x)e^x + Cx^2 e^x$

$y''_p = 2Ce^x + 2Cxe^x + 2Cxe^x + Cx^2 e^x$

$= 2Ce^x + 4Cxe^x + Cx^2 e^x$

$[2Ce^x + 4Cxe^x + Cx^2 e^x]$

$-2[C(2x)e^x + Cx^2 e^x] + Cx^2 e^x$

$= 2Ce^x = e^x$

$C = \frac{1}{2}$

$y_p = \frac{1}{2}x^2 e^x$

$y = (c_1 + c_2 x)e^x + \frac{1}{2}x^2 e^x$

⟨Sum rule⟩

ex A.23

$$y'' - 2y' + y = e^x + x$$

$$y_h = (c_1 + c_2 x)e^x$$

$$y_p = Cx^2 e^x + k_1 x + k_0$$

$$y'^p = 2Cxe^x + Cx^2 e^x + k_1$$

$$y''_p = 2Ce^x + 4Cxe^x + Cx^2 e^x$$

$$[2Ce^x + 4Cxe^x + Cx^2 e^x] \qquad -2[2Cxe^x + Cx^2 e^x + k_1]$$
$$+ [Cx^2 e^x + k_1 x + k_0] = e^x + x$$

$$2Ce^x + k_1 x + (-2k_1 + k_0) = e^x + x$$

$$C = \frac{1}{2} \qquad k_1 = 1\ , \quad k_0 = 2$$

A.3.2 Solution by Variation of Parameters

$$y'' + p(x)y' + q(x)y = r(x)$$

$$y_h = c_1 y_1 + c_2 y_2$$

$$\Leftrightarrow y_p = u(x)y_1 + v(x)y_2$$

$$y'_p = u'y_1 + uy'_1 + v'y_2 + vy'_2$$
$$= (u'y_1 + v'y_2) + (uy'_1 + vy'_2)$$

$$u'y_1 + v'y_2 = 0$$

$$y'_p = uy'_1 + vy'_2$$

$$y''_p = u'y'_1 + uy''_1 + v'y'_2 + vy''_2$$

$$u(y''_1+py'_1+qy_1)+v(y''_2+py'_2+qy_2)$$
$$+u'y'_1+v'y'_2=r(x)$$

$$u'y_1+v'y_2=0$$
$$u'y'_1+v'y'_2=r(x)$$

$$u'y_1y'_2+v'y_2y'_2=0$$
$$u'y'_1y_2+v'y'_2y_2=r(x)y_2$$

$$u'(y_1y'_2-y'_1y_2)=-r(x)y_2$$

$$W=\begin{vmatrix} y_1 & y_2 \\ y'_1 & y'_2 \end{vmatrix}=y_1y'_2-y_2y'_1$$

$$u'W=-r(x)y_2$$

$$u'=\frac{-r(x)y_2}{W}$$

$$v'=\frac{r(x)y_1}{W}$$

$$u=-\int\frac{y_2r(x)}{W}dx$$

$$v=\int\frac{y_1r(x)}{W}dx$$

$$y_p=u(x)y_1+v(x)y_2$$
$$=-y_1\int\frac{y_2r(x)}{W}dx+y_2\int\frac{y_1r(x)}{W}dx$$

ex A.24

$$y'' - 2y' + y = \frac{e^x}{x}$$

$$\lambda^2 - 2\lambda + 1 = 0$$

$$(\lambda - 1)^2 = 0$$

$$\lambda = 1$$

$$y_h = (c_1 + c_2 x)e^x$$

$$y_p = -y_1 \int \frac{y_2 r(x)}{W} dx + y_2 \int \frac{y_1 r(x)}{W} dx$$

$$y_1 = e^x \qquad y_2 = xe^x$$

$$W = \begin{vmatrix} e^x & xe^x \\ e^x & (e^x + xe^x) \end{vmatrix}$$

$$= (e^{2x} + xe^{2x}) - xe^{2x} = e^{2x}$$

$$y_p = -e^x \int \frac{xe^x}{e^{2x}} \frac{e^x}{x} dx + xe^x \int \frac{e^x}{e^{2x}} \frac{e^x}{x} dx$$

$$= -e^x \int dx + xe^x \int \frac{1}{x} dx$$

$$= -e^x x + xe^x \ln|x|$$

$$y = (c_1 + c_2 x)e^x - e^x x + xe^x \ln|x|$$

$$= c_1 e^x + c_3 xe^x + xe^x \ln|x|$$

ex A.26

$$y''-y'-2y=e^{3x}$$

$$\lambda^2-\lambda-2=0$$

$$(\lambda-2)(\lambda+1)=0$$

$$\lambda=-1,\ 2$$

$$y_h=c_1e^{-x}+c_2e^{2x}$$

$$y_1=e^{-x} \qquad\qquad y_2=e^{2x}$$

$$W=\begin{vmatrix} e^{-x} & e^{2x} & -e^{-x} \\ 2e^{2x} & & =2e^{x}+e^{x}=3e^{x} \end{vmatrix}$$

$$y_p=-e^{-x}\int\frac{e^{2x}e^{3x}}{3e^{x}}dx+e^{2x}\int\frac{e^{-x}e^{3x}}{3e^{x}}dx$$

$$=-\frac{e^{-x}}{3}\int e^{4x}dx+\frac{e^{2x}}{3}\int e^{x}dx$$

$$=-\frac{e^{-x}}{3}\frac{e^{4x}}{4}+\frac{e^{2x}}{3}e^{x}$$

$$=-\frac{e^{3x}}{12}+\frac{e^{3x}}{3}=\frac{3}{12}e^{3x}=\frac{e^{3x}}{4}$$

$$y=c_1e^{-x}+c_2e^{2x}+\frac{e^{3x}}{4}$$

ex A.27

$$y''-3y'+2y=e^{x}$$

$$y_h=c_1e^{x}+c_2e^{2x}$$

$$y_1=e^{x} \qquad y_2=e^{2x}$$

$$W = \begin{vmatrix} e^x & e^{2x} \\ e^x & 2e^{2x} \end{vmatrix} = 2e^{3x} - e^{3x} = e^{3x}$$

$$\begin{aligned} y_p &= -e^x \int \frac{e^{2x}e^x}{e^{3x}} dx + e^{2x} \int \frac{e^x e^x}{e^{3x}} dx \\ &= -e^x \int dx + e^{2x} \int e^{-x} dx \\ &= -xe^x + e^{2x}(-e^{-x}) \\ &= -xe^x - e^x \end{aligned}$$

$$\begin{aligned} y &= c_1 e^x + c_2 e^{2x} - xe^x - e^x \\ &= (c_1 - 1)e^x + c_2 e^{2x} - xe^x \\ &= c_3 e^x + c_2 e^{2x} - xe^x \end{aligned}$$

A.4 Higher Order Linear Differential Equations

A.4.1 Homogeneous Linear Diff. Equations

$$y^{(n)} + p_{n-1}(x)y^{(n-1)} + \dots$$
$$\dots + p_1(x)y' + p_o(x)y = r(x)$$

Homogeneous Diff. Eqn

$$y^{(n)} + p_{n-1}(x)y^{(n-1)} + \dots$$
$$\dots + p_1(x)y' + p_o(x)y = 0$$

solutions

$y_1,\ y_2, \cdots\cdots, y_n$

(linearly independent)

$$W = \begin{vmatrix} y_1 & y_2 & \cdots & y_n \\ y'_1 & y'_2 & \cdots & y'_n \\ & & \cdot & \\ & & \cdot & \\ y_1^{(n-1)} & y_2^{(n-1)} & \cdot & y_n^{(n-1)} \end{vmatrix} \neq 0$$

$$y_h = c_1 y_1 + c_2 y_2 + \ldots + c_n y_n$$

Initial Conditions

$$y(x_o) = k_o,\ y'(x_o) = k_1, \ldots$$

$$\ldots,\ y^{(n-1)}(x_o) = k_{n-1}$$

ex A.28

$$y_1 = x,\ y_2 = 3x,\ y_3 = x^2$$

$$W(y_1,\ y_2,\ y_3) = \begin{vmatrix} x & 3x & x^2 \\ 1 & 3 & 2x \\ 0 & 0 & 2 \end{vmatrix}$$

$$= 6x - 6x = 0$$

(linearly dependent)

ex A.29

$$y_1 = 1 - x,\ y_2 = 1 + x,\ y_3 = 1 - 3x$$

$$W(y_1,\ y_2,\ y_3) = \begin{vmatrix} 1-x & 1+x & 1-3x \\ -1 & 1 & -3 \\ 0 & 0 & 0 \end{vmatrix} = 0$$

(linearly dependent)

Homogeneous Eqn with Constant Coefficients

$$y^{(n)} + a_{n-1} y^{(n-1)} + \ldots + a_1 y' + a_o y = 0$$

$$y = e^{\lambda x}$$

$$\lambda^n + a_{n-1}\lambda^{n-1} + \ldots + a_1\lambda + a_0 = 0$$

1) Real different roots

$$(\ \lambda_1 \neq \lambda_2 \neq \ldots \neq \lambda_n\ )$$

$$y = c_1 e^{\lambda_1 x} + c_2 e^{\lambda_2 x} + \ldots + c_n e^{\lambda_n x}$$

ex A.30

$$y''' - 6y'' + 11y' - 6y = 0$$

$$\lambda^3 - 6\lambda^2 + 11\lambda - 6 = 0$$

$$(\lambda - 1)(\lambda - 2)(\lambda - 3) = 0$$

$$\lambda = 1,\ 2,\ 3$$

$$y = c_1 e^{x} + c_2 e^{2x} + c_3 e^{3x}$$

ex A.31

$$y^{(4)} - 9y'' + 20y = 0$$

$$\lambda^4 - 9\lambda^2 + 20 = 0$$

$$(\lambda + 2)(\lambda - 2)(\lambda + \sqrt{5})(\lambda - \sqrt{5}) = 0$$

$$\lambda = -2,\ 2,\ -\sqrt{5},\ \sqrt{5}$$

$$y = c_1 e^{-2x} + c_2 e^{2x} + c_3 e^{-\sqrt{5}x} + c_4 e^{\sqrt{5}x}$$

2) Real Multiple Roots

a) double root

$$\lambda_1 = \lambda_2 \Rightarrow y_1 = e^{\lambda_1 x},\ y_2 = x e^{\lambda_1 x}$$

b) triple root

$$\lambda_1 = \lambda_2 = \lambda_3$$

$$\Rightarrow y_1 = e^{\lambda_1 x},\ y_2 = x e^{\lambda_1 x},\ y_3 = x^2 e^{\lambda_1 x}$$

c) λ (order m)

$\lambda_1 = \lambda_2 = \ldots = \lambda_m$

$\Rightarrow y_1 = e^{\lambda_1 x},\ y_2 = xe^{\lambda_1 x}, \ldots,\ y_m = x^{m-1} e^{\lambda_1 x}$

ex A.32

$y^{(5)} - 3y^{(4)} + 3y''' - y'' = 0$

$\lambda^5 - 3\lambda^4 + 3\lambda^3 - \lambda^2 = 0$

$\lambda^2 (\lambda^3 - 3\lambda^2 + 3\lambda - 1) = 0$

$\lambda^2 (\lambda - 1)^3 = 0$

$\lambda_1 = \lambda_2 = 0$

$\lambda_3 = \lambda_4 = \lambda_5 = 1$

$y_1 = e^0 = 1 \qquad y_2 = x$

$y_3 = e^x,\ y_4 = xe^x,\ y_5 = x^2 e^x$

$y = (c_1 + c_2 x) + (c_3 + c_4 x + c_5 x^2) e^x$

3) Complex Simple Root (Conjugate)

$\lambda_1 = \gamma + i\omega$

$\lambda_2 = \gamma - i\omega$

$y_1 = e^{\gamma x} \cos \omega x$

$y_2 = e^{\gamma x} \sin \omega x$

ex A.33

$y''' - 6y'' + 2y' + 36y = 0$

$\lambda^3 - 6\lambda^2 + 2\lambda + 36 = 0$

$(\lambda + 2)(\lambda^2 - 8\lambda + 18) = 0$

$$\lambda = -2,\ 4+i\sqrt{2},\ 4-i\sqrt{2}$$

$$y_1 = e^{-2x}\ ,\ y_2 = e^{4x}\cos\sqrt{2}\,x\ ,\ y_2 = e^{4x}\sin\sqrt{2}\,x$$

$$y = c_1 e^{-2x} + c_2 e^{4x}\cos\sqrt{2}\,x + c_3 e^{4x}\sin\sqrt{2}\,x$$

4) Complex Multiple Roots

$$\lambda_1 = \gamma + i\omega,\ \lambda_2 = \gamma - i\omega$$

$$\lambda_3 = \gamma + i\omega,\ \lambda_4 = \gamma - i\omega$$

$$y_1 = e^{\gamma x}\cos\omega x,\ y_2 = e^{\gamma x}\sin\omega x$$

$$y_3 = xe^{\gamma x}\cos\omega x,\ y_4 = xe^{\gamma x}\sin\omega x$$

if $\lambda_1 = \gamma + i\omega,\ \lambda_2 = \gamma - i\omega$

$$\lambda_3 = \gamma + i\omega,\ \lambda_4 = \gamma - i\omega$$

$$\lambda_5 = \gamma + i\omega,\ \lambda_6 = \gamma - i\omega$$

$$y_1 = e^{\gamma x}\cos\omega x\ ,\quad y_2 = e^{\gamma x}\sin\omega x$$

$$y_3 = xe^{\gamma x}\cos\omega x,\quad y_4 = xe^{\gamma x}\sin\omega x$$

$$y_5 = x^2 e^{\gamma x}\cos\omega x,\quad y_6 = x^2 e^{\gamma x}\sin\omega x$$

ex A.34

$$y^{(7)} + 18y^{(5)} + 81y''' = 0$$

$$\lambda^7 + 18\lambda^5 + 81\lambda^3 = 0$$

$$\lambda^3(\lambda+9)^2 = 0$$

$$\lambda^3[(\lambda+3i)(\lambda-3i)]^2 = 0$$

$$\lambda_1 = \lambda_2 = \lambda_3 = 0$$

$$y_1 = 1,\ y_2 = x,\ y_3 = x^2$$

$$\lambda_4 = -3i,\ \lambda_5 = 3i$$

$$\lambda_6 = -3i,\ \lambda_7 = 3i$$

$$y_4 = \cos 3x,\ y_5 = \sin 3x$$

$$y_6 = x\cos 3x,\ y_7 = x\sin 3x$$

A.4.2 Method of Undetermined Coefficients

$$y^{(n)} + a_{n-1}y^{(n-1)} + \ldots + a_1 y' + a_o y = r(x)$$

1) y_h

2) y_p

ex A.35

$$y''' - 6y'' + 11y' - 6y = 2xe^{-x}$$

$$\lambda^3 - 6\lambda^2 + 11\lambda - 6 = 0$$

$$(\lambda - 1)(\lambda - 2)(\lambda - 3) = 0$$

$$\lambda = 1, 2,\ 3$$

$$y_h = c_1 e^x + c_2 e^{2x} + c_3 e^{3x}$$

$$y_p = e^{-x}(A_1 x + A_o) = A_1 x e^{-x} + A_o e^{-x}$$

$$y'_p = -A_1 x e^{-x} + A_1 e^{-x} - A_o e^{-x}$$

$$y''_p = A_1 x e^{-x} - 2A_1 e^{-x} + A_o e^{-x}$$

$$y'''_p = -A_1 x e^{-x} + 3Ae^{-x} - A_o e^{-x}$$

$$-24A_1 x e^{-x} + (26A_1 - 24A_o)e^{-x} = 2xe^{-x}$$

$$-24A_1 = 2$$

$$26A_1 - 24A_o = 0$$

$$A_1 = -\frac{1}{12}$$

$$A_o = -\frac{13}{144}$$

$$y_p = -\frac{1}{12}xe^{-x} - \frac{13}{144}e^{-x}$$

$$y = c_1e^x + c_2e^{2x} + c_3e^{3x} - \frac{1}{12}xe^{-x} - \frac{13}{144}e^{-x}$$

A.4.3 Method of Variation of Parameters

$$y^{(n)} + p_{n-1}(x)y^{(n-1)} + \ldots + p_1(x)y' + p_o(x)y = r(x)$$

$$y_h = c_1y_1 + c_2y_2 + \ldots + c_ny_n$$

$$y_p = u_1(x)y_1(x) + u_2(x)y_2(x) + \ldots + u_n(x)y_n(x)$$

$$u_1 = \int \frac{W_1(x)}{W(x)}r(x)dx$$

$$u_2 = \int \frac{W_2(x)}{W(x)}r(x)dx$$

.

.

$$u_n = \int \frac{W_n(x)}{W(x)}r(x)dx$$

$$W = \begin{vmatrix} y_1 & y_2 & \ldots & y_n \\ y'_1 & y'_2 & \ldots & y'_n \\ . & . & . & . \\ & & . & \\ y_1^{(n-1)} & y_2^{(n-1)} & . & y_n^{(n-1)} \end{vmatrix}$$

$$W_1 = \begin{vmatrix} 0 & y_2 & \dots & y_n \\ 0 & y'_2 & \dots & y'_n \\ . & . & . & . \\ & & . & \\ 1 & y_2^{(n-1)} & . & y_n^{(n-1)} \end{vmatrix}$$

$$W_2 = \begin{vmatrix} y_1 & 0 \dots & y_n \\ y'_1 & 0 \dots & y'_n \\ . & . \; . & . \\ & . & \\ y_1^{(n-1)} & 1 \; . & y_n^{(n-1)} \end{vmatrix}$$

$$W_n = \begin{vmatrix} y_1 & y_2 & \dots 0 \\ y'_1 & y'_2 & \dots 0 \\ . & . & . \; . \\ & & . \\ y_1^{(n-1)} & y_2^{(n-1)} & . \; 1 \end{vmatrix}$$

$$y_p = y_1 \int \frac{W_1(x)}{W(x)} r(x)dx + y_2 \int \frac{W_2(x)}{W(x)} r(x)dx$$

$$\dots + y_n \int \frac{W_n(x)}{W(x)} r(x)dx$$

ex A.36

$$x^3 y''' - 3x^2 y'' + 6xy' - 6y = x^4 \ln x$$

$$x^3 y''' - 3x^2 y'' + 6xy' - 6y = 0$$

$$y = x^m$$

$$y' = mx^{m-1}$$

$$y'' = m(m-1)x^{m-2}$$

$$y''' = m(m-1)(m-2)x^{m-3}$$

$$x^3 m(m-1)(m-2)x^{m-3}$$

$$-3x^2 m(m-1)x^{m-2}$$
$$+6xmx^{m-1}-6x^m=0$$

$$m(m-1)(m-2)-3m(m-1)+6m-6=0$$
$$m^3-6m^2+11m-6=0$$
$$m=1,\ 2,\ 3$$

$$y_h=c_1x+c_2x^2+c_3x^3$$

$$W=\begin{vmatrix} x & x^2 & x^3 \\ 1 & 2x & 3x^2 \\ 0 & 2 & 6x \end{vmatrix}=12x^3+2x^3-6x^3-6x^3=2x^3$$

$$W_1=\begin{vmatrix} 0 & x^2 & x^3 \\ 0 & 2x & 3x^2 \\ 1 & 2 & 6x \end{vmatrix}=3x^4-2x^4=x^4$$

$$W_2=\begin{vmatrix} x & 0 & x^3 \\ 1 & 0 & 3x^2 \\ 0 & 1 & 6x \end{vmatrix}=x^3-3x^3=-2x^3$$

$$W_3=\begin{vmatrix} x & x^2 & 0 \\ 1 & 2x & 0 \\ 0 & 2 & 1 \end{vmatrix}=2x^2-x^2=x^2$$

$$y'''-\frac{3}{x}y''+\frac{6}{x^2}y'-\frac{6}{x^3}y=x\ln x$$

$$y_p=x\int\frac{x^4}{2x^3}(x\ln x)dx+x^2\int\frac{(-2x^3)}{2x^3}(x\ln x)dx\ +x^3\int\frac{x^2}{2x^3}(x\ln x)dx$$

$$=x\int\frac{x^2}{2}\ln x\ dx-x^2\int x\ln x\,dx+x^3\int\frac{1}{2}\ln x\,dx$$

$$=\frac{x}{2}\left(\frac{x^3}{3}\ln x-\frac{x^3}{9}\right)-x^2\left(\frac{x^2}{2}\ln x-\frac{x^2}{4}\right)+\frac{x^3}{2}(x\ln x-x)$$

$$=\frac{x^4}{6}\left(\ln x-\frac{11}{6}\right)$$

참고

$$\int \ln x\,dx = x\ln x - \int x \cdot \frac{1}{x}dx = x\ln x - x$$

$$\int x\ln x\,dx = \frac{x^2}{2}\ln x - \int \frac{x^2}{2} \cdot \frac{1}{x}dx = \frac{x^2}{2}\ln x - \frac{1}{4}x^2$$

$$\int x^2\ln x\,dx = \frac{x^3}{3}\ln x - \int \frac{x^3}{3} \cdot \frac{1}{x}dx = \frac{x^3}{3}\ln x - \frac{1}{9}x^3$$

A.5 Systems of Differential Equations

A.5.1 Basic Concepts and Theory

$$y' = f(t, y)$$

$$y' + a(t)y = r(t)$$

$$y' = -a(t)y + r(t)$$

$$y'_1 = f_1(t,\ y_1,\ y_2,\ \dots, y_n)$$

$$y'_2 = f_2(t,\ y_1,\ y_2,\ \dots, y_n)$$

$$\cdot$$

$$\cdot$$

$$y'_n = f_n(t,\ y_1,\ y_2,\ \dots, y_n)$$

$$y'_1 = a_{11}(t)y_1 + a_{12}(t)y_2 + \dots + a_{1n}(t)y_n + g_1(t)$$

$$y'_2 = a_{21}(t)y_1 + a_{22}(t)y_2 + \dots + a_{2n}(t)y_n + g_2(t)$$

$$\cdot$$

$$\cdot$$

$$y'_n = a_{n1}(t)y_1 + a_{n2}(t)y_2 + \dots + a_{nn}(t)y_n + g_n(t)$$

$$\begin{bmatrix} y'_1 \\ y'_2 \\ y'_3 \\ . \\ . \\ y'_n \end{bmatrix} = \begin{bmatrix} a_{11} & a_{12} & a_{13} & .. & a_{1n} \\ a_{21} & a_{22} & a_{23} & .. & a_{2n} \\ a_{31} & a_{32} & a_{33} & .. & a_{3n} \\ . & . & . & .. & . \\ . & . & . & .. & . \\ a_{n1} & a_{n2} & a_{n3} & .. & a_{nn} \end{bmatrix} \begin{bmatrix} y_1 \\ y_2 \\ y_3 \\ . \\ . \\ y_n \end{bmatrix} + \begin{bmatrix} g_1(t) \\ g_2(t) \\ g_3(t) \\ . \\ . \\ g_n(t) \end{bmatrix}$$

$$\boldsymbol{y}' = \boldsymbol{A}\boldsymbol{y} + \boldsymbol{g}$$

if $\boldsymbol{g} = 0$,

$$\boldsymbol{y}' = \boldsymbol{A}\boldsymbol{y} \qquad \text{(Homogeneous)}$$

$$y_1(t_o) = K_1,\ y_2(t_o) = K_2,\quad \ldots\ , y_n(t_o) = K_n$$

Solution

$\boldsymbol{y}^{(1)},\ \boldsymbol{y}^{(2)},\ \cdots\ \boldsymbol{y}^{(n)}$

$$\boldsymbol{y} = c_1\boldsymbol{y}^{(1)} + c_2\boldsymbol{y}^{(2)},\ \ldots,\ + c_n\boldsymbol{y}^{(n)}$$

$$\boldsymbol{y}^{(1)} = \begin{bmatrix} y_1^{(1)} \\ y_2^{(1)} \\ y_3^{(1)} \\ . \\ . \\ y_n^{(1)} \end{bmatrix},\ \boldsymbol{y}^{(2)} = \begin{bmatrix} y_1^{(2)} \\ y_2^{(2)} \\ y_3^{(2)} \\ . \\ . \\ y_n^{(2)} \end{bmatrix},\ \ldots\ldots,\ \boldsymbol{y}^{(n)} = \begin{bmatrix} y_1^{(n)} \\ y_2^{(n)} \\ y_3^{(n)} \\ . \\ . \\ y_n^{(n)} \end{bmatrix}$$

$$W(\boldsymbol{y}^{(1)},\ \boldsymbol{y}^{(2)}, \ldots, \boldsymbol{y}^{(n)}) = \begin{vmatrix} y_1^{(1)} & y_1^{(2)} & \cdots & y_1^{(n)} \\ y_2^{(1)} & y_2^{(2)} & \cdots & y_2^{(n)} \\ . & . & . & . \\ . & . & . & . \\ y_n^{(1)} & y_n^{(2)} & \cdots & y_n^{(n)} \end{vmatrix} \neq 0$$

A.5.2 Homogeneous Linear Systems with Constant Coefficients

1차 선형 미분방정식

$y' + ay = 0$

$y = Ce^{-at}$

$\boldsymbol{y}' = \boldsymbol{A}\boldsymbol{y}$

$\boldsymbol{y} = \boldsymbol{x}e^{\lambda t}$

$\boldsymbol{y}' = \lambda \boldsymbol{x}e^{\lambda t}$

$\boldsymbol{y}' = \lambda \boldsymbol{x}e^{\lambda t} = \boldsymbol{A}\boldsymbol{y} = \boldsymbol{A}\boldsymbol{x}e^{\lambda t}$

$\boldsymbol{A}\boldsymbol{x} = \lambda \boldsymbol{x}$

$(\boldsymbol{A} - \lambda \boldsymbol{I})\boldsymbol{x} = 0$

$\lambda_1,\ \lambda_2, \cdots, \lambda_n$

$\lambda_1 \Rightarrow \boldsymbol{x}^{(1)} \Rightarrow \boldsymbol{y}^{(1)} = \boldsymbol{x}^{(1)}e^{\lambda_1 t}$

$\lambda_2 \Rightarrow \boldsymbol{x}^{(2)} \Rightarrow \boldsymbol{y}^{(2)} = \boldsymbol{x}^{(2)}e^{\lambda_2 t}$

.

.

$\lambda_n \Rightarrow \boldsymbol{x}^{(n)} \Rightarrow \boldsymbol{y}^{(n)} = \boldsymbol{x}^{(n)}e^{\lambda_n t}$

$\boldsymbol{y} = c_1\boldsymbol{x}^{(1)}e^{\lambda_1 t} + c_2\boldsymbol{x}^{(2)}e^{\lambda_2 t} + \ldots\ldots + c_n\boldsymbol{x}^{(n)}e^{\lambda_n t}$

ex A.37

$y'_1 = -3y_1 + y_2$

$y'_2 = y_1 - 3y_2$

$$y' = Ay = \begin{bmatrix} -3 & 1 \\ 1 & -3 \end{bmatrix} y$$

$$Ax = \lambda x$$

$$(Ax - \lambda I)x = 0$$

$$\begin{bmatrix} -3-\lambda & 1 \\ 1 & -3-\lambda \end{bmatrix} \begin{bmatrix} x_1 \\ x_2 \end{bmatrix} = \begin{bmatrix} 0 \\ 0 \end{bmatrix}$$

$$Det(A - \lambda I) = \begin{vmatrix} -3-\lambda & 1 \\ 1 & -3-\lambda \end{vmatrix}$$

$$= (-3-\lambda)^2 - 1 = 9 + 6\lambda + \lambda^2 - 1$$

$$= \lambda^2 + 6\lambda + 8 = (\lambda+2)(\lambda+4) = 0$$

$$\lambda = -2,\ -4$$

1) $\lambda_1 = -2$

$$\begin{bmatrix} -3-\lambda & 1 \\ 1 & -3-\lambda \end{bmatrix} \begin{bmatrix} x_1 \\ x_2 \end{bmatrix} = \begin{bmatrix} 0 \\ 0 \end{bmatrix}$$

$$\Rightarrow \begin{bmatrix} -3-(-2) & 1 \\ 1 & -3-(-2) \end{bmatrix} \begin{bmatrix} x_1 \\ x_2 \end{bmatrix} = \begin{bmatrix} 0 \\ 0 \end{bmatrix}$$

$$-x_1 + x_2 = 0$$

$$x_1 - x_2 = 0$$

$$x_1 = 1, \quad x_2 = 1$$

$$x^{(1)} = \begin{bmatrix} 1 \\ 1 \end{bmatrix}$$

2) $\lambda_2 = -4$

$$\begin{bmatrix} -3-\lambda & 1 \\ 1 & -3-\lambda \end{bmatrix} \begin{bmatrix} x_1 \\ x_2 \end{bmatrix} = \begin{bmatrix} 0 \\ 0 \end{bmatrix}$$

$$\Rightarrow \begin{bmatrix} -3-(-4) & 1 \\ 1 & -3-(-4) \end{bmatrix} \begin{bmatrix} x_1 \\ x_2 \end{bmatrix} = \begin{bmatrix} 0 \\ 0 \end{bmatrix}$$

$$x_1 + x_2 = 0$$

$$x_1 + x_2 = 0$$

$$x_1 = 1, \quad x_2 = -1$$

$$\boldsymbol{x}^{(2)} = \begin{bmatrix} 1 \\ -1 \end{bmatrix}$$

$$\boldsymbol{y}^{(1)} = \boldsymbol{x}^{(1)} e^{\lambda_1 t} = e^{-2t} \begin{bmatrix} 1 \\ 1 \end{bmatrix}$$

$$\boldsymbol{y}^{(2)} = \boldsymbol{x}^{(2)} e^{\lambda_2 t} = e^{-4t} \begin{bmatrix} 1 \\ -1 \end{bmatrix}$$

$$\boldsymbol{y} = c_1 \boldsymbol{y}^{(1)} + c_2 \boldsymbol{y}^{(2)}$$

$$= c_1 e^{-2t} \begin{bmatrix} 1 \\ 1 \end{bmatrix} + c_2 e^{-4t} \begin{bmatrix} 1 \\ -1 \end{bmatrix}$$

ex A.38

$$y'_1 = 2y_1 - 4y_2 \qquad y_1(0) = 3$$

$$y'_2 = y_1 - 3y_2 \qquad y_2(0) = 0$$

$$\boldsymbol{y}' = \boldsymbol{A}\boldsymbol{y} = \begin{bmatrix} 2 & -4 \\ 1 & -3 \end{bmatrix} \boldsymbol{y}$$

$$\boldsymbol{A}\boldsymbol{x} = \lambda \boldsymbol{x}$$

$$(\boldsymbol{A}\boldsymbol{x} - \lambda \boldsymbol{I})\boldsymbol{x} = 0$$

$$\begin{bmatrix} 2-\lambda & -4 \\ 1 & -3-\lambda \end{bmatrix} \begin{bmatrix} x_1 \\ x_2 \end{bmatrix} = \begin{bmatrix} 0 \\ 0 \end{bmatrix}$$

$$Det(\boldsymbol{A}-\lambda\boldsymbol{I})=\begin{vmatrix}2-\lambda & -4 \\ 1 & -3-\lambda\end{vmatrix}$$

$$=(\lambda-1)(\lambda+2)=0$$

$$\lambda=1,\ -2$$

1) $\lambda_1=1$

$$\Rightarrow\begin{bmatrix}1-4\\1-4\end{bmatrix}\begin{bmatrix}x_1\\x_2\end{bmatrix}=\begin{bmatrix}0\\0\end{bmatrix}$$

$$x_1-4x_2=0$$

$$x_1-4x_2=0$$

$$x_1=4,\quad x_2=1$$

$$\boldsymbol{x}^{(1)}=\begin{bmatrix}4\\1\end{bmatrix}$$

2) $\lambda_2=-2$

$$\Rightarrow\begin{bmatrix}4 & -4\\1 & -1\end{bmatrix}\begin{bmatrix}x_1\\x_2\end{bmatrix}=\begin{bmatrix}0\\0\end{bmatrix}$$

$$4x_1-4x_2=0$$

$$x_1-x_2=0$$

$$x_1=1,\quad x_2=1$$

$$\boldsymbol{x}^{(2)}=\begin{bmatrix}1\\1\end{bmatrix}$$

$$\boldsymbol{y}^{(1)}=\boldsymbol{x}^{(1)}e^{\lambda_1 t}=e^t\begin{bmatrix}4\\1\end{bmatrix}$$

$$\boldsymbol{y}^{(2)} = \boldsymbol{x}^{(2)} e^{\lambda_2 t} = e^{-2t}\begin{bmatrix}1\\1\end{bmatrix}$$

$$\boldsymbol{y} = c_1 \boldsymbol{y}^{(1)} + c_2 \boldsymbol{y}^{(2)}$$

$$\begin{bmatrix}y_1(t)\\y_2(t)\end{bmatrix} = c_1 e^{t}\begin{bmatrix}4\\1\end{bmatrix} + c_2 e^{-2t}\begin{bmatrix}1\\1\end{bmatrix}$$

$$\begin{bmatrix}3\\0\end{bmatrix} = c_1\begin{bmatrix}4\\1\end{bmatrix} + c_2\begin{bmatrix}1\\1\end{bmatrix}$$

$$4c_1 + c_2 = 3$$

$$c_1 + c_2 = 0$$

$$c_1 = 1, \quad c_2 = -1$$

$$\begin{bmatrix}y_1(t)\\y_2(t)\end{bmatrix} = \begin{bmatrix}4\\1\end{bmatrix} e^{t} - \begin{bmatrix}1\\1\end{bmatrix} e^{-2t}$$

No Basis of Eigenvectors available

$$Det(\boldsymbol{A} - \lambda \boldsymbol{I}) = 0 \qquad \Rightarrow \qquad (\lambda - \mu)^2 \quad \text{(double root)}$$

$$\boldsymbol{y}^{(1)} = \boldsymbol{x} e^{\mu t}$$

$$\boldsymbol{y}^{(2)} = \boldsymbol{x} t e^{\mu t}$$

$$\boldsymbol{y}^{(2)\prime} = \boldsymbol{x} e^{\mu t} + \boldsymbol{x} \mu t e^{\mu t}$$

$$= \boldsymbol{A}\boldsymbol{y}^{(2)} = \boldsymbol{A}\boldsymbol{x} t e^{\mu t}$$

$$\boldsymbol{x} e^{\mu t} + \boldsymbol{x} \mu t e^{\mu t} = \boldsymbol{A}\boldsymbol{x} t e^{\mu t}$$

$$\boldsymbol{x} + \boldsymbol{x} \mu t = \boldsymbol{A}\boldsymbol{x} t$$

$$\boldsymbol{x} = (\boldsymbol{A}\boldsymbol{x} - \mu \boldsymbol{x}) t$$

$$= (\boldsymbol{A}\boldsymbol{x} - \lambda \boldsymbol{x}) t = 0$$

$$\boldsymbol{x} = 0 \ \text{(trivial solution)}$$

$$y^{(2)} = xte^{\mu t} + ue^{\mu t}$$

$$y^{(2)\prime} = xe^{\mu t} + x\mu te^{\mu t} + \mu ue^{\mu t}$$

$$= Ay^{(2)} = Axte^{\mu t} + Aue^{\mu t}$$

$$x + x\mu t + \mu u = Axt + Au$$

$$x + \mu u = Au$$

$$Au - \mu u = x$$

$$(A - \mu I)u = x$$

$$\Rightarrow \quad u$$

ex A.39

$$y' = Ay = \begin{bmatrix} 4 & 1 \\ -1 & 2 \end{bmatrix} y$$

$$Det(A - \lambda I) = \begin{vmatrix} 4-\lambda & 1 \\ -1 & 2-\lambda \end{vmatrix} = (\lambda - 3)^2 = 0$$

$$\lambda = 3$$

$$\begin{bmatrix} 1 & 1 \\ -1 & -1 \end{bmatrix} \begin{bmatrix} x_1 \\ x_2 \end{bmatrix} = 0$$

$$x_1 + x_2 = 0$$

$$x_1 = 1 \ , \ x_2 = -1$$

$$x^{(1)} = \begin{bmatrix} 1 \\ -1 \end{bmatrix}$$

$$(A - 3I)u = \begin{bmatrix} 1 & 1 \\ -1 & -1 \end{bmatrix} \begin{bmatrix} u_1 \\ u_2 \end{bmatrix} = \begin{bmatrix} 1 \\ -1 \end{bmatrix}$$

$$u_1 + u_2 = 1$$

$$u_1 = 0, \quad u_2 = 1$$

$$y^{(2)} = \begin{bmatrix} 1 \\ -1 \end{bmatrix} te^{3t} + \begin{bmatrix} 0 \\ 1 \end{bmatrix} e^{3t}$$

$$\begin{aligned} y &= c_1 y^{(1)} + c_2 y^{(2)} \\ &= c_1 x^{(1)} e^{\lambda t} + c_2 y^{(2)} \\ &= c_1 \begin{bmatrix} 1 \\ -1 \end{bmatrix} e^{3t} + c_2 \left(\begin{bmatrix} 1 \\ -1 \end{bmatrix} t + \begin{bmatrix} 0 \\ 1 \end{bmatrix} \right) e^{3t} \end{aligned}$$

$$(A - \lambda I)x = 0$$

$$Det(A - \lambda I) = 0 \quad \Rightarrow \qquad (\lambda - \mu)^3$$

$$y^{(3)} = \frac{1}{2} x t^2 e^{\mu t} + u t e^{\mu t} + v e^{\mu t}$$

$$(A - \mu I)v = u$$

A.5.3 Nonhomogeneous Linear Systems

$$y' = Ay + g$$

$$y = y^{(h)} + y^{(p)}$$

$$y^{(p)} = ?$$

Method of Undetermined Coefficients

$$g \ : \ t^4 + 3t^2 + 2$$

$$e^{2t}$$

$$\cos 3t, \ \sin t$$

ex A.40)

$$\boldsymbol{y}' = \boldsymbol{A}\boldsymbol{y} + \boldsymbol{g}$$

$$= \begin{bmatrix} 2 & -4 \\ 1 & -3 \end{bmatrix} \boldsymbol{y} + \begin{bmatrix} 2t^2 + 10t \\ t^2 + 9t + 3 \end{bmatrix}$$

$$\boldsymbol{y}^{(h)} = c_1 \begin{bmatrix} 4 \\ 1 \end{bmatrix} e^{t} + c_2 \begin{bmatrix} 1 \\ 1 \end{bmatrix} e^{-2t}$$

$$\boldsymbol{y}^{(p)} = \boldsymbol{u} + \boldsymbol{v}t + \boldsymbol{w}t^2$$

$$\boldsymbol{y}^{(p)} = \boldsymbol{v} + 2\boldsymbol{w}t$$

$$= \boldsymbol{A}\boldsymbol{u} + \boldsymbol{A}\boldsymbol{v}t + \boldsymbol{A}\boldsymbol{w}t^2 + \boldsymbol{g}$$

$$\boldsymbol{A}\boldsymbol{u} = \begin{bmatrix} 2 & -4 \\ 1 & -3 \end{bmatrix} \begin{bmatrix} u_1 \\ u_2 \end{bmatrix} = \begin{bmatrix} 2u_1 - 4u_2 \\ u_1 - 3u_2 \end{bmatrix}$$

$$\boldsymbol{A}\boldsymbol{v} = \begin{bmatrix} 2 & -4 \\ 1 & -3 \end{bmatrix} \begin{bmatrix} v_1 \\ v_2 \end{bmatrix} = \begin{bmatrix} 2v_1 - 4v_2 \\ v_1 - 3v_2 \end{bmatrix}$$

$$\boldsymbol{A}\boldsymbol{w} = \begin{bmatrix} 2w_1 - 4w_2 \\ w_1 - 3w_2 \end{bmatrix}$$

$$\begin{bmatrix} v_1 \\ v_2 \end{bmatrix} + \begin{bmatrix} 2w_1 t \\ 2w_2 t \end{bmatrix}$$

$$= \begin{bmatrix} 2u_1 - 4u_2 \\ u_1 - 3u_2 \end{bmatrix} + \begin{bmatrix} 2v_1 - 4v_2 \\ v_1 - 3v_2 \end{bmatrix} t + \begin{bmatrix} 2w_1 - 4w_2 \\ w_1 - 3w_2 \end{bmatrix} t^2 + \begin{bmatrix} 2t^2 + 10t \\ t^2 + 9t + 3 \end{bmatrix}$$

$$\begin{bmatrix} v_1 + 2w_1 t \\ v_2 + 2w_2 t \end{bmatrix} = \begin{bmatrix} A \\ B \end{bmatrix}$$

$$A = 2u_1 - 4u_2 + (2v_1 - 4v_2)t \ + (2w_1 - 4w_2)t^2 + 2t^2 + 10t$$

$$= (2w_1 - 4w_2 + 2)t^2 + (2v_1 - 4v_2 + 10)t \ + (2u_1 - 4u_2)$$

$$B = u_1 - 3u_2 + (v_1 - 3v_2)t \ + (w_1 - 3w_2)t^2 + t^2 + 9t + 3$$

$$= (w_1 - 3w_2 + 1)t^2 + (v_1 - 3v_2 + 9)t \ + (u_1 - 3u_2 + 3)$$

t^2 :

$$0 = 2w_1 - 4w_2 + 2$$

$$0 = w_1 - 3w_2 + 1$$

$$w_1 = -1, \ w_2 = 0$$

t :

$$2w_1 = 2v_1 - 4v_2 + 10$$

$$2w_2 = v_1 - 3v_2 + 9$$

$$v_1 = 0, \ v_2 = 3$$

constant :

$$v_1 = 2u_1 - 4u_2$$

$$v_2 = u_1 - 3u_2 + 3$$

$$u_1 = 0, \ u_2 = 0$$

$$y^{(p)} = \begin{bmatrix} 0 \\ 3 \end{bmatrix} t + \begin{bmatrix} -1 \\ 0 \end{bmatrix} t^2 = \begin{bmatrix} -t^2 \\ 3t \end{bmatrix}$$

ex A.41

$$y' = Ay + g = \begin{bmatrix} -3 & 1 \\ 1 & -3 \end{bmatrix} y + \begin{bmatrix} -6 \\ 2 \end{bmatrix} e^{-2t}$$

$$y^{(h)} = c_1 \begin{bmatrix} 1 \\ 1 \end{bmatrix} e^{-2t} + c_2 \begin{bmatrix} 1 \\ -1 \end{bmatrix} e^{-4t}$$

$$y^{(p)} = ute^{-2t} + ve^{-2t}$$

$$\boldsymbol{y}^{(p)\prime} = \boldsymbol{u}e^{-2t} - 2\boldsymbol{u}te^{-2t} - 2\boldsymbol{v}e^{-2t}$$

$$= \boldsymbol{A}\boldsymbol{u}te^{-2t} + \boldsymbol{A}\boldsymbol{v}e^{-2t} + \boldsymbol{g}$$

te^{-2t} :

$$-2\boldsymbol{u} = \boldsymbol{A}\boldsymbol{u}$$

$$\boldsymbol{A}\boldsymbol{u} - 2\boldsymbol{u} = \boldsymbol{0}$$

$$(\boldsymbol{A} - 2\boldsymbol{I})\boldsymbol{u} = \boldsymbol{0}$$

$$\lambda = -2$$

$$\boldsymbol{u} = a\begin{bmatrix}1\\1\end{bmatrix}$$

e^{-2t} :

$$\boldsymbol{u} - 2\boldsymbol{v} = \boldsymbol{A}\boldsymbol{v} + \begin{bmatrix}-6\\2\end{bmatrix}$$

$$a\begin{bmatrix}1\\1\end{bmatrix} - \begin{bmatrix}2v_1\\2v_2\end{bmatrix} = \begin{bmatrix}-3 & 1\\1 & -3\end{bmatrix}\begin{bmatrix}v_1\\v_2\end{bmatrix} + \begin{bmatrix}-6\\2\end{bmatrix}$$

$$= \begin{bmatrix}-3v_1 + v_2\\v_1 - 3v_2\end{bmatrix} + \begin{bmatrix}-6\\2\end{bmatrix}$$

$$a - 2v_1 = -3v_1 + v_2 - 6 \Rightarrow v_1 - v_2 = -a - 6$$

$$a - 2v_2 = v_1 - 3v_2 + 2 \Rightarrow v_1 - v_2 = a - 2$$

$$-a - 6 = a - 2 \Rightarrow a = -2$$

$$-v_1 + v_2 = 4$$

$$v_1 = k$$

$$v_2 = k + 4$$

$$v = \begin{bmatrix} k \\ k+4 \end{bmatrix}$$

$$y = y^{(h)} + y^{(p)}$$

$$= c_1 \begin{bmatrix} 1 \\ 1 \end{bmatrix} e^{-2t} + c_2 \begin{bmatrix} 1 \\ -1 \end{bmatrix} e^{-4t}$$

$$-2 \begin{bmatrix} 1 \\ 1 \end{bmatrix} te^{-2t} + \begin{bmatrix} k \\ k+4 \end{bmatrix} e^{-2t}$$

A.6 Laplace Transforms

A.6.1 Laplace Transform and Linearity

미분방정식 ⇒ L.T. ⇒ 대수방정식

⇒ Inverse L.T. ⇒ Solution

$$\mathrm{L}(f) = F(s) = \int_0^{\infty} e^{-st} f(t)dt$$

$$\Leftrightarrow \qquad f(t) = \mathrm{L}^{-1}(F)$$

ex A.42

$$\mathrm{L}(1) = \int_0^{\infty} e^{-st}(1)dt = \lim_{T\to\infty} \int_0^{T} e^{-st} dt$$

$$= \lim_{T\to\infty} \left[-\frac{1}{s} e^{-st} \right]_0^T = \lim_{T\to\infty} \left[\frac{1}{s} - \frac{1}{s} e^{-sT} \right] = \frac{1}{s}$$

$$(s > 0)$$

ex A.43

$$\mathrm{L}(e^{at}) = \int_0^{\infty} e^{-st} e^{at} dt$$

$$= \int_0^\infty e^{-(s-a)} dt = -\frac{1}{s-a} e^{-(s-a)t} \mid_0^t$$

$$= \frac{1}{s-a} \qquad (s > a)$$

Theorem: Linearity of L.T.

$$\mathrm{L}[af(t) + bg(t)] = a\mathrm{L}[f(t)] + b\mathrm{L}[g(t)]$$

ex A.44

$$f(t) = \cosh at = \frac{1}{2}(e^{at} + e^{-at})$$

$$\mathrm{L}[\cosh at] = \mathrm{L}\left[\frac{1}{2}e^{at} + \frac{1}{2}e^{-at}\right]$$

$$= \frac{1}{2}\mathrm{L}[e^{at}] + \frac{1}{2}\mathrm{L}[e^{-at}]$$

$$= \frac{1}{2}\frac{1}{s-a} + \frac{1}{2}\frac{1}{s+a} = \frac{1}{2}\frac{s+a+s-a}{s^2-a^2}$$

$$= \frac{s}{s^2-a^2} \qquad s > a(\geqq 0)$$

ex A.45

$$\mathrm{L}(\sin\omega t) = ?, \qquad \mathrm{L}(\cos\omega t) = ?$$

$$e^{i\omega t} = \cos\omega t + i\sin\omega t$$

$$\mathrm{L}(e^{i\omega t}) = \mathrm{L}(\cos\omega t + i\sin\omega t)$$

$$= \mathrm{L}(\cos\omega t) + i\,\mathrm{L}(\sin\omega t)$$

$$\mathrm{L}(e^{i\omega t}) = \frac{1}{s-i\omega} = \frac{s+i\omega}{(s-i\omega)(s+i\omega)}$$

$$= \frac{s+i\omega}{s^2+\omega^2} = \frac{s}{s^2+\omega^2} + i\frac{\omega}{s^2+\omega^2}$$

$$\mathrm{L}(\cos\omega t) = \frac{s}{s^2+\omega^2}$$

$$\mathrm{L}(\sin\omega t) = \frac{\omega}{s^2+\omega^2}$$

First Shifting Theorem :

$$\mathrm{L}[f(t)] = F(s)$$

$$\mathrm{L}[e^{at}f(t)] = F(s-a)$$

$$\Leftrightarrow \quad e^{at}f(t) = \mathrm{L}\text{-}1\,[F(s-a)]$$

$$F(s-a) = \int_0^\infty e^{-(s-a)t} f(t)$$

$$= \int_0^\infty e^{-st}\left[e^{at}f(t)\right]dt = \mathrm{L}\left[e^{at}f(t)\right]$$

ex A.46

$$\mathrm{L}\left[e^{at}\cos\omega t\right] = \frac{s-a}{(s-a)^2+\omega^2}$$

$$\mathrm{L}\left[e^{at}\sin\omega t\right] = \frac{\omega}{(s-a)^2+\omega^2}$$

ex A.47

$$\mathrm{L}(t) = \int_0^\infty e^{-st}t\,dt = -\frac{1}{s}e^{-st}t\mid_0^\infty + \int_0^\infty \frac{1}{s}e^{-st}dt$$

$$= \frac{1}{s}\left(-\frac{1}{s}e^{-st}\right)\mid_0^\infty = \frac{1}{s^2}$$

$$\mathrm{L}(e^{at}t) = \frac{1}{(s-a)^2}$$

$$L(t^2) = \int_0^\infty e^{-st} t^2 dt$$

$$= -\frac{1}{s}e^{-st}t^2 \mid_0^\infty + \int_0^\infty \frac{1}{s}e^{-st}(2t)dt$$

$$= \frac{2}{s}\int_0^\infty e^{-st}(t)dt = \frac{2}{s}\frac{1}{s^2} = \frac{2!}{s^3}$$

$$L(t^3) = \int_0^\infty e^{-st} t^3 dt$$

$$= -\frac{1}{s}e^{-st}t^3 \mid_0^\infty + \int_0^\infty \frac{1}{s}e^{-st}(3t^2)dt$$

$$= \frac{3}{s}\int_0^\infty e^{-st}(t^2)dt = \frac{3}{s}\frac{2!}{s^3} = \frac{3!}{s^4}$$

..

..

$$L(t^n) = \frac{n!}{s^{n+1}}$$

$$L(t^{n+1}) = \frac{(n+1)!}{s^{n+2}}$$

$$L(e^{at}t^n) = \frac{n!}{(s-a)^{n+1}}$$

ex A.48)

$$L[t^a] = \int_0^\infty e^{-st} t^a dt \qquad (a > 0\ )$$

$$(\ st = x, \quad t = \frac{x}{s} \quad dt = \frac{1}{s}dx\ )$$

$$= \int_0^\infty e^{-x} \left(\frac{x}{s}\right)^a \frac{dx}{s} = \frac{1}{s^{a+1}} \int_0^\infty e^{-x} x^a dx$$

$$= \frac{1}{s^{a+1}} \Gamma(a+1)$$

ex A.49

$$f(t) = \frac{1}{\sqrt{t}}$$

$$\mathrm{L}\ (t^{-\frac{1}{2}}) = \int_0^\infty e^{-st}\, t^{-\frac{1}{2}} dt$$

$$(\ st = x \qquad dt = \frac{dx}{s}\ )$$

$$= \frac{1}{\sqrt{s}} \int_0^\infty e^{-x}\, x^{-\frac{1}{2}} dx = \frac{1}{\sqrt{s}} \Gamma(\frac{1}{2}) = \sqrt{\frac{\pi}{s}}$$

A.6.2 Transforms of Derivatives and Integrals

L.T. of derivative of $f(t)$:

$$\mathrm{L}(f\ ') = \int_0^\infty e^{-st} f\ ' dt$$

$$= [e^{-st} f] \mid_0^\infty + s \int_0^\infty e^{-st} f dt$$

$$= -f(0) + s\ \mathrm{L}(f)$$

$$\mathrm{L}(f\ ') = s\mathrm{L}(f) - f(0)$$

$$\mathrm{L}(f\ '') = \int_0^\infty e^{-st} f\ '' dt = \int_0^\infty e^{-st} (f\ ')' dt$$

$$= s\mathrm{L}(f\ ') - f\ '(0)$$

$$= s[s\mathrm{L}(f) - f(0)] - f'(0)$$

$$= s^2\mathrm{L}(f) - sf(0) - f'(0)$$

$$\mathrm{L}(f''') = s^3\mathrm{L}(f) - s^2f(0) - sf'(0) - f''(0)$$

$$\mathrm{L}(f^{(n)})$$

$$= s^n\mathrm{L}(f) - s^{n-1}f(0) - s^{n-2}f'(0) - .... - f^{(n-1)}(0)$$

ex A.50

$$f(t) = \cos\omega t$$

$$f'(t) = -\omega\sin\omega t$$

$$f''(t) = -\omega^2\cos\omega t = -\omega^2 f(t)$$

$$f(0) = 1,\ f'(0) = 0$$

$$\mathrm{L}(f'') = -\omega^2\mathrm{L}(f)$$

$$-\omega^2\mathrm{L}(f) = \mathrm{L}(f'')$$

$$= s^2\mathrm{L}(f) - sf(0) - f'(0)$$

$$= s^2\mathrm{L}(f) - s$$

$$(s^2 + \omega^2)\mathrm{L}(f) = s$$

$$\mathrm{L}(f) = \frac{s}{s^2 + \omega^2}$$

ex A.51

$$f(t) = t\sin\omega t$$

$$f'(t) = \sin\omega t + \omega t\cos\omega t$$

$$f''(t) = \omega\cos\omega t + \omega\cos\omega t - \omega^2 t\sin\omega t$$

$$= 2\omega\cos\omega t - \omega^2 f(t)$$

$$f(0) = 0,\ f'(0) = 0$$

$$\mathrm{L}(2\omega\cos\omega t - \omega^2 f(t)) = \mathrm{L}(f'')$$

$$= s^2\mathrm{L}(f) - sf(0) - f'(0)$$

$$= s^2\mathrm{L}(f)$$

$$2\omega\mathrm{L}(\cos\omega t) - \omega^2\mathrm{L}(f) = s^2\mathrm{L}(f)$$

$$(s^2 + \omega^2)\mathrm{L}(f) = 2\omega\ \mathrm{L}(\cos\omega t) = 2\omega\frac{s}{s^2 + \omega^2}$$

$$\mathrm{L}(f) = \frac{2\omega s}{(s^2 + \omega^2)^2}$$

ex A.52

$$y'' - y = t, \quad y(0) = 1,\ y'(0) = 1$$

$$\mathrm{L}(y) = Y$$

$$\mathrm{L}(y'') - \mathrm{L}(y) = \mathrm{L}(t)$$

$$[s^2 Y - sy(0) - y'(0)] - Y = \frac{1}{s^2}$$

$$(s^2 - 1)Y = \frac{1}{s^2} + sy(0) + y'(0)$$

$$= \frac{1}{s^2} + s + 1$$

$$Y = \frac{s+1}{s^2 - 1} + \frac{1}{s^2(s^2 - 1)}$$

$$= \frac{1}{s-1} + \left[\frac{1}{s^2 - 1} + \frac{1}{s^2}\right]$$

$$y(t) = \mathrm{L}^{-1}(Y) = e^t + \sinh t - t$$

L.T. of Integral of $f(t)$:

$$\mathrm{L}\left(\int_0^t f(\tau)d\tau\right) = \frac{1}{s}F(s)$$

$$\Leftrightarrow \quad \int_0^t f(\tau)d\tau = \mathrm{L}^{-1}\left(\frac{1}{s}F(s)\right)$$

ex A.53

$$F(s) = \frac{1}{s(s^2+\omega^2)}, \quad f(t) = ?$$

$$\mathrm{L}^{-1}\left(\frac{\omega}{s^2+\omega^2}\right) = \sin\omega t$$

$$\mathrm{L}^{-1}\left(\frac{1}{s^2+\omega^2}\right) = \frac{1}{\omega}\sin\omega t$$

$$\mathrm{L}^{-1}\left[\frac{1}{s}\left(\frac{\omega}{s^2+\omega^2}\right)\right] = \frac{1}{\omega}\int_0^t \sin\omega\tau d\tau$$

$$= \frac{1}{\omega}\frac{1}{\omega}[-\cos\omega\tau] \mid_0^t = \frac{1}{\omega^2}[1-\cos\omega t]$$

ex A.54

$$F(s) = \frac{1}{s^2(s^2+\omega^2)}, \quad f(t) = ?$$

$$f(t) = \mathrm{L}^{-1}\left[\frac{1}{s}\left(\frac{\omega}{s(s^2+\omega^2)}\right)\right] = \frac{1}{\omega^2}\int_0^t [1-\cos\omega\tau]d\tau$$

$$= \frac{1}{\omega^2}\left[\tau - \frac{1}{\omega}\sin\omega\tau\right] \mid_0^t = \frac{1}{\omega^2}\left[t - \frac{1}{\omega}\sin\omega t\right]$$

A.6.3 Unit Step Function Dirac's Delta Function

Unit Step Function

$$u(t) = 0 \qquad t < 0$$
$$= 1 \qquad t > 0$$

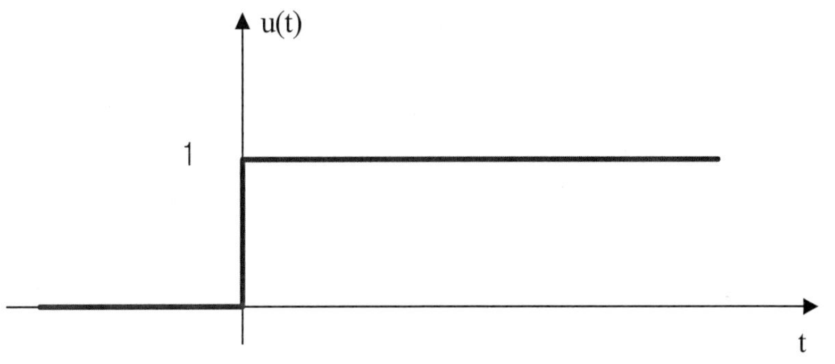

$$u(t-a) = 0 \qquad t < a$$
$$= 1 \qquad t > a$$

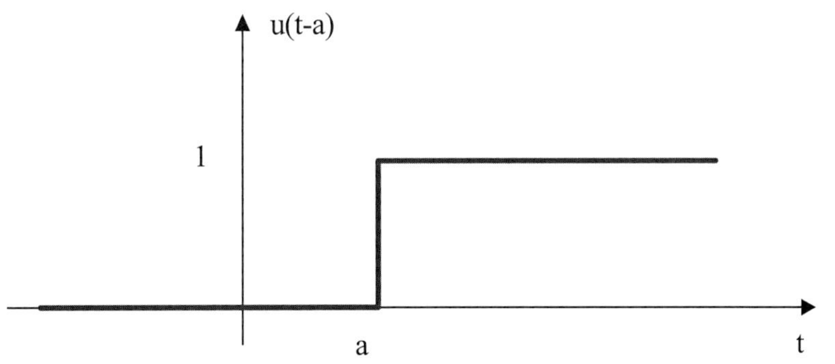

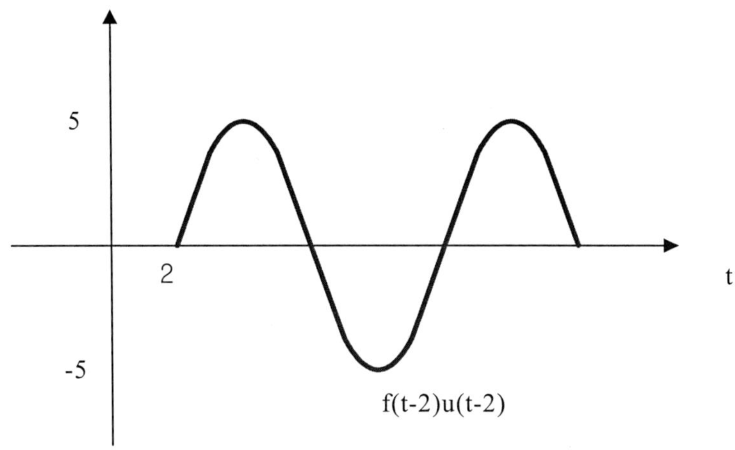
5
2
t
-5
f(t-2)u(t-2)

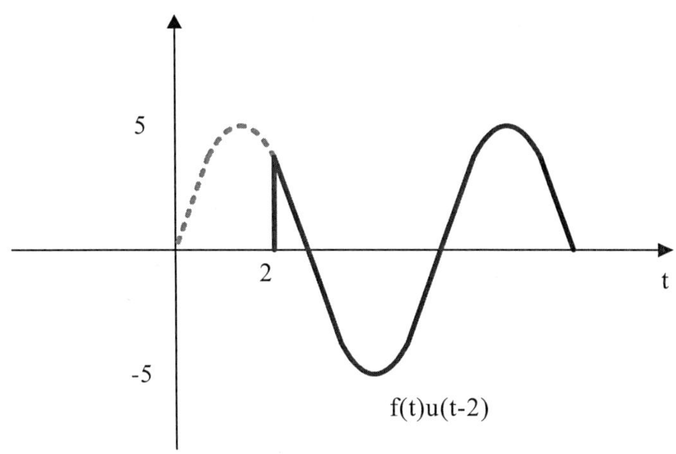
5
2
t
-5
f(t)u(t-2)

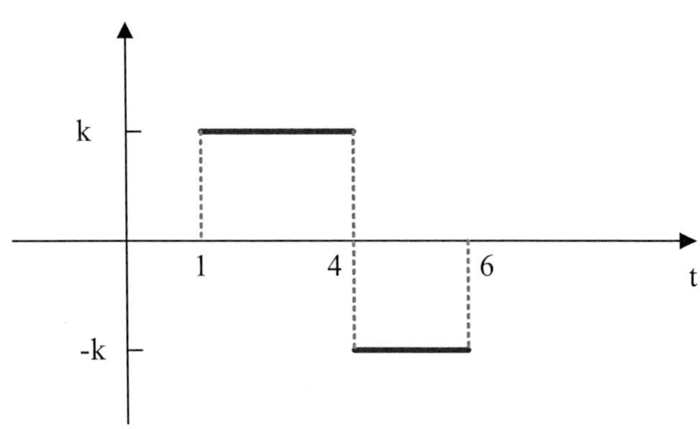
k
1
4
6
t
-k

$$k[u(t-1)-2u(t-4)+u(t-6)]$$

$$f(t-a)u(t-a)=0 \qquad t<a$$

$$=f(t-a) \qquad t>a$$

$$\mathrm{L}[f(t-a)u(t-a)]=e^{-as}F(s)$$

$$e^{-as}F(s)=e^{-as}\int_0^{\infty}e^{-s\tau}f(\tau)d\tau$$

$$=\int_0^{\infty}e^{-s(\tau+a)}f(\tau)d\tau$$

$$(\ \tau+a=t, \quad \tau=t-a \quad d\tau=dt\ )$$

$$=\int_a^{\infty}e^{-st}f(t-a)dt=\int_0^{\infty}e^{-st}f(t-a)u(t-a)dt$$

$$=\mathrm{L}[f(t-a)u(t-a)]$$

ex A.55

$$f(t)=1 \qquad f(t-a)=1$$

$$\mathrm{L}[u(t-a)]=e^{-as}\frac{1}{s} \qquad (s>0)$$

$$\mathrm{L}[u(t)]=\frac{1}{s} \qquad (s>0)$$

$$\mathrm{L}[u(t-a)]=\int_0^{\infty}e^{-st}u(t-a)dt$$

$$=\int_0^{a}e^{-st}(0)dt+\int_a^{\infty}e^{-st}dt$$

$$=-\frac{1}{s}e^{-st}\Big|_a^{\infty}=\frac{1}{s}e^{-as}$$

ex A.56

$$f(t) = 2 \qquad 0 < t < \pi$$
$$= 0 \qquad \pi < t < 2\pi$$
$$= \sin t \qquad t > 2\pi$$

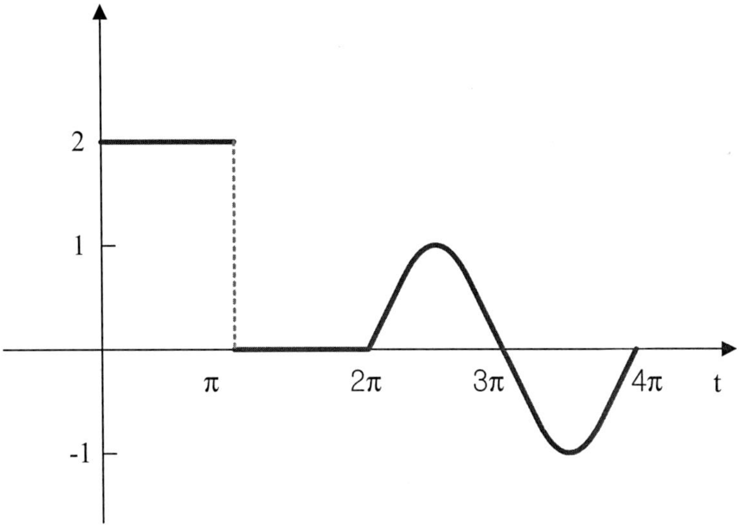

$$f(t) = 2u(t) - 2u(t-\pi) + u(t-2\pi)\sin t$$
$$= 2u(t) - 2u(t-\pi) + u(t-2\pi)\sin(t-2\pi)$$

$$\mathrm{L}(f) = 2\frac{1}{s} - \frac{2}{s}e^{-\pi s} + e^{-2\pi s}\frac{1}{s^2+1}$$

ex A.57

$$F(s) = \frac{2}{s^2} - \frac{2e^{-2s}}{s^2} - \frac{4e^{-2s}}{s} + \frac{se^{-\pi s}}{s^2+1}$$

$$\frac{2}{s^2} \Rightarrow 2t$$

$$\frac{4}{s} \Rightarrow 4$$

$$\frac{s}{s^2+1} \Rightarrow \cos t$$

$$f(t) = 2t - 2(t-2)u(t-2) - 4u(t-2) + \cos(t-\pi)u(t-\pi)$$
$$= 2t - 2tu(t-2) + 4u(t-2) - 4u(t-2) - \cos t u(t-\pi)$$
$$= 2t - 2tu(t-2) - \cos t u(t-\pi)$$

$$(\ \cos(t-\pi) = \cos t \cos\pi + \sin t \sin\pi = -\cos t\ )$$

Dirac's Delta Function

$$f_k(t-a) = \frac{1}{k} \qquad a \leqq t \leqq a+k$$
$$= 0 \qquad \text{otherwise}$$

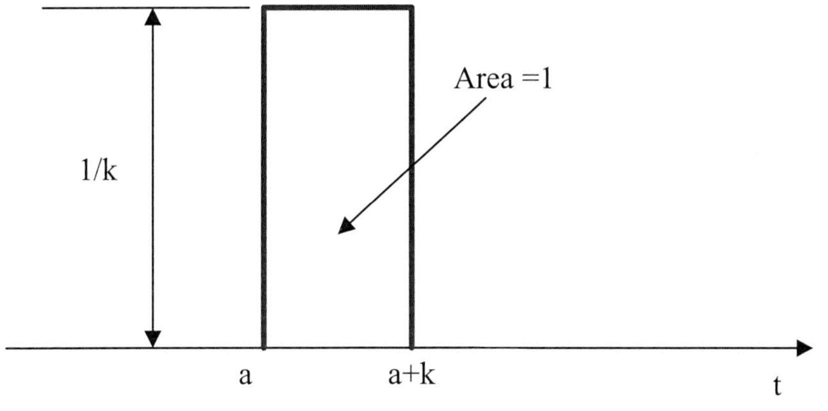

$$I_k = \int_0^\infty f_k(t-a)dt = \int_a^{a+k} \frac{1}{k} dt = 1$$

$$f_k(t-a) = \frac{1}{k}[u(t-a) - u(t-(a+k))]$$

$$\mathrm{L}[f_k(t-a)] = \frac{1}{ks}[e^{-as} - e^{-(a+k)s}] \ = e^{-as}\frac{1-e^{-ks}}{ks}$$

$$\delta(t-a)=\lim_{k\to 0} f_k(t-a) \qquad \Leftarrow \text{ Dirac's delta function}$$

$$= \infty \qquad t=a$$

$$= 0 \qquad \text{otherwise}$$

$$\int_0^\infty \delta(t-a)dt = 1$$

$$\mathrm{L}[\delta(t-a)] = \lim_{k\to 0} e^{-as}\frac{1-e^{-ks}}{ks}$$

$$= e^{-as}\lim_{k\to 0}\frac{se^{-ks}}{s} = e^{-as}$$

ex A.58

$$y''+3y'+2y = u(t-1)-u(t-2)$$

$$y(0)=y'(0)=0$$

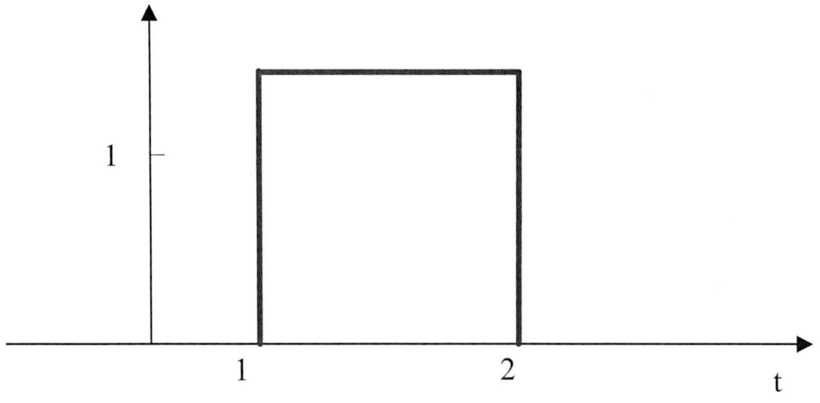

$$[s^2Y-sy(0)-y'(0)]+3[sY-y(0)]+2Y=\frac{1}{s}[e^{-s}-e^{-2s}]$$

$$(s^2+3s+2)Y=\frac{1}{s}[e^{-s}-e^{-2s}]$$

$$Y=\frac{1}{s(s+1)(s+2)}[e^{-s}-e^{-2s}]$$

$$=[e^{-s}-e^{-2s}]\left[\frac{1}{2}\frac{1}{s}-\frac{1}{s+1}+\frac{1}{2}\frac{1}{s+2}\right]$$

$$F(s)=\frac{1}{2}\frac{1}{s}-\frac{1}{s+1}+\frac{1}{2}\frac{1}{s+2}$$

$$\Rightarrow f(t)=\frac{1}{2}-e^{-t}+\frac{1}{2}e^{-2t}$$

$$y(t)=\mathrm{L}^{-1}[F(s)e^{-s}-F(s)e^{-2s}]$$

$$=f(t-1)u(t-1)-f(t-2)u(t-2)$$

$$=0 \qquad 0<t<1$$

$$=f(t-1)=\frac{1}{2}-e^{-(t-1)}+\frac{1}{2}e^{-2(t-1)} \qquad 1<t<2$$

$$=f(t-1)-f(t-2) \qquad t>2$$

$$f(t-1)-f(t-2)=\frac{1}{2}-e^{-(t-1)}+\frac{1}{2}e^{-2(t-1)}$$

$$-\frac{1}{2}+e^{-(t-2)}-\frac{1}{2}e^{-2(t-2)}$$

$$=-e^{-(t-1)}+\frac{1}{2}e^{-2(t-1)}+e^{-(t-2)}-\frac{1}{2}e^{-2(t-2)}$$

ex A.59

$$y''+3y'+2y=\delta(t-1)$$

$$(s^2+3s+2)Y=e^{-s}$$

$$Y=\frac{1}{(s+1)(s+2)}e^{-s}=\left[\frac{1}{s+1}-\frac{1}{s+2}\right]e^{-s}$$

$$\frac{1}{s+1} \Rightarrow e^{-t}$$

$$\frac{1}{s+2} \Rightarrow e^{-2t}$$

$$y(t) = f(t-1)u(t-1)$$

$$= 0 \qquad 0 \leqq t < 1$$

$$= e^{-(t-1)} - e^{-2(t-1)} \qquad t > 1$$

A.6.4 Differentiation & Integration of L.T.

Differentiation of L.T.

$$F(s) = \int_0^\infty e^{-st} f(t)dt$$

$$F'(s) = -\int_0^\infty te^{-st} f(t)dt$$

$$= \int_0^\infty e^{-st} [-tf(t)]dt$$

$$\mathrm{L}^{-1}[F'(s)] = -tf(t)$$

ex A.60

$$\mathrm{L}(\sin\beta t) = \frac{\beta}{s^2+\beta^2}$$

$$\mathrm{L}(t\sin\beta t) = -\frac{d}{ds}\frac{\beta}{s^2+\beta^2}$$

$$= -\frac{-\beta 2s}{(s^2+\beta^2)^2} = \frac{2\beta s}{(s^2+\beta^2)^2}$$

$$\frac{s}{(s^2+\beta^2)^2}=\mathrm{L}\left(\frac{t}{2\beta}\sin\beta t\right)$$

$$\mathrm{L}^{-1}\left[\frac{s}{(s^2+\beta^2)^2}\right]=\frac{t}{2\beta}\sin\beta t$$

ex A.61

$$\mathrm{L}(\cos\beta t)=\frac{s}{s^2+\beta^2}$$

$$\mathrm{L}(t\cos\beta t)=-\frac{d}{ds}\frac{s}{s^2+\beta^2}$$

$$=-\frac{(s^2+\beta^2)-s\,2s}{(s^2+\beta^2)^2}=\frac{s^2-\beta^2}{(s^2+\beta^2)^2}$$

$$\mathrm{L}\left(\frac{1}{\beta}\sin\beta t\right)=\frac{1}{s^2+\beta^2}$$

$$\mathrm{L}\left(t\cos\beta t+\frac{1}{\beta}\sin\beta t\right)$$

$$=\frac{s^2-\beta^2}{(s^2+\beta^2)^2}+\frac{1}{s^2+\beta^2}$$

$$=\frac{2s^2}{(s^2+\beta^2)^2}$$

$$\frac{s^2}{(s^2+\beta^2)^2}=\mathrm{L}\left[\frac{1}{2\beta}(\sin\beta t+\beta t\cos\beta t)\right]$$

$$\mathrm{L}\left(\frac{1}{\beta}\sin\beta t-t\cos\beta t\right)$$

$$=\frac{1}{s^2+\beta^2}-\frac{s^2-\beta^2}{(s^2+\beta^2)^2}$$

$$=\frac{2\beta^2}{(s^2+\beta^2)^2}$$

$$\frac{1}{(s^2+\beta^2)^2}=\mathrm{L}\left[\frac{1}{2\beta^3}(\sin\beta t-\beta t\cos\beta t)\right]$$

Integration of L.T.

$$F(s)=\int_0^\infty e^{-st}f(t)dt$$

$$\int_s^\infty F(\tilde{s})d\tilde{s}=\int_s^\infty\left[\int_0^\infty e^{-\tilde{s}t}f(t)dt\right]d\tilde{s}$$

$$=\int_0^\infty\left[\int_s^\infty e^{-\tilde{s}t}f(t)d\tilde{s}\right]dt$$

$$=\int_0^\infty f(t)\left[\int_s^\infty e^{-\tilde{s}t}d\tilde{s}\right]dt$$

$$\left(\int_s^\infty e^{-\tilde{s}t}d\tilde{s}=-\frac{1}{t}e^{-\tilde{s}t}\Big|_s^\infty=\frac{1}{t}e^{-st}\right)$$

$$=\int_0^\infty f(t)\left[\frac{1}{t}e^{-st}\right]dt$$

$$=\int_0^\infty e^{-st}\left[\frac{f(t)}{t}\right]dt$$

$$\mathrm{L}\left[\frac{f(t)}{t}\right]=\int_s^\infty F(\tilde{s})d\tilde{s}$$

$$\mathrm{L}^{-1}\left[\int_s^\infty F(\tilde{s})d\tilde{s}\right]=\frac{f(t)}{t}$$

ex A.62

$$\mathrm{L}^{-1}\left[\ln\left(1+\frac{\omega^2}{s^2}\right)\right]=?$$

$$[\ \ln\left(1+\frac{\omega^2}{s^2}\right)=-\int_s^\infty \frac{d}{d\tilde{s}}\ln\left(1+\frac{\omega^2}{\tilde{s}^2}\right)d\tilde{s}\quad]$$

$$-\frac{d}{ds}\ln\left(1+\frac{\omega^2}{s^2}\right)=-\frac{d}{ds}\ln\left(\frac{s^2+\omega^2}{s^2}\right)$$

$$=-\frac{d}{ds}\left[\ln(s^2+\omega^2)-\ln s^2\right]$$

$$=-\left[\frac{2s}{s^2+\omega^2}-\frac{2s}{s^2}\right]=-\frac{2s}{s^2+\omega^2}+\frac{2}{s}$$

$$f(t)=\mathrm{L}^{-1}(F)=\mathrm{L}^{-1}\left[-\frac{2s}{s^2+\omega^2}+\frac{2}{s}\right]$$

$$=-2\cos\omega t+2$$

$$\mathrm{L}^{-1}\left[\ln\left(1+\frac{\omega^2}{s^2}\right)\right]=\mathrm{L}^{-1}\left[-\int_s^\infty \frac{d}{d\tilde{s}}\ln\left(1+\frac{\omega^2}{\tilde{s}^2}\right)d\tilde{s}\right]$$

$$=\frac{f(t)}{t}=\frac{2}{t}[1-\cos\omega t]$$

ex A.63

$$\mathrm{L}^{-1}\left[\ln\left(1-\frac{a^2}{s^2}\right)\right]=?$$

$$[\ \ln\left(1-\frac{a^2}{s^2}\right)=-\int_s^\infty \frac{d}{d\tilde{s}}\ln\left(1-\frac{a^2}{\tilde{s}^2}\right)d\tilde{s}\quad]$$

$$-\frac{d}{ds}\ln\left(1-\frac{a^2}{s^2}\right)=-\frac{d}{ds}\ln\left(\frac{s^2-a^2}{s^2}\right)$$

$$=-\frac{d}{ds}\left[\ln(s^2-a^2)-\ln s^2\right]$$

$$=-\left[\frac{2s}{s^2-a^2}-\frac{2s}{s^2}\right]=\frac{2}{s}-\frac{2s}{s^2-a^2}$$

$$f(t) = \mathrm{L}^{-1}(F) = \mathrm{L}^{-1}\left[\frac{2}{s} - \frac{2s}{s^2 - a^2}\right]$$

$$= 2 - 2\cosh at$$

$$\mathrm{L}^{-1}\left[\ln\left(1 - \frac{a^2}{s^2}\right)\right] = \mathrm{L}^{-1}\left[-\int_s^{\infty} \frac{d}{d\tilde{s}} \ln\left(1 - \frac{a^2}{\tilde{s}^2}\right) d\tilde{s}\right]$$

$$= \frac{f(t)}{t} = \frac{2}{t}[1 - \cosh at]$$

A.6.5 Convolution

$$\mathrm{L}(f) = F(s), \quad \mathrm{L}(g) = G(s)$$

$$h(t) = \int_0^t f(\tau) g(t-\tau) d\tau$$

$$= \int_0^t f(t-\tau) g(\tau) d\tau = (f * g)(t)$$

$$t - \tau = \alpha \quad \rightarrow \quad \tau = t - \alpha$$

$$\int_0^t f(\tau) g(t-\tau) d\tau = \int_t^0 f(t-\alpha) g(\alpha)(-d\alpha)$$

$$= \int_0^t f(t-\alpha) g(\alpha) d\alpha = \int_0^t f(t-\tau) g(\tau) d\tau$$

$$\mathrm{L}[h(t)] = \mathrm{L}\ [(f * g)(t)]$$

$$= \mathrm{L}\left[\int_0^t f(\tau) g(t-\tau) d\tau\right]$$

$$= F(s) G(s)$$

$$\mathrm{L}^{-1}[F(s)G(s)] = \int_0^t f(\tau) g(t-\tau) d\tau$$

ex A.64

$$L^{-1}\left[\frac{1}{s^2(s-a)}\right]$$

$$L^{-1}\left(\frac{1}{s^2}\right)=t \quad \leftarrow \quad f(t)$$

$$L^{-1}\left(\frac{1}{s-a}\right)=e^{at} \quad \leftarrow \quad g(t)$$

$$f(\tau)=\tau, \qquad g(t-\tau)=e^{a(t-\tau)}$$

$$L^{-1}\left[\frac{1}{s^2(s-a)}\right]=\int_0^t \tau e^{a(t-\tau)}d\tau$$

$$=e^{at}\int_0^t \tau e^{-a\tau}d\tau$$

$$=e^{at}\left[-\frac{1}{a}\tau e^{-a\tau}\mid_0^t+\frac{1}{a}\int_0^t e^{-a\tau}d\tau\right]$$

$$=e^{at}\left[-\frac{t}{a}e^{-at}-\frac{1}{a^2}e^{-a\tau}\mid_0^t\right]$$

$$=e^{at}\left[-\frac{t}{a}e^{-at}-\frac{1}{a^2}e^{-at}+\frac{1}{a^2}\right]$$

$$=\frac{1}{a^2}\left[e^{at}-at-1\right]$$

ex A.65

$$y''+y=\sin 3t, \qquad y(0)=0, \quad y'(0)=0$$

$$s^2Y+Y=\frac{3}{s^2+9}$$

$$\Rightarrow Y=\frac{3}{(s^2+1)(s^2+9)}$$

$$y(t) = L^{-1}(Y) = L^{-1}\left[\frac{3}{(s^2+1)(s^2+9)}\right]$$

$$L^{-1}\left(\frac{1}{s^2+1}\right) = \sin t,\ L^{-1}\left(\frac{1}{s^2+3^2}\right) = \sin 3t$$

$$y(t) = \int_0^t \sin\tau \sin 3(t-\tau)d\tau$$

$$\cos[3(t-\tau)-\tau] = \cos[3(t-\tau)]\cos\tau + \sin[3(t-\tau)]\sin\tau$$

$$\cos[3(t-\tau)+\tau] = \cos[3(t-\tau)]\cos\tau - \sin[3(t-\tau)]\sin\tau$$

$$\Rightarrow \quad \sin[3(t-\tau)]\sin\tau$$

$$= \frac{1}{2}[\cos(3t-4\tau) - \cos(3t-2\tau)]$$

$$y(t) = \frac{1}{2}\int_0^t [\cos(3t-4\tau) - \cos(3t-2\tau)]d\tau$$

$$= \frac{1}{2}\left[\frac{1}{(-4)}\sin(3t-4\tau) - \frac{1}{(-2)}\sin(3t-2\tau)\right] \Big|_0^t$$

$$= -\frac{1}{8}[\sin(-t) - \sin 3t] + \frac{1}{4}[\sin t - \sin 3t]$$

$$= \frac{3}{8}\sin t - \frac{1}{8}\sin 3t$$

A.6.6 Partial Fraction

ex A.66

$$y'' + y' - 6y = 1, \quad y(0) = 0,\ y'(0) = 1$$

$$[s^2 Y - sy(0) - y'(0)] + [sY - y(0)] - 6Y = \frac{1}{s}$$

$$(s^2 + s - 6)Y = \frac{1}{s} + 1 = \frac{s+1}{s}$$

$$Y = \frac{s+1}{s(s-2)(s+3)}$$

$$= \frac{A_1}{s} + \frac{A_2}{s-2} + \frac{A_3}{s+3}$$

$$= \frac{A_1(s-2)(s+3) + A_2 s(s+3) + A_3 s(s-2)}{s(s-2)(s+3)}$$

$$= \frac{(A_1 + A_2 + A_3)s^2 + (A_1 + 3A_2 - 2A_3)s - 6A_1}{s(s-2)(s+3)}$$

$$A_1 + A_2 + A_3 = 0$$

$$A_1 + 3A_2 - 2A_3 = 1$$

$$-6A_1 = 1$$

$$A_1 = -\frac{1}{6}$$

$$A_2 = \frac{3}{10}, \quad A_3 = -\frac{2}{15}$$

$$y(t) = -\frac{1}{6} + \frac{3}{10}e^{2t} - \frac{2}{15}e^{-3t}$$

ex A.67

$$\frac{s}{(s-a)^2} \Rightarrow \frac{A_2}{(s-a)^2} + \frac{A_1}{s-a}$$

$$\frac{s}{(s-a)^3} \Rightarrow \frac{A_3}{(s-a)^3} + \frac{A_2}{(s-a)^2} + \frac{A_1}{s-a}$$

$$y'' - 3y' + 2y = 4t \qquad y(0) = 1, \; y'(0) = -1$$

$$[s^2 Y - sy(0) - y'(0)] - 3[sY - y(0)] + 2Y = 4\frac{1}{s^2}$$

$$[s^2-3s+2]\,Y=\frac{4}{s^2}+s-1-3\ =\frac{s^3-4s^2+4}{s^2}$$

$$Y=\frac{s^3-4s^2+4}{s^2(s-2)(s-1)}$$

$$=\frac{A_2}{s^2}+\frac{A_1}{s}+\frac{B}{s-2}+\frac{C}{s-1}$$

$$=\frac{A_2(s-2)(s-1)+A_1s(s-2)(s-1)+Bs^2(s-1)+Cs^2(s-2)}{s^2(s-2)(s-1)}$$

$$=\frac{(A_1+B+C)s^3+(A_2-3A_1-B-2C)s^2+(-3A_2+2A_1)s+2A_2}{s^2(s-2)(s-1)}$$

$$2A_2=4,\quad A_2=2$$

$$-3A_2+2A_1=0,\ A_1=3$$

$$B=-1,\quad C=-1$$

$$=\frac{2}{s^2}+\frac{3}{s}-\frac{1}{s-2}-\frac{1}{s-1}$$

$$y(t)=2t+3-e^{2t}-e^t$$

APPENDIX B

상미분방정식 MATLAB해석

B.1 Methods for 1st-order D.E.

B.1.1 Euler Method(Euler-Cauchy Method)

$$y' = f(x,y),\ y(x_0) = y_0$$

Taylor Series :

$$y(x+h) = y(x) + hy'(x) + \frac{h^2}{2}y''(x) + \ldots$$

(h : step size)

for small value of h,

$$y(x+h) \approx y(x) + hy'(x) = y(x) + hf(x,y)$$

step-by-step ,

$$x_1 = x_0 + h$$

$$x_2 = x_0 + 2h$$

$$x_3 = x_0 + 3h$$

.

.

$$y(x+h) = y(x) + hf(x,y)$$

$$y(x_0+h) = y(x_0) + hf(x_0,y_0)$$

$$y_1 = y_0 + hf(x_0,y_0)$$

$$y(x_0+2h) = y(x_1) + hf(x_1,y_1)$$

$$y_2 = y_1 + hf(x_1,y_1)$$

.

.

$$y_{n+1} = y_n + hf(x_n,y_n)$$

Euler Method

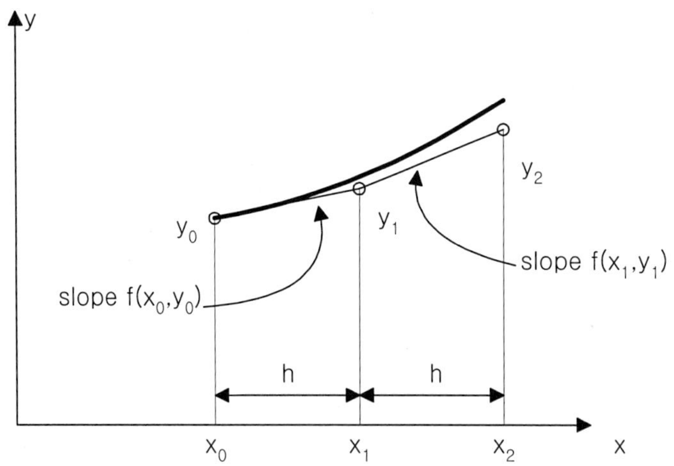

MATLAB Function for Euler's Method [3]

```
function [x,y]=Euler(f,tspan,y0,n)
% solve y'=f(x,y) with initial condition y(a)=y0
% using n steps of Euler's method; step size h=(b-a)/n
a=tspan(1); b=tspan(2); h=(b-a)/n;
x=(a+h: h: b);
y(1)=y0+h*feval(f,a,y0);
for  i=2 : n
     y(i)=y(i-1)+h*feval(f,x(i-1),y(i-1));
end
x=[ a x];
y=[y0 y];
```

ex B.1

$y' = x + y \qquad y(0) = 2$

$$(0 \leqq x \leqq 1)$$

exact sol.:

for $x = 0.5, \quad y = 3.4462$

for $x = 1.0, \quad y = 6.1548$

B.1.2 Runge-Kutta Methods

B.1.2.1 Midpoint Method

$$k_1 = hf(x_i, y_i)$$

$$k_2 = hf(x_i + \frac{1}{2}h, y_i + \frac{1}{2}k_1)$$

$$y_{i+1} = y_i + k_2$$

MATLAB Function for the Midpoint Method [3]

```
function [x,y]=RK2(f,tspan,y0,n)
% function [x,y]=RK2(f,y0,a,b,n)
% solve y'=f(x,y)
% with initial condition y(a)=y0
% using n steps of the midpoint (RK2) method;
a=tspan(1); b=tspan(2); h=(b-a)/n ;
x=(a+h: h: b);
k1=h*feval(f,a,y0);
k2=h*feval(f,a+h /2,y0+k1/2);
y(1)=y0+k2;
for  i=1:n-1
     k1=h*feval(f,x(i),y(i));
     k2=h*feval(f,x(i)+h/2,y(i)+k1/2);
     y(i+1)=y(i)+k2;
end
x=[ a x];
y=[y0 y];
```

ex B.2

$y' = x + y \qquad y(0) = 2$

$(0 \leq x \leq 1)$

exact sol: $y = 3e^{x} - x - 1$

B.1.2.2 Classic Runge-Kutta Method(4th-order)

$$k_1 = hf(x_i, y_i)$$

$$k_2 = hf(x_i + \frac{1}{2}h, y_i + \frac{1}{2}k_1)$$

$$k_3 = hf(x_i + \frac{1}{2}h, y_i + \frac{1}{2}k_2)$$

$$k_4 = hf(x_i + h, y_i + k_3)$$

$$y_{i+1} = y_i + \frac{1}{6}k_1 + \frac{1}{3}k_2 + \frac{1}{3}k_3 + \frac{1}{6}k_4$$

MATLAB Function for Classic Runge-Kutta Method [3]

```
function [x,y]=RK4(f,tspan,y0,n)
% solve y'=f(x,y)
% with initial condition y(a)=y0
% using n steps of the classic 4th order Runge-Kutta Method;
a=tspan(1); b=tspan(2); h=(b-a)/n ;
x=(a+h: h: b);
k1=h*feval(f,a,y0);
k2=h*feval(f,a+h /2,y0+k1/2);
k3=h*feval(f,a+h /2,y0+k2/2);
k4=h*feval(f,a+h  ,y0+k3);
y(1)=y0+k1/6 + k2/3 + k3/3 +k4/6;
for  i=1:n-1
     k1=h*feval(f,x(i),y(i));
     k2=h*feval(f,x(i)+h/2,y(i)+k1/2);
     k3=h*feval(f,x(i)+h/2,y(i)+k2/2);
     k4=h*feval(f,x(i)+h ,y(i)+k3);
     y(i+1)=y(i)+k1/6+ k2/3 + k3/3 + k4/6;
end
x=[ a x];
y=[y0 y];
```

ex B.3

$y' = x + y \qquad y(0) = 2$

$(\ 0 \leq x \leq 1\ )$

exact sol: $y = 3e^x - x - 1$

B.1.3 Multistep Methods

o one-step method

o The general form of a two-step method

$$y_{i+1} = a_1 y_i + a_2 y_{i-2} + h\left[b_0 f(x_{i+1}, y_{i+1}) + b_1 f(x_i, y_i) + b_2 f(x_{i-1}, y_{i-1})\right]$$

− implicit method : $b_0 \neq 0$

− explicit method : $b_0 = 0$

B.1.3.1 Adams−Bashforth Methods (explicit method)

Two-step method (2nd-order method):

$$y_{i+1} = y_i + \frac{h}{2}[3f_i - f_{i-1}]$$

$$\text{for} \qquad i = 1, 2, \ldots, n-1$$

《 주의 》

y_0 is given by the initial condition for the differential eqn.

y_1 is found from a one-step method, such as Runge-Kutta technique.

Three-step method(3rd-order method)

$$y_{i+1} = y_i + \frac{h}{12}[23f_i - 16f_{i-1} + 5f_{i-2}]$$

$$\text{for} \qquad i = 2, 3, \ldots, n-1$$

《 주의 》

y_0 is given by the initial condition for the differential eqn.

y_1 & y_2 are found from a one-step method, such as Runge-Kutta technique.

Four-step method(4th-order method)

$$y_{i+1} = y_i + \frac{h}{24}\left[55f_i - 59f_{i-1} + 37f_{i-2} - 9f_{i-3}\right]$$

$$\text{for} \qquad i = 3, 4, \ldots, n-1$$

◖ 주의 ◗

y_0 is given by the initial condition for the differential eqn.

y_1, y_2 & y_3 are found from a one-step method, such as Runge-Kutta technique.

Five-step method(5th-order method)

$$y_{i+1} = y_i + \frac{h}{720}\left[1901f_i - 2774f_{i-1} + 2616f_{i-2} - 1274f_{i-3} + 251f_{i-4}\right]$$

$$\text{for} \qquad i = 4, 5, \ldots, n-1$$

◖ 주의 ◗

y_0 is given by the initial condition for the differential eqn.

y_1 through y_4 are found from a one-step method, such as Runge-Kutta technique.

MATLAB Function

for Adams-Bashforth Third-Order Method [3]

```
function [x,y]=AB3(f,tspan,y0,n)
a=tspan(1); b=tspan(2);
h=(b-a)/n ; hh=h/12;
x=(a+h: h : b);
              % use midpoint method to start
z0=feval(f,a,y0);
```

```
k1=h*z0;    k2=h*feval(f, a+h/2, y0+k1/2);
y(1)=y0+k2;
z(1)=feval(f, x(1), y(1));
k1=h*z(1); k2=h*feval(f, x(1)+h/2, y(1) +k1/2);
y(2)=y(1)+k2;
              % use 3rd order AB method to continue
z(2)=feval(f, x(2), y(2));
y(3)=y(2)+hh*(23*z(2)-16*z(1)+5*feval(f,a,y0));
for  i=3:n-1
     z(i)=feval(f,x(i),y(i));
     y(i+1)=y(i)+hh*(23*z(i)-16*z(i-1)+5*z(i-2));
end
x=[a x];
y=[y0,y];
```

ex B.4

$y' = x + y \qquad y(0) = 2$

$(\ 0 \leqq x \leqq 1 \ )$

exact sol: $y = 3e^x - x - 1$

B.1.3.2 Adams-Moulton Methods (implicit method)

Adams-Moulton two-step method (3rd-order)

$$y_{i+1} = y_i + \frac{h}{12}[5f_{i+1} + 8f_i - f_{i-1}]$$

for $i = 1, 2, \ldots, n-1$

《 주의 》

y_0 is given by the initial condition for the differential eqn.

y_1 is found from a one-step method, such as Runge-Kutta technique.

Adams-Moulton three-step method (4th-order)

$$y_{i+1} = y_i + \frac{h}{24}\left[9f_{i+1} + 19f_i - 5f_{i-1} + f_{i-2}\right]$$

$$\text{for } i = 2,3,\ldots,n-1$$

◖ 주의 ◗

y_0 is given by the initial condition for the differential eqn.

y_1 & y_2 are found from a one-step method, such as Runge-Kutta technique.

Adams-Moulton four-step method (5th-order)

$$y_{i+1} = y_i + \frac{h}{720}\left[251f_{i+1} + 646f_i - 264f_{i-1} + 106f_{i-2} - 19f_{i-3}\right]$$

$$\text{for } i = 3,4,\ldots,n-1$$

◖ 주의 ◗

y_0 is given by the initial condition for the differential eqn.

y_1, y_2 & y_3 are found from a one-step method, such as Runge-Kutta technique.

B.1.3.3 Predictor-Corrector Methods

- explicit and implicit method combined

Adams third order (predictor) with third order Adams-Moulton two-step method (corrector)

y_0 is given by the initial condition for the differential eqn.

y_1 & y_2 are found from a one-step method.

Then for $i = 2,3,\ldots,n-1$

$$y^*_{i+1} = y_i + \frac{h}{12}\left[23f_i - 16f_{i-1} + 5f_{i-2}\right]$$

$$y_{i+1} = y_i \quad + \frac{h}{12}\left[5f(x_{i+1}, y^*_{i+1}) + 8f(x_i, y_i) - f(x_{i-1}, y_{i-1})\right]$$

ex B.5

$y' = x + y \qquad\qquad y(0) = 2$

$(\ 0 \leqq x \leqq 1)$

exact sol: $y = 3e^x - x - 1$

MATLAB Script for Adams-Bashford-Moulton 3rd Order Method [3]

```
%Script for Adams-Bashford-Moulton 3rd-order method
clear all
% solve y'=f(x,y); y(a)=ya, on [a,b]
a=0; b=1; n=5;
f='x+y';
ya=2;
% end problem definition
h=(b-a)/n;   hh=h/12;
xx=(a+h: h: b);
               % midpoint method to start
x=a;           y=ya;          z0=eval(f);   k1=h*z0;
x=a+h/2;       y=ya+k1/2;     zz=eval(f);   k2=h*zz;
yy(1)=ya+k2;
x=xx(1);       y=yy(1);       z(1)=eval(f); k1=h*z(1);
x=xx(1)+h/2;   y=yy(1)+k1/2;  zz=eval(f);   k2=h*zz;
yy(2)=yy(1)+k2;
               % 3rd order A-B/A-M method
```

```
x=xx(2);        y=yy(2);       z(2)=eval(f);
yy(3)=yy(2)+hh*(23*z(2)-16*z(1)+5*z0);
x=xx(3);        y=yy(3);       zz=eval(f);
yy(3)=yy(2)+hh*(5*zz+8*z(2)-z(1));
for  i=3:n-1
x=xx(i);        y=yy(i);       z(i)=eval(f);
yy(i+1)=yy(i)+hh*(23*z(i)-16*z(i-1)+5*z(i-2));
x=xx(i+1);      y=yy(i+1);     zz=eval(f);
yy(i+1)=yy(i)+hh*(5*zz+8*z(i)-z(i-1));
end
xx=[a xx]
yy=[ya yy]
plot(xx,yy,'*')
grid on
% plot exact solution if known
hold on
yyy=3*exp(xx)-xx-1
plot(xx,yyy)
hold off
```

MATLAB 명령

ex B.6 – ode23 :

explicit Runge-Kutta methods 2nd and 3rd order

ex B.7 – ode45 :

explicit Runge-Kutta methods 4th and 5th order

ex B.8 – ode113 :

a fully variable step-size ODE solver based on the Adams-Bashforth-Moulton family of formulas of orders 1-12.

```
[t,y]=ode23('F',tspan,y0)
        where tspan=[t0  t_final]
        or         tspan=[t0,t1,t2,...,t_final]
    y0 : initial condition
```

B.2 Methods for Systems and Higher Order Equations

B.2.1 Higher Order ODEs

Second-order ODE:

$$y'' = g(x, y, y')$$

$$y(0) = \alpha_0$$

$$y'(0) = \alpha_1$$

$$u = y$$

$$v = y'$$

$\Rightarrow$ A system of two first-order ODEs

$$u' = v = f(x, u, v)$$

$$v' = g(x, u, v)$$

$$u(0) = \alpha_0$$

$$v(0) = \alpha_1$$

Higher Order ODE

$$y^{(n)} = f(x, y, y', y'', \ldots, y^{(n-1)})$$

$$y(0) = \alpha_0$$

$$y'(0) = \alpha_1$$

$$y''(0) = \alpha_2$$

.

.

$y^{(n-1)}(0) = \alpha_{n-1}$

$\Rightarrow$ A system of first-order ODEs

$$u_1 = y$$
$$u_2 = y'$$
$$u_3 = y''$$
$$\vdots$$
$$u_n = y^{(n-1)}$$

$$\Rightarrow \quad u'_1 = u_2$$
$$u'_2 = u_3$$
$$u'_3 = u_4$$
$$\vdots$$
$$u'_n = f(x, u_1, u_2, \ldots, u_n)$$

$u_1(0) = \alpha_0, \quad u_2(0) = \alpha_1, \; \ldots\ldots, \; u_n(0) = \alpha_{n-1}$

B.2.2 Systems of two first-order ODEs

B.2.2.1 Euler's Method for Solving Two ODEs

참고

$y_{i+1} = y_i + hf(x_i, y_i)$

$$u' = f(x,u,v), \qquad v' = g(x,u,v)$$

$$u_{i+1} = u_i + hu' = u_i + hf(x_i,u_i,v_i)$$

$$v_{i+1} = v_i + hv' = v_i + hg(x_i,u_i,v_i)$$

MATLAB Function for Euler's Method for Solving a System of Two First-Order ODEs [3]

```
function [x,u,v]=Euler_sys2(f,g,a,b,u0,v0,n)
h=(b-a)/n;
x=(a+h: h: b);
u(1)=u0+h*feval(f,a,u0,v0);
v(1)=v0+h*feval(g,a,u0,v0);
for  i=2:n
     u(i)=u(i-1)+h*feval(f,x(i-1),u(i-1),v(i-1));
     v(i)=v(i-1)+h*feval(g,x(i-1),u(i-1),v(i-1));
end
x=[a x];    u=[u0 u];      v=[v0 v];
```

ex B.9

$$u' = v = f(x,u,v)$$

$$v' = -0.3v - \sin u = g(x,u,v)$$

$$u(0) = \frac{\pi}{2}, \ v(0) = 0$$

B.2.2.2 Midpoint Method for Solving two ODEs

참고

$$k_1 = hf(x_i, y_i)$$

$$k_2 = hf(x_i + \frac{1}{2}h, y_i + \frac{1}{2}k_1)$$

$$y_{i+1} = y_i + k_2$$

$$k_1 = hf(x_i, u_i, v_i)$$

$$m_1 = hg(x_i, u_i, v_i)$$

$$k_2 = hf(x_i + \frac{1}{2}h, u_i + \frac{1}{2}k_1, v_i + \frac{1}{2}m_1)$$

$$m_2 = hf(x_i + \frac{1}{2}h, u_i + \frac{1}{2}k_1, v_i + \frac{1}{2}m_1)$$

$$u_{i+1} = u_i + k_2$$

$$v_{i+1} = v_i + m_2$$

MATLAB Function for Runge–Kutta Two–Step Method for Solving Two ODEs [3]

```
function [x,u,v]=RK2_sys(f,g,a,b,u0,v0,n)
h=(b-a)/n; hh=h/2;
x=(a+h: h: b);
k1=h*feval(f,a,u0,v0);
m1=h*feval(g,a,u0,v0);
k2=h*feval(f,a+hh,u0+0.5*k1,v0+0.5*m1);
m2=h*feval(g,a+hh,u0+0.5*k1,v0+0.5*m1);
u(1)=u0+k2;
v(1)=v0+m2;
for  i=1:n-1
     k1=h*feval(f,x(i),u(i),v(i));
     m1=h*feval(g,x(i),u(i),v(i));
     k2=h*feval(f,x(i)+hh,u(i)+0.5*k1,v(i)+0.5*m1);
     m2=h*feval(g,x(i)+hh,u(i)+0.5*k1,v(i)+0.5*m1);
     u(i+1)=u(i)+k2;
     v(i+1)=v(i)+m2;
end
x=[a x];    u=[u0 u];      v=[v0 v];
```

ex B.10

$$u' = v = f(x,u,v)$$

$$v' = -0.3v - \sin u = g(x,u,v)$$

$$u(0) = \pi/2, \quad v(0) = 0$$

B.2.3 Systems of First-Order ODEs

B.2.3.1 Euler's Method for Solving Systems of ODEs

참고

$$y_{i+1} = y_i + hf(x_i, y_i)$$

$$u'_1 = f_1(x, u_1, u_2, u_3)$$

$$u'_2 = f_2(x, u_1, u_2, u_3)$$

$$u'_3 = f_3(x, u_1, u_2, u_3)$$

$$\Rightarrow \quad u_1(i+1) = u_1(i) + hf_1[x(i), u_1(i), u_2(i), u_3(i)]$$

$$u_2(i+1) = u_2(i) + hf_2[x(i), u_1(i), u_2(i), u_3(i)]$$

$$u_3(i+1) = u_3(i) + hf_3[x(i), u_1(i), u_2(i), u_3(i)]$$

B.2.3.2 Runge-Kutta Method for Solving Systems of ODEs

참고

$$k = hf(x_i, y_i)$$

$$m = hf(x_i + \frac{1}{2}h, y_i + \frac{1}{2}k)$$

$$y_{i+1} = y_i + m$$

$$u'_1 = f_1(x, u_1, u_2, u_3)$$

$$u'_2 = f_2(x, u_1, u_2, u_3)$$

$$u'_3 = f_3(x, u_1, u_2, u_3)$$

$$k_1 = hf_1[x(i), u_1(i), u_2(i), u_3(i)]$$

$$k_2 = hf_2[x(i), u_1(i), u_2(i), u_3(i)]$$

$$k_3 = hf_3[x(i), u_1(i), u_2(i), u_3(i)]$$

$$m_1 = hf_1\left[x(i) + \frac{1}{2}h, u_1(i) + \frac{1}{2}k_1,\ u_2(i) + \frac{1}{2}k_2, u_3(i) + \frac{1}{2}k_3\right]$$

$$m_2 = hf_2\left[x(i) + \frac{1}{2}h, u_1(i) + \frac{1}{2}k_1,\ u_2(i) + \frac{1}{2}k_2, u_3(i) + \frac{1}{2}k_3\right]$$

$$m_3 = hf_3\left[x(i) + \frac{1}{2}h, u_1(i) + \frac{1}{2}k_1,\ u_2(i) + \frac{1}{2}k_2, u_3(i) + \frac{1}{2}k_3\right]$$

$$u_1(i+1) = u_1(i) + m_1$$

$$u_2(i+1) = u_2(i) + m_2$$

$$u_3(i+1) = u_3(i) + m_3$$

MATLAB Function for Systems Using a Second-Order Runge-Kutta Method [3]

```
function [x,u]=RK2_sys(f,tspan,u0,n)
% solve ODE-IVP using midpoint method (RK2)
% u'=f(x,u)    a ≦ x ≦ b
% interval of interest is given as tspan=[a, b]
% function f(x,u) returns a column vector of values
a=tspan(1);
b=tspan(2);
h=(b-a)/n;
x=(a+h: h: b);
k=h*feval(f,a,u0)';
m=h*feval(f,a+h/2,u0+k/2)';
u(1,:)=u0+m;
```

```
for  i=1:n-1
     k=h*feval(f,x(i),u(i,:))';
     m=h*feval(f,x(i)+h/2,u(i,:)+k/2)';
     u(i+1,:)=u(i,:)+m;
end
x=[a x];
u=[u0 u];
```

ex B.11

$$u'_1 = u_2$$

$$u'_2 = u_3$$

$$u'_3 = x + 2u_1 - 3u_2 + 4u_3$$

$$u_1(0) = 4,\ u_2(0) = 3,\ u_3(0) = 2$$

$$(\ 0 \leqq x \leqq 1\ )$$

ex B.12

$$u'_1 = u_2$$

$$u'_2 = -\frac{2}{x}u_2$$

$$u'_3 = u_4$$

$$u'_4 = -\frac{2}{x}u_4$$

$$u_1(1) = 10,\ u_2(1) = 0,\ u_3(1) = 0,\ u_4(1) = 1$$

$$(\ 1 \leqq x \leqq 2\ )$$

MATLAB Function for Systems Using a Fourth-Order Runge-Kutta Method [3]

```
function [x,u]=RK4_sys(f,tspan,u0,n)
% solve ODE-IVP using midpoint method (RK4)
% u'=f(x,u)    a ≦ x ≦ b
% interval of interest is given as tspan=[a, b]
% function f(x,u) returns a column vector of values
% input : column vector x and row vector u
% return : column vector of values for u'
a=tspan(1);
b=tspan(2);
h=(b-a)/n;
x=(a+h: h: b)';
k1=h*feval(f,a,u0)';
k2=h*feval(f,a+h/2,u0+k1/2)';
k3=h*feval(f,a+h/2,u0+k2/2)';
k4=h*feval(f,a+h,u0+k3)';
u(1,:)=u0+k1/6+k2/3+k3/3+k4/6;
for  i=1:n-1
     k1=h*feval(f,x(i),u(i,:))';
     k2=h*feval(f,x(i)+h/2,u(i,:)+k1/2)';
     k3=h*feval(f,x(i)+h/2,u(i,:)+k2/2)';
     k4=h*feval(f,x(i)+h,u(i,:)+k3)';
     u(i+1,:)=u(i,:)+k1/6+k2/3+k3/3+k4/6;
end
x=[a x];
u=[u0 u];
```

ex B.13

$u'_1 = u_2$

$u'_2 = u_3$

$$u'_3 = x + 2u_1 - 3u_2 + 4u_3$$

$$u_1(0) = 4,\ u_2(0) = 3,\ u_3(0) = 2$$

$$(\ 0 \leqq x \leqq 1\ )$$

ex B.14

$$u'_1 = u_2$$

$$u'_2 = -\frac{2}{x}u_2$$

$$u'_3 = u_4$$

$$u'_4 = -\frac{2}{x}u_4$$

$$u_1(1) = 10,\ u_2(1) = 0,\ u_3(1) = 0,\ u_4(1) = 1$$

$$(\ 1 \leqq x \leqq 2\ )$$

B.2.3.3 Adams-Bashforth-Moulton Predictor-corrector methods

The Adams-Bashforth-Moulton predictor-corrector methods are extended for use with systems of ODEs in a similar manner. The third-order method is implemented in the MATLAB function ABM3_sys.

MATLAB Function for Predictor-Corrector Method for Solving Systems of ODEs

```
function [x,u]=ABM3_sys(f,tspan,u0,n)
a=tspan(1);
b=tspan(2);
h=(b-a)/n;
hh=h/12;
x=(a+h: h: b)';
% Use the midpoint method to find the first two points
k=h*feval(f,a,u0)';
```

```
m=h*feval(f,a+h/2,u0+k/2)';
u(1,:)=u0+m;
k=h*feval(f,x(1),u(1,:))';
m=h*feval(f,x(1)+h/2,u(1,:)+k/2)';
u(2,:)=u(1,:)+m;
% Now use the 3rd order A-B/A-M method for the remaining
% points
z(2,:)=feval(f,x(2),u(2,:))';
uu(3,:)=u(2,:)+hh*(23*z(2,:)-16*z(1,:)+5*feval(f,a,u0)');
zz=feval(f,x(3),uu(3,:))';
u(3,:)=u(2,:)+hh*(5*zz+8*z(2,:)-z(1,:));
for  i=3:n-1
     z(i,:)=feval(f,x(i),u(i,:))';
     uu(i+1,:)=u(i,:)+hh*(23*z(i,:)-16*z(i-1,:)+5*z(i-2,:));
     zz=feval(f,x(i+1),uu(i+1,:))';
     u(i+1,:)=u(i,:)+hh*(5*zz+8*z(i,:)-z(i-1,:));
end
x=[a x];
u=[u0 u];
```

ex B.15

$u'_1 = u_2$

$u'_2 = u_3$

$u'_3 = x + 2u_1 - 3u_2 + 4u_3$

$u_1(0) = 4,\ u_2(0) = 3,\ u_3(0) = 2$

$$(\ 0 \leqq x \leqq 1\ )$$

ex B.16

$u'_1 = u_2$

$$u'_2 = -\frac{2}{x}u_2$$

$$u'_3 = u_4$$

$$u'_4 = -\frac{2}{x}u_4$$

$$u_1(1) = 10,\ u_2(1) = 0,\ u_3(1) = 0,\ u_4(1) = 1$$

$$(\ 1 \leqq x \leqq 2\ )$$

MATLAB Function for Systems Using a Second-Order Runge-Kutta Method [3]

```
function [x,u]=RK2_sys(f,tspan,u0,n)
% solve ODE-IVP using midpoint method (RK2)
% u'=f(x,u)     a ≦ x ≦ b
% interval of interest is given as tspan=[a, b]
% function f(x,u) returns a column vector of values
a=tspan(1);
b=tspan(2);
h=(b-a)/n;
x=(a+h: h: b);
k=h*feval(f,a,u0)';
m=h*feval(f,a+h/2,u0+k/2)';
u(1,:)=u0+m;
for  i=1:n-1
     k=h*feval(f,x(i),u(i,:))';
     m=h*feval(f,x(i)+h/2,u(i,:)+k/2)';
     u(i+1,:)=u(i,:)+m;
end
x=[a x];
u=[u0 u];
```

ex B.17

$$u'_1 = u_2$$

$$u'_2 = u_3$$

$$u'_3 = x + 2u_1 - 3u_2 + 4u_3$$

$$u_1(0) = 4,\ u_2(0) = 3,\ u_3(0) = 2$$

$$(\ 0 \leqq x \leqq 1\ )$$

ex B.18

$$u'_1 = u_2$$

$$u'_2 = -\frac{2}{x}u_2$$

$$u'_3 = u_4$$

$$u'_4 = -\frac{2}{x}u_4$$

$$u_1(1) = 10,\ u_2(1) = 0,\ u_3(1) = 0,\ u_4(1) = 1$$

$$(\ 1 \leqq x \leqq 2\ )$$

MATLAB Function for Systems Using a Fourth-Order Runge-Kutta Method [3]

```
function [x,u]=RK4_sys(f,tspan,u0,n)
% solve ODE-IVP using midpoint method (RK4)
% u'=f(x,u)     a ≦ x ≦ b
% interval of interest is given as tspan=[a, b]
% function f(x,u) returns a column vector of values
% input : column vector x and row vector u
% return : column vector of values for u'
a=tspan(1);
b=tspan(2);
h=(b-a)/n;
x=(a+h: h: b)';
```

```
k1=h*feval(f,a,u0)';
k2=h*feval(f,a+h/2,u0+k1/2)';
k3=h*feval(f,a+h/2,u0+k2/2)';
k4=h*feval(f,a+h,u0+k3)';
u(1,:)=u0+k1/6+k2/3+k3/3+k4/6;
for  i=1:n-1
     k1=h*feval(f,x(i),u(i,:))';
     k2=h*feval(f,x(i)+h/2,u(i,:)+k1/2)';
     k3=h*feval(f,x(i)+h/2,u(i,:)+k2/2)';
     k4=h*feval(f,x(i)+h,u(i,:)+k3)';
     u(i+1,:)=u(i,:)+k1/6+k2/3+k3/3+k4/6;
end
x=[a x];
u=[u0 u];
```

ex B.19

$$u'_1 = u_2$$

$$u'_2 = u_3$$

$$u'_3 = x + 2u_1 - 3u_2 + 4u_3$$

$$u_1(0) = 4,\ \ u_2(0) = 3,\ \ u_3(0) = 2$$

$$(\ 0 \leqq x \leqq 1\ )$$

ex B.20

$$u'_1 = u_2$$

$$u'_2 = -\frac{2}{x}u_2$$

$$u'_3 = u_4$$

$$u'_4 = -\frac{2}{x}u_4$$

$$u_1(1) = 10,\ u_2(1) = 0,\ u_3(1) = 0,\ u_4(1) = 1$$

$$(1 \leq x \leq 2)$$

B.2.3.3 Adams–Bashforth–Moulton Predictor–corrector methods [3]

The Adams-Bashforth-Moulton predictor-corrector methods are extended for use with systems of ODEs in a similar manner. The third-order method is implemented in the MATLAB function ABM3_sys.

MATLAB Function for Predictor–Corrector Method for Solving Systems of ODEs

```
function [x,u]=ABM3_sys(f,tspan,u0,n)
a=tspan(1);
b=tspan(2);
h=(b-a)/n;
hh=h/12;
x=(a+h: h: b)';
% Use the midpoint method to find the first two points
k=h*feval(f,a,u0)';
m=h*feval(f,a+h/2,u0+k/2)';
u(1,:)=u0+m;
k=h*feval(f,x(1),u(1,:))';
m=h*feval(f,x(1)+h/2,u(1,:)+k/2)';
u(2,:)=u(1,:)+m;
% Now use the 3rd order A-B/A-M method for the remaining
% points
z(2,:)=feval(f,x(2),u(2,:))';
uu(3,:)=u(2,:)+hh*(23*z(2,:)-16*z(1,:)+5*feval(f,a,u0)');
zz=feval(f,x(3),uu(3,:))';
u(3,:)=u(2,:)+hh*(5*zz+8*z(2,:)-z(1,:));
for i=3:n-1
```

```
    z(i,:)=feval(f,x(i),u(i,:))';
    uu(i+1,:)=u(i,:)+hh*(23*z(i,:)-16*z(i-1,:)+5*z(i-2,:));
    zz=feval(f,x(i+1),uu(i+1,:))';
    u(i+1,:)=u(i,:)+hh*(5*zz+8*z(i,:)-z(i-1,:));
end
x=[a x];
u=[u0 u];
```

ex B.21

$u'_1 = u_2$

$u'_2 = u_3$

$u'_3 = x + 2u_1 - 3u_2 + 4u_3$

$u_1(0) = 4,\ \ u_2(0) = 3,\ \ u_3(0) = 2$

$(\ 0 \leqq x \leqq 1 \ )$

ex B.22

$u'_1 = u_2$

$u'_2 = -\frac{2}{x}u_2$

$u'_3 = u_4$

$u'_4 = -\frac{2}{x}u_4$

$u_1(1) = 10,\ \ u_2(1) = 0,\ \ u_3(1) = 0,\ \ u_4(1) = 1$

$(\ 1 \leqq x \leqq 2 \ )$

APPENDIX C

진동학 복습

여기에서는, 진동학 내용 중 주요 내용중심으로 기술한다. MATLAB사용자들이 이미 진동학에 대한 내용을 공부했다는 전제하에 수식 중심으로 내용을 기술하고 있다. 보다 자세한 설명을 필요로 하는 사용자는 대학과정에서 다루는 진동학 교재를 참고하기 바란다.

C.1 1자유도계의 자유 운동 - 비감쇠 병진계의 자유진동

C.1.1 뉴톤의 운동 제 2법칙을 이용한 운동 방정식

1) 수평으로 놓인 스프링-질량계

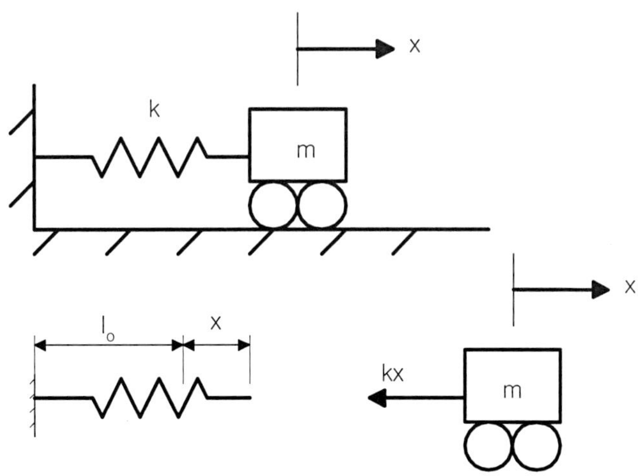

❙그림 C.1❙ 스프링-질량계

뉴톤의 2법칙

$$ma = \sum F$$

$$\Rightarrow \quad m\ddot{x} = -kx$$

$$\Rightarrow \quad m\ddot{x} + kx = 0$$

2) 수직으로 놓인 스프링-질량계

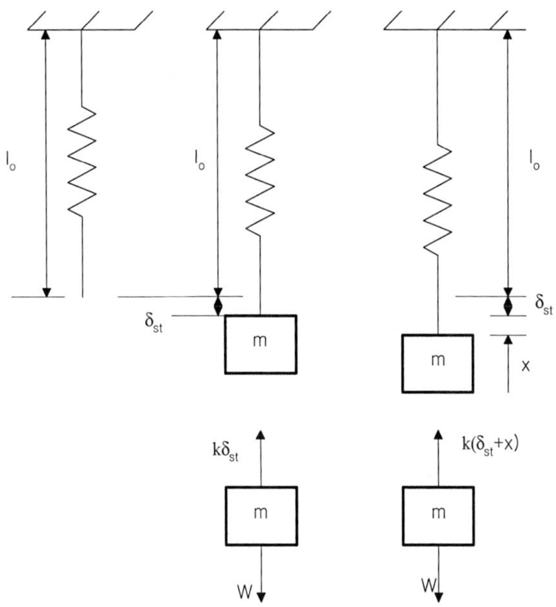

그림 C.2 수직으로 놓인 스프링-질량계

정적 평형상태

$$W = mg$$

정적 평형상태에서 x 만큼 움직였을 때, 뉴톤의 제2법칙으로부터

$$m\ddot{x} = -k(\delta_{st} + x) + W = -W - kx + W$$

$$= -kx$$

$$\Rightarrow \quad m\ddot{x} + kx = 0$$

C.1.2 에너지 보존법칙을 이용한 운동방정식

보존계 : $T+U$ = constant.

$$\frac{1}{2}m\dot{x}^2+\frac{1}{2}kx = \text{constant}$$

$$\frac{d(T+U)}{dt}=0$$

$$\frac{d}{dt}\left(\frac{1}{2}m\dot{x}^2+\frac{1}{2}kx\right)=0$$

$$\Rightarrow \quad m\ddot{x}+kx=0$$

C.1.3 풀이

$$m\ddot{x}+kx=0$$

$x=Ce^{st}$ 로 가정

$$\ddot{x}=Cs^2e^{st}$$

$$C(ms^2+k)=0$$

$$ms^2+k=0$$

$$s^2=-\frac{k}{m}$$

$$s=\pm\sqrt{-\frac{k}{m}}=\pm i\sqrt{\frac{k}{m}}=\pm i\omega_n$$

$$\left(\ \omega_n=\sqrt{\frac{k}{m}}\ \right) \Leftarrow \text{Circular Natural Frequency}$$

$$x=e^{i\omega_n t}, \quad e^{-i\omega_n t}$$

$$x(t)=C_1e^{i\omega_n t}+C_2e^{-i\omega_n t}$$

Euler 공식

$$e^{i\omega_n t}=\cos\omega_n t+i\sin\omega_n t$$

$$e^{-i\omega_n t}=\cos(-\omega_n t)+i\sin(-\omega_n t)$$

$$= \cos\omega_n t - i\sin\omega_n t$$

$$x(t) = C_1(\cos\omega_n t + i\sin\omega_n t) + C_2(\cos\omega_n t - i\sin\omega_n t)$$

$$= (C_1 + C_2)\cos\omega_n t + i(C_1 - C_2)\sin\omega_n t$$

$$= A_1\cos\omega_n t + A_2\sin\omega_n t$$

초기 조건

$$x(0) = x_o,\ \dot{x}(0) = \dot{x}_o$$

$$x(0) = x_o = A_1 \qquad \rightarrow \qquad A_1 = x_o$$

$$\dot{x}(0) = \dot{x}_o = \omega_n A_2 \qquad \rightarrow \qquad A_2 = \frac{\dot{x}_o}{\omega_n}$$

$$x(t) = x_o\cos\omega_n t + \frac{\dot{x}_o}{\omega_n}\sin\omega_n t$$

$$A_1 = A\cos\phi,\ A_2 = A\sin\phi$$

$$A = (A_1^2 + A_2^2)^{1/2} = [x_o^2 + (\frac{\dot{x}_o}{\omega_n})^2]^{1/2}$$

$$\phi = \tan^{-1}\left(\frac{A_2}{A_1}\right) = \tan^{-1}\left(\frac{\dot{x}_o}{x_o\omega_n}\right)$$

$$x(t) = A_1\cos\omega_n t + A_2\sin\omega_n t$$

$$= A\cos\phi\cos\omega_n t + A\sin\phi\sin\omega_n t$$

$$= A\left[\cos\omega_n t\cos\phi + \sin\omega_n t\sin\phi\right]$$

$$= A\cos(\omega_n t - \phi)$$

진폭 : A (평형위치로부터 최대 변위)

사이클 : 벡터 OP의 한 회전 (2π radian의 각 변위)

고유 주기 :τ_n (벡터 OP가 한 회전하는데 걸리는 시간)

$$\tau_n = 2\pi / w_n$$

고유 진동수 : 단위 시간당의 사이클의 수

$$f_n = \frac{1}{\tau_n}$$

C.1.4 각 고유진동수(circular natural frequency)

$$\omega_n = \sqrt{\frac{k}{m}} \qquad \text{(rad/sec)}$$

$$\left(k = \frac{W}{\delta_{st}} = \frac{mg}{\delta_{st}} \right)$$

$$\omega_n = \sqrt{\frac{g}{\delta_{st}}}$$

- **고유 진동수(natural frequency)**

$$w_n = 2\pi f$$

$$f_n = \frac{\omega_n}{2\pi} = \frac{1}{2\pi}\left(\frac{g}{\delta_{st}}\right)^{1/2} \qquad \text{(cycles/sec, Hz)}$$

- **고유 주기**

$$\tau_n = \frac{1}{f_n} = \frac{2\pi}{\omega_n} = 2\pi\left(\frac{\delta_{st}}{g}\right)^{1/2}$$

- **질량의 속도와 가속도**

$$\dot{x}(t) = \frac{dx(t)}{dt} = \omega_n A \sin(\omega_n t - \phi)$$

$$= \omega_n A \cos\left(\omega_n t - \phi + \frac{\pi}{2}\right)$$

$$\ddot{x}(t) = \frac{d^2x(t)}{dt^2} = -\omega_n^2 A \cos(\omega_n t - \phi)$$

$$= \omega_n^2 \cos(\omega_n t - \phi + \pi)$$

- **초기 변위 $x_o = 0$이면,**

$$x(t) = \frac{\dot{x}_o}{\omega_n}\cos(\omega_n t - \frac{\pi}{2}) = \frac{\dot{x}_o}{\omega_n}\sin\omega_n t$$

초기 속도 $\dot{x}_o = 0$이면,

$$x(t) = x_o \cos\omega_n t$$

C.2 점성 감쇠 자유진동

C.2.1 운동 방정식

점성 감쇠력

$$F = -c\dot{x} = -cv \quad (c : \text{점성 감쇠계수, 단위 : N} \cdot \text{s/m})$$

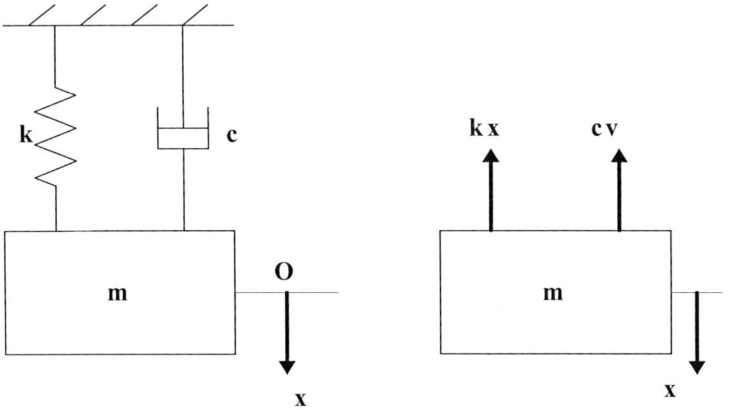

| 그림 C.3 | 감쇠 진동계

$$m\ddot{x} = -c\dot{x} - kx$$

$$m\ddot{x} + c\dot{x} + kx = 0$$

[풀이] $x(t) = Ce^{st}$

$$\dot{x} = Cse^{st}$$

$$\ddot{x} = Cs^2e^{st}$$

$$Ce^{st}[ms^2 + cs + k] = 0$$

$$ms^2 + cs + k = 0$$

$$s_{1,\ 2} = \frac{-c \pm \sqrt{c^2 - 4mk}}{2m}$$

$$= -\frac{c}{2m} \pm \sqrt{\left(\frac{c}{2m}\right)^2 - \frac{k}{m}}$$

$$x_1(t) = C_1e^{s_1t}$$

$$x_2(t) = C_2e^{s_2t}$$

$$x(t) = C_1e^{s_1t} + C_2e^{s_2t}$$

C.2.2 임계 감쇠상수 및 감쇠비

$$\left(\frac{c}{2m}\right)^2 - \frac{k}{m} = 0$$

$$c = 2m\sqrt{\frac{k}{m}} = 2m\omega_n = c_c$$

$\Leftarrow$ critical damping constant

$\zeta = \frac{c}{c_c}$ $\Leftarrow$ damping ratio

$$\frac{c}{2m} = \frac{c}{c_c} \cdot \frac{c_c}{2m} = \zeta\omega_n$$

$$s_{1,\ 2} = -\zeta\omega_n \pm \sqrt{(\zeta\omega_n)^2 - \omega_n^2}$$

$$= (-\zeta \pm \sqrt{\zeta^2 - 1})\omega_n$$

1) Underdamped system

$$\zeta < 1 \quad \Leftrightarrow \quad \frac{c}{c_c} < 1$$

$$\frac{c}{2m} < \sqrt{\frac{k}{m}}$$

$$\sqrt{\zeta^2 - 1} = \sqrt{-(1-\zeta^2)} = i\sqrt{1-\zeta^2}$$

$$s_{1,\ 2} = (-\zeta \pm i\sqrt{1-\zeta^2})\omega_n$$

$$s_1 = (-\zeta + i\sqrt{1-\zeta^2})\omega_n$$

$$s_2 = (-\zeta - i\sqrt{1-\zeta^2})\omega_n$$

$$\begin{aligned} x(t) &= C_1 e^{s_1 t} + C_2 e^{s_2 t} \\ &= C_1 e^{(-\zeta + i\sqrt{1-\zeta^2})\omega_n t} + C_2 e^{(-\zeta - i\sqrt{1-\zeta^2})\omega_n t} \\ &= C_1 e^{-\zeta\omega_n t} e^{i\sqrt{1-\zeta^2}\omega_n t} + C_2 e^{-\zeta\omega_n t} e^{-i\sqrt{1-\zeta^2}\omega_n t} \\ &= e^{-\zeta\omega_n t}(C_1 e^{i\sqrt{1-\zeta^2}\omega_n t} + C_2 e^{-i\sqrt{1-\zeta^2}\omega_n t}) \end{aligned}$$

Euler formula

$$e^{i\sqrt{1-\zeta^2}\omega_n t} = \cos(\sqrt{1-\zeta^2}\,\omega_n t) + i\sin(\sqrt{1-\zeta^2}\,\omega_n t)$$

$$\begin{aligned} e^{-i\sqrt{1-\zeta^2}\omega_n t} &= \cos(-\sqrt{1-\zeta^2}\,\omega_n t) + i\sin(-\sqrt{1-\zeta^2}\,\omega_n t) \\ &= \cos(\sqrt{1-\zeta^2}\,\omega_n t) - i\sin(\sqrt{1-\zeta^2}\,\omega_n t) \end{aligned}$$

$$\begin{aligned} &C_1 e^{i\sqrt{1-\zeta^2}\omega_n t} + C_2 e^{-i\sqrt{1-\zeta^2}\omega_n t} \\ &= C_1\left(\cos\sqrt{1-\zeta^2}\,\omega_n t + i\sin\sqrt{1-\zeta^2}\,\omega_n t\right) \\ &\quad + C_2\left(\cos\sqrt{1-\zeta^2}\,\omega_n t - i\sin\sqrt{1-\zeta^2}\,\omega_n t\right) \end{aligned}$$

$$= (C_1 + C_2)\cos\sqrt{1-\zeta^2}\,\omega_n t$$

$$+ i(C_1 - C_2)\sin\sqrt{1-\zeta^2}\,\omega_n t$$

$$= C'_1\cos\sqrt{1-\zeta^2}\,\omega_n t + C'_2\sin\sqrt{1-\zeta^2}\,\omega_n t$$

$$= X_o\cos(\sqrt{1-\zeta^2}\,\omega_n t - \phi_o)$$

$$= X\sin(\sqrt{1-\zeta^2}\,\omega_n t - \phi)$$

$$x(t) = e^{-\zeta\omega_n t}(C'_1\cos\sqrt{1-\zeta^2}\,\omega_n t + C'_2\sin\sqrt{1-\zeta^2}\,\omega_n t)$$

$$= e^{-\zeta\omega_n t}X_o\cos(\sqrt{1-\zeta^2}\,\omega_n t - \phi_o)$$

$$= e^{-\zeta\omega_n t}X\sin(\sqrt{1-\zeta^2}\,\omega_n t - \phi)$$

Initial conditions

$$x(0) = x_0,\quad \dot{x}(0) = \dot{x}_0$$

$$C'_1 = x_0$$

$$\dot{x}(t) = (-\zeta\omega_n)e^{-\zeta\omega_n t}(C'_1\cos\sqrt{1-\zeta^2}\,\omega_n t$$

$$+ C'_2\sin\sqrt{1-\zeta^2}\,\omega_n t)$$

$$+ e^{-\zeta\omega_n t}(-C'_1\sqrt{1-\zeta^2}\,\omega_n\sin\sqrt{1-\zeta^2}\,\omega_n t$$

$$+ C'_2\sqrt{1-\zeta^2}\,\omega_n\cos\sqrt{1-\zeta^2}\,\omega_n t)$$

$$\dot{x}(0) = \dot{x}_0 = (-\zeta\omega_n)C'_1 + C'_2\sqrt{1-\zeta^2}\,\omega_n$$

$$C'_2 = \frac{\dot{x}_0 + \zeta\omega_n x_0}{\sqrt{1-\zeta^2}\,\omega_n}$$

$$X = X_0 = \sqrt{(C'_1)^2 + (C'_2)^2}$$

$$\phi = \tan^{-1}(C'_1/C'_2)$$

$$\phi_0 = \tan^{-1}(-C'_2/C'_1)$$

Frequency of damped vibration

$$\omega_d = \sqrt{1-\zeta^2}\,\omega_n$$

Period

$$\tau_d = \frac{2\pi}{\omega_d}$$

2) Critically damped system

$$\zeta = 1 \quad \Leftrightarrow \quad \frac{c}{c_c} = 1$$

$$\frac{c}{2m} = \sqrt{\frac{k}{m}}$$

$$s_1 = s_2 = -\frac{c_c}{2m} = -\omega_n$$

$$x_1(t) = C_1 e^{s_1 t} = C_1 e^{-\omega_n t}$$

$$x_2(t) = C_2 t e^{-\omega_n t}$$

$$x(t) = (C_1 + C_2 t)e^{-\omega_n t}$$

Initial conditions

$$x(0) = x_0, \qquad \dot{x} = \dot{x}_0$$

$$x(0) = C_1 = x_0$$

$$\dot{x}(t) = C_2 e^{-\omega_n t} + (-\omega_n)(C_1 + C_2 t)e^{-\omega_n t}$$

$$\dot{x}(0) = C_2 - \omega_n C_1 = \dot{x}_0$$

$$C_2 = \omega_n x_0 + \dot{x}_0$$

$$x(t) = \left[x_0 + (\omega_n x_0 + \dot{x}_0)t\right] e^{-\omega_n t}$$

3) Overdamped System

$$\zeta > 1 \quad \Leftrightarrow \quad \frac{c}{c_c} > 1$$

$$\frac{c}{2m} > \sqrt{\frac{k}{m}}$$

$$s_1 = (-\zeta + \sqrt{\zeta^2 - 1}\,)\omega_n < 0$$

$$s_2 = (-\zeta - \sqrt{\zeta^2 - 1}\,)\omega_n < 0$$

$$(\ s_1 > s_2\ )$$

$$x(t) = C_1 e^{(-\zeta + \sqrt{\zeta^2 - 1}\,)\omega_n t} + C_2 e^{(-\zeta - \sqrt{\zeta^2 - 1}\,)\omega_n t}$$

Initial conditions

$$x(0) = x_0, \qquad \dot{x} = \dot{x}_0$$

$$x(0) = C_1 + C_2 = x_0$$

$$\dot{x}(t) = C_1(-\zeta + \sqrt{\zeta^2 - 1}\,)\omega_n e^{(-\zeta + \sqrt{\zeta^2 - 1}\,)\omega_n t} + C_2(-\zeta - \sqrt{\zeta^2 - 1}\,)\omega_n e^{(-\zeta - \sqrt{\zeta^2 - 1}\,)\omega_n t}$$

$$\dot{x}(0) = C_1(-\zeta + \sqrt{\zeta^2 - 1}\,)\omega_n + C_2(-\zeta - \sqrt{\zeta^2 - 1}\,)\omega_n = \dot{x}_0$$

$$C_1 = \frac{x_0\omega_n(\zeta + \sqrt{\zeta^2 - 1}\,) + \dot{x}_0}{2\omega_n\sqrt{\zeta^2 - 1}}$$

$$C_2 = \frac{-x_0\omega_n(\zeta - \sqrt{\zeta^2-1}) - \dot{x}_0}{2\omega_n\sqrt{\zeta^2-1}}$$

C.2.3 대수 감소율(logarithmic decrement)

$$x(t) = e^{-\zeta\omega_n t}X_o\cos(\sqrt{1-\zeta^2}\,\omega_n t - \phi_o)$$

$$= e^{-\zeta\omega_n t}X_o\cos(\omega_d t - \phi_o)$$

$$x_1(t) = e^{-\zeta\omega_n t_1}X_o\cos(\omega_d t_1 - \phi_o)$$

$$x_2(t) = e^{-\zeta\omega_n t_2}X_o\cos(\omega_d t_2 - \phi_o)$$

$$(\ \tau_d = t_2 - t_1\ )$$

$$\frac{x_1}{x_2} = \frac{X_0 e^{-\zeta\omega_n t_1}\cos(\omega_d t_1 - \phi_0)}{X_0 e^{-\zeta\omega_n t_2}\cos(\omega_d t_2 - \phi_0)}$$

$$t_2 = t_1 + \tau_d$$

$$e^{-\zeta\omega_n t_2} = e^{-\zeta\omega_n(t_1+\tau_d)} = e^{-\zeta\omega_n t_1}e^{-\zeta\omega_n\tau_d}$$

$$\cos(\omega_d t_2 - \phi_0) = \cos(\omega_d t_1 + \omega_d\tau_d - \phi_0)$$

$$= \cos(\omega_d t_1 + 2\pi - \phi_0) = \cos(\omega_d t_1 - \phi_0)$$

$$\frac{x_1}{x_2} = \frac{e^{-\zeta\omega_n t_1}}{e^{-\zeta\omega_n t_1}e^{-\zeta\omega_n\tau_d}} = e^{\zeta\omega_n\tau_d}$$

$$\delta = \ln\frac{x_1}{x_2} = \zeta\omega_n\tau_d = \zeta\omega_n\frac{2\pi}{\omega_d}$$

$$= \zeta\omega_n\frac{2\pi}{\sqrt{1-\zeta^2}\,\omega_n} = \frac{2\pi\zeta}{\sqrt{1-\zeta^2}}$$

$$= \frac{c}{2m}\frac{2\pi}{\omega_d}$$

$$\text{if } \zeta \ll 1, \qquad \sqrt{1-\zeta^2} \simeq 1$$

$$\delta = 2\pi\zeta \quad (\zeta \ll 1)$$

$$\zeta = \frac{\delta}{\sqrt{(2\pi)^2 + \delta^2}}$$

$$\zeta \simeq \frac{\delta}{2\pi} \quad (\zeta \ll 1)$$

$$\delta = \ln\frac{x_1}{x_2}$$

또는

$$\frac{x_1}{x_{m+1}} = \frac{x_1}{x_2}\frac{x_2}{x_3}\frac{x_3}{x_4} \cdot \cdot \cdot \frac{x_m}{x_{m+1}}$$

$$= e^{\zeta\omega_n\tau_d} e^{\zeta\omega_n\tau_d} e^{\zeta\omega_n\tau_d} \cdot \cdot \cdot e^{\zeta\omega_n\tau_d}$$

$$= (e^{\zeta\omega_n\tau_d})^m = e^{m\zeta\omega_n\tau_d}$$

$$m\zeta\omega_n\tau_d = m\delta = \ln\frac{x_1}{x_{m+1}}$$

$$\delta = \frac{1}{m}\ln\frac{x_1}{x_{m+1}}$$

C.3 조화 가진 운동

C.3.1 운동 방정식

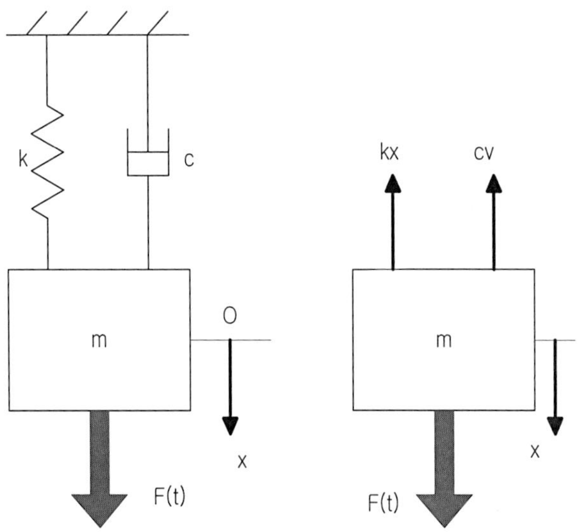

그림 C.4 외력을 받는 감쇠 진동 시스템

$$m\ddot{x} = -kx - c\dot{x} + F(t)$$

$$m\ddot{x} + c\dot{x} + kx = F(t)$$

solution)

x_h (과도운동), x_p (정상상태 운동)

$$x(t) = x_h + x_p$$

C.3.2 조화력을 받는 비감쇠계의 응답

$$F(t) = F_o \cos \omega t$$

$$m\ddot{x} + kx = F_o \cos \omega t$$

1) $m\ddot{x} + kx = 0$

$$x_h(t) = C_1 \cos \omega_n t + C_2 \sin \omega_n t$$

$$(\omega_n = \sqrt{\frac{k}{m}})$$

2) $m\ddot{x} + kx = F_o \cos \omega t$

$$x_p(t) = A_1 \cos \omega t + A_2 \sin \omega t$$

$$x_p(t) = X \cos \omega t$$

$$\ddot{x}_p(t) = -\omega^2 X \cos \omega t$$

$$(-m\omega^2 + k) X \cos \omega t = F_o \cos \omega t$$

$$X = \frac{F_o}{k - m\omega^2}$$

$$x(t) = C_1 \cos \omega_n t + C_2 \sin \omega_n t + \frac{F_o}{k - m\omega^2} \cos \omega t$$

Initial Conditions

$$x(0) = x_o, \ \dot{x}(0) = \dot{x}_o$$

$$x(0) = C_1 + \frac{F_o}{k - m\omega^2} = x_o$$

$$C_1 = x_o - \frac{F_o}{k - m\omega^2}$$

$$\dot{x}(0) = C_2 \omega_n = \dot{x}_o$$

$$C_2 = \frac{\dot{x}_o}{\omega_n}$$

$$x(t) = (x_o - \frac{F_o}{k - m\omega^2})\cos\omega_n t + \left(\frac{\dot{x}_o}{\omega_n}\right)\sin\omega_n t$$

$$+ \frac{F_o}{k - m\omega^2}\cos\omega t$$

$$F_o = k\delta_{st}, \quad \Rightarrow \delta_{st} = \frac{F_o}{k} \text{ (정적 처짐)}$$

$$X = \frac{F_o}{k - m\omega^2} = \frac{F_o/k}{1 - \omega^2 \frac{m}{k}}$$

$$= \frac{\delta_{st}}{1 - \left(\frac{\omega}{\omega_n}\right)^2}$$

$$\frac{X}{\delta_{st}} = \frac{1}{1 - \left(\frac{\omega}{\omega_n}\right)^2}$$

(magnification factor
or amplification factor
or amplitude ratio)

1) $0 < \frac{\omega}{\omega_n} < 1$

x_p와 $F(t)$는 동 위상

2) $\omega/\omega_n > 1$

$$X = \frac{\delta_{st}}{\left(\frac{\omega}{\omega_n}\right)^2 - 1}$$

$$x_p(t) = -X\cos\omega t$$
$$= X\cos(\omega t - \pi)$$

x_p 와 $F(t)$ 는 180° 위상차를 갖는다.

3) $\dfrac{\omega}{\omega_n} = 1$

$$X = \frac{\delta_{st}}{1 - \left(\dfrac{\omega}{\omega_n}\right)^2} \quad \rightarrow \quad \infty$$

$\Leftarrow$ 공진(resonance) 현상

$$x(t) = x_o\cos\omega_n t + \left(\frac{\dot{x}_o}{\omega_n}\right)\sin\omega_n t + \delta_{st}\left[\frac{\cos\omega t - \cos\omega_n t}{1 - \left(\dfrac{\omega}{\omega_n}\right)^2}\right]$$

$$\lim_{\omega \to \omega_n}\left[\frac{\cos\omega t - \cos\omega_n t}{1 - \left(\dfrac{\omega}{\omega_n}\right)^2}\right] = \lim_{\omega \to \omega_n}\frac{t\sin\omega t}{2\dfrac{\omega}{\omega_n^2}}$$
$$= \frac{\omega_n t}{2}\sin\omega_n t$$

$$x(t) = x_o\cos\omega_n t + \left(\frac{\dot{x}_o}{\omega_n}\right)\sin\omega_n t \; + \; \frac{\omega_n t}{2}\sin\omega_n t$$

C.3.3 전체 응답

$$x(t) = \left(x_o - \frac{F_o}{k - m\omega^2}\right)\cos\omega_n t + \left(\frac{\dot{x}_o}{\omega_n}\right)\sin\omega_n t + \frac{\delta_{st}}{1 - \left(\dfrac{\omega}{\omega_n}\right)^2}\cos\omega t$$

1) $\omega/\omega_n < 1$

$$x(t) = A\cos(\omega_n t - \phi) + \frac{\delta_{st}}{1-\left(\dfrac{\omega}{\omega_n}\right)^2}\cos\omega t$$

2) $\omega/\omega_n > 1$

$$x(t) = A\cos(\omega_n t - \phi) - \frac{\delta_{st}}{\left(\dfrac{\omega}{\omega_n}\right)^2 - 1}\cos\omega t$$

C.3.4 조화력을 받는 감쇠계의 응답

조화력 $F(t) = F_o\cos\omega t$

$$m\ddot{x} + c\dot{x} + kx = F_o\cos\omega t$$

$$x_p = A\cos\omega t + B\sin\omega t$$

$$\dot{x}_p = -A\omega\sin\omega t + B\omega\cos\omega t$$

$$\ddot{x}_p = -A\omega^2\cos\omega t - B\omega^2\sin\omega t$$

$$[(k - m\omega^2)A + \omega cB]\cos\omega t$$
$$+ [-\omega cA + (k - m\omega^2)B]\sin\omega t = F_o\cos\omega t$$

$$(k - m\omega^2)A + \omega cB\}$$
$$-\omega cA + (k - m\omega^2)B = 0$$

$$A = F_o\frac{k - m\omega^2}{(k - m\omega^2)^2 + \omega^2 c^2}$$

$$B = F_o\frac{\omega c}{(k - m\omega^2)^2 + \omega^2 c^2}$$

$$x_p = A\cos\omega t + B\sin\omega t$$
$$= X\cos(\omega t - \phi)$$
$$X = \sqrt{A^2 + B^2}$$
$$= \frac{F_o}{\sqrt{(k - m\omega^2)^2 + c^2\omega^2}}$$
$$= \frac{F_o/k}{\sqrt{(1 - \frac{m}{k}\omega^2)^2 + \frac{c^2}{k^2}\omega^2}}$$

$$\frac{F_o}{k} = \delta_{st}$$

$$\omega_n = \sqrt{\frac{k}{m}}$$

$$\zeta = \frac{c}{c_c} = \frac{c}{2m\omega_n}$$

$$\frac{c\omega}{k} = \frac{2m\omega_n\zeta\omega}{k} = \frac{2\zeta\omega}{\omega_n}$$

$$r = \frac{\omega}{\omega_n}$$

$$\frac{X}{\delta_{st}} = \frac{1}{\sqrt{\left[1 - \left(\frac{\omega}{\omega_n}\right)^2\right]^2 + \left[2\zeta\frac{\omega}{\omega_n}\right]^2}}$$
$$= \frac{1}{\sqrt{(1 - r^2)^2 + (2\zeta r)^2}}$$

$$\tan\phi = \frac{B}{A}$$

$$\phi = \tan^{-1}\left(\frac{c\omega}{k - m\omega^2}\right)$$

$$= \tan^{-1}\left[\frac{2\zeta\frac{\omega}{\omega_n}}{1-\left(\frac{\omega}{\omega_n}\right)^2}\right] = \tan^{-1}\left(\frac{2\zeta r}{1-r^2}\right)$$

1) $\zeta = 0 \quad \Rightarrow \quad \phi = 0$ (위상차 없다.)

2) 감쇠는 진폭비를 감소시킨다.

3) 진폭비의 감쇠는 공진 또는 부근에서 현저하게 나타남.

4) 최대 진폭비는

$$r = \frac{\omega}{\omega_n} = \sqrt{1-2\zeta^2}$$

또는 $\omega = \omega_n\sqrt{1-2\zeta^2}$ 에서 발생

$$\omega = \omega_n\sqrt{1-2\zeta^2} < \ \omega_n$$

$$\omega = \omega_n\sqrt{1-2\zeta^2} < \ \omega_d = \omega_n\sqrt{1-\zeta^2}$$

5) @ $r = \sqrt{1-2\zeta^2}$,

$$\left(\frac{X}{\delta_{st}}\right)_{\max} = \frac{1}{2\zeta\sqrt{1-\zeta^2}}$$

@ $r = 1 \ (\omega = \omega_n)$,

$$\left(\frac{X}{\delta_{st}}\right)_{\omega=\omega_n} = \frac{1}{2\zeta}$$

6) $\zeta > 1/\sqrt{2}$ 이면, 극대점 없고,

$\zeta = 0$ 이면, $r = 1$ 에서 불연속.

7) $r \ll 1$이면 동일 위상이고,

$r \gg 1$이면 180° 위상차.

공진에서의 위상각은 90°.

8) $\omega < \omega_n$에서는 감쇠가 증가하면 위상각 증가.

$\omega > \omega_n$에서는 감쇠가 증가하면 위상각 감소.

전체 응답

$$x(t) = x_h(t) + x_p(t)$$

$$x(t) = X_o e^{-\zeta\omega_n t}\cos(\omega_d t - \phi_o) + X\cos(\omega t - \phi)$$

C.4 2 자유도 계(Two Degree of Freedom Systems)

2 자유도계

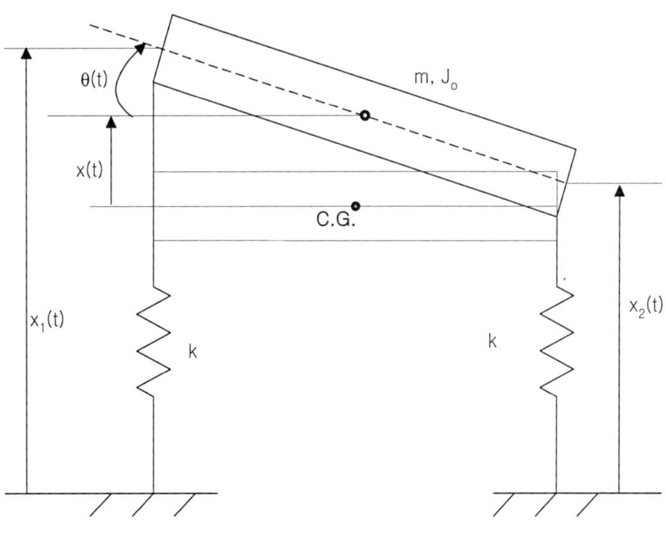

| 그림 C.5 | 2 자유도계 진동 시스템

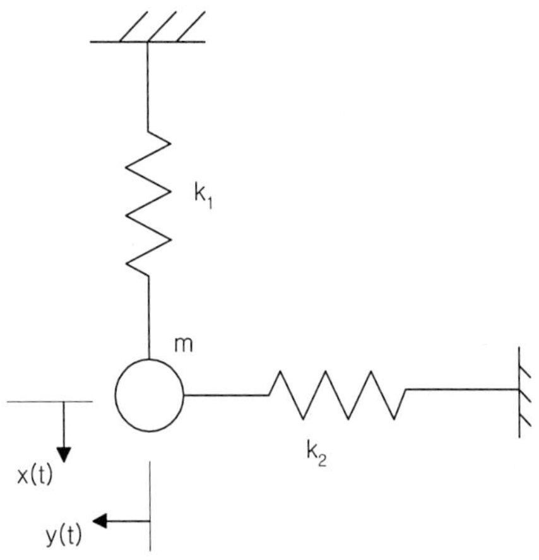

그림 C.6 2 자유도계 진동 시스템

계의 자유도 = 계의 질량수 × 각 질량의 가능한 운동형태의 수

- **2 자유도계**
  - 2개의 운동방정식
  - 2개의 고유진동수
  - 2개의 정규 모드(normal mode)

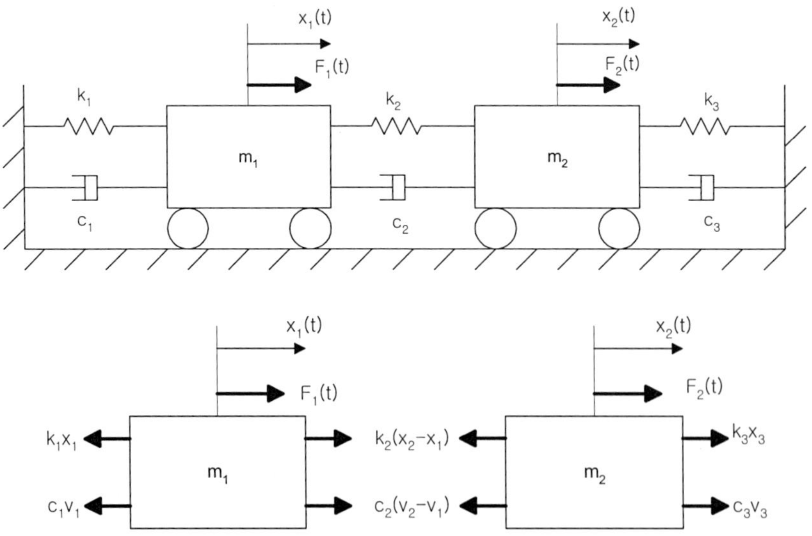

그림 C.7 2 자유도계 감쇠 진동 시스템

$$m_1\ddot{x}_1 = -k_1 x_1 - c_1\dot{x}_1 + k_2(x_2 - x_1) + c_2(\dot{x}_2 - \dot{x}_1) + F_1$$

$$m_2\ddot{x}_2 = -k_3 x_2 - c_3\dot{x}_2 - k_2(x_2 - x_1) - c_2(\dot{x}_2 - \dot{x}_1) + F_2$$

$$m_1\ddot{x}_1 + (c_1 + c_2)\dot{x}_1 - c_2\dot{x}_2 + (k_1 + k_2)x_1 - k_2 x_2 = F_1$$

$$m_2\ddot{x}_2 - c_2\dot{x}_1 + (c_2 + c_3)\dot{x}_2 - k_2 x_1 + (k_1 + k_2)x_2 = F_2$$

행렬 방정식 :

$$[m]\{\ddot{x}\} + [c]\{\dot{x}\} + [k]\{x\} = \{F\}$$

$$[m] = \begin{bmatrix} m_1 & 0 \\ 0 & m_2 \end{bmatrix}$$

$$[c] = \begin{bmatrix} c_1 + c_2 & -c_2 \\ -c_2 & c_2 + c_3 \end{bmatrix}$$

$$[k] = \begin{bmatrix} k_1 + k_2 & -k_2 \\ -k_2 & k_2 + k_3 \end{bmatrix} \quad \Leftarrow \text{ 대칭}$$

$$\{x\} = \begin{pmatrix} x_1(t) \\ x_2(t) \end{pmatrix}$$

$$\{F\} = \begin{pmatrix} F_1(t) \\ F_2(t) \end{pmatrix}$$

$$F_1 = F_2 = 0$$

$c_1 = c_2 = c_3 = 0$이면

$$m_1\ddot{x}_1 + (k_1 + k_2)x_1 - k_2 x_2 = 0$$

$$m_2\ddot{x}_2 - k_2 x_1 + (k_1 + k_2)x_2 = 0$$

$$x_1(t) = X_1\cos(\omega t + \phi)$$

$$x_2(t) = X_2\cos(\omega t + \phi)$$

$$\ddot{x}_1(t) = -\omega^2 X_1 \cos(\omega t + \phi)$$

$$\ddot{x}_2(t) = -\omega^2 X_2 \cos(\omega t + \phi)$$

$$\left\{\left[-m_1\omega^2 + (k_1 + k_2)\right] X_1 - k_2 X_2\right\} \cos(\omega t + \phi) = 0$$

$$\left\{-k_2 X_1 + \left[-m_2\omega^2 + (k_2 + k_3)\right] X_2\right\} \cos(\omega t + \phi) = 0$$

$$\Rightarrow$$

$$\left[-m_1\omega^2 + (k_1 + k_2)\right] X_1 - k_2 X_2 = 0$$

$$-k_2 X_1 + \left[-m_2\omega^2 + (k_2 + k_3)\right] X_2 = 0$$

$$\begin{bmatrix} -m_1\omega^2 + (k_1 + k_2) & -k_2 \\ -k_2 & -m_2\omega^2 + (k_2 + k_3) \end{bmatrix} \begin{pmatrix} X_1 \\ X_2 \end{pmatrix} = 0$$

$$\begin{vmatrix} -m_1\omega^2 + (k_1 + k_2) & -k_2 \\ -k_2 & -m_2\omega^2 + (k_2 + k_3) \end{vmatrix} = 0$$

$$(m_1 m_2)\omega^4 - \left[(k_1 + k_2)m_2 + (k_2 + k_3)m_1\right]\omega^2 + \left[(k_1 + k_2)(k_2 + k_3) - k_2^2\right] = 0$$

$$\omega_1^2, \omega_2^2 = \frac{1}{2}\left[\frac{(k_1 + k_2)m_2 + (k_2 + k_3)m_1}{m_1 m_2}\right] \mp \sqrt{\left[\frac{(k_1 + k_2)m_2 + (k_2 + k_3)m_1}{m_1 m_2}\right]^2 - 4\left[\frac{(k_1 + k_2)(k_2 + k_3) - k_2^2}{m_1 m_2}\right]}$$

1) $\omega = \omega_1$

$$\left[-m_1\omega_1^2 + (k_1 + k_2)\right] X_1^{(1)} - k_2 X_2^{(1)} = 0$$

$$-k_2 X_1^{(1)} + \left[-m_2\omega_1^2 + (k_2 + k_3)\right] X_2^{(1)} = 0$$

$$r_1 = \frac{X_2^{(1)}}{X_1^{(1)}} = \frac{-m_1\omega_1^2 + (k_1+k_2)}{k_2} = \frac{k_2}{-m_2\omega_1^2 + (k_2+k_3)}$$

2) $\omega = \omega_2$

$$\left[-m_1\omega_2^2 + (k_1+k_2)\right]X_1^{(2)} - k_2X_2^{(2)} = 0$$

$$-k_2X_1^{(2)} + \left[-m_2\omega_2^2 + (k_2+k_3)\right]X_2^{(2)} = 0$$

$$r_2 = \frac{X_2^{(2)}}{X_1^{(2)}} = \frac{-m_1\omega_2^2 + (k_1+k_2)}{k_2} = \frac{k_2}{-m_2\omega_2^2 + (k_2+k_3)}$$

정규모드

$$\{X^{(1)}\} = \begin{pmatrix} X_1^{(1)} \\ X_2^{(1)} \end{pmatrix} = \begin{pmatrix} X_1^{(1)} \\ r_1X_1^{(1)} \end{pmatrix}$$

$$\{X^{(2)}\} = \begin{pmatrix} X_1^{(2)} \\ X_2^{(2)} \end{pmatrix} = \begin{pmatrix} X_1^{(2)} \\ r_1X_1^{(2)} \end{pmatrix}$$

해:

$$\{x^{(1)}(t)\} = \begin{pmatrix} x_1^{(1)}(t) \\ x_2^{(1)}(t) \end{pmatrix} = \begin{pmatrix} X_1^{(1)}\cos(\omega_1t+\phi_1) \\ r_1X_1^{(1)}\cos(\omega_1t+\phi_1) \end{pmatrix}$$

$\Leftarrow$ 1차 모드

$$\{x^{(2)}(t)\} = \begin{pmatrix} x_1^{(2)}(t) \\ x_2^{(2)}(t) \end{pmatrix} = \begin{pmatrix} X_1^{(2)}\cos(\omega_2t+\phi_2) \\ r_2X_1^{(2)}\cos(\omega_2t+\phi_2) \end{pmatrix}$$

$\Leftarrow$ 2차 모드

초기 조건:

2개의 초기 조건

$$x_1(t=0) = x_1(0), \quad \dot{x}_1(t=0) = \dot{x}_1(0)$$

$$x_2(t=0) = x_2(0), \quad \dot{x}_2(t=0) = \dot{x}_2(0)$$

$$\{x\} = \{x^{(1)}\} + \{x^{(2)}\}$$

$\Rightarrow$

$$x_1(t) = x_1^{(1)}(t) + x_1^{(2)}(t)$$
$$= X_1^{(1)}\cos(\omega_1 t + \phi_1) + X_1^{(2)}\cos(\omega_2 t + \phi_2)$$
$$x_2(t) = x_2^{(1)}(t) + x_2^{(2)}(t)$$
$$= r_1 X_1^{(1)}\cos(\omega_1 t + \phi_1) + r_2 X_1^{(2)}\cos(\omega_2 t + \phi_2)$$

$$x_1(0) = X_1^{(1)}\cos\phi_1 + X_1^{(2)}\cos\phi_2$$
$$\dot{x}_1(0) = -\omega_1 X_1^{(1)}\sin\phi_1 - \omega_2 X_1^{(2)}\sin\phi_2$$

$$x_2(0) = r_1 X_1^{(1)}\cos\phi_1 + r_2 X_1^{(2)}\cos\phi_2$$
$$\dot{x}_2(0) = -\omega_1 r_1 X_1^{(1)}\sin\phi_1 - \omega_2 r_2 X_1^{(2)}\sin\phi_2$$

$$X_1^{(1)}\cos\phi_1 = \left[\frac{r_2 x_1(0) - x_2(0)}{r_2 - r_1}\right]$$
$$X_1^{(2)}\cos\phi_2 = \left[\frac{-r_1 x_1(0) + x_2(0)}{r_2 - r_1}\right]$$
$$X_1^{(1)}\sin\phi_1 = \left[\frac{-r_2 \dot{x}_1(0) + \dot{x}_2(0)}{\omega_1(r_2 - r_1)}\right]$$
$$X_1^{(2)}\sin\phi_2 = \left[\frac{r_1 \dot{x}_1(0) - \dot{x}_2(0)}{\omega_2(r_2 - r_1)}\right]$$

$$X_1^{(1)} = \sqrt{\left[X_1^{(1)}\cos\phi_1\right]^2 + \left[X_1^{(1)}\sin\phi_1\right]^2}$$
$$= \frac{1}{(r_2 - r_1)}\sqrt{\left[r_2 x_1(0) - x_2(0)\right]^2 + \frac{\left[-r_2\dot{x}_1(0) + \dot{x}_2(0)\right]^2}{\omega_1^2}}$$

$$X_1^{(2)} = \sqrt{\left[X_1^{(2)}\cos\phi_2\right]^2 + \left[X_1^{(2)}\sin\phi_2\right]^2}$$

$$= \frac{1}{(r_2 - r_1)}\sqrt{\left[-r_1 x_1(0) + x_2(0)\right]^2 + \frac{\left[r_1\dot{x}_1(0) - \dot{x}_2(0)\right]^2}{\omega_2^2}}$$

$$\phi_1 = \tan^{-1}\left[\frac{X_1^{(1)}\sin\phi_1}{X_1^{(1)}\cos\phi_1}\right]$$

$$= \tan^{-1}\left\{\frac{-r_2\dot{x}_1(0) + \dot{x}_2(0)}{\omega_1\left[r_2 x_1(0) - x_2(0)\right]}\right\}$$

$$\phi_2 = \tan^{-1}\left[\frac{X_1^{(2)}\sin\phi_2}{X_1^{(2)}\cos\phi_2}\right]$$

$$= \tan^{-1}\left\{\frac{r_1\dot{x}_1(0) - \dot{x}_2(0)}{\omega_2\left[-r_1 x_1(0) + x_2(0)\right]}\right\}$$

예 고유 진동수와 모드

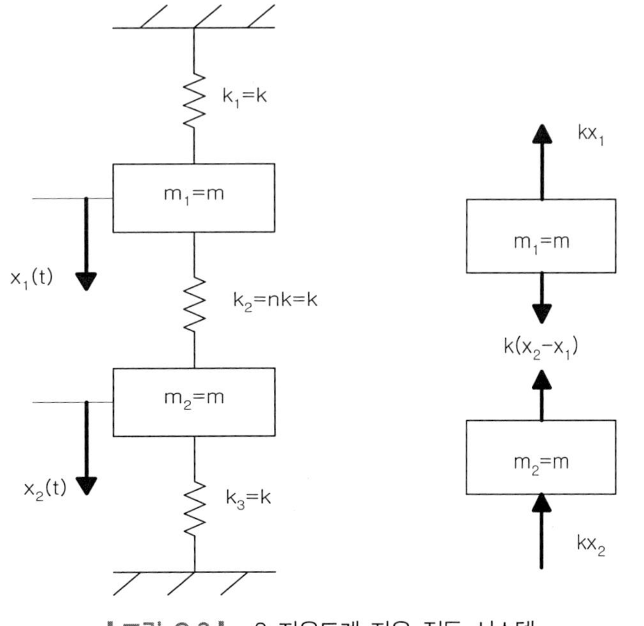

| 그림 C.8 | 2 자유도계 자유 진동 시스템

$$m\ddot{x}_1 = -kx_1 + k(x_2 - x_1)$$

$$m\ddot{x}_2 = -kx_2 - k(x_2 - x_1)$$

$$m\ddot{x}_1 + 2kx_1 - kx_2 = 0$$

$$m\ddot{x}_2 - kx_1 + 2kx_2 = 0$$

$x_1(t) = X_1\cos(\omega t + \phi)$

$x_2(t) = X_2\cos(\omega t + \phi)$라 가정

$$\ddot{x}_1(t) = -\omega^2 X_1\cos(\omega t + \phi)$$

$$\ddot{x}_2(t) = -\omega^2 X_2\cos(\omega t + \phi)$$

$$\{[-m\omega^2 + 2k]X_1 - kX_2\}\cos(\omega t + \phi) = 0$$

$$\{-kX_1 + [-m\omega^2 + 2k]X_2\}\cos(\omega t + \phi) = 0$$

$$[-m\omega^2 + 2k]X_1 - kX_2 = 0$$

$$-kX_1 + [-m\omega^2 + 2k]X_2 = 0$$

$$\begin{vmatrix} (-m\omega^2 + 2k) & -k \\ -k & (-m\omega^2 + 2k) \end{vmatrix} = 0$$

$$m^2\omega^4 - 4km\omega^2 + 3k^2 = 0$$

$$\omega_1 = \sqrt{\frac{4km - \sqrt{16k^2m^2 - 12m^2k^2}}{2m^2}} = \sqrt{\frac{k}{m}}$$

$$\omega_2 = \sqrt{\frac{4km + \sqrt{16k^2m^2 - 12m^2k^2}}{2m^2}} = \sqrt{\frac{3k}{m}}$$

$$[-m\omega_1^2 + 2k]X_1^{(1)} - kX_2^{(1)} = 0$$

$$-kX_1^{(1)}+\left[-m\omega_1^2+2k\right]X_2^{(1)}=0$$

$$r_1=\frac{X_2^{(1)}}{X_1^{(1)}}=\frac{-m\omega_1^2+2k}{k}=\frac{k}{-m\omega_1^2+2k}=1$$

$$r_2=\frac{X_2^{(2)}}{X_1^{(2)}}=\frac{-m\omega_2^2+2k}{k}=\frac{k}{-m\omega_2^2+2k}=-1$$

$$1\text{차 모드}=\{\boldsymbol{x}^{(1)}\}=\begin{pmatrix}X_1^{(1)}\cos\left(\sqrt{\frac{k}{m}}\,t+\phi_1\right)\\ X_1^{(1)}\cos\left(\sqrt{\frac{k}{m}}\,t+\phi_1\right)\end{pmatrix}$$

$$2\text{차 모드}=\{\boldsymbol{x}^{(2)}\}=\begin{pmatrix}X_1^{(2)}\cos\left(\sqrt{\frac{3k}{m}}\,t+\phi_2\right)\\ -X_1^{(2)}\cos\left(\sqrt{\frac{3k}{m}}\,t+\phi_2\right)\end{pmatrix}$$

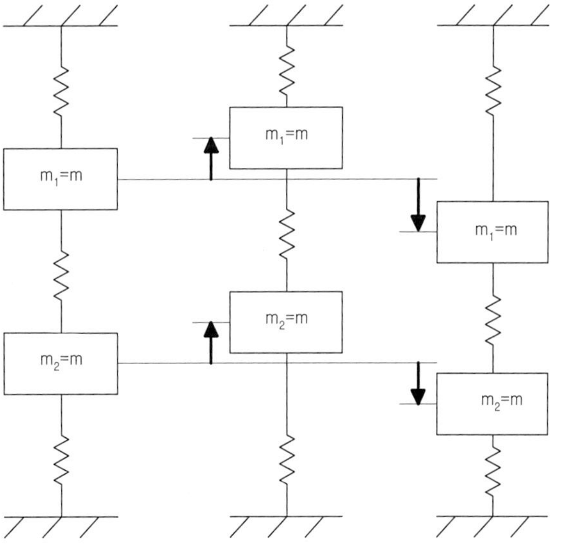

그림 C.9 1차 모드

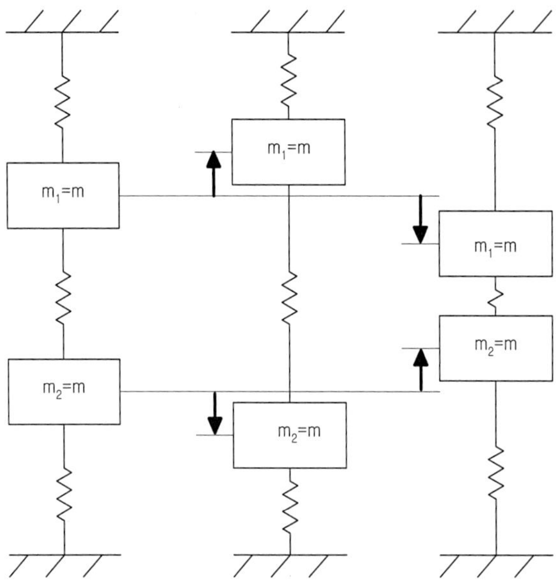

그림 C.10 2차 모드

$$x_1(t) = X_1^{(1)}\cos\left(\sqrt{\frac{k}{m}}t + \phi_1\right) + X_1^{(2)}\cos\left(\sqrt{\frac{3k}{m}}t + \phi_2\right)$$

$$x_2(t) = X_1^{(1)}\cos\left(\sqrt{\frac{k}{m}}t + \phi_1\right) - X_1^{(2)}\cos\left(\sqrt{\frac{3k}{m}}t + \phi_2\right)$$

예

1차 정규 모드

2차 정규 모드만의 진동

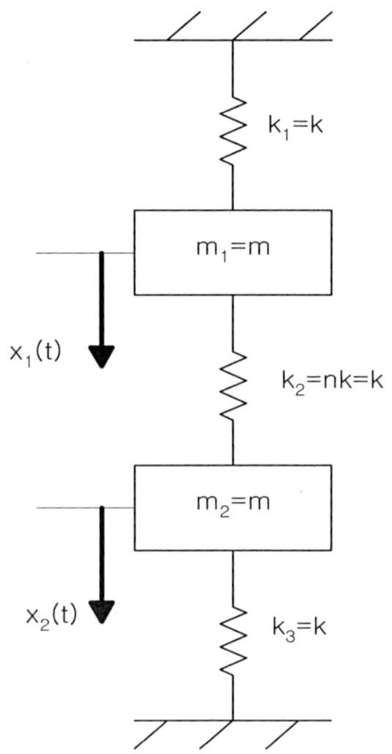

┃그림 C.11┃ 2 자유도계 자유 진동 시스템

$$x_1(t) = X_1^{(1)}\cos\left(\sqrt{\frac{k}{m}}\,t+\phi_1\right) + X_1^{(2)}\cos\left(\sqrt{\frac{3k}{m}}\,t+\phi_2\right)$$

$$x_2(t) = X_1^{(1)}\cos\left(\sqrt{\frac{k}{m}}\,t+\phi_1\right) - X_1^{(2)}\cos\left(\sqrt{\frac{3k}{m}}\,t+\phi_2\right)$$

2개의 초기 조건 :

$$x_1(t=0) = x_1(0), \qquad \dot{x}_1(t=0) = \dot{x}_1(0)$$

$$x_2(t=0) = x_2(0), \qquad \dot{x}_2(t=0) = \dot{x}_2(0)$$

$$x_1(0) = X_1^{(1)}\cos\phi_1 + X_1^{(2)}\cos\phi_2$$

$$\dot{x}_1(0) = -\omega_1 X_1^{(1)}\sin\phi_1 - \omega_2 X_1^{(2)}\sin\phi_2$$

$$x_2(0) = X_1^{(1)}\cos\phi_1 - X_1^{(2)}\cos\phi_2$$

$$\dot{x}_2(0) = -\omega_1 X_1^{(1)}\sin\phi_1 + \omega_2 X_1^{(2)}\sin\phi_2$$

$$X_1^{(1)}\cos\phi_1 = \left[\frac{x_1(0)+x_2(0)}{2}\right]$$

$$X_1^{(2)}\cos\phi_2 = \left[\frac{x_1(0)-x_2(0)}{2}\right]$$

$$X_1^{(1)}\sin\phi_1 = -\left[\frac{\dot{x}_1(0)+\dot{x}_2(0)}{2\omega_1}\right]$$

$$X_1^{(2)}\sin\phi_2 = -\left[\frac{\dot{x}_1(0)-\dot{x}_2(0)}{2\omega_2}\right]$$

$$X_1^{(1)} = \sqrt{\left[X_1^{(1)}\cos\phi_1\right]^2 + \left[X_1^{(1)}\sin\phi_1\right]^2}$$

$$= \frac{1}{2}\sqrt{\left[x_1(0)+x_2(0)\right]^2 + \frac{\left[\dot{x}_1(0)+\dot{x}_2(0)\right]^2}{\omega_1^2}}$$

$$X_1^{(2)} = \sqrt{\left[X_1^{(2)}\cos\phi_2\right]^2 + \left[X_1^{(2)}\sin\phi_2\right]^2}$$

$$= \frac{1}{2}\sqrt{\left[-x_1(0)+x_2(0)\right]^2 + \frac{\left[\dot{x}_1(0)-\dot{x}_2(0)\right]^2}{\omega_2^2}}$$

$$\phi_1 = \tan^{-1}\left[\frac{X_1^{(1)}\sin\phi_1}{X_1^{(1)}\cos\phi_1}\right]$$

$$= \tan^{-1}\left\{-\frac{\dot{x}_1(0)+\dot{x}_2(0)}{\omega_1\left[x_1(0)+x_2(0)\right]}\right\}$$

$$\phi_2 = \tan^{-1}\left[\frac{X_1^{(2)}\sin\phi_2}{X_1^{(2)}\cos\phi_2}\right]$$

$$= \tan^{-1}\left\{\frac{\dot{x}_1(0)-\dot{x}_2(0)}{\omega_2\left[-x_1(0)+x_2(0)\right]}\right\}$$

1) 1차 정규 모드만의 진동

$$1\text{차 모드} = \{\boldsymbol{x}^{(1)}\} = \begin{pmatrix} X_1^{(1)}\cos\left(\sqrt{\dfrac{k}{m}}\,t+\phi_1\right) \\ X_1^{(1)}\cos\left(\sqrt{\dfrac{k}{m}}\,t+\phi_1\right) \end{pmatrix}$$

따라서,

$$X_1^{(2)} = 0$$

$$\Rightarrow \quad x_1(0) = x_2(0), \quad \dot{x}_1(0) = \dot{x}_2(0)$$

2) 2차 정규 모드만의 진동

$$2\text{차 모드} = \{\boldsymbol{x}^{(2)}\} = \begin{pmatrix} X_1^{(2)}\cos\left(\sqrt{\dfrac{3k}{m}}\,t+\phi_2\right) \\ -X_1^{(2)}\cos\left(\sqrt{\dfrac{3k}{m}}\,t+\phi_2\right) \end{pmatrix}$$

따라서,

$$X_1^{(1)} = 0$$

$$\Rightarrow \quad x_1(0) = -x_2(0), \quad \dot{x}_1(0) = -\dot{x}_2(0)$$

C.5 보의 고유진동 해석

C.5.1 보의 횡진동

먼저, 보(Euler 보)의 횡진동에 대한 이론적인 내용을 살펴본다. 그림 9.11은 Euler 보의 요소를 나타낸다. 그림에서 V와 M은 각각 전단력(shear force)과 굽힘 모멘트(bending moment)를 나타내고, $q(x)$는 단위길이당 분포하중이다.

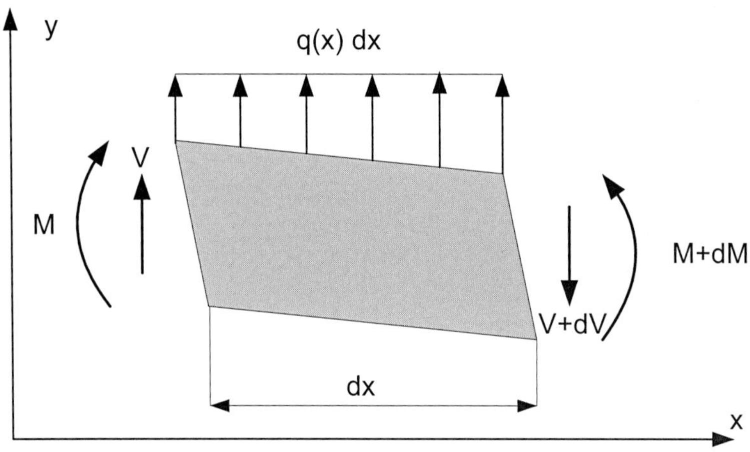

그림 C.12 보의 요소에 작용하는 하중, 전단력, 그리고 굽힘 모멘트

보요소에 작용하는 힘들의 y방향 평형 방정식은 다음과 같다.

$$dV - q(x)dx = 0$$

모멘트 평형방정식은 다음과 같다.

$$dM - Vdx - \frac{1}{2}q(x)(dx)^2 = 0$$

$dx \ll 1$이므로, $(dx)^2$은 무시할 수 있다. 따라서

$$dM - Vdx = 0$$

따라서

$$\frac{dV}{dx} = q(x)$$

$$\frac{dM}{dx} = V$$

위 식을 정리하면

$$\frac{d^2M}{dx^2} = \frac{dV}{dx} = q(x)$$

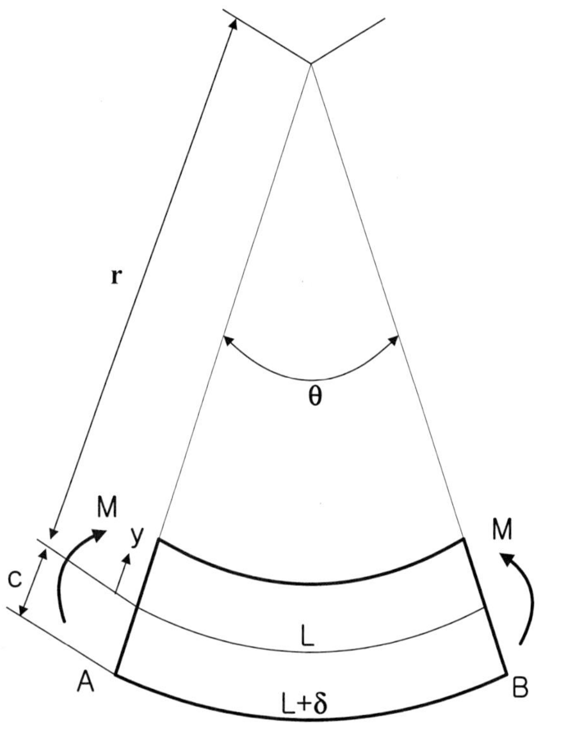

▌그림 C.13▐ 보의 탄성곡선

직선 보가 하중을 받고 보의 거동이 탄성적일 때, 보의 도심축은 곡선이 되는데 이 곡선을 탄성곡선이라 한다. 그림 C.13은 보의 탄성 곡선을 나타낸다. 탄성곡선은 반경이 r인 원호이다. 보의 AB 부분은 우력만을 받고 있기 때문에 평면 단면 A와 B는 평면을 유지하며 보의 변형은 길이가 변하지 않는 중립면(neutral surface)으로부터의 거리에 비례한다. 그림 C.13으로부터,

$$L = r\theta,\ \ L + \delta = (r + c)\theta$$

정리하면,

$$\theta = \frac{L}{r} = \frac{L + \delta}{r + c}$$

여기서,

$$\frac{c}{r} = \frac{\delta}{L} = \epsilon = \frac{\sigma}{E} = \frac{Mc}{EI}$$

따라서

$$\frac{1}{r} = \frac{M}{EI}$$

즉, 보의 중립면의 곡률반경 r는 굽힘모멘트 M, 보의 탄성계수 E, 그리고 2차 면적 모멘트 I와 관계된다.

미적분학으로부터 곡률은

$$\frac{1}{r} = \frac{d^2y/dx^2}{\left[1 + (dy/dx)^2\right]^{3/2}}$$

대부분의 보에서 기울기 dy/dx는 매우 작기 때문에 기울기의 제곱은 1에 비해서 무시할 수 있다. 즉,

$$\frac{dy}{dx} \ll 1, \quad \left(\frac{dy}{dx}\right)^2 \approx 0$$

이러한 근사법을 적용하면,

$$\frac{1}{r} = \frac{d^2y}{dx^2}$$

따라서,

$$EI\frac{d^2y}{dx^2} = M$$

정리하면,

$$EI\frac{d^4y}{dx^4} - q(x) = 0$$

자중하에서 정적평형위치에 관해 진동하는 보에서는 단위길이당 힘은 단위길이당 질량과 가속도를 곱한 관성력과 같다. 따라서 외력 $q(x,t)$는,

$$q(x,t) = -\rho A \frac{\partial^2 y}{\partial t^2}$$

위 식에서, ρ는 보의 밀도이고, A는 보의 단면적을 나타낸다. 따라서

$$EI \frac{\partial^4 y}{\partial x^4} + \rho A \frac{\partial^2 y}{\partial t^2} = 0$$

정규모드 해는 다음과 같이 가정할 수 있다.

$$y(x,t) = X(x) e^{i\omega t}$$

따라서,

$$\frac{d^4 X}{dx^4} - \Lambda^4 X = 0$$

위 식에서

$$\Lambda = \left(\frac{\rho A}{EI} \omega^2 \right)^{\frac{1}{4}}$$

위 식에서 ω는 보의 고유 진동수를 나타낸다. 미분방정식의 해는 다음과 같이 구해진다.

$$X(x) = C_1 \cos \Lambda x + C_2 \sin \Lambda x + C_3 \sinh \Lambda x + C_4 \cosh \Lambda x$$

상수 C_i는 경계조건에서 구할 수 있다.

보의 고유진동수는 다음과 같이 표현된다.

$$\omega = \Lambda^2 \sqrt{\frac{EI}{\rho A}} = (\Lambda L)^2 \sqrt{\frac{EI}{\rho A L^4}}$$

위 식에서 Λ의 값은 경계조건에 의존한다.

C.5.2 보의 고유진동에 대한 유한요소법

보의 형상과 경계조건이 단순할 때에는 5.1에서 기술한 방법을 적용하여 고유진동수를 구할 수 있다. 그러나 집합체 구조처럼 형상과 경계조건이 복잡한 경우에는 유한요소법을 적용하여 고유진동수와 모드형태를 구하는 접근이 효율적이다.

유한요소법을 적용하는 경우, 먼저 진동을 해석하고자 하는 보를 절점(node)에서 서로 연결된 유한한 수의 요소로 분할한다. 요소로의 분할은 절점의 위치를 정하고 각 요소별 절점간의 연결을 구성하므로써 이루어진다. 요소 내에서의 변위는 각 절점에서의 변위로 나타낸다. 즉, 요소 내의 임의의 점에서의 변위를 형상함수에 의하여 절점 변위로 나타낸다.

보의 한 요소의 길이를 l이라고 가정하고, 요소에 대하여 국소좌표계 ξ $(0 \le \xi \le l)$를 설정한다. $u(\xi,t)$를 요소의 변위라고 가정한다. $u_1, u_2, ..., u_k$를 요소에 대한 자유도라고 하면, 다음 식이 얻어진다.

$$u(\xi,t) = \sum_{i=1}^{k} \phi_i(\xi) u_i(t)$$

위 식에서 ϕ_i는 형상함수(shape function)라고 부른다. 요소에 대한 포텐셜에너지는 다음과 같이 구해진다.

$$V = \frac{1}{2} \boldsymbol{u}^T \boldsymbol{k} \boldsymbol{u}$$

여기서, $\boldsymbol{u} = [u_1 \quad u_2 \quad ..... \quad u_k]^T$이고, $\boldsymbol{k}$는 요소강성행렬이다.

요소에 대한 운동에너지는 다음과 같이 구해진다.

$$T = \frac{1}{2} \dot{\boldsymbol{u}}^T \boldsymbol{m} \dot{\boldsymbol{u}}$$

여기서 $\boldsymbol{m}$은 요소 질량행렬을 나타낸다.

전체시스템 변위벡터를 $\boldsymbol{U} = [U_1 \quad U_2 \, ... \, U_n]^T$라고 정의한다. 여기서, n은 전체 시스템의 총 자유도의 수를 나타내며, U_1, U_2, ..., U_n은 전체좌표계에서의 변위를 나타낸다. 전체 포텐셜 에너지는 다음과 같이 표현된다.

$$V = \frac{1}{2}\boldsymbol{U}^T\boldsymbol{K}\boldsymbol{U}$$

여기서, $\boldsymbol{K}$는 전체 강성행렬을 나타내는데, 요소강성행렬을 조합하여 얻어진다. 시스템의 총 운동에너지는 다음과 같이 표현된다.

$$T = \frac{1}{2}\dot{\boldsymbol{U}}^T\boldsymbol{M}\dot{\boldsymbol{U}}$$

여기서, $\boldsymbol{M}$은 전체 질량행렬을 나타내는데, 요소질량행렬을 조합하여 얻어진다.

보의 자유진동을 근사적으로 표현하는 미분방정식은 다음과 같다.

$$\boldsymbol{M}\ddot{\boldsymbol{U}} + \boldsymbol{K}\boldsymbol{U} = 0$$

이 식의 일반 해를 다음과 같은 조화운동으로 가정한다.

$$\boldsymbol{U} = \boldsymbol{\Phi} e^{i\omega t}$$

위 식들로 부터 표준적인 고유치 문제의 형태인 다음의 식을 얻는다.

$$[-\omega^2\boldsymbol{M} + \boldsymbol{K}]\boldsymbol{\Phi} = 0$$

여기서 ω^2은 고유치이고, $\boldsymbol{\Phi}$는 고유벡터이다. 벡터 $\boldsymbol{\Phi}$가 0이 아닌 해를 갖기 위해서는 행렬의 행렬식이 0이 되어야 한다. 여기서 $\omega^2 = \lambda$로 두면,

$$|\boldsymbol{K} - \lambda\boldsymbol{M}| = 0$$

위 식을 전개하면 λ에 대한 n차 다항식이 되고, n개의 λ값을 얻는다. 다항식을 계산하여 구한 λ_i $(i = 1, 2, \ldots, n)$를 대입하면

$$[\boldsymbol{K} - \lambda_i\boldsymbol{M}]\boldsymbol{\Phi}_i = 0$$

이 된다. $\boldsymbol{\Phi}_i$는 고유치 λ_i에 대응하는 고유벡터이다.

참고문헌

1. W.J. Palm III, System Dynamics, McGraw Hill, 2005

2. J.F. Gardner, Simulations of Machines, Brooks/Cole, 2001

3. L.V.Fausett 수치해석(손권외 3 역), 인터비젼, 2000

4. D.H.Myszka, 실용기구학(이경원외 5 역), 2nd ed., Prentice Hall, 2002

5. S.G. Kelly, Fundamentals of Mechanical Vibrations, McGraw Hill, 2000

6. Beer, Johnston, Jr., and Clausen, Dynamics(이장무외2 역) 7th ed., McGraw Hill, 2005

7. E. Kreyszig, Advanced Engineering Mathematics, 8th ed., Wiley, 1999

8. A. Gilat, MATLAB(최진탁외 2 역), 2nd ed., 생능출판사, 2005

9. S.S. Rao, 기계진동학, 4th ed.

10. K. Ogata, 시스템 해석(김영탁외 3 역), 3rd. ed., 다성출판사, 2001

11. Hahn and Valentine, 공학설계를 위한 MATLAB 기초와 응용(황성호 역), 도서출판 아진, 2010

12. W. J. Palm III, 공학도를 위한 매트랩 7, 교보문고, 2013

찾아보기

ㅎ

저 자 약 력

이 상 순

(미) UCLA, 공학박사

전공분야 : 전산고체역학, CAE

연구분야 : 전산고체역학 (FEM/BEM)
컴퓨터응용설계(CAE)
Microelectronic 패키징 연구
폴리머 박막/후막 신뢰성연구
복합재료 설계 및 신뢰성연구
원전재료 및 구조 거동연구

현재 한국기술교육대학교 메카트로닉스공학부 교수

본 교재(결과물)는 교육부의 재원으로 개발된 지방대학 특성화사업(CK-1)의 연구결과입니다.

정가 33,000원

MATLAB과 동적시스템[MATLAB and Dynamic Systems]

2016년 2월 10일 초판 인쇄
2016년 2월 17일 초판 발행
저 자 : 이상순
발행자 : 우명찬·송 준
발행처 : 홍릉과학출판사
주 소 : 서울시 강북구 인수봉로 50길 10
01093
등 록 : 1976년 10월 21일 제5-66호
전 화 : (02) 999-2274~5, 903-7037
팩 스 : (02) 905-6729
e-mail: hongpub@hongpub.co.kr
http://www.hongpub.co.kr
ISBN: 979-11-5600-425-7

저자와의 협의하에 인지생략